…PTEN ZUR ZEIT ECHNATONS UND NOFRETETES, CA. 1350 V. CHR.

Raphia

Totes Meer

…usium

…s)

…en

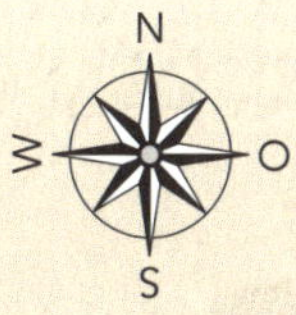

Sinai

…s)

…gypten

…uft (Koptos)

… el-Medinah

…ben/

…ak/Luxor

Rotes Meer

Kom Ombo

Assuan

Philae, Senmet

Unternubien

Sebastian Conrad

DIE KÖNIGIN

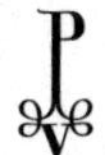

Propyläen wurde 1919 durch die Verlegerfamilie Ullstein als Verlag für hochwertige Editionen gegründet. Der Verlagsname geht zurück auf den monumentalen Torbau zum heiligen Bezirk der Athener Akropolis aus dem 5. Jh. v. Chr. Heute steht der Propyläen Verlag für anspruchsvolle und fundierte Bücher aus Geschichte, Zeitgeschichte, Politik und Kultur.

Sebastian Conrad

DIE KÖNIGIN

Nofretetes globale Karriere

PROPYLÄEN

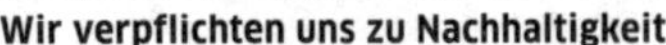

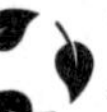

• Papiere aus nachhaltiger Waldwirtschaft und anderen kontrollierten Quellen
• Druckfarben auf pflanzlicher Basis
• ullstein.de/nachhaltigkeit

Das Projekt wurde gefördert von der VolkswagenStiftung.

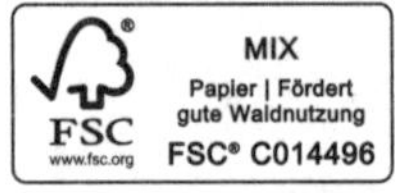

Propyläen ist ein Verlag der Ullstein Buchverlage GmbH
www.propylaeen-verlag.de

ISBN 978-3-549-10074-5

Lektorat: Christian Seeger
Karten: Peter Palm, Berlin
Gesetzt aus der Adobe Garamond Pro
Satz und Repro: LVD GmbH, Berlin
Druck und Bindearbeiten: GGP Media GmbH, Pößneck

Inhalt

Einleitung

Als die Popsängerin Beyoncé im April 2018 beim *Coachella Valley Music and Arts Festival* in Kalifornien auftrat, stilisierte sie sich als Wiedergängerin von Nofretete, der berühmten Königin aus dem antiken Ägypten, die längst zu einer globalen Ikone geworden war. Mit Beyoncé, einer der erfolgreichsten Popkünstlerinnen der Gegenwart, war zum ersten Mal eine afroamerikanische Frau als »Headline Act« des weltweit bekannten Festivals ausgewählt worden. Ihre Kostümierung passte gut zu diesem symbolischen Ereignis: Mit ihrem Bodysuit, einem langen Umhang und vor allem dem ikonischen Kopfschmuck stellte sie sich für alle sichtbar in die Tradition der antiken Königin. Sie evozierte damit das Bild einer mit großer Machtfülle ausgestatteten afrikanischen Frau, zugleich ein Symbol von »Black is beautiful«.[1]

Die Resonanz war überwältigend. Ein Millionenpublikum verfolgte Beyoncés Darbietung, die zur meistgesehenen Live-Performance in der Geschichte des YouTube-Kanals wurde; eine Netflix-Dokumentation folgte kurz danach. Die Sängerin begleitete ihren Auftritt mit der Veröffentlichung einer Kleiderkollektion, die ebenfalls von Nofretete inspiriert war. Noch im selben Jahr reiste sie gemeinsam mit ihrem Ehemann, dem

Rapper Jay-Z, nach Berlin, um das Neue Museum zu besuchen und die Ikone im Original zu sehen. Der Raum wurde für normale Besucher geschlossen, während Beyoncé sich vor Nofretetes berühmter Büste fotografieren ließ. Auf Instagram postete sie ein Foto, auf dem ihr eigenes Gesicht in das von Nofretete einmontiert war. Angelehnt an die englische Bezeichnung der ägyptischen Königin (Nefertiti) gab sie dem Bild den Titel »NefertiBey«: die symbolische Verschmelzung zweier Celebrities.

Dass Beyoncé als Reinkarnation von Nofretete posierte, war keineswegs Zufall. Bereits im Jahr zuvor hatte der Künstler Awol Erizku sie als schwangere Venus fotografiert, mit einer Nofretete-Statue an ihrer Seite. Darüber hinaus hatte Beyoncé schon viele Jahre lang ihre Bühnenpersönlichkeit sowohl mit Symbolen des alten Ägyptens als auch mit ihrem Eintreten für *Black Power* verbunden. In ihrer berühmt gewordenen Halbzeitshow am Super-Bowl-Sonntag 2016 rief sie afroamerikanische Frauen zur Rebellion auf, nahm Bezug auf die *Black-Lives-Matter*-Bewegung und huldigte in ihrer Choreografie den Black Panthers, der legendären sozialistisch-revolutionären Bewegung der späten 1960er-Jahre.[2] Im Jahr 2020 veröffentlichte sie den Musikfilm und das Visual Album *Black Is King* – mit dem erklärten Ziel, »die globale Wahrnehmung des Wortes ›Black‹ zu verändern«, indem sie es ausdrücklich mit »Schönheit« in Verbindung brachte.[3] Für ihre Fans wurde Beyoncé durch ihr aktives Eintreten für Schwarze Kultur und Schwarze Schönheitsideale zu einer Vorkämpferin für die Ermächtigung Schwarzer Frauen.

Bereits neun Jahre vor Coachella hatte Beyoncé die antiken Stätten in Ägypten selbst besucht. Sie wurde von Zahi Hawass herumgeführt, dem damaligen Direktor der ägyptischen Altertümerverwaltung und somit Verantwortlichen für die antiken Sammlungen und Ausgrabungsstätten. Der charismatische, wenn auch umstrittene Archäologe hatte sich jahrzehntelang für die Rückgabe der Büste der Nofretete an Kairo eingesetzt. Er war der bekannteste Vertreter der Bemühungen des ägyptischen Staates, die Kontrolle über ein antikes Erbe wiederzugewinnen, das sich europäische und amerikanische Museen angeeignet hatten. Hawass und Beyoncé teilten die Faszination für die altägyptische Königin, und ihre jeweilige Agenda wies durchaus Gemeinsamkeiten auf: Beide distanzierten sich grundsätzlich von einer europäischen Tradition, die das alte Ägypten und auch Nofretete als Teil der Vorgeschichte des modernen Westens für sich vereinnahmt hatte. Für den Archäologen wie für die Sängerin versprach Nofretete überdies, westliche Schönheitsstandards und damit auch die Hierarchien der Kunstwelt infrage zu stellen. Und schließlich stellten sie die Ansprüche auf Eigentum an Kunstwerken in Zweifel, die noch auf das imperialistische Zeitalter zurückgehen.

Trotz dieser gemeinsamen Zielsetzungen verlief die Begegnung der beiden Prominenten alles andere als harmonisch. Hawass war rasch verärgert über das, was er Beyoncés »unhöfliches Verhalten« nannte, und untersagte der Sängerin die weitere Erkundung der antiken Stätten; er warf sie mehr oder weniger aus Ägypten heraus. Bei dem Konflikt handelte es sich jedoch um mehr als lediglich die Zerrüttung ihrer persönlichen Beziehung. Vielmehr spiegelte er die Tatsache wider, dass ihre Ansichten über das alte Ägypten, und über Nofretete im Besonderen, trotz ihrer gemeinsamen Kritik an eurozentrischen Standards letztlich auseinandergingen. Beyoncé berief sich explizit auf Nofretete als Schwarze Königin und Quelle der Inspiration für Afroamerikanerinnen. Für Hawass hingegen war Nofretete ein Produkt der pharaonischen Zivilisation und ein einzigartiges Symbol der ägyptischen Nation.

Es ist interessant, dass sowohl Beyoncé als auch Hawass sich das Image von Nofretete als globaler Ikone zunutze machten, das auf der ganzen Welt einen hohen Wiedererkennungswert hat. Seit ihrer Entdeckung im Jahr 1912 wurde Nofretete von den Europäern regelmäßig als zeitlose Schönheit dargestellt, deren Anziehungskraft mühelos die Jahrtausende überbrückte und auch ein zeitgenössisches Publikum ansprach. Im Zeitalter des Imperialismus wurde diese Vorstellung, die eng mit dem Diskurs der Zivilisation verbunden war, über die Grenzen Europas hinaus verbreitet und ist bis heute einflussreich geblieben. Vom bengalischen Dichter Rabindranath Tagore im Jahr 1913 (»O Schönheit, in Stein gemeißelt […] O unverrückbare Schönheit!«[4]) bis zum deutschen Kulturstaatsminister Bernd Neumann ein volles Jahrhundert später (»Wir sollten die Büste als Teil eines universellen Welterbes anerkennen«[5]) haben die unterschiedlichsten Kommentatoren Nofretete immer wieder als Sinnbild für die kulturellen Errungenschaften der gesamten Menschheit in Anspruch genommen.

Wie kann man diese weltweite Resonanz erklären? Meist reicht schon ihre Silhouette aus, und alle wissen, wer gemeint ist und wofür sie steht. Was ist der Grund dafür, dass Nofretete heute an ganz unterschiedlichen Orten – nicht nur in Kairo oder Berlin, sondern auch in Rio de Janeiro, in Houston oder in Kalkutta – als Paradebeispiel für weibliche Schönheit verstanden wird? Wie wurde aus einer antiken Königin eine globale Ikone der Gegenwart? Und damit verbunden: Wie kommt es, dass Nofretetes Zauber mehr als drei Jahrtausende offenbar unbeschadet überstanden hat? Das ist erklärungsbedürftig. Es ist schließlich mittlerweile ein Gemeinplatz, dass Schönheit nicht objektiv gegeben ist und dass sich ästhetische Vorstellungen über die Jahrhunderte hinweg immer wieder verändert haben. Schönheit, heißt es nicht zufällig, liegt im Auge des Betrachters.[6]

Immanuel Kant hat diese moderne Einsicht philosophisch ausgedrückt. Lange Zeit gingen viele Kulturen davon aus, dass Schönheit eine Eigenschaft von Menschen oder Dingen sei und auf dahinterliegende Werte verweise: auf Wahrheit, Tugend, Liebe oder auf göttliche Inspiration. Viele traditionelle Gesellschaften, sei es im pharaonischen Ägypten, im konfuzianischen China oder im antiken Griechenland, betrachteten Schönheit als Ausdruck einer moralischen Persönlichkeit, eines ethischen Lebens. In der christlichen Tradition wurde Schönheit als eine Kreation Gottes verstanden.[7] Alle diese Vorstellungen stellte Kant auf den Kopf. Aufbauend auf Arbeiten von Edmund Burke und David Hume vertrat er die Auffassung, dass Dinge und Menschen nicht von sich aus schön sind, sondern vielmehr als angenehm empfunden und erlebt werden. Schönheit sei ein subjektives Empfinden, nicht eine objektive Gegebenheit. Das bedeutete jedoch nicht, dass das, was als schön angesehen wurde, völlig willkürlich war. Stattdessen sprach Kant von »subjektiver Universalität«. Damit meinte er, dass individuelle Urteile auch andere ansprechen müssten und möglicherweise von einer größeren Gemeinschaft geteilt werden könnten.[8]

Vor diesem Hintergrund stellt sich also die Frage mit besonderer Dringlichkeit: Wie konnte Nofretete über Raum und

Zeit hinweg als Verkörperung eines ästhetischen Standards wahrgenommen werden? Sie stellt sich umso mehr, als unterschiedliche Betrachter und Betrachterinnen – wie wir am Beispiel von Beyoncé und Hawass gesehen haben – ganz verschiedene ästhetische Vorstellungen im Kopf haben konnten, wenn sie Nofretetes Schönheit priesen. Und selbst wenn es zunächst wie ein Widerspruch klingen mag: Diese beiden gegenläufigen Aspekte hängen eng zusammen. Denn je weiter Nofretetes Bild Verbreitung fand, desto mehr wurde sie mit ganz unterschiedlichen Interessen verbunden; und je diverser die Anliegen waren, für die sie eingespannt wurde, desto mehr verfestigte sich der Eindruck, dass sie tatsächlich weltweit Resonanz fand und Wirkung erzeugte.

Die Globalisierung von Schönheitsidealen wird häufig als Produkt eines unerbittlichen Prozesses der Verwestlichung verstanden, als eine Form des Kulturimperialismus, der Bleichcreme und blonde, blauäugige Barbiepuppen noch in die entlegensten Winkel der Welt gebracht hat.[9] Im Gegensatz dazu inszenierten sowohl Beyoncé als auch Zahi Hawass Nofretete dezidiert als Gegenpol, als eine Ikone nicht-westlicher Schönheit. Sie mobilisierten das Bild der ägyptischen Königin als wirkmächtiges Gegenmodell zu den vorherrschenden westlichen Normen in der Schönheitsindustrie und im öffentlichen Raum. Doch so widersprüchlich sie auch erscheinen mögen, letztlich ergänzen sich beide Sichtweisen: Wer Nofretete in den Dienst einer bestimmten Gruppe stellen will, profitiert von ihrem Ruf als globale Ikone; ihre Universalität wiederum beruht auf ihrer Aneignung in ganz unterschiedlichen Kontexten.

Nofretetes moderne Karriere führt uns zu unerwarteten Schauplätzen in Asien, Afrika und den beiden Amerikas. Zwar kommt ihr in Deutschland, Ägypten und der afrikanischen Diaspora in den USA eine besondere Bedeutung zu, aber wie wir sehen werden, spielt sie auch in Mexiko und Brasilien, in Nigeria, China oder Indien eine Rolle. Sie ist weltweit ein Teil der gelehrten Ägyptenbegeisterung des gebildeten Bürgertums und zugleich eine Ikone der Popkultur. Nofretetes globale Präsenz bringt daher immer wieder überraschende Einsichten hervor und ist für sich genommen eine faszinierende Geschichte.

Zugleich weist Nofretetes Geschichte aber auch über sich hinaus. Sie erlaubt wichtige Einblicke in die Art und Weise, wie die Globalisierung kulturelle Normen und ästhetische Wahrnehmungen in verschiedenen Teilen der Welt beeinflusst hat.[10] Wenn wir Nofretetes Spuren auf dem Planeten folgen, lernen wir verstehen, wie kulturelle Globalisierung funktioniert. In der ersten Globalisierungseuphorie der 1990er-Jahre gingen viele Kommentatoren und Kommentatorinnen davon aus, dass die kulturelle Annäherung unterschiedlicher Gesellschaften nur eine Frage der Zeit sein würde. Inzwischen ist deutlich geworden, dass die ökonomische Integration der Welt zwar immer weiter voranschreitet, die kulturelle Integration jedoch ganz unterschiedliche Effekte hat und auch neue Brüche und Konflikte hervorbringt. Nofretete ist ein Musterbeispiel für den dialektischen Prozess, durch den globale Bezugspunkte gleichzeitig geschaffen und infrage gestellt werden.

Ihre breite Rezeption wurde dabei durch die Medienrevolution begünstigt, die ihr Bild – in Form von Kopien, Fotografien und Filmen – weltweit verfügbar macht. Walter Benjamin hat die These aufgestellt, dass sich die Bedeutung eines Kunstwerks durch seine mechanische Reproduktion verändert. Er kam zu dem Schluss, dass die Aura der Authentizität eines Bildes zwangsläufig unter seiner Vervielfältigung leidet.[11] Das Beispiel der Nofretete illustriert jedoch noch einen anderen Aspekt: Wie wir sehen werden, haben die zahlreichen Repliken und Nachahmungen nicht nur ihre Anziehungskraft erhöht, sondern interessanterweise auch die Ansprüche auf Authentizität vervielfacht: eine deutsche, ägyptische, afroamerikanische etc. Nofretete. Sie repräsentiert die Ideale, Gefühle und Bestrebungen ganz verschiedener Gemeinschaften. Durch ihre räumliche Verbreitung wurde sie zu einer Ikone, die transnational lesbar ist, während sie gleichzeitig für unterschiedliche Ziele mobilisiert werden kann.[12]

Für einen Autor, der selbst in Berlin lebt, und für ein deutsches Publikum hat die globale Geschichte der Nofretete eine besondere Bedeutung. Das Berliner Ägyptische Museum hat sich ebenso wie sämtliche deutschen Regierungen durchgängig auf den Standpunkt gestellt, dass die Büste der Nofretete unveräußerliches deutsches Eigentum ist. Das war – und ist – in erster Linie ein juristischer Standpunkt, der sich auf »die Buchstaben des Gesetzes« beruft. Das heißt im Klartext, dass man auf die Regelungen verweist, die zwischen Ägypten und den europäischen Mächten in der Hochphase des Imperialismus festgelegt worden waren. Diese Regelungen – denen heutzutage keine ägyptische Regierung mehr zustimmen würde – waren das Produkt sehr ungleicher Machtverhältnisse. Wer sich heute unreflektiert auf sie beruft, schreibt diese unrühmliche Geschichte im Grunde fort.

Das rechtliche Argument ist also die eine Stütze, die das Eigentum an der Büste legitimieren soll. Die andere Stütze sind kulturelle Besitzansprüche. Nofretete ist durch die moderne Rezeption für viele Menschen in Europa zu einem Teil des kulturellen Erbes des Abendlandes geworden. In dieser Lesart steht die ägyptische Königin am Ausgangspunkt der westlichen Moderne. Wie wir im Folgenden sehen werden, war diese doppelte – juristische und kulturelle – Aneignung nur möglich, weil der koloniale und imperiale Kontext, in dem dieses Narrativ entstanden ist, systematisch ausgeblendet wurde. Auf diese Weise hat man in Deutschland lange Zeit sowohl die eurozentrische Vorstellung von den ägyptischen Wurzeln der Moderne als auch das Recht Berlins auf den materiellen Besitz der Nofretete-Büste für selbstverständlich gehalten.

Wie die Schriftstellerin Chimamanda Ngozi Adichie in einem millionenfach angesehenen TED-Talk anschaulich gezeigt hat, führt die Dominanz einer »einzigen Geschichte« zu gefährlichen Missverständnissen. Die Gegenwart, zeigt sie, ist nicht das Ergebnis einer einheitlichen, auf die Jetztzeit zulaufenden Entwicklung, sondern das Produkt von sich überlagernden, miteinander im Austausch stehenden Geschichten und Narrativen.[13] Diese Vielfalt gilt es, wieder zur Geltung zu bringen. Dieses Buch will daher die globale Karriere der Nofretete nachzeichnen, eine Karriere, die aus vielen Geschichten besteht, die sich zu einem globalen Panorama summieren.

Diese Pluralität der Geschichten bringt mit sich, dass viele Akteure ganz Unterschiedliches assoziierten, wenn sie von Nofretete sprachen. Dies konnte selbst dann der Fall sein, wenn sie ähnliche Worte und Begriffe benutzten, deren Bedeutung sich jedoch je nach Zeit und Ort unterschied. Wenn etwa von Nofretetes Schönheit die Rede war, dann meinten nicht alle dasselbe: Die Beschreibungen variierten zwischen kühl und aufreizend, herrschaftlich und devot. Nofretetes Ikonen-Status machte es möglich, ganz unterschiedliche ästhetische Ideale mit ihr zu verbinden und auf sie zu projizieren.

Das gilt nicht zuletzt für die Verbindung Nofretetes mit rassifizierenden Kategorien. Immer wieder haben Akteure sie als Schwarz, weiß oder spezifisch ägyptisch bezeichnet und damit für unterschiedliche Gruppen und politische Projekte vereinnahmt. Heute ist Konsens, dass es für die Annahme unterschiedlicher »Rassen« keine wissenschaftliche Grundlage gibt. Wenn sich Menschen als Schwarz bezeichnen, dann nicht aufgrund biologischer Gemeinsamkeiten, sondern aufgrund ähnlicher Erfahrungen rassistischer Diskriminierung. Das heißt auch, dass Begriffe wie Schwarz und weiß nicht die Hautfarbe bezeichnen, sondern gesellschaftliche Zugehörigkeiten – auch wenn Menschen aufgrund ihrer Hautfarbe Erfahrungen mit Benachteiligung und Rassismus machen. Vereinfacht gesagt: Es gibt nicht unterschiedliche »Rassen«, die rassistische Reaktionen auslösen; vielmehr sind es rassistische Ideologien und Praktiken, die die Vorstellung, es gäbe unterschiedliche »Rassen«, überhaupt erst hervorrufen.[14]

Im Folgenden wird daher Schwarz, als Zuschreibung auf der Basis von gesellschaftlichen Zugehörigkeiten, großgeschrieben. Aber auch mit weiß ist eine Ideologie gemeint, auf der die dominante Kultur beruht. Es beschreibt also nicht Hautfarbe oder Abstammung, sondern gesellschaftliche Positionen, die mit Macht und der Möglichkeit, Standards zu setzen, verbunden sind. Auch wenn über Rassismus häufig innerhalb von Gesellschaften gesprochen wird, operieren diese Zuschreibungen doch immer im Rahmen einer globalen Ordnung.[15]

Allerdings ist dieses Verständnis ein Ergebnis der Debatten unserer Zeit – und es hat sich selbst heute noch nicht überall durchgesetzt. Im Laufe des 20. Jahrhunderts und bis in die Gegenwart hinein verwendeten Akteure die Begriffe »schwarz« und »weiß« auf unterschiedliche Weise.[16] Häufig wurden damit Unterschiede der Herkunft, Hautfarbe oder Ethnizität bezeichnet. Insbesondere die Gleichsetzung von »schwarz« mit Hautfarbe und Phänotyp war weit verbreitet; in diesen Fällen habe ich die kleine Schreibweise beibehalten. Diese unterschiedliche Verwendung wird uns auch in den Zitaten auf den folgenden Seiten immer wieder begegnen. Schon die Kontroverse zwischen Beyoncé und Zahi Hawass macht deutlich, dass Unterschiedliches gemeint war, wenn sie die Bezeichnung von Nofretete als »black« propagierten oder ablehnten. Und dennoch ist es gerade diese Vielzahl (und Widersprüchlichkeit) der Vereinnahmungen, die aus Nofretete die globale Ikone gemacht hat, die wir heute kennen.

I.

ENTDECKUNG

Der Fund

Einige der größten Entdeckungen wurden von Menschen gemacht, die die Geschichte vergessen hat. Wer erinnert sich noch an Rodrigo de Triana, den spanischen Seefahrer, der 1492 von Kolumbus' Schiff aus zum ersten Mal unbekanntes Land sichtete? Wer kennt Pablito Alvarez, den elfjährigen Jungen, der Hiram Bingham 1911 zu den Ruinen von Machu Picchu führte? Ein ähnliches Schicksal war auch Muhammad Ahmad al-Sanusi beschieden. Er gehörte zu einem deutschen Ausgrabungsteam, das von Ludwig Borchardt geleitet wurde, dem Gründer und Leiter des Kaiserlich Deutschen Instituts für Ägyptische Altertumskunde in Kairo.[1] Das Team hatte 1911 mit Ausgrabungen in Amarna am Ostufer des Nils in Mittelägypten begonnen.[2]

Am 6. Dezember 1912 begann al-Sanusi damit, den Schutt zu durchsuchen, der Raum 19 der Ruinen der Stadt Amarna bedeckte. Da sich die Trümmer mehr als einen Meter hoch auftürmten, begann er mit einer kleinen Axt, ging dann aber behutsam mit bloßen Händen vor. Außerhalb des Raumes standen die deutschen Professoren in ihren Anzügen und warteten gespannt darauf, was er zutage fördern würde. Al-Sanusi enttäuschte sie nicht: Er stieß zunächst auf eine Reihe von

Fragmenten und Gegenständen aus der Zeit Echnatons, des ägyptischen Pharaos, der vor mehr als 3000 Jahren herrschte. Er grub weiter, und nachdem er nur sehr langsam vorankam, wurde er schließlich fündig. Er entdeckte ein 48 Zentimeter hohes und 20 Kilogramm schweres Kunstwerk, das fast vollständig erhalten war und im Laufe der Zeit zu einem der berühmtesten Kunstobjekte der Welt werden sollte: die Büste von Echnatons Frau, der Königin Nofretete. Die Ikone der Schönheit.

Nachdem al-Sanusi das Objekt an Ludwig Borchardt übergeben hatte, wurde ein Foto gemacht. Es zeigt einen Ägypter, der die Skulptur in der Hand hält, neben zwei deutschen Wissenschaftlern. Das Bild hält den kollektiven Charakter der Entdeckung – die sich nicht auf die heroische Leistung eines Einzelnen reduzieren lässt – fest. Seitdem wird die Entdeckung der Büste jedoch ausschließlich Borchardt zugeschrieben. Auch wenn Borchardt nie den Bekanntheitsgrad anderer berühmter Ägyptologen – etwa Flinders Petrie oder Howard Carter – erreichen sollte, bleibt Nofretete mit seinem Namen verbunden. Muhammad Ahmad al-Sanusi hingegen hat nie Eingang in die Geschichtsbücher gefunden. In manchen Darstellungen der Fundgeschichte wird er als der lokale Arbeiter genannt, der zufällig die Büste entdeckte – wenn er überhaupt Erwähnung findet.

Al-Sanusi teilt damit das Schicksal der zahllosen ägyptischen Arbeiter, die die eigentliche Ausgrabungsarbeit leisteten, um dann von den Erzählungen über heldenhafte europäische Entdecker und ihre Ruhmestaten in den Hintergrund gedrängt zu werden. Dass der Fund der Nofretete etwas Besonderes war, erschloss sich jedoch auch den Arbeitern vor Ort. Einer von ihnen, Abu al-Hassan Muhammad, dichtete am Tag nach der Entdeckung ein »Freudenlied«. Die Arbeiter sangen häufig rhythmisch akzentuierte Lieder, die ihnen die schwere und meist eintönige Arbeit unter der heißen Sonne erträglicher machen sollten. Ludwig Borchardt hat das Lied in seinem Grabungsbericht in deutscher Übersetzung wiedergegeben – wobei er sich nicht verkneifen konnte anzumerken, dass der »kleine Gelegenheitsdichter [...] die Feinheiten arabischer Grammatik und Metrik durchaus mißachtet« habe:

Da bringt der Kerl ’ne Statue
Und wieder bringt er ’ne Statue.
Seit gestern schon ist er vergnügt,
So Gott will, täglich vergnügt.
O Gott! O Gott! Diese Statue!
Und wieder: schön ist die Statue!
Gern finden wir täglich ’ne Statue
Dann ist der Doktor vergnügt.[3]

Und vergnügt war der »Doktor« – gemeint war natürlich Borchardt – in der Tat. Er erkannte sofort, wie bedeutend und außergewöhnlich der Fund war. Seine erste Beschreibung im Grabungsjournal legte den Grundstein für das spätere Narrativ von der zeitlosen Schönheit: »Lebensgroße bemalte Büste der Königin, 47 cm hoch. Mit der oben gerade abgeschnittenen blauen Perücke, die auf halber Höhe noch ein umgelegtes Band hat. Farben wie eben aufgelegt. Arbeit ganz hervorragend.« In der Tat war sie so bemerkenswert, dass ihm die Worte fehlten: »Beschreiben nützt nichts, ansehen!«[4] Der Wert des Objekts schien über jeden Zweifel erhaben. Borchardt ließ es bewachen

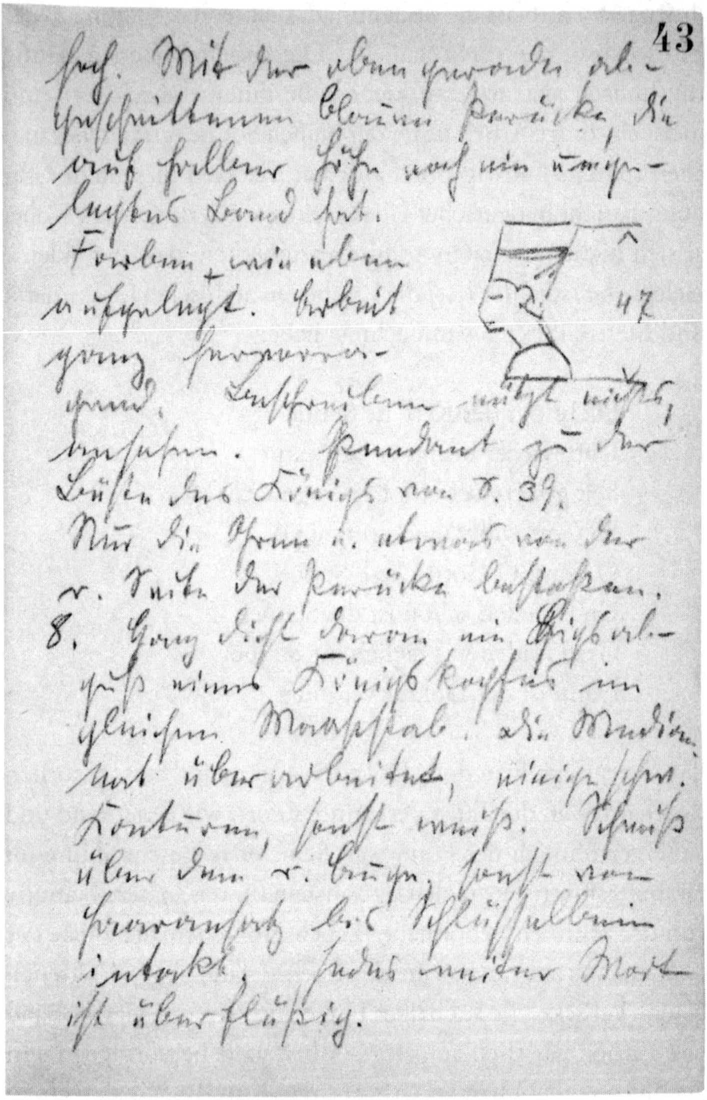

Abb. 1: Borchardts Eintrag im Grabungstagebuch, 6. Dezember 1912: »Arbeit ganz hervorragend. Beschreiben nützt nichts, ansehen.«

und sorgte dafür, dass niemand es zu sehen bekam, denn die Gefahr durch Grabräuber war allgegenwärtig. Die Aufregung war ansteckend. Borchardts Kollege Hermann Ranke gestand später, dass er, um die schöne Königin zu beschützen, »mit der Büste in einem Zelt schlief«.[5]

Die umstrittene Fundteilung

Seit ihrer Entdeckung ist die Büste in deutschem Besitz geblieben. Wie kam es dazu? Anders als heute, wo es strenge Regeln gegen die Ausfuhr wichtiger Kulturgüter gibt, geschah die Entdeckung der Nofretete-Büste auf dem Höhepunkt des imperialistischen Zeitalters. Überhaupt lässt sich die Geschichte der Ausgrabung, Entdeckung und Inbesitznahme der Büste nur vor dem Hintergrund der imperialistischen Machtverhältnisse zu Beginn des 20. Jahrhunderts verstehen. Dieser Hintergrund wird in vielen Darstellungen vernachlässigt. Meist wird das Thema gar nicht angesprochen und argumentiert, dass das Deutsche Kaiserreich in Ägypten ja nicht als Kolonialmacht aufgetreten sei. Der Fund der Nofretete erscheint dann als Ergebnis wissenschaftlicher Neugier, als ein Meilenstein der deutschen Archäologie. Aber das ist eine verkürzte Lesart. Es lohnt sich daher, den größeren Zusammenhang kurz auszuleuchten, in dem die Ausgrabung und Inbesitznahme der Büste überhaupt möglich wurden. Dieser Hintergrund ist nicht zuletzt auch für eine Einordnung der gegenwärtigen Debatten über die Rückgabe von Kulturgütern von Belang.

Der Begriff des Imperialismus legt üblicherweise eine saubere Trennung von Kolonisator und Kolonisierten, von Mächtigen und Unterdrückten nahe. Die Situation in Ägypten war jedoch sehr viel unübersichtlicher und komplizierter. Die deutsche Expedition entlang des Nils war Teil einer imperialen Situation, die in ihrer Komplexität ihresgleichen sucht. Ägypten war seit dem 16. Jahrhundert Teil des Osmanischen Reiches. Die Invasion Napoleons, der 1798 in Ägypten landete und dessen Truppen erst 1801 von den Briten aus dem Land vertrieben wurden, erschütterte die Vorherrschaft der Osmanen jedoch nachhaltig. In der Folge etablierte sich eine neue Dynastie, die sich bis zur Machtübernahme durch Gamal Abdel Nasser im Jahr 1952 halten sollte. Ihr Begründer, Muhammad Ali Pascha, regierte von 1805 bis 1848 und setzte ein umfassendes Modernisierungsprogramm in Gang, das Ägypten vor europäischen Übergriffen schützen und zugleich den Einfluss Konstantinopels – formal blieb Ägypten osmanische Provinz – zurückdrängen sollte.

Die Modernisierungspolitik, die Ägypten im 19. Jahrhundert verfolgte, zielte vor allem auf eine Zentralisierung des Staates und die Aufrüstung der Armee, aber auch auf eine Landreform und erste Ansätze einer Industrialisierung. Es handelte sich um ein konzertiertes Projekt der Staatsbildung, das fast das gesamte Land als Staatseigentum beanspruchte, ein staatliches Monopol auf Landwirtschaft und Industrie errichtete und einen Großteil der Bevölkerung zwangsrekrutierte, um die Armee zu modernisieren und zum Aufbau eines neuen Reiches beizutragen. Die Eingliederung Ägyptens in die moderne Weltwirtschaft geschah jedoch in erster Linie durch die Baumwollproduktion, die das Land auf gewaltsame Weise veränderte: Die vielen lokalen Netzwerke landwirtschaftlicher Erzeugung wurden durch eine halbindustrielle Plantagenwirtschaft ersetzt, die für den Export produzierte.[6]

Entgegen ihrer Absicht führte die Modernisierungspolitik jedoch dazu, dass sich die Abhängigkeit von den europäischen Mächten nicht verringerte, sondern sogar zunahm. Ägypten wurde von westlichen Experten, westlichem Kapital und den westlichen Absatzmärkten für die Baumwolle abhängig. Als das Land in den 1870er-Jahren zahlungsunfähig wurde und der Staatsbankrott bevorstand, griffen die Großmächte ein. 1876 wurde eine internationale Schuldenverwaltung eingerichtet; englische und französische Experten wurden als Minister in die Regierung berufen. Einen Aufstand, der sich gegen den zunehmenden westlichen Einfluss richtete, nahm London 1882 zum Anlass, zu intervenieren und Ägypten zu einem britischen De-facto-Protektorat zu machen. Formal blieb das Land weiterhin eine Provinz des Osmanischen Reiches, aber in der Praxis wurde Ägypten fortan von einem britischen Generalkonsul regiert, der das Land wie eine Kolonie behandelte. In der Staatsverwaltung waren drei Viertel der höheren Posten von Briten oder anderen Europäern besetzt.[7] Die britische Kontrolle stellte nicht zuletzt sicher, dass immer größere Teile des nutzbaren Bodens für den Anbau von Baumwolle bereitgestellt wurden, die dann in den englischen Textilfabriken verarbeitet wurde.[8]

Was hat all dies mit Nofretete zu tun? Nun, die zunehmende imperiale Durchdringung des Landes am Nil hatte auch ganz konkrete Folgen für europäische Archäologen und ihre Grabungsvorhaben. Die Verwaltung der antiken Monumente und archäologischen Stätten stand fortan unter europäischer Kontrolle. Auch die Ausgrabungsbedingungen änderten sich grundlegend: Die Finanzierung von Grabungen, die Rekrutierung von Tausenden von ägyptischen Arbeitern, die Regeln für den Umgang mit den Funden: All das war nunmehr geprägt von imperialen Machtverhältnissen.

Um mit dem ersten Punkt zu beginnen: Die komplizierte Architektur der Machtverhältnisse – Osmanisches Reich, Großbritannien, Ägypten – wurde durch eine weitere Ebene der Souveränität ergänzt, da wichtige staatliche Einrichtungen von Vertretern anderer europäischer Länder geleitet wurden. Dazu zählte auch der 1858 auf Vorschlag des französischen Ägyptologen Auguste Mariette gegründete Antikendienst *(Service d'Antiquités)*. Dieser verfolgte im Wesentlichen zwei Ziele: Zum einen ging es darum, die wissenschaftliche Erforschung der antiken Stätten zu fördern. Zu diesem Zweck sollten ausländische Investoren und archäologische Delegationen angezogen werden, da Ägypten nicht in der Lage war, Ausgrabungen in großem Umfang selbst zu finanzieren. Zum anderen bestand seine Aufgabe darin, das kulturelle Erbe Ägyptens zu schützen. Der Dienst kümmerte sich also darum, Plünderungen an den antiken Stätten zu verhindern, und ergriff zugleich Maßnahmen gegen den Schmuggel von Kunstgegenständen aus dem Land – zwei Vorgehensweisen, mit denen die westlichen Großmächte ihre Museumssammlungen aufzustocken pflegten.[9]

Unterstützt durch die geopolitischen Ambitionen Napoleons III. in der Region war das Amt faktisch eine französische Institution – und blieb dies auch fast ein Jahrhundert lang. Bis zum Staatsstreich Nassers im Jahre 1952 wurde es durchgängig von französischen Beamten geleitet. Ursprünglich war der Antikendienst mit exklusiven Ausgrabungsrechten ausgestattet, aber auch mit Annehmlichkeiten wie einem Dampfschiff und dem Recht, Fronarbeit zu erheben. Vor allem aber kontrollierte er den Zugang zu den antiken Monumenten. Jeder, der Ägyptens alte Geschichte erforschen und Zugang zu den Ausgrabungsstätten erhalten wollte, war auf die Zustimmung eines französischen Bürokraten angewiesen. »Das war wie eine Inbesitznahme Ägyptens für die Wissenschaft«, scherzte der zweite Direktor des Amtes, Gaston Maspero.[10]

Damit wurde auch die Archäologie zu einem Schauplatz der großen geopolitischen Konflikte jener Zeit: Sie war nicht zu trennen von der erbitterten französisch-britischen Rivalität (und der späteren Annäherung beider Länder), dem sich verschärfenden Wettbewerb mit Deutschland, Italien und den Vereinigten Staaten sowie schließlich dem aufkommenden ägyptischen Nationalismus. Angesichts dieses Tauziehens unter imperialen Bedingungen hatten die einheimischen Experten für das antike Ägypten – der bekannteste unter ihnen war Ahmad Kamal (1851–1923), der als erster Ägyptologe des Landes gilt und acht umfassende Bücher über das Ägypten der Pharaonen auf Arabisch verfasste – kaum eine Chance, auf eigene Faust zu forschen.[11] Die deutschen Ägyptologen wiederum konkurrierten aktiv mit ihren englischen und französischen Kollegen, in der Hoffnung, »im friedlichen Streite der Geister« zu siegen. Es ging dabei jedoch nie ausschließlich um die Erweiterung des Wissens: Archäologie war auch Imperialismus mit anderen Mitteln. Wissenschaft war immer auch ein nationaler Feldzug, und die Archäologen strebten danach, zukünftige Entdeckungen in das »Ehrenbuch ihrer Großtaten auf geistigem Gebiete« eintragen zu können.[12]

Zweitens schlug sich die imperiale Durchdringung der Region nicht nur in den institutionellen Rahmenbedingungen für archäologische Vorhaben nieder, sondern sie prägte auch die ökonomische Dimension solcher Großprojekte. Die Geschichte der ägyptologischen Ausgrabungen und der damit verbundenen Zirkulation von antiken Objekten wird üblicherweise als eine Geschichte von Ideen und wissenschaftlichem Fortschritt erzählt, mehr oder weniger im luftleeren Raum. Aber in vielem ähnelten die Expeditionen, durch die Tausende von Artefakten in europäische Museen gelangten, dem Handel mit anderen kolonialen Gütern wie Tee, Gewürzen oder Baumwolle. Die Erforschung des pharaonischen Ägyptens war Teil einer eigenen politischen Ökonomie.[13]

Wer also bezahlte die Ausgrabungen, und wer profitierte von ihnen? Den größten unmittelbaren Nutzen hatten zweifellos die Leiter der Expeditionen sowie überhaupt alle, die ihre Karrieren auf archäologischem Wissen aufbauten. Die Grabungen in Amarna wurden von Ludwig Borchardt (1863–1938) geleitet, einem der wichtigsten Ägyptologen seiner Zeit und seit 1907 Direktor des Deutschen Instituts für ägyptische Altertumskunde in Kairo.[14] Er war zugleich als Architekt ausgebildet und gehörte der Generation an, die eine Verwissenschaftlichung der Grabungspraxis durchsetzte. In den Jahrzehnten nach Napoleons Ägypten-Expedition war es bei den Grabungskampagnen häufig vor allem darum gegangen, Einzelfunde und wertvolle Objekte zu ergattern und diese dann an Museen zu übergeben oder auf dem Kunstmarkt zu Geld zu machen.[15] Im Laufe des 19. Jahrhunderts veränderte sich dieses Vorgehen: Grabungen waren nicht mehr vornehmlich eine Beschaffungsstrategie für Sammler, sondern zielten auf wissenschaftliche Erfassung. Nun ging es darum, die genauen Fundstellen zu dokumentieren, die

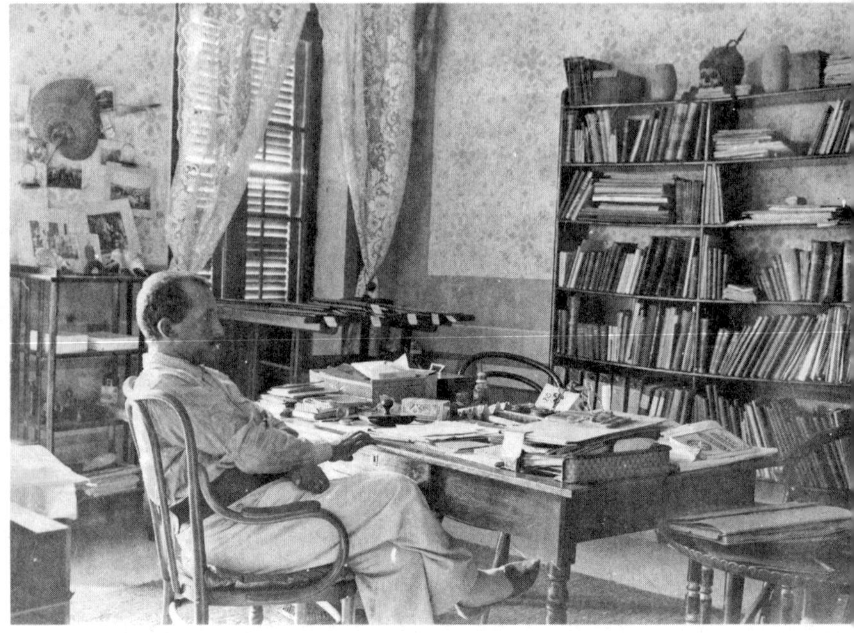

Abb. 2: Ludwig Borchardt in seiner Kairoer Wohnung, ca. 1899

unterschiedlichen Fundschichten zu unterscheiden und den historischen Kontext genau zu rekonstruieren. Ein Objekt war nicht mehr ein Solitär, sondern Zeugnis einer vergangenen Epoche. Selbst bescheidene Alltagsgegenstände erhielten auf diese Weise eine Bedeutung und einen Wert.[16]

Diese Verwissenschaftlichung war arbeitsaufwendig. Sie erforderte eine immer größere Präzision und Dokumentation und war auf immer mehr Arbeiter und (ägyptische) archäologische Experten angewiesen. Am Ende waren es jedoch die deutschen Ägyptologen, die am unmittelbarsten von diesen Großunternehmungen profitierten: Sie erhielten Stellen und

Fördergelder und heimsten überdies den Ruhm der Entdeckung ein. Ägyptologische Grabungen waren in vieler Hinsicht ein einträgliches Geschäft, das ökonomisches, kulturelles und soziales Kapital versprach.[17]

Borchardt war dabei auf Sponsoren angewiesen. Größere Grabungskampagnen verschlangen riesige Summen, für deren Finanzierung sich die Archäologen aktiv um private Mäzene kümmern mussten. Die Ausgrabungen in Amarna wurden von James Simon (1851–1932) finanziert, einem einflussreichen Unternehmer, der vor dem Ersten Weltkrieg zu den zehn reichsten Bürgern Berlins zählte. Er war gesellschaftlich hoch angesehen und unterhielt enge Beziehungen zum deutschen Kaiser Wilhelm II. Seine Reputation beruhte nicht nur auf seinem Wohlstand, sondern vor allem auf seiner philanthropischen Tätigkeit. Simon war einer der wichtigsten Förderer sozialer, wissenschaftlicher und künstlerischer Einrichtungen. Über die Finanzierung der Grabungen in Amarna schloss er einen Privatvertrag mit der ägyptischen Regierung ab. Aus diesem Grund wurde er Eigentümer aller in Amarna gemachten Funde, die er seiner umfangreichen Privatsammlung einverleibte. Ihr Prunkstück: die Büste der Nofretete.[18]

Auch die Finanzierung dieser Ausgrabung war eng eingebunden in imperiale Kontexte. James Simon hatte die Firma seines Vaters und Onkels geerbt, die durch den Handel mit Baumwolle reich geworden waren. Zur Zeit der Grabungen in Amarna stand er dem größten Baumwollunternehmen auf dem europäischen Kontinent vor und wurde in der Öffentlichkeit als »Baumwollkönig« bezeichnet. Aber wenn es einen Wirtschaftszweig gab, der ohne Imperialismus und koloniale Ausbeutung nicht denkbar war, dann war es das Baumwollgeschäft.

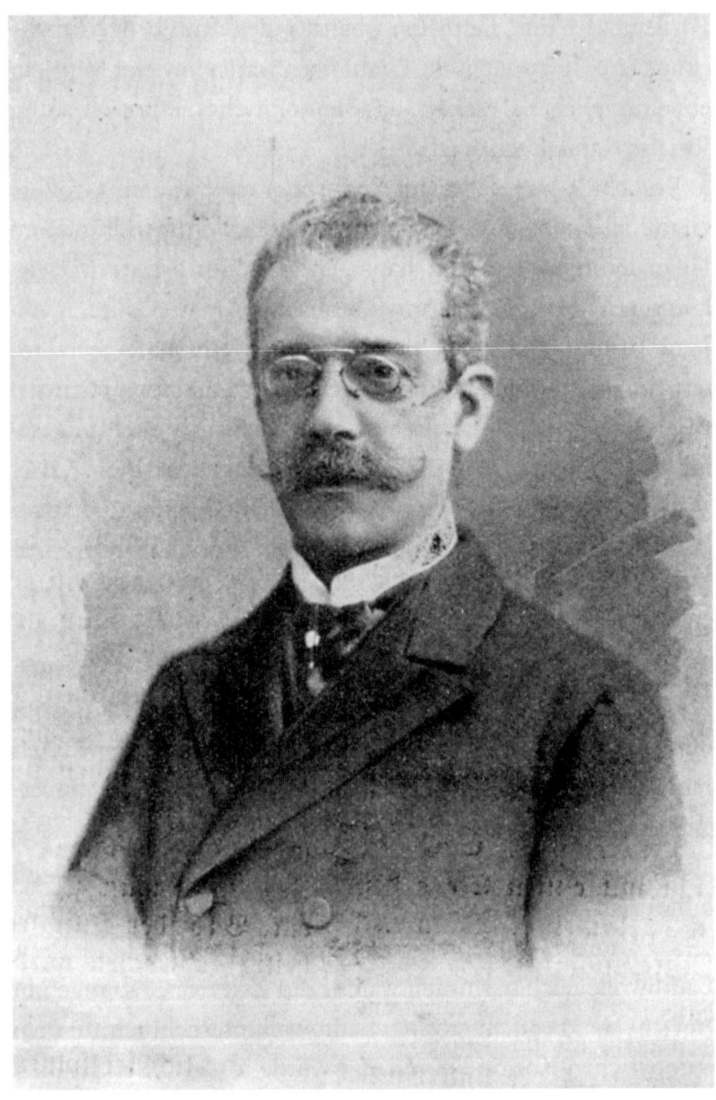

Abb. 3: James Simon, Sponsor der Ausgrabung in Amarna und erster Besitzer der Nofretete-Büste, die er 1920 den Berliner Museen vermachte

In den amerikanischen Südstaaten wurde die Baumwolle von versklavten Menschen angebaut; in anderen Regionen, nicht zuletzt in Ägypten, erfolgte der Anbau unter sklavenähnlichen Bedingungen. Baumwolle war das imperiale Produkt par excellence.[19] James Simons philanthropische Tätigkeit, und damit auch die Entdeckung der Nofretete, wurde durch Plantagenarbeit, Ausbeutung und Sklaverei ermöglicht. Diese Dimension bleibt in den Darstellungen der Fundgeschichte vollkommen unerwähnt. Aber das Simnon'sche Handelsimperium und Simons Engagement im Nahen Osten (unter anderem war er einer der Gründer der Deutschen Orient-Gesellschaft), darauf haben Mirjam Brusius und Matthew Vollgraff hingewiesen, lassen sich nicht voneinander trennen: »Das eine hat das andere gefördert, da sie aus derselben imperialen Infrastruktur entstanden sind.«[20]

Drittens waren die Archäologen für die groß angelegten Grabungsprojekte nicht nur auf Geldgeber angewiesen, sondern auch auf lokale Arbeitskräfte. Die Grabungen waren umfangreiche Unternehmungen, bei denen abgesehen von der deutschen Delegation jeweils mehrere Hundert ägyptische Arbeiter in verschiedenen Funktionen eingesetzt wurden. Darunter waren einige Spezialisten wie Handwerker, Steinhauer, Kameltreiber oder Köche. Die große Mehrheit waren jedoch einfache, ungelernte Arbeiter sowie Jugendliche, die in den jeweils umliegenden Dörfern angeheuert wurden. Ohne diese Arbeiter wären die Grabungsvorhaben nicht zu realisieren gewesen. Sie legten alte Baureste frei, gruben aus, entfernten den freigelegten Sand und trugen ihn fort; sie durchsuchten Trümmerreste, reinigten die Fundstätten, bargen die antiken Objekte und erledigten vieles mehr.

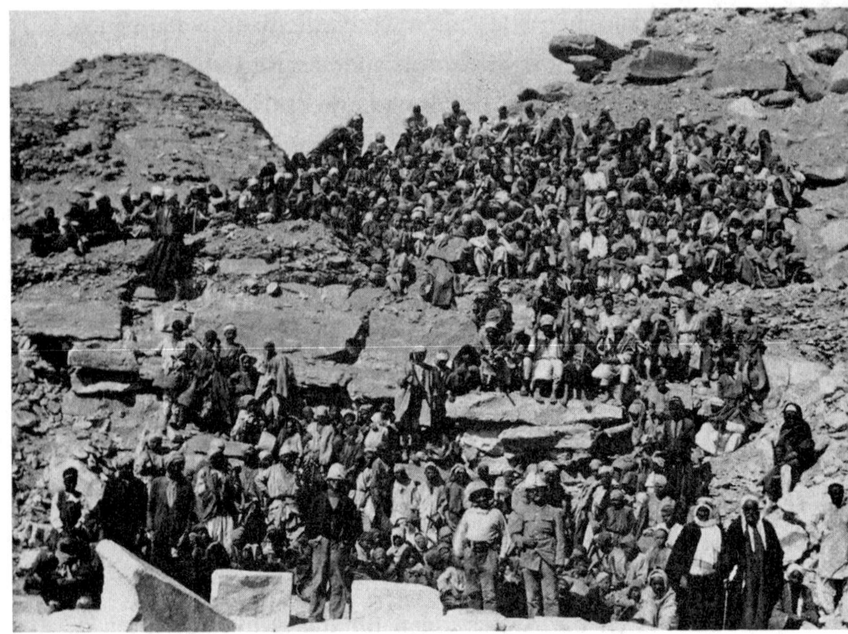

Abb. 4: Grabungsmannschaft mit Ludwig Borchardt (vorne in der ersten Reihe, mit hellem Hemd) bei einer Grabung in Abusir, 1903–04

Dass diese Arbeitskräfte jeweils in ausreichender Zahl zur Verfügung standen, war selbst wiederum ein Effekt der imperialen Durchdringung des Landes. Als Folge der forcierten Kommerzialisierung der Landwirtschaft, der Privatisierung des Grundbesitzes sowie der Durchsetzung der Geldwirtschaft hatten große Teile der Landbevölkerung (die sogenannten Fellachen) ihr Land und damit ihre Lebensgrundlage verloren. Sie waren fortan auf zusätzliche monetäre Einkünfte angewiesen und verdingten sich bei den verschiedenen Grabungskampagnen.[21]

Ägyptologen wie Ludwig Borchardt kamen daher im Laufe einer Grabungssaison mit Hunderten, wenn nicht Tausenden von ägyptischen Männern, »boys« und vereinzelt auch Mädchen in Kontakt, die sie für ihre archäologischen Ausgrabungen rekrutierten – aber auch interviewten, ausbildeten, disziplinierten, bezahlten und wieder entließen. Den Großteil dieser Aufgaben überließen sie jedoch ihren ägyptischen Vorarbeitern. Diesen kam in der archäologischen Praxis eine immense Bedeutung zu. Seit den 1890er-Jahren hatte sich eine eigene Kaste von archäologisch versierten Vorarbeitern gebildet, die auf breite Grabungserfahrung zurückgreifen konnten. Sie übernahmen sowohl die disziplinarische als auch die technische Aufsicht. Sie waren nicht nur in der Lage, eine große Anzahl von Arbeitern zu dirigieren, sondern sie kannten das Gelände, dokumentierten Fundstellen und Grabungsfortschritte und standen als Berater für logistische und archäologische Fragen zur Verfügung. Ohne diese Vorarbeiter und ihr Fachwissen wären die Ausgrabungen ganz und gar unmöglich gewesen.

Die meisten dieser Archäologen-Vorarbeiter stammten aus der südägyptischen Stadt Quft (deutsch auch Koptos). Sie gaben ihr Wissen und ihre Kenntnisse an Familienmitglieder und andere Personen aus der Stadt weiter. Britische, deutsche oder amerikanische Grabungsteams setzten unweigerlich auf diese Experten, die Quftis. Obwohl sie aus einer kleinen Anzahl von Dörfern in einer der ärmsten Regionen Südägyptens stammten, wo nur eine Handvoll lesen und schreiben konnte, reisten die Quftis über große Distanzen. Sie lernten zum Teil Englisch, Französisch oder Deutsch, auch wenn sie in der Regel auf Arabisch kommunizierten. Überdies halfen sie dabei, den archäologischen Nachwuchs in den neuesten Methoden aus-

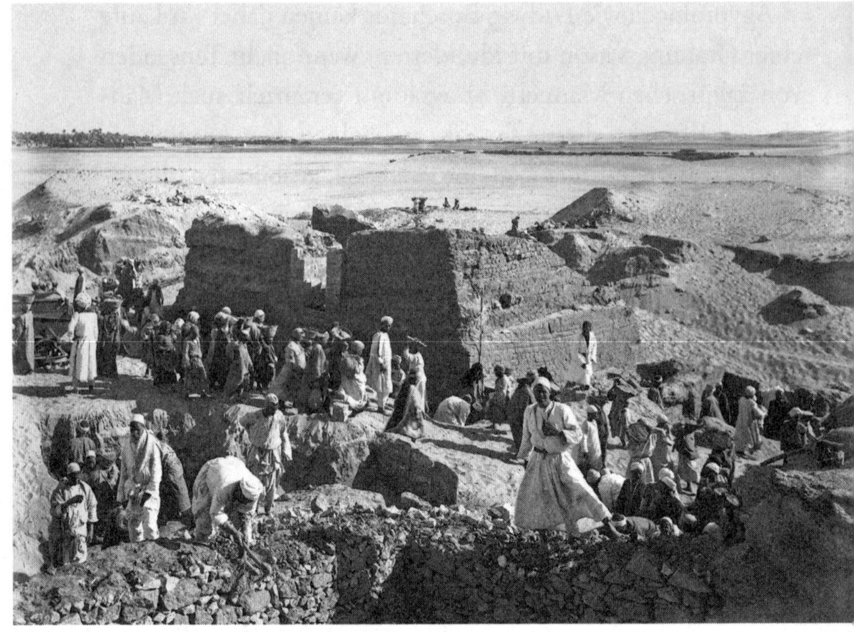

Abb. 5: Grabungsarbeiten in Gizeh, 1910; vorne links ein Mann mit Hacke; im Hintergrund tragen Kinder Körbe zur Feldbahn.

zubilden.[22] Wie Borchardt etwas herablassend einräumte, hatten die Quftis »auch wirkliches Verständnis für die Arbeit und beurteilen die Funde nach dem, fast möchte ich sagen, wissenschaftlichen Wert«.[23]

Der wichtigste Qufti, der bei der Grabung in Amarna eingesetzt wurde, war niemand anderes als Muhammad Ahmad al-Sanusi. Auch wenn die Geschichtsschreibung ihn vergessen hat: Er war keineswegs ein unbekannter Arbeiter, er war nicht bloß einer von vielen. Vielmehr war er die zentrale Figur aller deutschen Ausgrabungen vor dem Ersten Weltkrieg. Al-Sanusi war beim Institut für Ägyptische Altertumskunde in Kairo angestellt, das Borchardt leitete. Er nahm an insgesamt zehn Grabungskampagnen teil – häufig an mehreren gleichzeitig, da seine Expertise unentbehrlich war und er daher von einer Grabungsstätte zur anderen pendeln musste. Er verdiente deutlich mehr als andere Vorarbeiter, was ihn auch sozial von den einfachen Arbeitern klar absetzte. 1907 war er in der Lage, mit den erzielten Einkünften ein Haus in seiner Heimatstadt Quft zu bauen. Nachdem er sich in den frühen 1930er-Jahren dorthin zurückzog, erhielt er eine Art Rente aus Deutschland. Einem deutschen Ethnologen, der ihn in Quft besuchte, verkündete er ihm zufolge »voll Stolz«, er habe sich als »Almani« (Deutscher) verstanden.[24]

Al-Sanusi verfügte über Autorität bei den einfachen Arbeitern, die er bisweilen auch mit Gewalt durchsetzte. »Mohammed Achmed es Senussi aus Kiman bei Qeft, der als einfacher Arbeiter bei uns eintrat, hat es schliesslich im Laufe der Jahre so weit gebracht, dass er eine Arbeiterzahl von gegen 400 Mann ohne Schwierigkeit dirigiert«, urteilte der Ägyptologe Georg Steindorff, der ebenfalls mit ihm zusammenarbeitete. Darüber hinaus und vor allem war al-Sanusi aufgrund seiner fachlichen Fähigkeiten geschätzt. Er verfügte über keinerlei formale Ausbildung – und war trotzdem eine der erfahrensten Personen vor Ort. Borchardt vermerkte, dass er »einer der umsichtigsten unter unseren Arbeitern« war.[25] Er bewunderte al-Sanusis Erfahrung und seine Gabe, Objekte rasch erkennen und einordnen zu können: »[E]r pflegt richtig zu sehen«. Die Erkundung von neuem Terrain überließen die deutschen Grabungsleiter häufig ihm; zahlreiche wichtige Funde gelangen ihm selbst. Steindorff schwärmte: »[E]s ist eine Freude zu sehen, mit welchem Geschick und Verständnis [al-Sanusi] alles macht.« Für Steindorff war al-Sanusi »der geborene Archaeologe«.[26] Es war daher nur folgerichtig, dass Borchardt ihn an jenem 6. Dezember 1912 in Amarna rufen ließ. Am Vormittag waren die ersten Funde in Raum 19 gemacht worden, und einiges deutete darauf hin, dass weitere wertvolle Gegenstände zum Vorschein kommen würden. Borchardt verließ sich daher auf seinen Vorarbeiter, der weitaus mehr archäologische Erfahrung hatte als er selbst. Dass es al-Sanusi war, der dann die Büste der Nofretete bergen konnte, war mithin alles andere als Zufall.

Die Rolle der ägyptischen Arbeiter, Spezialisten, Archäologen ist in der Geschichte der Ägyptologie, wie bereits gesagt, weitgehend vergessen, ja unkenntlich gemacht worden. Diese Leerstelle wird im Fall der Nofretete auf besonders ironische Weise deutlich: durch das ikonische Foto des Moments, in dem die Büste das erste Mal präsentiert wird. Auf dem Bild sieht man links Hermann Ranke, Borchardts Assistenten; im Hintergrund ist der deutsche Architekt Paul Hollander zu sehen, der die Ausgrabung begleitete. Im Mittelpunkt jedoch steht ein Ägypter, der die Büste in Händen hält. Wenigstens auf diese Weise, möchte man meinen, hat Muhammad Ahmad al-Sanusi in den Geschichtsbüchern seinen Platz gefunden.

Nur: Er ist es gar nicht. Zwar fehlt in kaum einer Bildbeschreibung sein Name – aber um al-Sanusi handelt es sich nicht; der Ägypter auf dem Foto ist jemand anderes. Wir verfügen über einige Aufnahmen von al-Sanusi, aus denen deutlich hervorgeht, dass er und die Person auf dem bekannten Foto nicht identisch sind. Das Bild entstand mit Sicherheit als gestellte Szene, die dem Prinzen Johann Georg von Sachsen, dem Sohn des damaligen sächsischen Königs, präsentiert wurde. Der geschichtsinteressierte Prinz, ein leidenschaftlicher Hobbyfotograf, war just an dem Tag besuchsweise in Amarna angekommen. Das Bild, das den Finder der Büste zeigen soll, zeigt ihn in Wirklichkeit gar nicht – symbolischer kann man die Ausblendung des ägyptischen Beitrags zur Geschichte der Archäologie kaum darstellen.[27]

Wer immer sie auch fand, wir müssen zu unserer Ausgangsfrage zurückkehren: Wie kam es, dass Nofretete nach Berlin kam und dort bis heute geblieben ist? Auch dieser Teil des Erwerbs hatte mit kolonialen Strukturen zu tun und ist der vierte Aspekt, den wir hier berücksichtigen müssen. Denn ein zentrales Instrument der Arbeit des Antikendienstes war die sogenannte Fundteilung (die Franzosen sprachen von *partage*). Die Inhaber von Grabungslizenzen, die eine archäologische Ausgrabung finanzierten und technisch ausstatteten, verlangten als Ausgleich für ihre Ausgaben einen Anteil (in der Regel die Hälfte) an den Funden, der ihnen auch regelmäßig zugesichert wurde. Es war also formal gesehen legal, dass die deutsche Delegation die Hälfte der Beute mit nach Hause nehmen konnte, auch wenn aus heutiger Sicht klar ist, dass eine solche Regelung nur unter den ungleichen Bedingungen des imperialistischen Zeitalters getroffen werden konnte. Schon in der Konzession für Howard Carter und seine Grabungen im Tal der Könige 1915 wurde sie deutlich eingeschränkt; wenige Jahre nach dem Ersten Weltkrieg wurde sie für immer abgeschafft.[28]

Die Hälfte der Beute – aber doch gewiss nicht die Nofretete-Büste selbst? Viel Tinte ist über die Details der Aufteilung der Objekte nach dem Ende der Ausgrabungssaison im Januar 1913 vergossen worden. Borchardt tat alles, was er rechtlich tun konnte, um das seiner Meinung nach wertvollste Objekt zu

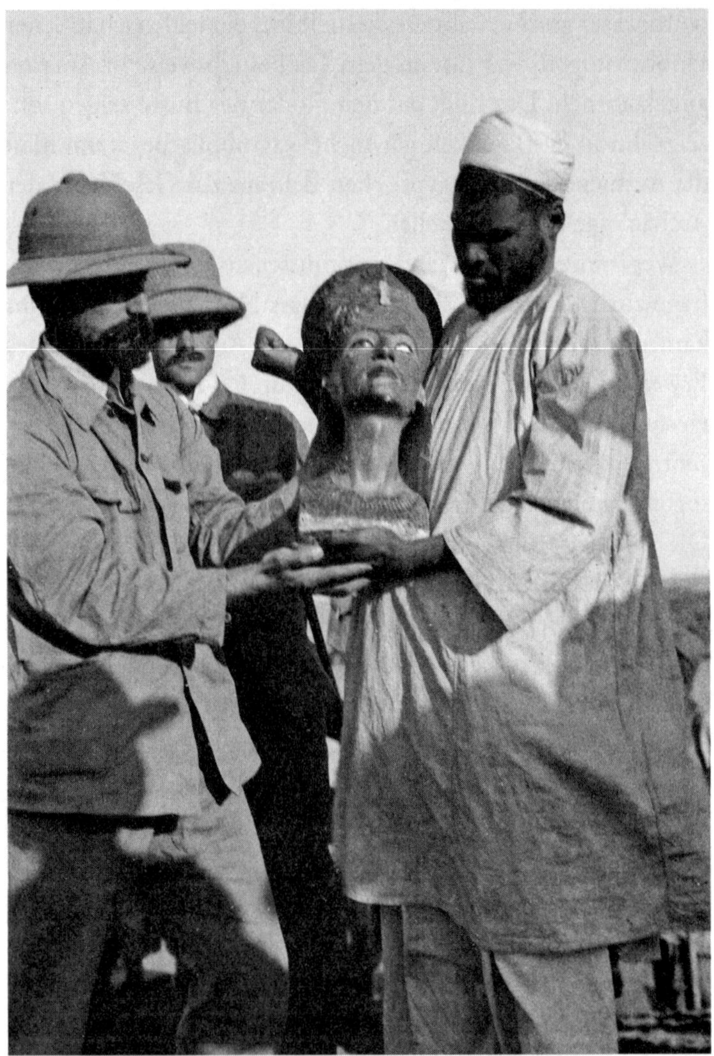

Abb. 6: Die Nofretete-Büste unmittelbar nach ihrer Entdeckung. Links Hermann Ranke, dahinter Paul Hollander; der Name des ägyptischen Arbeiters (den man lange für al-Sanusi hielt) ist nicht bekannt.

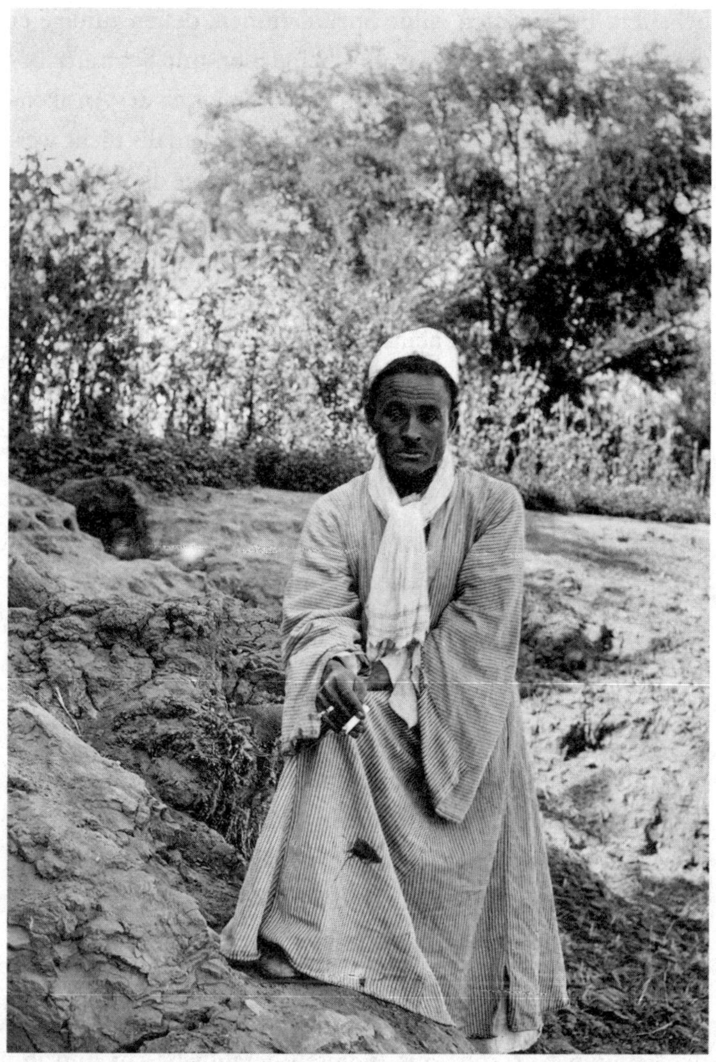

Abb. 7: Obervorarbeiter Muhammad Ahmad al-Sanusi (c. 1903)

behalten. Es kursieren wilde Spekulationen, denen zufolge er die Büste versteckt oder, wahrscheinlicher, mit Schmutz besprengt habe. Dem französischen Repräsentanten des Antikendienstes, Gustave Lefèbvre, fiel das Stück jedenfalls nicht weiter auf, und er unterschrieb die Liste, der zufolge die Büste dem Berliner Anteil zugesprochen wurde.

Hat Borchardt die Büste letztendlich »gestohlen«? Für die späteren ägyptischen Regierungen war die Angelegenheit klar; sie werfen ihm bis zum heutigen Tag Diebstahl vor. Die offizielle deutsche Position war stets, derartige Anschuldigungen vehement zu bestreiten. Aber Zweifel sind angebracht. So schrieb der deutsche Gesandtschaftsrat Hans Pilger im Oktober 1925 an das Auswärtige Amt, er sei »stutzig geworden, daß sowohl H[err] Prof. [Walter] Wreszinski als auch der Assistent des Institutes, H[err Dr. Adolf] Rusch mir gegenüber mit ihrer Meinung nicht zurückhielten, daß vielleicht die von der Gegenseite jetzt behauptete Täuschung bei der Teilung tatsächlich erfolgt sein könnte«.[29]

Diese schwerwiegenden Bedenken – immerhin war Rusch praktisch der Assistent Borchardts – finden in einem vertraulichen Vermerk, der 1952 für das Auswärtige Amt erstellt wurde, eine gewisse Bestätigung. Verfasst wurde er von Willy Diemke, der in den 1930er-Jahren Mitarbeiter des Deutschen Archäologischen Instituts in Kairo (und Sekretär der ägyptischen Zweigstelle der NSDAP) gewesen war. Diemke schrieb: »In der Tat hat ein deutscher Ägyptologe durch List und Betrug den Kopf der Königin Nofretete aus Ägypten herausgebracht und ihn dem Berliner Museum zugeführt.« Nur durch »ein Täuschungsmanöver« habe Borchardt die Büste nach Berlin bringen können.[30]

Eine Ahnung, dass es bei der Verteilung der Objekte von Amarna nicht mit rechten Dingen zugegangen sein konnte, kursierte mithin seit Langem im Auswärtigen Amt. Das legt auch ein Brief aus dem Jahr 1924 nahe, in dem der Sekretär der Deutschen Orient-Gesellschaft Bruno Güterbock seine Erinnerung an die Fundteilung notierte, der er im Januar 1913 beigewohnt hatte. Er schrieb, dass Lefèbvre die Büste selbst nie zu sehen bekam: Borchardt habe seinem französischen Kollegen lediglich Fotografien der Objekte vorgelegt. Auf dieser Grundlage seien die Gegenstände dann verteilt worden. Lefèbvre habe auf die Inspektion der Originale, die schon in Kisten verpackt waren, verzichtet. Der Franzose war eigens instruiert worden, strikt darauf zu bestehen, dass mindestens die Hälfte der Gegenstände in Kairo verblieb, fand diese Anweisung aber zu streng und war geneigt, den Berlinern einen größeren Anteil zuzugestehen.[31]

In jüngster Zeit sind noch schwerwiegendere Vorwürfe erhoben worden, die Borchardt des geradezu kriminellen Verhaltens beschuldigen. Der Ägyptologe Rolf Krauss, einer der besten Kenner der Materie, hat die These vertreten, Borchardt habe die Zeit zwischen dem Fund der Büste und der Fundteilung genutzt, um eine gefälschte Stele herstellen zu lassen. Sie sei nach dem Vorbild eines Reliefs, das sich bereits in Berliner Besitz befand, angefertigt worden: eine Darstellung von Echnaton und Nofretete, die mit ihren Kindern spielen. Krauss führt zahlreiche Belege an, um zu zeigen, dass es sich bei der Stele um eine Nachbildung handeln müsse – und erinnert daran, dass Borchardt Erfahrung mit Fälschungen hatte: Einige Jahre zuvor hatte er täuschend echte Tontafeln mit Keilschrifttext hergestellt und damit seine Kollegen hinters Licht geführt, die sie für Originale hielten. Krauss hält es daher für wahrscheinlich, dass Borchardt die Stele – spektakulär, aber eben ein *fake* – habe nachmachen und dann vergraben lassen. Sie wurde wenige Tage vor der Fundteilung – und nur von wenigen Zentimetern Sand bedeckt – gefunden. Gerade rechtzeitig, um Lefèbvre als Gegenstück zur Nofretete-Büste angeboten zu werden.[32]

Die ganze Wahrheit wird in dieser Angelegenheit wohl nie ans Licht kommen. Gewiss ist nur: Der Teil der Grabungsfunde, der den Deutschen zugesprochen wurde, umfasste am Ende auch die Nofretete-Büste.[33] Wie in solchen Fällen üblich, wurden alle Funde zunächst nach Berlin transportiert, um dort ausgestellt zu werden, bevor der ägyptische Anteil dann nach Kairo zurückgebracht wurde. Da Borchardt sich der Legitimität seines Handelns nicht ganz sicher sein konnte, verbarg er die Büste weiterhin so gut wie möglich und suchte ihre öffentliche Zurschaustellung zu verhindern. Er befürchtete, dass das zu erwartende öffentliche Aufsehen die Vertreter der Altertumsbehörde in Kairo verärgern und zu Rückgabeforderungen veranlassen würde; überdies sorgte er sich, dass die ägyptische Regierung deutsche Ausgrabungen in der Region behindern könnte. Er versuchte daher, die Ausstellung zu einer Geheimangelegenheit zu machen.

»Bitte lass Dir auch den Gedanken an eine Ausstellung des diesjährigen Gesamtfundes im Museum aus dem Kopfe gehen«, schrieb er an Heinrich Schäfer, den Direktor des Ägyptischen Museums in Berlin, »denn das wäre ohne Aufsehen doch nicht möglich. Wir können höchstens an einem unauffälligen Orte eine Ausstellung vor einem kleinen geladenen Kreise machen und damit Schluss.«[34] Darauf ließ sich Schäfer jedoch nicht ein. Borchardt erreichte lediglich, dass die Büste der Nofretete nicht in die öffentliche Ausstellung aufgenommen wurde. Vorsichtshalber veröffentlichte er in einem Überblick über die Amarna-Expedition eine hinreichend vage Beschreibung mit einem Bild, das nur einen Teil der Königin zeigte. »Der Ausschnitt ist so gewählt worden, daß man daran die ganze Schönheit der Büste nicht sehen kann«, bemerkte er listig, »er genügt aber, um nötigenfalls jedes spätere Gerede von Dritten über Geheimhaltung zu widerlegen.«[35]

Amarna in Berlin, 1913

Die Ausstellung von Objekten aus Amarna, die von November 1913 bis Juni 1914 zu sehen war, wurde von der Öffentlichkeit mit großer Begeisterung aufgenommen. Die Berliner Lokalpresse berichtete ausführlich: »In der [...] Säulenhalle des ägyptischen Museums zu Berlin drängen sich Scharen von Neugierigen. Allen voran Damen und Backfische, die sich archäologisch begeistern. [...] Das Flügelgeschwirr der Sensation webt zwischen den Papyruskapitälen der bunten Tempelhalle. [...] es sind wahrhaftig Kunstwerke und Kuriositäten von beispiellosem Reiz.«[36] Ursprünglich war die Ausstellung nur für einige Wochen geplant, aber angesichts der kaum abnehmenden Besucherzahlen sahen sich die Behörden gezwungen, sie mehrmals zu verlängern. Hunderte von Artikeln in der Berliner und deutschen Presse trugen zusätzlich dazu bei, ein Gefühl der Sensation zu erzeugen. Der Eindruck, dass es sich um ein historisches Ereignis handelte, war weit verbreitet.[37]

Woher die ganze Aufregung? Wie kam es zu einem so euphorischen Empfang der Amarna-Objekte? Schließlich war die Nofretete-Büste – das Glanzstück der Sammlung – aufgrund von Borchardts Vorsichtsmaßnahmen gar nicht zu sehen. Was machte die Artefakte aus Amarna so attraktiv für das Berliner Publikum, mehr als 3000 Jahre nach ihrer Entstehung und mehr als 3000 Kilometer entfernt von ihrem Fundort? Um die geballte Aufmerksamkeit zu verstehen, müssen wir sie in die besondere Situation der Zeit einordnen. Drei verschiedene Bedingungen trafen damals zusammen: die schon seit Langem praktizierte Eingliederung des antiken Ägyptens in die Vorgeschichte der westlichen Moderne; die ganz besondere Anziehungskraft, die Amarna auf das europäische Publikum ausübte; und schließlich eine Reihe allgemeiner Trends in der Kunst der Moderne zu dieser Zeit. Dieses Zusammenspiel schuf den fruchtbaren Boden, auf dem die Nofretete-Büste, als sie schließlich 1924 in Berlin ausgestellt wurde, eine so explosive Wirkung entfaltete.

Um mit dem ersten Punkt zu beginnen: Ägypten der Vorgeschichte Europas einzuverleiben war kein neues Phänomen. Ein allgemeines europäisches Interesse an allem Ägyptischen lässt sich mindestens bis zur Renaissance zurückverfolgen, als die Wiederentdeckung der klassischen Antike auch zu einer neuen Wertschätzung des alten Ägyptens führte.[38] Schon die altgriechischen »Ägyptologen«, wenn man sie so nennen darf, hatten das Land am Nil bereist und sich intensiv mit dessen viel älterer Geschichte beschäftigt. Das eurozentrische Narrativ von den ägyptischen Wurzeln der griechischen Kultur lässt sich daher bis in das antike Griechenland zurückverfolgen.[39]

Im 17. Jahrhundert, als die biblische Geschichte vom Garten Eden in der europäischen Vorstellungswelt an Einfluss zu verlieren begann, wurde Ägypten häufig als der wahrscheinlichste Ursprungsort der Menschheit und als Quelle der Zivilisation genannt.[40] Im 18. Jahrhundert entdeckten die Freimaurer die ägyptische Mythologie und führten ihre Initiationsrituale auf die alten ägyptischen Mysterien zurück. Sie gingen davon aus, dass in Ägypten eine monotheistische Geheimreligion für die Eliten und eine polytheistische Religion mit Göttern in Tiergestalt für die breite Masse nebeneinander bestanden – eine Annahme, die sich mit der Entzifferung der Hieroglyphen im 19. Jahrhundert als Irrtum herausstellte. Auch die Denker der Aufklärung betrachteten Ägypten als die älteste bekannte Zivilisation und als den Beginn der Zeit. Sie feierten Ägypten als eine Gesellschaft ohne Offenbarungsreligion und verlegten damit die Kritik von Gelehrten wie Spinoza am Konzept der Offenbarung um mehrere Jahrtausende zurück.[41]

Napoleons Einmarsch in Ägypten im Jahr 1798 löste dann eine weitreichende »Ägyptomanie« aus, die die westliche Kultur nachhaltig prägen sollte. Als Teil seines Gefolges brachte Napoleon 167 Gelehrte und Wissenschaftler mit nach Ägypten, die damit begannen, das Terrain zu kartieren, das Land und seine Geschichte zu erforschen und Hunderte von Altertümern zu sammeln – genauer gesagt: zu rauben. Sie veröffentlichten die gewaltige, 37 Bände umfassende *Description de l'Égypte* und verankerten damit die Zivilisation am Nil fest in der europäischen Vorstellungswelt. Zum Leidwesen Frankreichs wurden die meisten der antiken Relikte auf dem Weg nach Paris von der britischen Marine beschlagnahmt und landeten im Britischen Museum, darunter auch der berühmte Stein von Rosette.[42]

Die Entzifferung des Steins von Rosette, in dem ein antiker Text in drei verschiedenen Sprachen eingemeißelt war, durch den Franzosen Champollion im Jahr 1822 war dann ein Paukenschlag. Sie versprach den Zugang zur ägyptischen Schrift, den Hieroglyphen, zu öffnen und damit ein Fenster zu einer Zivilisation, die bis dahin geheimnisvoll und mysteriös erschienen war. Allerdings markierte Champollions Durchbruch zunächst nur ein Versprechen. Zwar war es nun möglich, einzelne Namen zu entziffern, aber es sollte noch viele Jahrzehnte dauern, bis durch mühevolle linguistische Arbeit von Ägyptologen tatsächlich antike Texte gelesen werden und die Geheimnisse der ägyptischen Vergangenheit gelüftet werden konnten.[43] Dennoch: Im Laufe des 19. Jahrhunderts traten ägyptische Motive in der westlichen Kunst vermehrt auf. Repräsentative Gebäude und Monumente – am bekanntesten sicherlich der Obelisk in Washington, D.C. (das *Washington Monument*) – zitierten die ägyptische Architektur. Mehr und mehr wurde das alte Ägypten als Ausgangspunkt der europäischen Zivilisation vereinnahmt. Die Eröffnung des Suezkanals im Jahr 1869 bestätigte Ägyptens Nähe zu Europa, sowohl in geopolitischer als auch in kultureller Hinsicht.[44]

In den letzten Jahrzehnten des 19. Jahrhunderts verdichteten sich die zahlreichen Verweise auf das Land der Pharaonen zum Mythos des »ewigen Ägyptens« – zum Bild einer hierarchischen Gesellschaft mit einer unveränderlichen gesellschaftlichen Ordnung, die durch die überwältigende Ästhetik ihrer Kunst und ihrer Bauwerke repräsentiert wurde. Dieses Bild war besonders attraktiv für das europäische Bürgertum des *Fin de Siècle*, das sich von der aufkommenden Massengesellschaft bedroht fühlte und um den schwindenden Einfluss seiner kulturellen Werte Sorgen machte.[45] Die Wiederentdeckung Ägyptens fiel auch zusammen mit neuen Formen der Inszenierung der Welt in den ethnografischen Sammlungen und in den ersten Weltausstellungen. Auf diesen wurde die kulturelle Diversität der Welt einem westlichen Publikum präsentiert und auf engstem Raum abgebildet – mit einer »typischen« ägyptischen Straße als Standardausstattung.[46] Die Vereinnahmung Ägyptens als Vorläufer des modernen Westens kam 1923 in der *Cambridge Ancient History* treffend zum Ausdruck, wo es hieß, dass »die Geschichte Europas außerhalb Europas beginnt«.[47]

Vor diesem allgemeinen Hintergrund wurde die Berliner Ausstellung einer neuen Sammlung von ägyptischen Skulpturen und Artefakten als willkommener Beitrag zu einer langjährigen Tradition begrüßt. Aber Amarna, und das ist der zweite Punkt, der hier zur Sprache kommen soll, war nicht nur ein Ort unter vielen, sondern ein ganz besonderer: Er nahm einen herausragenden Platz im europäischen Verständnis der ägyptischen Vergangenheit ein. Denn Amarna wurde mit der Herrschaft Echnatons und seiner Frau Nofretete in Verbindung gebracht, zwei der geheimnisvollsten und rätselhaftesten Gestalten in der Geschichte des alten Ägyptens.

Echnaton wurde um das Jahr 1353 v. Chr. als Nachfolger seines Vaters Amenophis III. zum Pharao gekrönt. Er war damit Teil der berühmten 18. Dynastie im sogenannten Neuen Reich, einer der glanzvollsten Epochen in der alten ägyptischen Geschichte. Nach nur wenigen Jahren auf dem Thron leitete er eine revolutionäre Änderung ein: die Abkehr von der seit Langem praktizierten Verehrung einer Vielzahl von Göttern. In einem spektakulären Schritt degradierte er die zahlreichen Götter der jahrhundertealten ägyptischen Tradition und erhob einen von ihnen, Aton, zum wichtigsten, wenn nicht einzigen Gott. Hinfort wurde Aton, der – ohne Menschenkörper, in abstrakter Gestalt – als Sonnenscheibe dargestellt wurde, als Schöpfer, als Spender des Lebens verehrt.

Um symbolisch alle Verbindungen zu den Vorgängern zu kappen, befahl Echnaton den Bau einer neuen Hauptstadt und verlegte die Regierung von Theben an einen Ort, der vollkommen unbebaut war und an dem keine Tempel traditioneller Götter die Verehrung von Aton stören konnten. Die neue Hauptstadt Achet-Aton, das heutige Amarna, lag auf halbem Weg zwischen Kairo und Luxor und war nach dem Sonnengott benannt.[48] In Rekordzeit, innerhalb nur weniger Jahre, wurde auf diese Weise die religiöse Landschaft Ägyptens – sowohl spirituell als auch materiell – ganz grundlegend umgestaltet. Echnaton vertrat, so der Ägyptologe Jan Assmann, einen »Monotheismus reinster Prägung«. Er glaubte das eine Prinzip gefunden zu haben, das am Ursprung allen Lebens steht: die Sonne als neuer Gott, neben dem es keine weiteren Götter geben konnte. »Mit diesem Schritt«, resümiert Assmann, »stellte sich Echnaton an den Anfang einer ganz anderen Reihe, die nach ihm der eher legendäre Moses sowie später Buddha, Jesus und Mohammed fortsetzten: die Reihe der Religionsstifter.«[49]

Die Verehrung der anderen Gottheiten wurde nicht ganz und gar verboten, zumal in den ersten Regierungsjahren Echnatons. Dennoch büßten sie ihren Status weitgehend ein. Viele Tempel wurden beschädigt, geschlossen, oder man ließ sie verfallen. Darstellungen der traditionellen Götter wurden unkenntlich gemacht oder demoliert. Vor allem der Gott Amun war Zielscheibe des königlichen Zorns. Echnaton verfügte, dass sein Name an allen Tempeln und Monumenten des Landes vom Nildelta bis nach Nubien im Süden unkenntlich gemacht wurde – eine regelrechte Razzia, die den Namen des populären, aber nun verstoßenen Gottes auslöschen sollte.

Überdies wurden die Kulte dieser Götter nicht mehr fortgeführt. Diese Maßnahme muss von der Bevölkerung als ein radikaler Einschnitt wahrgenommen worden sein, als fundamentale Abkehr vom herrschenden Weltbild. Den meisten dürfte die neue, abstrakte Gottheit fern und fremd vorgekommen sein. Viele hielten im Geheimen an den Kulten für die alten Götter fest; sie mussten aber immer damit rechnen, dass Spitzel und Denunzianten sie anzeigen könnten. Auch das gesellschaftliche Gefüge war von Echnatons Durchsetzung des Aton-Kults grundlegend betroffen. Mit der Degradierung der traditionellen Gottheiten wurden nämlich auch die Feste eingestellt, die jeweils an den Tempeln stattfanden und wichtige soziale Ereignisse waren. Schließlich wurden auch die Priester, die den anderen Gottheiten dienten, entmachtet und zum Teil verfolgt. Insbesondere die Priester des Gottes Amun, der vor allem in der alten Hauptstadt Theben als wichtigste Gottheit verehrt wurde, waren von Echnatons einschneidenden Reformen bedroht.[50]

Die Revolution – und um eine kulturelle Revolution handelte es sich zweifellos – war jedoch nicht von Dauer; sie überlebte ihren Schöpfer nicht. Tatsächlich kehrten Echnatons Nachfolger nicht lange nach seinem Tod wieder zum traditionellen Glauben zurück. Sein eigener Sohn, Tutanchamun, ordnete an, die vielen Tempel der anderen Götter zu restaurieren. Genau genommen ging diese Entscheidung auf seine Berater zurück, denn Tutanchamun war noch zu jung, um selbst zu regieren. Schon in seinem zweiten Regierungsjahr gab er auf Anraten seiner Mentoren Amarna auf und verlegte die Hauptstadt nach Memphis. In Karnak (bei Theben) ließ er eine »Stele der Restauration« errichten, auf der Aton für den Verfall des

Reiches verantwortlich gemacht und offiziell die Rückkehr zu den alten Göttern verkündet wurde.[51]

Vor allem aber wurde Echnaton aus dem Gedächtnis gestrichen. Seine Nachfolger demontierten seine Denkmäler und zerstörten seine Tempel. Nichts sollte mehr an den »häretischen« Pharao und seine spirituelle Erneuerung erinnern. Und als radikalste Maßnahme verfügten sie, seinen Namen fortan aus den Listen der Könige zu streichen. Man kennt das aus dem 20. Jahrhundert, als Stalin seine Konkurrenten nicht nur umbringen, sondern auch aus den Fotografien wegretuschieren ließ. Eine Variante dieses Photoshop gab es also auch schon vor 3000 Jahren – damals allerdings noch mit dem Meißel in der Hand. In den Königslisten wurden die Regierungsjahre Echnatons und seiner unmittelbaren Nachfolger einem späteren König zugeschlagen (Horemheb, dem letzten Pharao der 18. Dynastie). Auf diese Weise wurde Echnaton praktisch aus der Geschichte getilgt – so, als hätte er nie existiert.

Jahrhundertelang blieb er vergessen. Schon wenige Jahrzehnte später erinnerte nichts mehr an die kurze Zeit der ägyptischen Kulturrevolution. Tatsächlich sollte es bis ins 19. Jahrhundert dauern, bis europäische Archäologen der Existenz Echnatons überhaupt gewahr wurden. Der berühmte Hymnus beispielsweise, in dem Echnaton seine monotheistische Lehre und den Kult der Sonne zum Ausdruck brachte, war in der Zwischenzeit vollkommen dem Vergessen anheimgefallen. Mehr als 3000 Jahre lang – zwischen 1340 v. Chr. und den 1880er-Jahren, als die moderne Ägyptologie ihn wieder entzifferte – hatte niemand diesen Text gelesen.[52] Die Wiederentdeckung der Amarna-Revolution war überhaupt nur möglich, weil Echnatons Nachfolger zwar seine Stadt geschleift und die

Tempelanlagen zertrümmert, die zerlegten Steinblöcke jedoch zum Bau neuer Gebäude verwendet hatten. Viele von ihnen trugen noch die originale Beschriftung oder Bemalung. Allein von den vier Tempelkomplexen, die Echnaton in Karnak (nahe der alten Hauptstadt Theben) noch vor dem Umzug nach Amarna hatte errichten lassen, sind mittlerweile weit über 100 000 Steine und Fragmente gefunden worden.[53]

Die Wiederentdeckung Amarnas – nicht nur als Ort, sondern als kulturrevolutionäres Phänomen – war das Werk der großen preußischen Ausgrabungskampagne unter der Leitung von Richard Lepsius, die zwischen 1842 und 1845 insgesamt zehn Tage in Amarna verbrachte und in dieser vergleichsweise kurzen Zeit eine umfangreiche erste Bestandsaufnahme durchführte.[54] Lepsius konnte zeigen, dass die figürlichen Darstellungen von Echnaton und seinen Nachfolgern weggemeißelt und ihre Namen aus den Königslisten verschwunden waren. Lepsius war es auch, der die »höchst merkwürdige Episode der ägyptischen Geschichte«, nämlich die religiöse Umwälzung, erstmals erkannte. Echnaton, den Lepsius als »kühnen Reformator« beschrieb, habe »nichts Geringeres als eine Purificirung [...] der ganzen ägyptischen Landesreligion« im Sinn gehabt.[55]

Lepsius kann daher als Wiederentdecker Echnatons und der kulturgeschichtlichen Bedeutung von Amarna angesehen werden. Es sollte einige Jahrzehnte dauern, bis seine wissenschaftlichen Erkenntnisse ihren Weg in eine breitere Öffentlichkeit fanden. Seit etwa der Jahrhundertwende wurde die spektakuläre Wiederentdeckung des Pharaos, von dessen Existenz man nichts geahnt hatte, dann zu einem bildungsbürgerlichen Ereignis. In Europa wurde Echnaton seitdem als Revolutionär, als Gründer einer neuen Religion gefeiert. Er erschien als eine wahrhaft moderne Figur, die das heidnische Pantheon der Vielgötterei zu Fall gebracht hatte. »So brach ein neues Zeitalter an«, jubelte der amerikanische Ägyptologe James Breasted, der 1894 in Berlin mit einer auf Lateinisch verfassten und von Ludwig Borchardt betreuten Arbeit über den Sonnenkult Echnatons promoviert wurde. In seinen für ein größeres Publikum verfassten Büchern beschrieb er Echnaton als denjenigen Herrscher, der »den Monotheismus« einführte, »Jahrhunderte bevor er irgendwo anders auftauchte«.[56]

Diese Interpretation sollte später durch Sigmund Freud berühmt werden. Freud betrachtete den jüdischen Monotheismus als Erbe Echnatons, das über Moses in die jüdische Kultur transferiert worden sei. Für Freud war »der Jude [...] eine Schöpfung des Mannes Moses«. Er hielt Moses für einen Ägypter, einen Beamten Echnatons, der nach dessen Tod und dem damit einhergehenden Ende der Aton-Religion verzweifelte und »beschloß, das Vaterland zu verlassen, sich ein neues Volk zu schaffen, das er in der großartigen Religion seines Meisters erziehen wollte«.[57] Der jüdische Monotheismus sei also in direkter Traditionslinie auf die Amarna-Revolution zurückzuführen.

Freud, der sich selbst als einen »gottlosen Juden« bezeichnete, stand der Religion skeptisch gegenüber und verstand sich als Atheist.[58] Dennoch erweckte eine Innovation des Moses seine uneingeschränkte Bewunderung: das sogenannte mosaische Verbot, also das Verbot, sich von Gott ein Bild zu machen. Für Freud markierte dieses Tabu eine Zäsur – die Absage an die Bilder hätte eine ganz neue Welt geschaffen, die Welt des Geistes: »Es eröffnete sich das neue Reich der Geistigkeit.«[59] Von Ägypten über das Judentum zum Christentum – in dieser

Deutung sah so die historische Karriere des Monotheismus aus. Sowohl in wissenschaftlichen Abhandlungen als auch in populären Romanen trat Echnaton kurzerhand als Pionier des Christentums auf – »die Religion von Echnaton hatte eine viel größere Ähnlichkeit mit den Lehren Christi als die von Abraham, Isaak und Jacob«.[60]

Darüber hinaus stand Echnaton noch für einen weiteren fundamentalen Modernisierungsschritt: Er wurde immer wieder als erstes Individuum der Geschichte gepriesen – »ein Mensch wie wir«, fand Thomas Mann.[61] Das erste Individuum – wie kam man darauf? Diese Einschätzung stützte sich auf die Darstellungen, Reliefs und Skulpturen aus Amarna, die nun dem Publikum zugänglich gemacht wurden. Sie zeichneten sich durch einen viel höheren Grad an realistischen Details aus, als man aus der ägyptischen Kunst bislang kannte. Dazu gehörte vor allem eine stärkere Betonung der Individualität der dargestellten Menschen. Die zuvor relativ schematischen Abbildungen – der typische König, der typische Schreiber etc. – wurden nun von Darstellungen abgelöst, die besondere Kennzeichen und Eigenschaften sichtbar machten. Dieser Wandel der künstlerischen Konventionen wurde dann auf Echnaton selbst projiziert: Er wurde sozusagen zum »Individuum 1.0« erklärt. Wie Breasted es 1905 ausdrückte: »Die moderne Welt hat diesen Mann, der in einem so fernen Zeitalter und unter so widrigen Umständen zum ersten Idealisten und zum ersten Individuum der Welt wurde, noch nicht hinreichend gewürdigt oder auch nur kennengelernt.«[62]

Monotheismus und Individualität: Die kurze Amarna-Episode – genau genommen handelte es sich um wenig mehr als zehn Jahre – wurde in dieser Lesart als Vorläufer der europäischen Moderne verstanden.[63] Amarna wurde so zu einem Teil des europäischen Erbes erklärt. Mehr noch: In Wirklichkeit schien Amarna gar nicht zur ägyptischen Geschichte zu gehören. So wie Echnaton *post mortem* aus der Liste der Könige gestrichen worden war, tilgten die europäischen Gelehrten Amarna aus der ägyptischen Geschichte. Sie betrachteten das kurze Intermezzo des »ketzerischen Pharaos« als eine Ausnahme in der Geschichte der Zivilisation am Nil, nicht zuletzt, weil diese Episode »in ihrer Entwicklung unverkennbar von der überlegenen Natur der ägäischen« Kultur beeinflusst worden sei. Amarna wurde im Wesentlichen als griechisch angesehen. Auch die Kunst von Amarna erschien als »dem ägyptischen Kulturkreis fremd«;[64] sie weise »Merkmale auf, die überhaupt nicht ägyptisch sind«.[65] So gesehen war der eigentliche Nachfolger von Amarna nicht Echnatons Sohn Tutanchamun, sondern der moderne Westen, der die Fackel der Zivilisation und des Monotheismus, die hier zuerst entzündet worden war, weitertrug. Und während Amarna nicht zu Ägypten gehörte, wurde Ägypten seinerseits aus Afrika herausgetrennt. Nach der eurozentrischen Logik des imperialistischen Zeitalters konnte eine höhere Zivilisation per definitionem nicht afrikanisch sein.[66]

Damit kommen wir zum dritten Faktor, der hier betrachtet werden muss: die Kunst der Amarna-Zeit. Während die Anziehungskraft, die Echnaton und Amarna auf die europäischen Bildungsschichten ausübten, vielfältig war, wurde die Kunst der kurzlebigen Amarna-Epoche dagegen zunächst weitgehend ignoriert. Die wenigen Objekte, die bislang bekannt geworden waren, fanden keinen großen Anklang. Sie galten als fremd und sonderbar, zeigten übertriebene und groteske Formen und wurden so als Beweis für den künstlerischen Niedergang in einer Epoche des Umbruchs und der Unruhe gedeutet. Die Amarna-Kunst schien im Grunde gar nicht richtig zur ägyptischen Kunstgeschichte zu gehören.[67] Der berühmte französische Gelehrte Auguste Mariette betonte das »gewisse fremdartige Element«, das sich in der Amarna-Periode durchgesetzt habe. Die Reliefs des Echnaton wiesen für ihn »gänzlich unägyptische Züge« auf.[68] Und Gaston Maspero, Leiter des Antikenamts in Kairo, mokierte sich über die »groteske Gestalt«, welche die Bildhauer dem Pharao Echnaton gegeben hätten: »Glaubt man diesen, wäre er in körperlicher Hinsicht mehr oder weniger ein Degenerierter gewesen.« Echnaton selbst »scheint sich an diesen übertriebenen Darstellungen erfreut zu haben«.[69]

Borchardts Ausgrabungen aber sollten die Bewertung der Amarna-Kunst als fremdartig und minderwertig grundlegend verändern. Die atemberaubenden Skulpturen, die in Berlin ausgestellt wurden, wurden von der breiten Öffentlichkeit sofort mit großem Enthusiasmus aufgenommen. Sie ebneten den Weg für eine neue Wertschätzung von Kunstformen, die nun nicht mehr als dekadent, sondern als experimentell und modern galten. Im Vergleich zu den vielen Skulpturen anderer Pharaonen stach Echnaton mit seinem schlanken Gesicht und dem langen Hals besonders hervor. Dem Publikum erschien er nun nicht mehr als seltsam und kurios, sondern als »ein Moderner im verwegensten Sinne des Wortes«.[70]

Zunächst musste Echnaton seine Popularität mit Thutmosis, seinem Hofbildhauer, teilen. Dass ein antiker Künstler – nicht etwa ein König oder eine Königin – nicht nur namentlich bekannt war, sondern auch in seinen individuellen Zügen überliefert wurde, war ebenso selten wie spektakulär. Die deutsche Presse machte aus ihrer Begeisterung keinen Hehl: »Dieser Thutmes tritt uns, wie gesagt, in einer Unmittelbarkeit vor die Seele, daß man fast erschrickt! Wir haben […] seine ganze Werkstatt, seine Materialien, seine Studien, seine Entwürfe, seine Korrekturangaben. […] Der erste und stärkste Eindruck […] ist der des Staunens.«[71] Für viele Beobachtende war besonders auffällig, dass der Künstler »wirkliche Menschen, keine Schemen« dargestellt habe; »jeder ist ein Individuum«.[72] Das wichtigste Individuum war jedoch der Bildhauer selbst. »Die Gestalt des Thutmes als Künstler gewinnt […] volle Körperlichkeit für uns. […] wer hätte das bei altägyptischer Kunst für möglich gehalten! – Eine Sensation.«[73]

Wie kam es zu dieser plötzlichen Begeisterung für die Amarna-Kunst? Ein entscheidender Faktor war sicherlich, dass sie sich von jeder bekannten künstlerischen Tradition zu unterscheiden schien. In den meisten Kommentaren wurde sie als völlig unvergleichbar beschrieben; viele waren fasziniert von dem, was sie als ihre radikale Andersartigkeit empfanden. Die Kunstwerke erschienen als so fremd, dass sie sich einer einfachen, unmittelbaren Interpretation entzogen – was im Umkehrschluss bedeutete, dass sie für nahezu jede Deutung offen waren. In Kritiken wurde die Kunst der Amarna-Zeit als eine »ästhetische Terra incognita« betrachtet, die sich daher gut für neue Lesarten eignete.[74] Die neue, positive Interpretation der Amarna-Skulpturen verbreitete sich rasch. Sie wurde durch Publikationen wie Hedwig Fechheimers 1914 erschienenes und später ins Französische übersetztes Buch *Die Plastik der Ägypter* befördert, das von Hermann Hesse rezensiert und unter anderem von Georg Simmel, Rainer Maria Rilke und Alberto Giacometti gelesen wurde. Fechheimer pries die Skulpturen aus Amarna als revolutionäre ästhetische Erfahrung: »Nicht neue plastische (künstlerische) Gesichtspunkte, sondern eine neue religiöse Erfahrung [...] zeichnen die Kunst von Tell el-Amarna aus. Sie bezeugt keine Revolution der Kunst, sondern des Menschlichen.«[75] Paul Klee, der berühmte Bauhaus-Künstler, war so beeindruckt, dass er später eine Reise nach Ägypten antrat, die wiederum seinen Umgang mit Farbe und Licht nachhaltig beeinflussen sollte.[76] In der europäischen Rezeption war Echnaton also nicht nur ein religiöser Revolutionär, sondern auch ein Modernisierer der Künste.[77]

Und zwar so modern, dass viele der Amarna-Exponate ohne Weiteres als völlig zeitgemäß, ja als modernistische Kunst akzeptiert wurden. Das muss man sich klarmachen, um zu verstehen, wie es zu der sofortigen Popularität der Amarna-Kunst kam. Zahlreiche Kritiken betonten die Verbindungen und Parallelen zu den revolutionärsten Trends in der Entwicklung der Künste jener Zeit. Die deutsche Schriftstellerin Mechtilde Lichnowsky schrieb von der »neuen Kunst des Impressionismus, die Ech-en-Aton ins Leben gerufen« habe, so als hätten Monet und Renoir einfach vom alten Ägypten abgeschaut.[78] Der Kunsthistoriker und Sammler Johannes Guthmann sah das ähnlich: Die Kunst aus Amarna »traf uns, deren Augen eben erst durch die Feinnervigkeit der Impressionisten geschärft und verwöhnt worden waren, im psychologisch rechten Augenblick. Man spürte über die Jahrtausende hinweg plötzlich Verwandtes und nahm es mit Begeisterung [...] auf.«[79]

Noch häufiger wurde Amarna als Geburtsort des Kubismus angesehen, der durch das Werk von Pablo Picasso bekannt wurde. Der Kubismus trat im Jahrzehnt vor dem Ersten Weltkrieg auf den Plan und war stark von afrikanischen Skulpturen beeinflusst, die der europäischen Kunst neue Impulse zu geben versprachen. Einige Kommentatoren verwiesen ausdrücklich auf den »Kubismus der Ägyptik und seinen Bezug zum Expressionismus« und verglichen die Amarna-Skulpturen mit einem »staatlich konzessionierten Expressionismus.«[80]

Während die afrikanischen Ursprünge des Kubismus häufig mit Skepsis betrachtet und bisweilen als Primitivismus verunglimpft wurden, versprach der Bezug auf das alte Ägypten einen respektableren Stammbaum. »In Berlin wirkte Amarna wie eine Art gesellschaftsfähiger Primitivismus«, urteilt Bénédicte Savoy, und damit als eine frühe Manifestation der »ästhetischen Moderne«.[81] Der Gesamteindruck war der von »verblüffenden Parallelen zur neuen Kunst, die sich doch auf Schritt und Tritt aufdrängen«, wie der avantgardistische Kunstkritiker Adolf Behne bemerkte. Ihm kam Rodin in den Sinn, wenn er die Kunst der Ägypter pries (»größere Künstler als sie hat die Welt nicht gesehen!«).[82] Fritz Stahl, der Kritiker des *Berliner Tageblatts*, verglich die Skulpturen des Echnaton sogar mit dem Futurismus. Echnaton sei »ein Hasser der Vergangenheit wie der Futurist Marinetti, bereit, die ganze bestehende Welt in Klump zu schlagen«. Im Grunde sei Echnaton sogar schon weiter gewesen: »Er führt auch allen Futurismus ad absurdum. […] Futuristen, senkt euer Haupt!«[83]

Wer war Nofretete?

Die lange Geschichte der westlichen Ägypten-Begeisterung, die Faszination der monotheistischen Revolution sowie die Interpretation der Amarna-Skulpturen durch die Brille der Avantgardekunst – all das erklärt die große Resonanz, die die Objekte aus Amarna hervorriefen. Von der historischen Figur Nofretete selbst wusste man jedoch relativ wenig, und das hat sich bis heute nicht grundsätzlich geändert. Wer war Nofretete?

Zwar sind von der Königin zahlreiche Abbildungen erhalten, aber trotzdem bleiben die meisten Details ihres Lebens im Dunkeln. Der Mangel an verlässlichen Informationen, gepaart mit dem riesigen öffentlichen Interesse an ihr, hat dazu geführt, dass seit ihrer Entdeckung buchstäblich Hunderte unterschiedliche Versionen ihres Lebens zirkulieren; in jeder Biografie wurde, zum Teil wenigstens, eine eigene Nofretete erschaffen.[84]

Was wissen wir heute über sie? Was ist gesichert? Nofretete tritt in den Quellen überhaupt erst mit der Krönung ihre Mannes Echnaton in Erscheinung, um das Jahr 1353 v. Chr. Zunächst nahm die europäische Ägyptologie an, dass ihr Name – wörtlich übersetzt heißt Nofretete »Die Schöne ist gekommen« – auf eine ausländische Herkunft hindeutet; davon ist man inzwischen abgekommen. Inzwischen geht man davon aus, dass sie aus der ägyptischen Oberschicht stammte. Ihre Eltern finden nirgendwo explizit Erwähnung. Eine Vermutung geht dahin, dass sie eine Tochter von Eje war, der wiederum nach Echnatons und Nofretetes Ableben zum vorletzten Pharao der 18. Dynastie gekrönt wurde. Eine andere Theorie lautet, dass Teje, die einflussreiche königliche Gemahlin und Mutter Echnatons, auch die Mutter von Nofretete war. König und Königin wären somit Geschwister gewesen – eine Konstellation, die im damaligen Ägypten nicht mit einem Tabu belegt war und dazu beitragen sollte, die Kontinuität der Dynastie zu garantieren. In der Tat halten es viele Ägyptologinnen und Ägyptologen heute für gut möglich, dass Echnaton und Nofretete miteinander verwandt waren. Aber unwiderlegbare Beweise für alle diese Theorien gibt es bislang nicht.

In die Regierungsgeschäfte war Nofretete in einem Maße einbezogen, das für die damalige Zeit ungewöhnlich war. Sie agierte wie eine Mitregentin und wurde in verschiedenen Darstellungen in Posen abgebildet, die sonst nur der König einnahm. In Grabinschriften und dazugehörigen Zeichnungen wird gezeigt, wie sie zentrale rituelle Funktionen übernimmt. Auch die charakteristische hohe Krone, für die Nofretete berühmt ist, war ein einzigartiger Kopfschmuck und deutet an, dass sie dem König in vieler Hinsicht gleichgestellt war. Sie vereinte in sich verschiedene Aspekte der mit dem Königtum verbundenen Kosmologie, die sowohl vorher als auch nachher ausschließlich als männlich und damit als Monopol der königlichen Handlungsmacht verstanden wurden. Besonders auffällig sind in diesem Zusammenhang die Darstellungen auf großen Steinblöcken, die Nofretete bei der Kriegsführung zeigen.

Man sieht sie stehend, hinter sich die Strahlen des Sonnengottes Aton, wie sie eine Feindin an den Haaren packt und die Hand zum Schlag erhebt. Die Darstellung einer Königin bei dieser aktiven kriegsführenden Handlung war ausgesprochen ungewöhnlich; sie war üblicherweise allein dem König vorbehalten und galt als Ausweis königlicher Macht und der damit verbundenen religiösen Autorität. Dass Nofretete so präsentiert wurde, stellt die herausgehobene Rolle unter Beweis, die sie am Königshof einnahm. Es sollte mehr als 1000 Jahre dauern, bis in Ägypten eine Königin in ähnlicher Pose abgebildet wurde.[85]

Insbesondere bei der Gründung der neuen Hauptstadt Amarna und bei der Etablierung der Aton-Religion spielte Nofretete eine zentrale Rolle. Die tiefgreifende Neuordnung der ägyptischen Gesellschaft, die Verehrung der Sonnenscheibe auf Kosten anderer Gottheiten und damit verbunden die Neugestaltung des gesamten Kosmos waren ein revolutionärer Akt, der von Echnaton und Nofretete gemeinsam verantwortet wurde. In verschiedenen Steinreliefs werden beide so dargestellt, dass sie die traditionellen Götter ersetzen und gemeinsam mit Aton – dem Gott des Lebens und der Sonne, der Wärme und Licht spendet – eine göttliche Triade bilden. In den vier Aton-Tempeln, die Echnaton in der großen Tempelanlage in Karnak errichten ließ, war Nofretete sogar häufiger dargestellt als er selbst.

Ein bekanntes Beispiel ist der Altar, der zu einem privaten Haushalt gehörte und heute im Ägyptischen Museum in Berlin zu sehen ist. Er zeigt Sonnenscheibe und Königspaar als heilige Dreieinigkeit des Aton-Kultes. Ähnliche Altäre dürften zumindest in Amarna in jedem Haus gestanden haben. Ihre Aufstellung war obligatorisch; die Familien mussten dort dieses

»Führerbild«, wie der Ägyptologe Erik Hornung es genannt hat, verehren.[86] Das Relief zeigt Nofretete in gleicher Körpergröße und auf Augenhöhe mit dem König und unterstreicht damit ihren prominenten Status. All dies zeugt von der herausgehobenen Position, die Nofretete in der neuen Religion zukam. Gleichwohl ginge es zu weit, in ihr die eigentliche Erneuerin, die Triebkraft hinter den religiösen und gesellschaftlichen Umwälzungen zu sehen.[87]

Nofretete gebar ihrem Mann insgesamt sechs Töchter. Sie war nicht seine einzige Frau; wie damals üblich, lebte eine Reihe von Nebenfrauen in Echnatons Harem, mit denen er ebenfalls Kinder hatte (vermutlich auch in inzestuöser Beziehung mit zwei seiner Töchter). Das Ende von Nofretetes Leben liegt nach wie vor im Dunkeln. Lange ging man davon aus, dass sie bereits seit einigen Jahren tot war, als Echnaton – vermutlich im 17. Jahr seiner Regentschaft – starb. Neuere Funde haben diese Annahme jedoch überzeugend widerlegt. Vermutlich überlebte Nofretete ihren Gatten; möglicherweise übernahm sie für kurze Zeit sogar die alleinige Regentschaft. Eine durchaus plausible Theorie besagt auch, dass es sich bei dem Nachfolger Echnatons mit dem Namen Semenchkare, der nur wenige Jahre regierte und zu dem es so gut wie keine archäologischen Funde gibt, in Wirklichkeit um Nofretete handelte. Ob es wirklich so war – Semenchkare könnte auch der Bruder Echnatons oder der Ehemann von Meritaton, der ältesten Tochter Echnatons gewesen sein –, ist aber nach wie vor ungeklärt.

Wie dem auch sei: Wenige Jahre nach Echnatons Tod verlieren sich auch die Spuren der Königin in den historischen Zeugnissen; ihr weiteres Schicksal ist weitgehend unbekannt.

Schon bald fiel sie der *damnatio memoriae* anheim, der Verbannung aus dem kulturellen Gedächtnis, mit der die nachfolgenden Dynastien Echnaton, Nofretete und die gesamte Amarna-Episode belegten. Diese Entfernung aus der Geschichte, die viele Jahrhunderte dauern sollte, setzte bereits mit Tutanchamun, dem Sohn von Echnaton und Nachfolger Semenchkares, ein.

Die karge Überlieferungslage ist auch der Grund dafür, dass sich weiterhin wilde Spekulationen um das Schicksal der enigmatischen Königin ranken. Insbesondere zwei Themen – der sogenannte Brief der Witwe und Nofretetes Grab – haben Anlass zu zahlreichen Vermutungen und Theorien gegeben. Der Brief der Witwe bezieht sich auf ein Schriftstück, das auf Tontafeln im Archiv des Hethiter-Reiches (im heutigen Syrien und der Türkei gelegen) überliefert wurde. Das damals mächtige Reich war einer der außenpolitischen Konkurrenten Ägyptens. Der entsprechende Brief wurde von einer Königswitwe aus Ägypten verfasst, die nach dem Tod des Königs und ohne männlichen Erben darum bat, einen der Söhne des hethitischen Großkönigs zu heiraten, um so ihre Dynastie zu retten. Sie beendete ihren Brief mit dem Satz: »Ich habe Angst.«[88]

Der hethitische König vermutete zunächst eine Intrige, wählte dann aber einen seiner Söhne aus und schickte ihn auf den Weg nach Ägypten. Bevor er dort ankam, wurde er jedoch, vermutlich von Ägyptern, ermordet. Wichtiger als das Schicksal des hethitischen Prinzen ist in unserem Zusammenhang jedoch die Frage, wer die namentlich ungenannte ägyptische Königin war. Könnte es sich um Nofretete gehandelt haben? Das ist durchaus möglich. Nofretete dürfte nach dem Ableben ihres Mannes und angesichts der feindlichen Haltung der einflussreichen Amun-Anhänger in großer Sorge um ihr eigenes Schicksal gewesen sein – von der Zukunft der Aton-Religion ganz zu schweigen. Der zunächst verzweifelt anmutende Versuch, ausgerechnet von dem feindlich gesinnten Hethiter-Reich Unterstützung zu erhoffen, ist daher nicht vollkommen unplausibel. Die These wird jedenfalls von einigen Ägyptologen vertreten, auch wenn in dieser Frage noch keinerlei Einigkeit besteht und die Meinungen weit auseinandergehen.[89]

Die zweite Kontroverse hat sich um die Lokalisierung von Nofretetes Grab entzündet. Bis heute wurde der Ort ihrer Beisetzung nicht gefunden. Vermutlich wurde die Königin zunächst in Amarna bestattet, wo Teile von Statuetten aufgetaucht sind, die Nofretete darstellen und als Grabbeigaben dienten. Als der Friedhof in Amarna aufgegeben wurde, wurden die Mumien der Könige der 18. Dynastie nach Theben verschafft und dort im Tal der Könige neu bestattet. Die Gräber wurden in den folgenden Jahrhunderten allerdings mehrfach wieder geöffnet, zunächst von antiken Grabräubern und dann von der Regierung der Pharaonen selbst. Der in finanzielle Nöte geratene Staat setzte sich über das Tabu der Graböffnung hinweg, um die Schätze aus den Grabbeigaben einzuschmelzen oder zu Geld zu machen und so den Staatshaushalt zu sanieren. In diesem Zusammenhang wurden auch die Mumien neu gewickelt, umgebettet und an anderem Ort wieder vergraben.[90]

Auf der Suche nach Nofretetes letzter Ruhestätte hatte man lange darauf gehofft, ein noch unentdecktes Grab zu finden. Erst gegen Ende des 20. Jahrhunderts kam der Vorschlag auf, unter den schon bekannten Leichnamen nach Nofretete zu suchen. Und man wurde fündig: Die einflussreichste These konzentrierte sich auf die sogenannte Younger Lady. Mit dieser Bezeichnung ist ein Frauenskelett gemeint, das bei seiner Entdeckung im Jahre 1898 gänzlich ohne umhüllende Binden auf dem Boden einer Grabstelle lag, sogar ohne Sarg. Lange Zeit wurde ihm keine große Aufmerksamkeit geschenkt; nach der Entdeckung wurde das Grab wieder versiegelt und blieb über 100 Jahre lang verschlossen. Erst zu Beginn des 21. Jahrhunderts unternahm die britische Ägyptologin Joann Fletcher wieder eine Untersuchung vor Ort und identifizierte das Skelett der Younger Lady als Nofretete.[91] Um diese Vermutung zu stützen, scannte im Jahr 2018 ein britisches Forscherteam den Kopf der Mumie und erstellte ein digitales Abbild des Gesichts. Auf dessen Grundlage fertigte eine bekannte französische Bildhauerin nach insgesamt 500 Stunden Arbeit ein Modell aus Silikon. Das Ergebnis war eindeutig: Die wiederhergestellte Younger Lady sah der Büste der Nofretete täuschend ähnlich. Das war jedenfalls die Meinung einiger Expertinnen und Experten. Viele andere waren jedoch weniger überzeugt und blieben skeptisch; sie hielten den Versuch, auf der Grundlage eines Skeletts das Aussehen der lebenden Person zu rekonstruieren, für unwissenschaftlichen Populismus.[92]

Alle diese Debatten werden seit einigen Jahren auf spektakuläre Weise neu aufgerollt. Basierten die Theorien bislang im Wesentlichen auf archäologischen Funden (und zum Teil schon auf Röntgenaufnahmen), so hat eine völlig neue Technik nun das Verfahren zur Identifizierung von sterblichen Überresten revolutioniert: die DNA-Analyse. Zwischen 2007 und 2009 wurde im Rahmen des groß angelegten, von Zahi Hawass geleiteten »König-Tutanchamun-Familien-Projekts« den Mumien genetisches Material entnommen. Auf dieser Basis sind

Fachleute in der Lage, Verwandtschaftsverhältnisse mit großer Sicherheit zu bestimmen. Die Untersuchungen zeigten unter anderem, dass die Younger Lady sowohl die Mutter von Tutanchamun als auch die Schwester von Echnaton gewesen sein muss – und mithin in der Tat mit Nofretete identisch sein könnte. Diese Auffassung wird inzwischen von vielen Spezialisten und Spezialistinnen geteilt, auch wenn letzte Zweifel nicht beseitigt sind.[93]

Wenn es aber zutrifft, dass Nofretete mit der Younger Lady identisch ist, dann ergeben sich wichtige Erkenntnisse für die Frage nach dem Tod der Königin. Denn die Mumie der Younger Lady weist schwere Verletzungen auf, sowohl im Brustbereich als auch in der linken Gesichtshälfte. Sie könnte durch einen Dolchstoß in die Brust oder durch einen Axthieb gegen den Kopf, jedenfalls auf grausame Weise zu Tode gekommen sein. Die Vermutung liegt daher nahe, dass Nofretete ermordet wurde. Es ist sowohl denkbar, dass sich Vertreter der Amun-Religion an ihr rächten, als auch, dass Anhänger des Aton-Kultes, durch die rasche Degradierung nach Echnatons Tod frustriert, ihr das Leben nahmen. Falls Nofretete tatsächlich den Brief an den Hethiter-König geschrieben haben sollte, wäre auch eine Ermordung wegen Hochverrats denkbar. Nach dem gegenwärtigen Wissensstand müssen wir jedenfalls davon ausgehen, dass die strahlend schöne Königin das Opfer eines hässlichen Verbrechens geworden ist.

Doch wird man sich mit diesen Erkenntnissen wohl kaum zufriedengeben. Nicht nur eventuelle neue Funde könnten die bisherigen Annahmen revidieren. Auch mithilfe innovativer technischer Verfahren – Ultraschall, Computertomografie, Humangenetik – lassen sich bereits bekannten Objekten neue

Erkenntnisse entlocken. Es ist durchaus möglich, dass in den nächsten Jahren weitere Details zu Nofretetes Leben ans Licht kommen. Sie könnten zur Beantwortung einer Reihe offener Fragen beitragen. Vor allem die letzten Jahre ihres Lebens liegen noch weitgehend im Dunkeln. Welche Rolle spielte sie nach Echnatons Tod? Regierte sie allein, wenn auch nur für kurze Zeit? War sie mit dem Pharao Semenchkare identisch? War sie die Verfasserin des Briefes an den König der Hethiter? Wurde sie tatsächlich umgebracht, und wenn ja, von wem und warum?

In den letzten Jahren hat vor allem der umstrittene britische Archäologe Nicholas Reeves mit weiteren Spekulationen viel Staub aufgewirbelt. Seine jüngste Theorie, 2015 erstmals veröffentlicht, geht davon aus, dass Nofretetes Mumie in dem Grab bestattet liegt, das bislang als Grab von Tutanchamun bekannt ist. Reeves fielen Unregelmäßigkeiten an den Wänden von Tutanchamuns Grabkammer auf, die auf dahinterliegende Kammern schließen lassen. Reeves vermutet, dass sich hinter der nördlichen Wand des Grabes ein größerer Komplex erstreckt, der auch Nofretetes Grab beinhaltet. »Anhand der Nordwand konnte ich schon früh erkennen, dass das größere Grab nur Nofretete gehören konnte.« Die Ruhestätte von Tutanchamun wäre dann lediglich eine Vorkammer, in der der früh verstorbene Tutanchamun einigermaßen überstürzt bestattet worden wäre.[94]

Die meisten Fachleute teilen diese Ansicht jedoch nicht. Für sie sind Reeves' Theorien nicht mehr als ein populistisches Hirngespinst. Angesichts der Schwierigkeit, in die nördliche Wand der Grabkammer zu bohren, ohne sie dabei zu zerstören, muss die Probe aufs Exempel vorerst ausbleiben. In Ägypten sieht man die Umtriebe des britischen Ägyptologen – und generell die Ratschläge und »Entdeckungen« westlicher Sachverständiger – ohnehin mit einer gewissen Skepsis. Der offizielle Befund der letzten Radaraufnahmen im Februar 2018 – durchgeführt von drei unabhängig voneinander operierenden Teams, um größtmögliche Objektivität zu garantieren – lautete jedenfalls, dass keinerlei Anzeichen auf eine verborgene Grabkammer hindeuten.[95]

Aber bereits ein Jahr später wurden die Spekulationen erneut angefacht. Eine Arbeitsgruppe um den ägyptischen Archäologen Mamdouh Eldamaty entdeckte durch eine radargestützte Untersuchung bislang unbekannte Hohlräume, vermutlich zwei Meter hoch und zehn Meter lang – nicht dort, wo Reeves sie vermutete, aber doch in der Nähe der Grabstätte von Tutanchamun. Könnte es sich dabei um einen nach unten führenden Gang handeln, vielleicht zu einer bislang unbekannten Grabkammer, womöglich sogar zu Nofretete? »Wenn Nofretete als ein Pharao begraben wurde, könnte das die größte archäologische Entdeckung sein, die je gemacht wurde«, meint Reeves.[96]

Unabhängig davon, ob sich diese Fährte nun als Treffer erweist oder nicht: Die Vermutungen und Gerüchte um Nofretete werden kaum verstummen. Zu groß ist die Faszination der enigmatischen Königin, deren Ruhm immer weiter zugenommen hat und die im 21. Jahrhundert populärer ist als je zuvor. So gesehen wären weitere Funde nur ein Beweis für die anhaltende Obsession mit Nofretete in unserer Zeit. Das immense Interesse an der antiken Königin ist schließlich selbst einer der Effekte ihrer Rolle als Kultfigur der Gegenwart.

II.

AUSSTELLUNG

Nofretetes erster Auftritt, 1924

Aber wir haben vorgegriffen – denn viele der zitierten Erkenntnisse waren den Menschen in den 1920er-Jahren nicht bekannt. Versetzen wir uns also zunächst wieder ein Jahrhundert zurück. Die Amarna-Begeisterung vor dem Ersten Weltkrieg hatte die Öffentlichkeit auch auf den Auftritt der Königin selbst schon vorbereitet. Nach wie vor war Nofretete jedoch nicht zu sehen. Die Originalbüste stand immer noch stillschweigend auf dem Schreibtisch ihres Besitzers James Simon, des Förderers der Ausgrabungen. Ludwig Borchardt wiederum war dafür verantwortlich, dass sie weiterhin geheim gehalten und vor begehrlichen Blicken (vor allem ägyptischen) verborgen blieb.

Gegen Ende des Krieges wurde diese Strategie jedoch immer mehr zu einem aussichtslosen Unterfangen. Der Direktor des Ägyptischen Museums, Heinrich Schäfer, hielt ohnehin nicht viel von Borchardts Taktik. »Von Anfang an habe ich die Verheimlichung dieser Büste für einen schweren Fehler gehalten. Sie hätte November 1913 bis Juni 1914 im Säulenhof [...] mit den anderen Stücken ausgestellt werden sollen.« Die Geheimniskrämerei sei ein »Unding«. Sie erwecke »überall den Verdacht, daß es bei der Erwerbung nicht mit rechten Dingen zugegangen sei«. Schließlich kursierten bereits Repliken und

Fotografien, und einzelne Gäste wurden zu besonderen Anlässen durch die Privatsammlungen von James Simon sowie des Kaisers geführt, wo jeweils »vortrefflich genaue Nachbildungen aus Stein« zu besichtigen waren. »Bei diesen Vorführungen wiederholte sich natürlich ständig die Frage, warum wir solch ein Stück denn nicht ausstellten. Durch Herrn Borchardt war mir und meinen Kollegen die Antwort aufgezwungen worden, daß wir keinen Platz hätten. Wir haben es jedes Mal gleich peinlich empfunden, eine so wenig überzeugende Antwort geben zu müssen, da wir ja den wahren Grund nur den allerwenigsten sagen konnten.«[1]

1918 beschloss ein Expertenausschuss, »der zwecklosen und schädlichen Geheimhaltung der Funde, besonders der Königinnen-Büste, endlich ein Ende zu machen«.[2] 1920 übertrug James Simon die Eigentumsrechte an der Büste dem Ägyptischen Museum – »[e]ine wahrhaft großartige Tat, in jenen Zeiten des Elends eine Tat von beispielhafter vaterländischer Gesinnung.«[3] Sie war eines von mehr als 10 000 Objekten, die Simon im Laufe seines Lebens den Berliner Museen vermachte. Daraufhin begann man sofort, Pläne zu schmieden, um Nofretete endlich der Öffentlichkeit zugänglich zu machen. In dem Bestreben, den wertvollen Erwerb zu Geld zu machen, fertigte das Museum zwischen Juli 1921 und Dezember 1922 mehr als 75 Gipsabgüsse an und verkaufte sie zu hohen Preisen – lange bevor die Königin überhaupt öffentlich ausgestellt wurde.

Bis Mitte der 1950er-Jahre wurde die »bunte Königin« 1285 Mal reproduziert. Die Abgüsse basierten auf den beiden Nachbildungen, die bereits 1913 von der Künstlerin Tina Haim angefertigt worden waren (eine davon nahm Kaiser Wilhelm II.

nach dem Krieg in sein niederländisches Exil in Doorn mit).[4] Zu Beginn des Jahres 1922 begann man dann damit, Fotografien der Büste zu publizieren sowie als Einzelabzüge einer großen Zahl von ausgewählten Adressaten zugänglich zu machen. Zu diesen frühen »Influencern« gehörte beispielsweise der Dichter Rainer Maria Rilke, der schon im Januar 1922, gut zwei Jahre vor der ersten öffentlichen Ausstellung, die »Kalkstein-Büste der Königin Neferete« als ein »bezauberndes Beispiel der erblühten Schönheit jener rätselhaft kurzen Epoche« pries.[5] Bald darauf erschienen bereits die ersten Nofretete-Fotos in europäischen Zeitungen.

Nofretetes erster öffentlicher Auftritt war also durch eine Medienkampagne vorbereitet worden. Viel nachhaltiger sollte aber ein spektakuläres Ereignis im November 1922 den Boden für die endgültige Enthüllung der Nofretete bereiten: die Entdeckung des Grabes von Tutanchamun. Ein britisches Ausgrabungsteam, das von Lord Carnarvon geleitet und finanziert wurde, hatte schon jahrelang archäologische Arbeiten im ägyptischen Tal der Könige bei Theben durchgeführt. Die Ergebnisse waren dürftig. Frustriert zog sich Lord Carnarvon auf seinen Landsitz und zu seinen geliebten Rennpferden zurück. Er erklärte sich jedoch bereit, eine letzte Runde von Ausgrabungen in dem Gebiet zu finanzieren, und beauftragte Howard Carter mit der Leitung der Expedition. Nach mehreren Jahren emsiger Arbeit machte Carter dann die dramatische Entdeckung, die ihn weltberühmt machen sollte.

Auch hier gilt allerdings: In Wirklichkeit war es gar nicht Carter, der die Entdeckung machte, sondern Hussein Abd al-Rasul. Hussein war damals ein kleiner Junge, dessen Aufgabe eigentlich darin bestand, zweimal am Tag große, mit Wasser gefüllte Krüge zur Ausgrabungsstätte zu tragen. Er war jedoch ein Spross des mächtigsten Clans in der Gegend, der sich auf das Auffinden von Begräbnisstätten spezialisiert hatte; bereits Husseins Vorfahren hatten eine der wichtigsten Grabanlagen des alten Ägyptens ausfindig gemacht. Die Grabsuche gehörte sozusagen zur Familientradition. An einem Novembertag des Jahres 1922 entdeckte Hussein plötzlich die oberste Stufe einer Treppe, die sich als Eingang zu einem unberührten Grab herausstellte. »Habe endlich wunderbare Entdeckung gemacht«, telegrafierte der aufgeregte Carter an seinen Auftraggeber.[6] So schnell er konnte, machte sich Carnarvon auf den Weg nach Ägypten.

Drei Wochen später wurde das pharaonische Siegel des Grabes in einem feierlichen Akt gebrochen. »Können Sie etwas sehen?«, fragte Carnarvon, als Carter einen Blick in die Grabkammer warf. Letzterer antwortete mit den berühmt gewordenen Worten: »Ja, wunderbare Dinge! Wunderbare Dinge!« Und in der Tat, der Anblick war spektakulär: mehr als 5000 geweihte Gegenstände, die in verschiedenen Kammern aufgestapelt waren und deren Katalogisierung Carter mehr als zehn Jahre beschäftigen sollte. Carter hatte gefunden, wonach er insgeheim gesucht hatte: das Grab des geheimnisvollen jungen Königs Tutanchamun, der inzwischen als einer der berühmtesten Pharaonen aller Zeiten gilt.[7]

Tutanchamun war der Sohn Echnatons (und entweder dessen Schwester oder Nofretetes). Er bestieg den Thron nach dem Tod seines Vaters im jungen Alter von acht Jahren. Wie wir schon gesehen haben, wurden unter seiner Herrschaft in kürzester Zeit alle revolutionären Veränderungen, die Echnaton eingeleitet hatte, wieder rückgängig gemacht. Der junge Pharao stellte die alten Götter und Riten wieder her, verlegte die Hauptstadt und ließ die Statuen und Denkmäler seines Vaters zerstören. Sein früher Tod – er verstarb unter mysteriösen Umständen im Alter von 18 Jahren – trug zu seiner rätselhaften Anziehungskraft bei. Es hieß, er sei dem »Fluch der Pharaonen« zum Opfer gefallen, der angeblich jeden trifft, der ein Grabmal öffnet. Dieser Mythos erhielt zusätzliche Publizität, als kurz nach der Entdeckung des Grabes mehrere Mitglieder von Carters Team starben. Das prominenteste Opfer war Lord Carnarvon, der sechs Wochen nach dem Öffnen des Siegels vom Grab des Tutanchamun verstarb. Die britische Presse erging sich in Berichten über die »magischen Kräfte der alten Ägypter« und fantasierte über jahrtausendealte Flüche, die noch immer über »die Macht« verfügten, »zuzuschlagen«.[8]

Die spektakuläre Entdeckung des Grabes von Tutanchamun war eine internationale Sensation. Sie weckte das Interesse an allem, was mit Ägypten zu tun hatte, weit über die gebildeten Schichten hinaus. Die Öffnung von Tutanchamuns Grabkammer wurde von einer umfangreichen Medienberichterstattung begleitet, die ein weltweites Publikum erreichte: Fotos der Ausgrabung erschienen zuerst in der Londoner *Times*, die sich einen Exklusivvertrag gesichert hatte, dann in anderen Zeitungen und bald auch in bewegten Bildern. In der Geschichtsschreibung hat man die Entdeckung des Grabes als »das erste wirklich moderne Medienereignis« bezeichnet.[9]

Daraufhin strömten im Sommer 1923 Tausende von Touristen zu den Ausgrabungsstätten. In Ägypten wurde diese Invasion als eine Form der nationalen Demütigung interpretiert. Das Land hatte erst ein Jahr zuvor die Unabhängigkeit von Großbritannien erlangt. Sie war das Ergebnis eines jahrzehntelangen Kampfes, in dem auch die antike Vergangenheit mobilisiert worden war, um die imperialistische Herrschaft abzuschütteln. In Westeuropa war die Öffentlichkeit jedoch weitgehend unwissend über diese politischen Hintergründe und zeigte sich unbeeindruckt. Wer sich eine Kurzreise nach Ägypten nicht leisten konnte, begnügte sich mit einem Besuch im Britischen Museum, um die im Tal der Könige ausgegrabenen Schätze zu bewundern, vor allem die berühmte Gesichtsmaske des Pharaos. Im Jahr 1924 öffnete die British Empire Exhibition in Wembley ihre Pforten und zog insgesamt 27 Millionen Menschen an, von denen viele von der riesigen Nachbildung des Grabes von Tutanchamun angezogen wurden. Sie war so realistisch, dass die Besucher das Gefühl hatten, dass »vierunddreißig Jahrhunderte von einem abfallen wie ein Kleidungsstück«.[10] »König Tut«, wie er im Volksmund genannt wurde, war bald Gegenstand einer fast kultischen Verehrung, die sich auf das Schicksal des geheimnisvollen jungen Pharaos konzentrierte. Die zahlreichen ästhetisch ansprechenden Objekte, die im Grab gefunden worden waren, dienten bald als Vorlagen für Kleidungsdesigns und Konsumgüter.[11]

Dies war der Hintergrund, vor dem die Nofretete-Büste schließlich 1924 zum ersten Mal der Öffentlichkeit zugänglich gemacht wurde.[12] Das Berliner Publikum erkannte in der Büste der ägyptischen Königin sofort das Kronjuwel der städtischen Sammlungen. Von Anfang an wurde sie als die Verkörperung vollkommener Schönheit gefeiert. Borchardt hatte in einer Publikation wenige Monate zuvor das Besondere der Büste herausgearbeitet. »Die Erhaltung ist eine wunderbar gute«, heißt es da. Nur ganz kleine Schönheitsfehler seien vorhanden: »[...] beide Ohren sind bestoßen, am rechten einige

Bruchstücke jetzt wieder angefügt. Die Einlage des linken Auges fehlt.« Tatsächlich hatte Borchardt 1912 verzweifelt nach dem zweiten Auge suchen lassen und eine hohe Belohnung dafür ausgesetzt. Inzwischen war er sich jedoch »sicher, dass das linke Auge nie mit einer Einlage gefüllt war«.

Vor allem von der Lebendigkeit, der wirklichkeitsgetreuen Darstellung war Borchardt fasziniert. »Die Muskeln des Nackens und die Halsseiten sind so fein wiedergegeben, dass man sie unter der zarten, im gesunden Fleischton gehaltenen Haut spielen zu sehen glaubt.« Gewiss, die Darstellung enthielt Elemente der Stilisierung, zeigte aber doch eine unverwechselbare

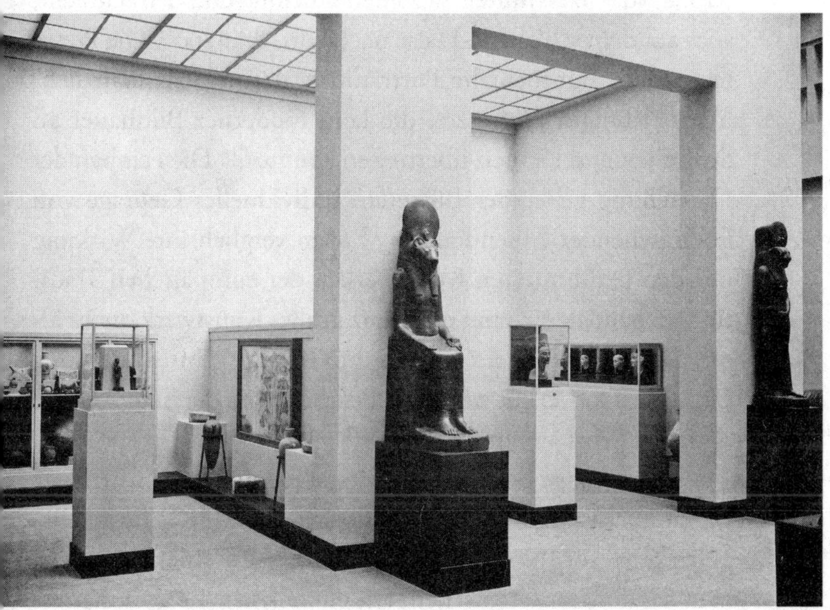

Abb. 8: Blick in den Amarna-Hof im Neuen Museum; rechts unter einem Glassturz die Büste der Nofretete, um 1924

individuelle Person. »Jedenfalls ist das fertige und bunte Porträt das feinste und durchgearbeitetste, das ich kenne.« Und auch wenn er fand, dass die »mandelförmigen [...] Augen« für seinen Geschmack »eine Spur zu schräg zu stehen scheinen«, erschien ihm das Gesicht der Königin als »Inbegriff von Ruhe und Ebenmaß«.[13]

Die Reaktionen der Öffentlichkeit waren nahezu einhellig. Nofretete wurde ausnahmslos als »göttlich schöne Frau« beschrieben, als »Weib von großer Schönheit [...], mit großen und langen Augen, einem stolzen Munde und dem Halse einer Gazelle«.[14] Heinrich Schäfer pries die »klare Schönheit« des Kopfes und die Symmetrie der Komposition zwischen der Krone, »die nach hinten zu ziehen scheint«, und dem Gesicht, »das auf dem schlanken Halse nach vorn drängt«.[15] Die Presse feierte »die buntbemalte Porträtbüste der mädchenhaft lieblichen Königin Nofretete, die kein moderner Bildhauer an Schönheit und Liebreiz übertreffen könnte«.[16] Die Feinheit der Darstellung gebe »der Büste ein individuelles Gepräge von überraschender Lebendigkeit«.[17] Man verglich ihre Wirkung mit den berühmtesten Kunstwerken der europäischen Tradition; es handele sich um ein »ganz großes Kunstwerk, mehr als die Sixtina und mehr als die blödsinnig grinsende Mona Lisa«.[18] Es gab so gut wie keine Beschreibung der Skulptur, die ohne das Wort »schön« auskam.[19]

Viele damalige Besucher und Besucherinnen der Ausstellung waren überwältigt von der »Zeitlosigkeit und [...] Ewigkeitsgültigkeit« von Nofretetes Schönheit.[20] Im Rückblick wird man das differenzierter sehen. Die euphorische Rezeption muss vielmehr im Zusammenhang mit einer allgemeinen Veränderung der Vorstellung von weiblicher Schönheit gesehen werden, die zu dieser Zeit in Westeuropa und Nordamerika beobachtet werden kann. In der Zwischenkriegszeit wich die frühere Wertschätzung von üppigeren Formen und runderen Gesichtszügen dem Typ der schlanken Frau, die in Filmen und von der Werbeindustrie gefeiert wurde. Die berühmteste Personifizierung dieses neuen Ideals war sicherlich die schwedisch-amerikanische Schauspielerin Greta Garbo, deren kometenhafter Aufstieg zum Hollywoodstar Mitte der 1920er-Jahre begann.[21]

In der öffentlichen Wahrnehmung fand dieses neue Schönheitsideal seinen Inbegriff in Nofretete – und in der Tat: »einige hielten […] Nofretete für Greta Garbo«.[22] Auf diese Weise schien die Königin aus dem alten Ägypten ihrerseits die Gültigkeit dieses (europäisch-nordamerikanischen) Standards zu bestätigen. »Der Typus, an dem wir uns heute erfreuen, kommt den im alten Ägypten bewunderten Schönheitsstandards sehr nahe.«[23] In der europäischen Presse wurde sie mit den wechselnden Schönheiten des Tages verglichen. »Von dem großartig modellierten Kopf der Nofretete habe ich viele Bewunderer sagen hören, dass er sie in mancher Hinsicht an den berühmten Filmstar Marlene Dietrich erinnert«, schrieb der britische Journalist Bernard Falk in den 1930er-Jahren.[24] Sie habe ein regelrechtes »Filmgesicht«, las man in der englischen Presse: Sie »besaß zweifellos die geschmeidige Länge und die schlanke Figur der Engländerin« und war »von moderner Statur – oder vielleicht entsprechen wir, um genauer zu sein, dem antiken Typus!«[25] Die britische illustrierte Zeitung *The Sphere* war eine von vielen, die Nofretete umstandslos als »die schönste Frau der Welt« bezeichneten.[26]

Wie immer gab es auch Ausnahmen. Einige wenige Besucher der Berliner Ausstellung waren von Nofretete nicht so

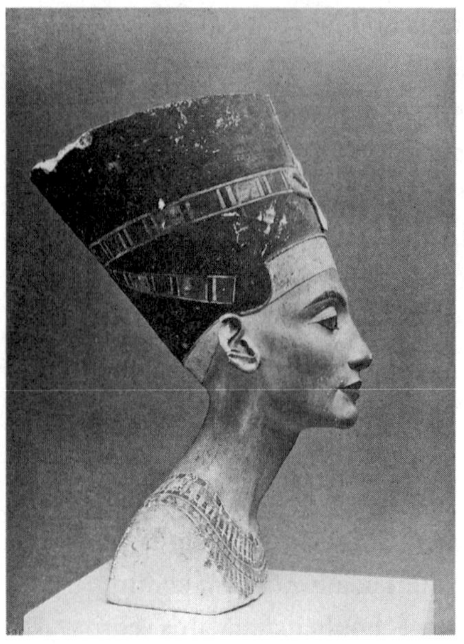

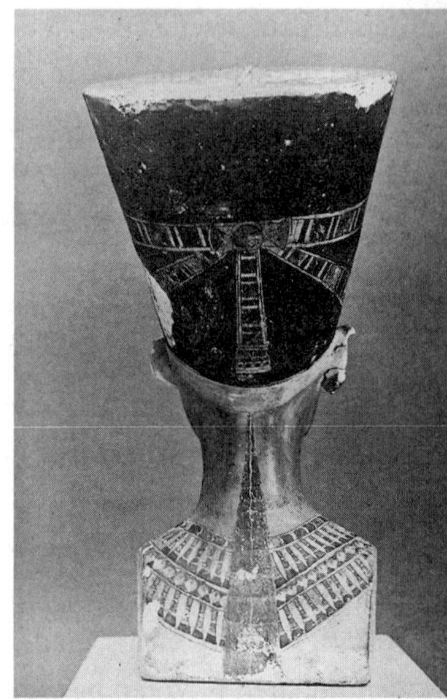

Abb. 9: Eine frühe Aufnahme der Nofretete-Büste in Seiten- und Rückenansicht von 1927

angetan und widersetzten sich der breiten Mehrheit. Besser gesagt: Auch wenn sie ihre Schönheit anerkannten, schätzten sie sie nicht auf die gleiche Weise. Der Schriftsteller Joseph Roth zum Beispiel war ein großer Anhänger der Amarna-Kunst, aber er beurteilte die »mordende Tücke der kalten Schönheit« – so jedenfalls beschrieb er das Gesicht der Nofretete – mit Argwohn. Ja, es war ohne Zweifel die »Büste einer wunderschönen Frau«. Aber auch wenn ihre Lippen »edel geschwungen« sein mochten, sei die Königin bereit, »zu küssen, um zu vernichten«.[27] Diese Deutung blieb jedoch ein Einzelfall. Die meisten Kommentatoren betonten vielmehr sowohl die Vollkommenheit der Proportionen als auch die eigentümliche Individualität der Nofretete-Büste. Wie Borchardt schon früh bemerkte, wird »der Beschauer nie im Zweifel sein, daß er hier nicht irgendeine konstruierte Idealbüste, sondern das stilisierte, aber trotzdem durchaus ähnliche Abbild einer bestimmten Person von scharf ausgeprägtem Äußeren vor sich hat«.[28] Nofretete wurde nicht nur als »eine einzigartige« Erscheinung gepriesen, sondern als »eine der ganz wenigen [...] Schöpfungen [...], die Jedermann zu Herzen gehen«, als ein Kunstwerk, das »auch das Gemüt des einfachsten Mannes erheben« wird.[29]

Ihre Popularität blieb dabei nicht auf Deutschland beschränkt. »Wieviele Fremde sind nicht nach Berlin gekommen, nur um die schöne Königin zu sehen! Man pilgerte zu ihr wie nach Paris zur Venus von Milo. Die Welt beneidete uns um diesen Kunstschatz«, schrieb die *Berliner Börsen-Zeitung*.[30] Auch in Frankreich und Großbritannien wurde Nofretete als »eine der schönsten Frauen der Geschichte«[31] gepriesen: »Aus Sicht der modernen Frau ist das klare Gesicht, das auf einem langen schlanken Hals sitzt, perfekt.«[32] Innerhalb weniger Monate nach der Berliner Ausstellung wurden Kopien der Büste im British Museum in London, im Ashmolean Museum in Oxford sowie in Chicago ausgestellt und zogen große Menschenmengen an; bald fanden Repliken ihren Weg auch in andere europäische Museen. Zwei Jahrzehnte später stellte die Modezeitschrift *Vogue* rückblickend fest, dass »keine Statue in den letzten zwanzig Jahren so viel Aufsehen erregt und so viele Bilder und Repliken hervorgebracht hat wie der erstaunliche polychrome Kopf der Nofretete«.[33] In Großbritannien »begannen junge Frauen, ihre Augenbrauen zu formen, ihren Kopf zu neigen, ihre Wangenknochen zu betonen und ihr Profil nach dem Vorbild dieser schönen königlichen Dame zu gestalten, die vor etwa dreitausend Jahren durch die Straßen von Tel-el-Amarna ging. Der Drang war verständlich, denn an der Schönheit der Nofretete gibt es keinen Zweifel.«[34]

Mehr als nur Schönheit: Marketing und Sexualität

In Deutschland war die Wirkung, die Nofretete entfaltete, jedoch noch unmittelbarer, noch tiefgreifender. Ihre sofortige Popularität kam nicht von ungefähr, sondern hatte mit dem besonderen deutschen Kontext zu tun. Hier wurde die breite Bewunderung, die man ihr entgegenbrachte, noch durch die Tatsache verstärkt, dass sie von der Presse mitunter wie eine Art Ersatzkönigin behandelt wurde. Nach der Niederlage im Ersten Weltkrieg hatte die Hohenzollern-Monarchie 1918 abgedankt, und Nofretete schien wie geschaffen, um symbolisch an ihre Stelle zu treten. Überhaupt stellte die allseits gefeierte Büste so etwas wie einen Hoffnungsschimmer dar in der schwierigen politischen und ökonomischen Nachkriegssituation. »Sie hat uns herausgerissen aus dem dumpfen Materialismus dieses scheußlichen Jahrhunderts. Die Schönheit ist wieder eingezogen bei uns.«[35]

Darüber hinaus wurde ihre öffentliche Enthüllung im Jahr 1924 auch als Reaktion auf den Medienrummel um Tutanchamun im Jahr zuvor gesehen. »London ist derzeit sehr an ägyptischen Antiquitäten interessiert«, notierte man in Paris, aber nicht etwa »wegen Tutenchamun und seinem Grab, sondern weil im Britischen Museum kürzlich eine Büste der Königin Nofretete aufgestellt wurde.«[36] In Deutschland sah man das mit Genugtuung. Die Tatsache, dass Nofretete in England schon bald »populärer [war] als bei uns«, verschaffte eine besondere Befriedigung. Noch Jahre später erinnerte sich eine Beobachterin: »Die Zugangsstraßen zum British Museum gleichen Siegesalleen für ihre Schönheit; in allen Größen, Ausführungen, in plastischen, farbigen und farblosen Reproduktionen kann sie jeder nach dem entferntesten Winkel des Empire entführen; sie muß ins britische Gesamtbewußtsein übergegangen sein.«[37]

Die Zeiten des maritimen Wettrüstens und der kriegerischen Auseinandersetzung waren zwar vorbei, doch die deutsch-britische Rivalität war keineswegs verschwunden. In der Zwischenkriegszeit wurde die Archäologie zu einem der Bereiche, in denen diese Rivalität unter friedlichen Bedingungen ausgetragen wurde. Es war daher kein Zufall, dass die »Überladenheit« des Tutanchamun-Grabes als »Verfall einer niedergehenden Kunst« beschrieben wurde, der »die wirkliche und große Kunst des klassischen Ägypten« in Berlin gegenüberstehe.[38] Als Ende der 1920er-Jahre Ägypten die Nofretete-Büste zurückforderte, ging man in Deutschland davon aus, dass dieses Ansinnen »auf den Einfluß englischer Ägyptologen zurückzuführen [sei], die auch auf diesem Gebiet die deutsche Konkurrenz fürchten«.[39] Man konnte sich den Vorstoß der Ägypter nur so erklären, dass sie »durch englische Hintermänner aufgehetzt worden« waren.[40]

Hinzu kam, dass der Krieg auch den Verlust der deutschen Kolonien mit sich gebracht hatte. Auch hier diente die Archäologie als Stellvertreterin und stand nun ersatzweise für das ehemalige Kolonialreich ein.[41] In diesem Sinne wurde die Entdeckung der Nofretete als Beweis für den Status Deutschlands als Kulturnation interpretiert, als kulturelle Großmacht auch in Zeiten geopolitischer Marginalisierung. Mit der Nofretete »gab [es] – trotz Versailles [...] – doch wieder etwas, um dessentwillen die ganze Welt die Köpfe nach Berlin recken mußte!«[42]

Vor diesem Hintergrund wurde Nofretete bald auch mit einer deutschen Identität versehen. Es dauerte nicht lange, und schon bezeichnete man sie als eine der prominentesten Einwohnerinnen Berlins, eine Redewendung, die seither immer wieder bemüht wird. »Die kleine Nofretete« brachte es »in dieser rauhbeinigen Stadt zu einer außerordentlichen Volkstümlichkeit.«[43] In den Zeitungen war scherzhaft von »der ältesten Dame von Berlin« die Rede, sie war nun ein fester Bestandteil der Stadt und des Museums, in dem sie untergebracht war.[44] Man vereinnahmte sie auch als Pionierin der Berliner Mode und des modernen Geschmacks. »Wie geschminkt die Nefretete aussieht! Man merkt, daß sie solange in Berlin gewesen ist«, hieß es in der satirischen Zeitschrift *Simplicissimus*.[45]

Diese Aneignung ging mit Ansprüchen auf Besitz und Eigentum einher. Bald häuften sich die Versicherungen, dass die Königin mittlerweile zu Deutschland gehöre, »denn unser wurde sie mit einem Schlage«.[46] In der Presse wurde die Büste als der »kostbarste Stein aus der Fassung des Diadems« von »Preußen-Deutschland« bezeichnet.[47] Auch Formulierungen, in denen sie zu einem Teil des deutschen kulturellen Erbes erklärt wurde, fanden rasch Verbreitung. Die zahllosen Repliken und Nachbildungen, die in alle Welt verkauft wurden, erklärte man kurzerhand zu Vertretern der deutschen Kultur im Ausland. Nofretete »steht als ›made in Germany‹ heute im

Museum von Honolulu ebenso, wie unter dem heißen Himmel Indiens und Japans«, war zu lesen.[48]

Schon wenige Jahre nach der Berliner Ausstellung erreichte Nofretete ikonischen Status. Sie wurde in einer Vielzahl von Romanen, Theaterstücken, Kunstwerken und Filmen verewigt. Franz Hessels 1926 erschienene Kurzgeschichte *Die vernünftige Nephertete*, in der die Protagonistin nicht nur wegen ihrer Schönheit, sondern auch wegen ihrer Stärke und Unabhängigkeit mit Nofretete verglichen wird, war eines der frühesten Beispiele. In Berlin trat die ägyptische Königin in der Tanzaufführung »Nofretete: Die Schöne ist gekommen« (1929) und in der Operette »Prinzessin Nofretete« (1935) auf. Viele Autoren und Autorinnen der damaligen Zeit standen im Bann Nofretetes und des pharaonischen Ägyptens, das sie repräsentierte. Die Schriftstellerin Else Lasker-Schüler war von der antiken Zivilisation am Nil und ihrem ästhetischen Potenzial regelrecht besessen und kleidete sich selbst in ägyptische Gewänder.[49] Rainer Maria Rilke, der bereits die Amarna-Ausstellung im Jahr 1913 besucht hatte, besaß einen Gipsabdruck von Echnaton aus den Amarna-Funden. Als er Nofretete 1922 zum ersten Mal auf einer Fotografie sah, teilte er seine Bewunderung seinen Freunden in Briefen mit.[50] Nofretete erschien in Agatha Christies Theaterstück *Echnaton* und im vierten Band von Thomas Manns Roman *Joseph und seine Brüder*, um nur die bekanntesten Beispiele zu nennen.[51]

Angesichts ihrer Popularität konnte die Nofretete-Büste als eine Art Leinwand dienen, auf die verschiedene Gruppen ihr je eigenes Bild der Königin projizieren konnten. Der Kulturhistoriker Ernst Kantorowicz hat in einer berühmten Studie dargelegt, wie die mittelalterliche Theologie und der Prozess der Staatsbildung in Europa auf der Idee der »zwei Körper des Königs« beruhten: Der König war ein sterbliches Individuum, welches die Macht nur vorübergehend in seinen Händen hielt; zugleich besaß der »König« aber auch einen unsterblichen Körper, nämlich seine öffentliche Funktion, die über seine Lebenszeit hinweg Autorität ausübte.[52] Man kann dieses Bild auch zur Deutung der Büste der Nofretete verwenden: Einerseits verwies sie auf die antike Königin und Ehefrau Echnatons; andererseits wurde sie aber auch als Ikone des 20. Jahrhunderts verstanden, deren Ruhm und Appeal man für ganz verschiedene Zwecke nutzbar machen konnte.[53]

Am weitesten verbreitet war die Verwendung des Bildes der Nofretete sicherlich im Bereich der Vermarktung und des Konsums. Der Verkauf von Gipsbüsten und Fotografien bescherte den Berliner Museen wertvolle Einnahmen. Beim Publikum fanden die Reproduktionen reißenden Absatz, denn »[wir] lieben […] die Dame alle so, daß wir ihr Konterfei auf unsere Kleiderschränke, Büfetts und Anrichten stellten«.[54] Überhaupt wurden ornamentale Muster aus dem alten Ägypten von Designern übernommen und mit zeitgenössischen Formen verschmolzen. Indem sie so gut wie alles – von der Inneneinrichtung bis hin zu Kleidung und Schmuck – mit ägyptischem Flair ausstatteten, machten sich Unternehmer den orientalistischen Zeitgeschmack des kaufenden Publikums zunutze. Und mittendrin Nofretete: »Unzählige Male wurde Nofretete in Ton, in Wachs, in allem möglichen Stein, in Photographie und Zeichnung reproduziert. Sie stand nicht nur auf den Kaminen der Snobs im bayrischen Viertel und in der Rankestraße, sie erschien auch als Symbol in den Reisebüros, in Kunstläden, sogar in den Frisierstuben«, war zu lesen. Sie sei »überhaupt

712 **Berliner Illustrirte Zeitung** Nr.

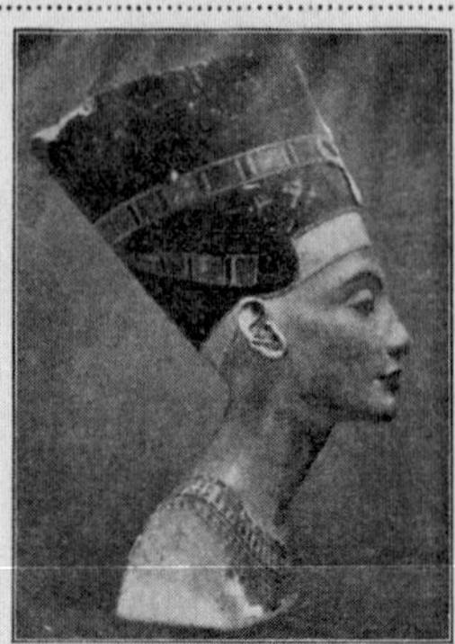

Die berühmte bemalte Kalksteinbüste der ägyptischen Königin Nofretete im Berliner Museum, die jetzt gegen andere wertvolle Bildwerke ausgetauscht werden soll und ins Museum nach Kairo wandern wird.

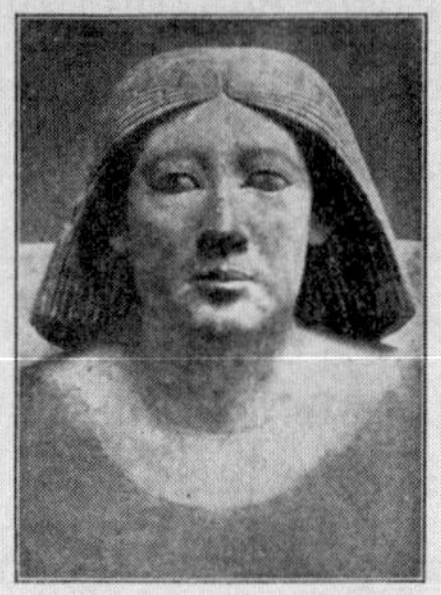

Kopf der 1,80 Meter hohen Kalksteinstatue des Oberpriesters Ranofer, die nebst einem zweiten Bildwerk gegen die Nofretete ausgetauscht werden soll.
Aus Band II der Propyläen-Kunstgeschichte.

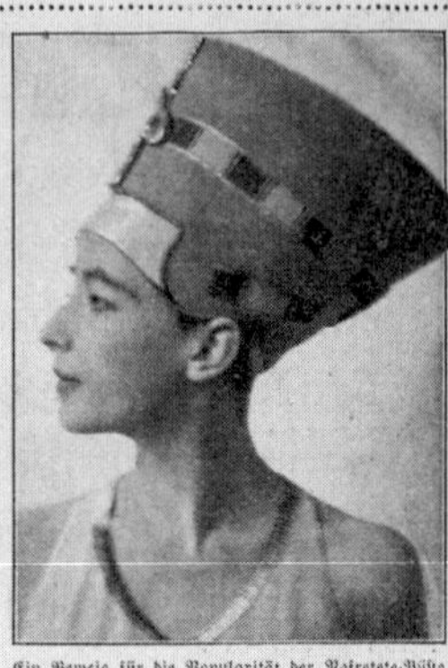

Ein Beweis für die Popularität der Nofretete-Büste in Deutschland: Baronin Nadine Urküll als Königin Nofretete auf einem Berliner Ballfest.
Fot. Rieß.

Der Streit um die Königin Nofretete hat fast so lange wie der Trojanische Krieg gedauert, aber er ist freundschaftlich-friedlich ausgetragen worden: Die Aegypter werden wohl ihre schöne Königin heimführen dürfen; mit einem nassen, einem heiteren Auge nehmen die Berliner Abschied von einem Kunstwerk, das seit 1913 eine Zier ihrer altägyptischen Sammlungen war. Zwei Werke, die für die Berliner Sammlungen besonders wünschenswert sind, sollen als Ersatz nach Berlin kommen. Die Nofretete-Büste entstammt den von Professor Borchardt geleiteten Ausgrabungen der Deutschen Orientgesellschaft in Amerika, der bekannte Mäzen James Simon hat sie dem Staat geschenkt. Er hat sich mit dem Tausch einverstanden erklärt.

Abb. 10: Baronin Nadine Üxküll als Königin Nofretete auf einem Berliner Ball (rechts), *Berliner Illustrirte Zeitung*, 20. April 1930

das Symbol für einen geheimnisvollen, zärtlichen, stilistisch hervorragenden Orient.«[55]

Unabhängige Frauen, ob feministische Neue Frauen oder modebewusste Flapper, nutzten ihrerseits Anspielungen auf Ägypten, um ihren Lebensstil zu rechtfertigen. Nofretete galt als »Modekönigin«.[56] Das Tragen von Ohrringen beispielsweise wurde auf die Ägypter zurückgeführt, sodass »die moderne Frau, die diese Mode annimmt, nur einer Mode folgt, die fast so alt ist wie die Geschichte selbst«.[57] Die rätselhafte Königin – und »das ganze Raffinement ägyptischer Körperpflege, das heute vielleicht wieder erreicht worden ist« – wurde beschworen, um Puder, Öle, Seife und andere Kosmetikprodukte zu verkaufen.[58] Ihre Anziehungskraft in der Welt der Schönheitsprodukte und der Körperpflege hat seither nicht nachgelassen. Auch heute gibt es noch unzählige Kosmetikartikel, für die mit dem Namen Nofretete geworben wird.[59]

Diese Beispiele verdeutlichen die Macht des Marktes und des Konsums. Aber die ägyptische Königin wurde auch mobilisiert, um politischen und ideologischen Anliegen zur Durchsetzung zu verhelfen. So wurde sie in der sozialistischen Presse in Frankreich zur Vorreiterin der europäischen Einigung stilisiert. In der Amarna-Epoche sei die »erste internationale Föderation« entstanden, mit Nofretete »als Ideengeberin«. Als Reaktion auf die Gewalt und die Schrecken des Ersten Weltkriegs hatte der Schriftsteller und Politiker Richard Coudenhove-Kalergi in den 1920er-Jahren seine Idee eines »Paneuropa« formuliert, und in Frankreich setzte sich Außenminister Aristide Briand für einen Zusammenschluss der europäischen Nationen ein. Die Situation, konnte man nun lesen, sei vergleichbar mit den Herausforderungen, vor die sich Nofretete mehr als drei Jahrtausende zuvor gestellt sah: »Die Menschen waren des Krieges und des militärischen Ruhms überdrüssig. Sie suchten verwirrt nach einer Formel für den Frieden.« Die aktuelle »Idee eines europäischen Bündnisses« habe in der »weiblichen Atmosphäre« des Hofes von Amarna ihre Ursprünge.[60]

Aber es gab noch ungewöhnlichere Bezugnahmen. Darunter fällt etwa der »Nofretete-Club«, den die Frau eines prominenten Geschäftsmannes in Omaha im US-amerikanischen Bundesstaat Nebraska in den 1930er-Jahren gründete. Er richtete sich an Frauen, die auf einem Auge sehbehindert oder blind waren. Zwar wissen wir heute, dass das fehlende Auge der Berliner Büste eine Entscheidung des Bildhauers Thutmosis war und nicht etwa einen gesundheitlichen Makel der Königin widerspiegelt. Aber der Nofretete-Club ging von ihrer partiellen Blindheit aus. Ihr sei es jedoch gelungen, »ihr Handicap in eine Attraktion zu verwandeln und das Herz eines jeden Mannes zu erobern, der sie sah«. Entsprechend weigerten sich auch die Mitglieder des Clubs »zu glauben, dass ihre Behinderung sie weniger attraktiv« mache.[61]

Viel verbreiteter war in der Zwischenkriegszeit eine feministische Lesart der Königin, die auf der herausgehobenen Rolle aufbaute, die Nofretete am Hof von Amarna eingenommen hatte. Immerhin war sie einige Jahre lang Mitregentin von Pharao Echnaton und hatte nach dessen Tod möglicherweise sogar selbst kurzzeitig die Rolle der Herrscherin übernommen. Sie stand also für Femininität und Schönheit, aber eben auch für weibliche Selbstbehauptung, Autonomie und Macht. Die Presseberichterstattung über die Berliner Ausstellung bescheinigte der Büste (wenn auch mit leichter Geringschätzung) »großen Erfolg in der Frauenwelt«.[62] Nofretete wurde als Symbol weiblicher Stärke und Unabhängigkeit, ja geradezu als »Feministin des Jahres 1375 v. Chr.« gepriesen und von feministischen Künstlerinnen vereinnahmt.[63] Sie sei »eine moderne Frau der Nachkriegsgeneration« gewesen, befand die *New York Times*, die »für die Befreiung ihres Geschlechts einstand«.[64] Als in den 1920er-Jahren in Deutschland die sogenannten Neuen Frauen ebenso wie in anderen Ländern die »modern girls« versuchten, sich von überkommenen Geschlechternormen und -konventionen zu lösen, konnte man auf die ägyptische Königin als eindrucksvolles Vorbild verweisen.

Umgekehrt lassen sich die hier und da auftauchenden abfälligen Kommentare, die Nofretete als »überzüchtet« oder »ver-

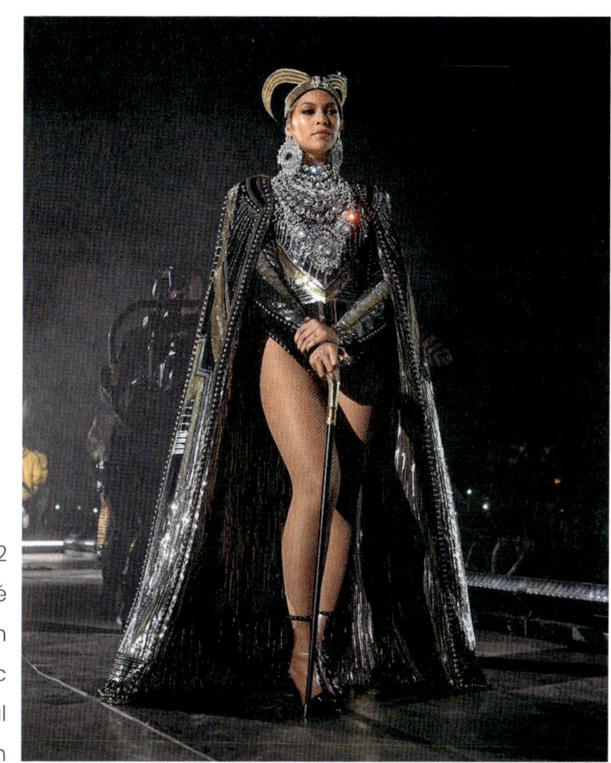

Tafeln 1, 2
ie Sängerin Beyoncé
im April 2018 beim
achella Valley Music
and Arts Festival
in Kalifornien

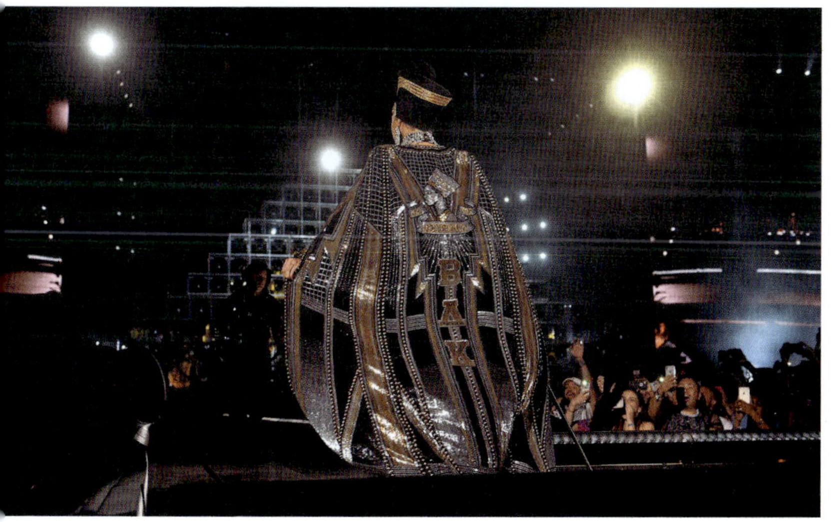

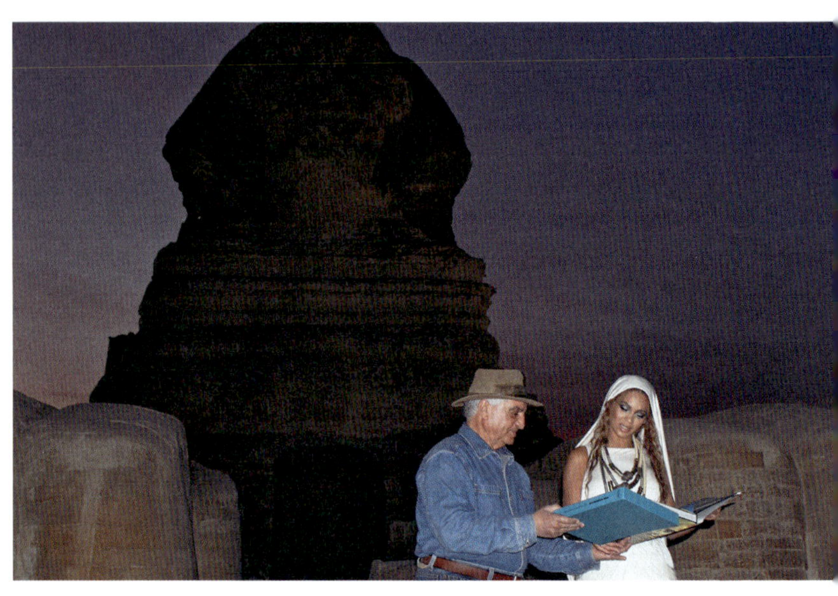

Tafel 3 Der Generalsekretär der ägyptischen Altertümerverwaltung Zahi Hawass und Beyoncé im November 2009 bei einem Besuch der Pyramiden in Gizeh

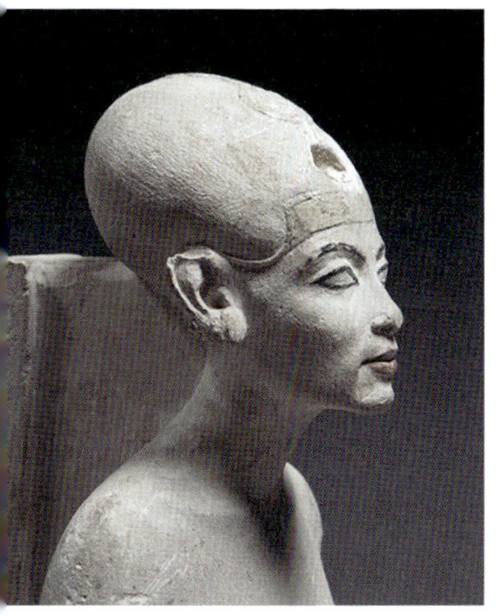

Tafel 4 Standfigur der Nofretete, Tell el-Amarna, 1351–1334 v. Chr.

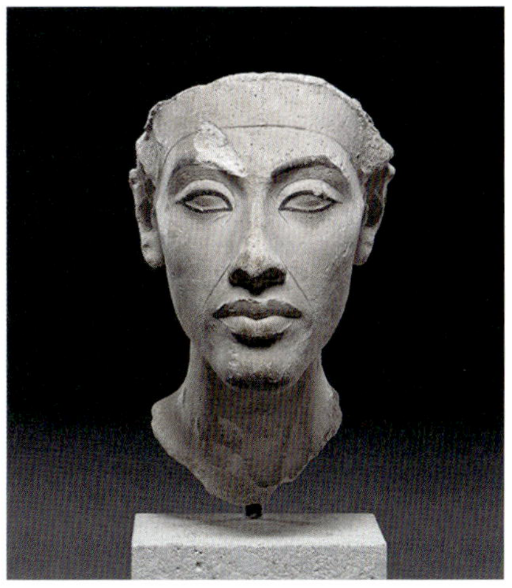

Tafel 5 Gipsmodellkopf des Königs Echnaton, Tell el-Amarna, 1351–1334 v. Chr.

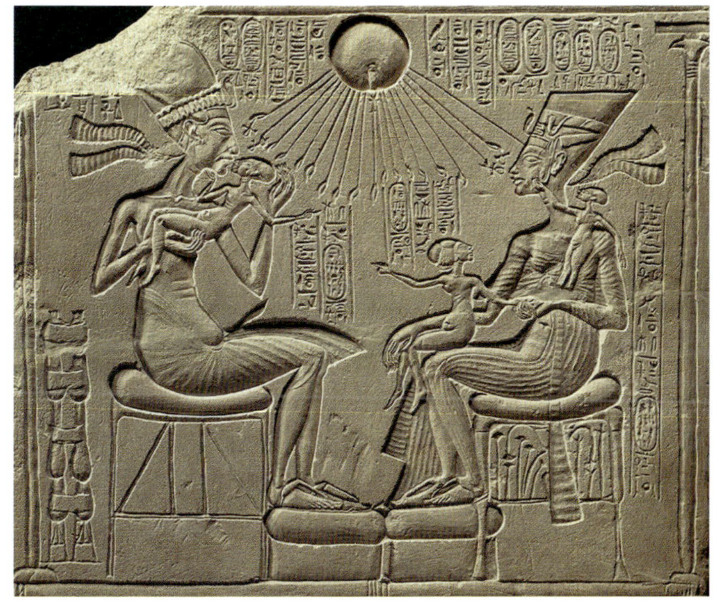

Tafel 6 Die königliche Familie: Echnaton und Nofretete mit ihren Kindern, ca. 1350 v. Chr.

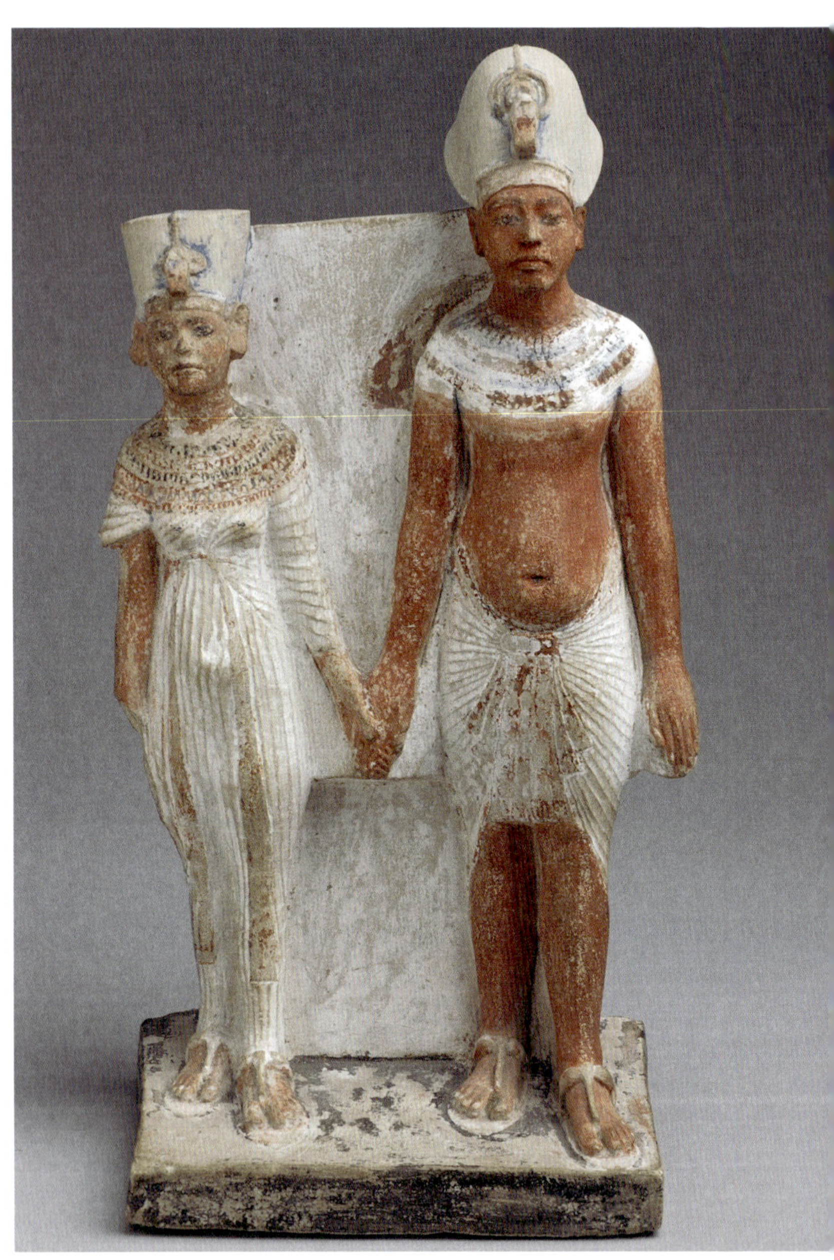

Tafel 7 Echnaton und Nofretete. Die Statuette aus Kalkstein entstand nach 1345 v. Chr. Sie befindet sich heute im Louvre Museum in Paris.

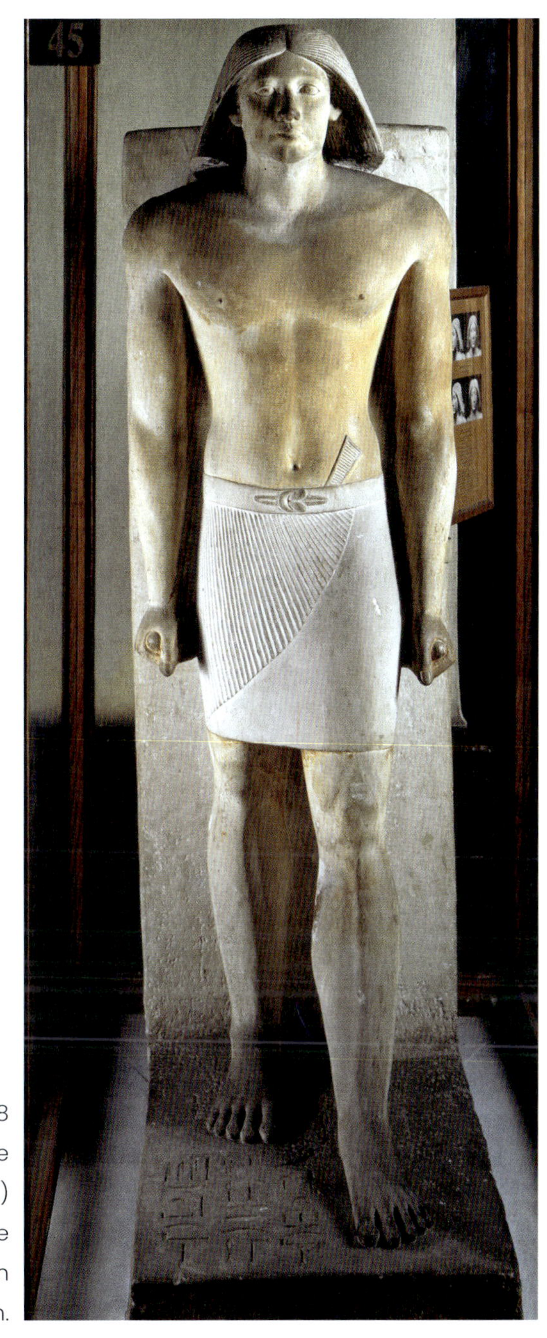

Tafel 8
m Tausch gegen die Statue
des Ranefer (2475 v. Chr.)
ollte die Büste der Nofretete
1929 an Ägypten
zurückgegeben werden.

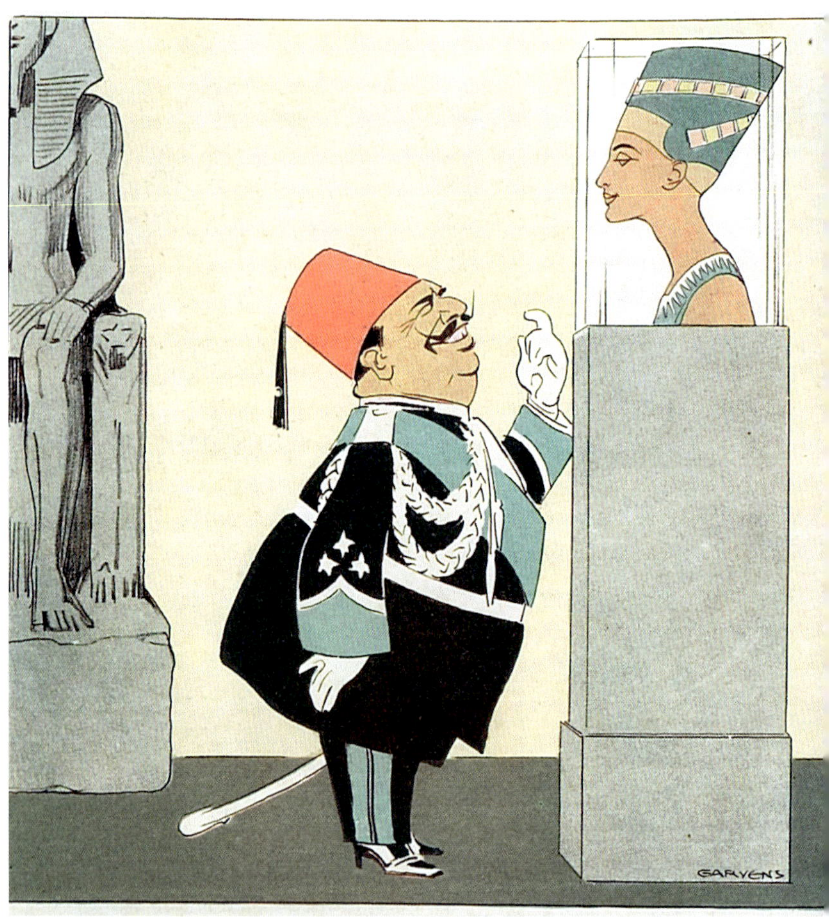

Tafel 9 König Fuad lockt Nofretete nach Ägypten.
Satirische Darstellung im *Kladderadatsch*, 14. Juli 1929.

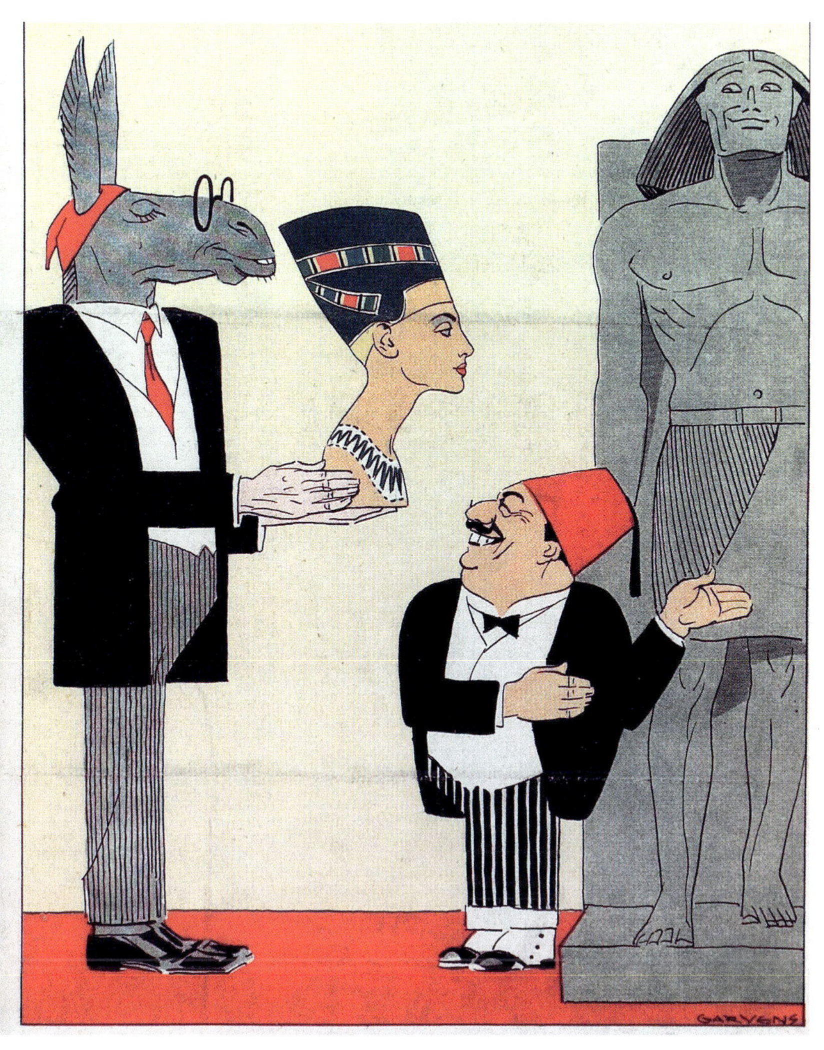

fel 10 Der preußische Kulturminister Adolf Grimme verhandelt mit dem ägypti-
chen König Fuad. *Der Kladderadatsch* stellt Grimme als Esel dar, 8. Juni 1930.

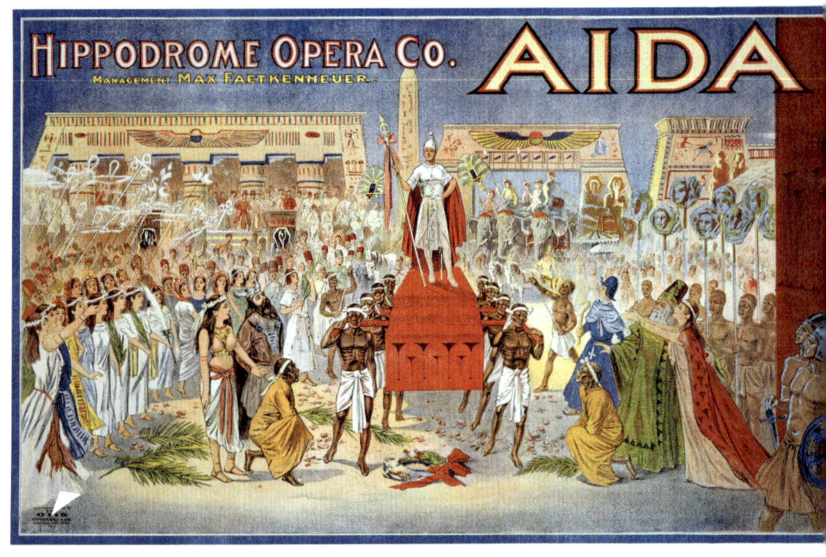

Tafel 11 Plakat der Hippodrome Opera Company, Cleveland 1908

schlagen« bezeichneten, auch als Reaktion auf den Aufschwung der Frauenbewegung in den 1920er-Jahren verstehen.[65] Sexualität und Promiskuität waren eine weitere Zielscheibe, wenn einzelne Kritiker die »Frauenleiber« in der Amarna-Skulptur »mit ihren Kurven und Schwellungen« aufs Korn nahmen und in rassistischen Formulierungen als »geradezu animalisch« beschrieben.[66] Nicht selten wurde Nofretete mit »Dekadenz« in Verbindung gebracht, in Absetzung von anderen Beispielen ägyptischer Kunst, die den Betrachtern »männlich kraftvoll und unerhört rein« gegenübertraten.[67] Wenn etwa der Auftraggeber der Ausgrabungen, James Simon, vorschlug, sich von der »dekadenten Amarnakunst« abzuwenden und stattdessen »der starken männlichen Richtung des Alten Reiches« (ca. 2700–2200 v. Chr.) den Vorzug zu geben, konnte dies auch als Kommentar zu den instabilen Geschlechterverhältnissen der Zwischenkriegszeit gelesen werden.[68]

Andere Kommentare spielten auf die Ähnlichkeit der Abbilder von Nofretete und ihrem Ehemann an, um auf das zu verweisen, was man heute als die »Queerness« des alten Ägyptens bezeichnen würde. Dass ägyptische Herrscherinnen dazu genutzt wurden, um sexuellen Fantasien Ausdruck zu verleihen, war keineswegs neu. Die europäische Faszination für Kleopatra ist dafür das beste Beispiel. Häufig als lüstern und zugleich grausam porträtiert, verkörperte sie viele erotische Fantasien, die in Europa vom Orient kursierten. Alexandre Cabanels berühmtes Gemälde von 1887 etwa zeigt Kleopatra, wie sie sich lasziv, mit entblößten Brüsten, auf ihrem Sofa zurücklehnt. Zugleich erscheint sie als mächtige Herrscherin, die kühl dabei zusieht, wie zum Tode Verurteilte an einer verabreichten Dosis Gift sterben.[69]

Aber Darstellungen wie Cabanels Gemälde ließen sich auch gegen den Strich lesen. Die barbusige Kleopatra konnte dann auch zum Objekt homosexuellen Begehrens werden.[70] Man kann überhaupt sagen, dass die Rezeption ägyptischer Sexualität häufig uneindeutig war; nicht immer entsprach sie dem klassischen Rollenmodell. Das galt in besonderem Maße für die Kunstwerke aus Amarna, bei denen die Geschlechterrollen nicht immer klar erkennbar waren. Viele Betrachter in den 1920er-Jahren wussten zunächst nicht recht, wie sie die Objekte interpretieren und »das Seltsame, das ihnen ja unbestreitbar zur Genüge anhaftet«, verstehen sollten.[71]

In der Tat gehörte die feminine Darstellung männlicher Figuren zum Formenrepertoire der Amarna-Epoche. Wie Dorothea Arnold erklärt, war »die Ähnlichkeit von Nofretetes Gesichtszügen mit denen des Königs [...] ein wiederkehrendes Phänomen in der Kunst der ersten Jahre ihrer Herrschaft«. Für die Betrachter im alten Ägypten müssen die Bilder von Nofretete und Echnaton »wie Darstellungen ein und derselben Person in verschiedenen Kleidern« ausgesehen haben.[72] In der Regierungszeit Echnatons wurden die menschlichen Körper meist mit langem Hals, breiteren Hüften, schlanker Taille, hoher Brust und schmalen Schultern dargestellt, in Proportionen also, die eher an Frauen erinnern. Allerdings ist unklar, ob diese Darstellungen auch in der damaligen Zeit als Feminisierung wahrgenommen wurden oder nur im Rückblick so erscheinen. In Fachkreisen geht man jedenfalls heute davon aus, dass im Zuge der Degradierung der zahlreichen traditionellen Götter und der Ausrichtung des Kultgeschehens auf den Sonnengott Aton auch die Männer in einer empfangenden, dienenden Rolle dargestellt und auf diese Weise dem herkömmlichen Frauenbild angeglichen wurden. Die künstlerische Betonung von Weiblichkeit kann mithin als ein Ausdruck der religiösen Verehrung verstanden werden.[73]

Diese Hintergründe wurden in den Diskussionen der 1920er-Jahre jedoch kaum thematisiert. Die Uneindeutigkeit der Geschlechterverhältnisse übte eine eigene Faszination aus. Insbesondere Echnaton wurde mit seinem schlanken Gesicht und seinem langen Hals weithin als verweichlicht wahrgenommen – jedenfalls als von der Norm abweichend: »Zweifellos liegt ein kränklicher, dekadenter Zug in seiner ganzen Erscheinung.«[74] Tatsächlich hatte man Echnaton auf der Basis der Grabungsfunde zunächst für eine Frau gehalten.[75] Eine Stele, auf der er in liebevoller Beziehung mit einem anderen König abgebildet war, schien nahezulegen, dass der König homosexuell war (inzwischen weiß man, dass es sich bei der zweiten Figur um Nofretete handelt).[76] Die Sexualität Echnatons blieb unbestimmt. Viele Abbildungen zeigten ihn mit verlängertem Kopf und androgyn wirkendem Körper; einige Darstellungen verzichteten offenbar bewusst auf Markierungen des Geschlechts. Diese Ambivalenz ermöglichte die unterschiedlichsten Spekulationen über seine homoerotischen Neigungen und allgemein über seine Sexualität. Das Ägypten der Amarna-Zeit stellte mithin für die Öffentlichkeit der Weimarer Republik einen Raum bereit, um nicht-binäre sexuelle Identitäten zu thematisieren.[77]

Anklänge daran finden sich bis heute. Immer wieder treten Drag Queens auf, die sich auf die antike Königin beziehen. Eine Drag-Performance in Brooklyn mit dem Titel »Nefertitties« spielte auf anzügliche Weise – zu anzüglich jedenfalls für die *New York Times*, die zwar über die Show berichtete, ihren

»Namen allerdings nicht abdrucken« wollte – mit dem Namen der ägyptischen Pharaonin. Der Veranstalterin Ana Masreya schwebte ein nordafrikanisches Kabarett vor, das die Vielfalt zelebrieren und ihre Liebe zum Drag mit ihrer Liebe zur ägyptischen Kultur vereinen sollte.[78] Eine spanische Drag Queen nahm den Bühnennamen »Nefertiti« an, da diese von Echnaton – historisch nicht ganz sattelfest – »zur einzigen Göttin erklärt« worden sei.[79] Die amerikanische Regisseurin Lola Rock'n'Rolla produzierte zwei Kurzfilme, *Nefertitty* und *Nefertitty in Space*, in denen sie das Blaxploitation-Genre aus den 1970er-Jahren mit Gay Camp und seinen überpointierten Zitaten aus der Trivialkultur zusammenbrachte.[80] Diese und weitere Beispiele zeigen, wie die Königin bis in die Gegenwart auch von Gender-nonkonformen Gruppen für ihre Anliegen genutzt wird und auf diese Weise eine queere Nofretete entstanden ist. Aufgrund ihres bisweilen als androgyn empfundenen Aussehens wurde sogar behauptet, dass »der anhaltende Ruhm der Büste sich direkt auf die grenzwertige Sexualität der Königin zurückführen« lasse.[81]

Faschismus und Demokratie

Verschiedene Gruppen beanspruchten Nofretete also für ihre jeweiligen gesellschaftlichen und politischen Ziele. Diese Ziele konnten sehr unterschiedlich sein. Die Kunst aus Amarna stieß etwa bei Anhängern der Lebensreformbewegung auf große Resonanz. Die Darstellung überwiegend nackter Körper, die Nähe zur Natur, die Anbetung der Sonne: All das machte den Hof von Echnaton und Nofretete für Anhänger der Freikörperkultur, die in den Jahren vor dem Ersten Weltkrieg entstanden war, attraktiv. Diese Aspekte wurden bald auch von Anhängern des Nationalsozialismus aufgegriffen.

Gewiss: Die nationalsozialistische Begeisterung für Nofretete war nie ganz einhellig. Schließlich war sie keine blonde, blauäugige Germanin, und »auch etwas Fremdländisch-Orientalisches liegt in ihren Zügen versteckt«.[82] So kursierten schon seit Ende der 1920er-Jahre ideologisch begründete Vorbehalte gegen die »neuerdings […] so bevorzugte Nefretete und all die andere ausländische Einfuhrware«.[83] In der bürgerlichen Presse wiederum wurde diese Deutung ironisch aufs Korn genommen. Als 1930 die Rückgabe der Nofretete an Ägypten zur Debatte stand, wurden einem fiktiven Nationalsozialisten folgende Worte in den Mund gelegt: »Das Schicksal der Büste läßt uns vollständig kalt. Wir beantragen ihre Zertrümmerung, denn dieses fremdrassige Weib ist genau so undeutsch wie der Jazz. […] Eine Auslieferung lehnen wir ab, weil die schlappen Ägypter ein solches Entgegenkommen nicht verdient haben, nachdem sie seinerzeit die Juden durch das Rote Meer haben entweichen lassen.«[84]

Bisweilen stellten völkische Autoren ihr daher die »Nofretete des Mittelalters«, Uta von Naumburg, als das eigentliche deutsche Schönheitsideal gegenüber. Die farbige Steinfigur der Uta stammt aus der Mitte des 13. Jahrhunderts und stellt eine der zwölf Stifterpersönlichkeiten des Doms von Naumburg dar. Seit dem späten 19. Jahrhundert wurde sie in nationalen Kreisen zu einem Mythos und zu einer Symbolfigur des Deutschtums stilisiert. In der Zeit des Nationalsozialismus erreichte der Uta-Kult seinen Höhepunkt. Die Zahl der Eltern, die ihren Töchtern den Vornamen Uta gaben, stieg deutlich an (um dann nach dem Krieg wieder zurückzugehen). Uta wurde als entsagungsvolle Ehefrau gerühmt, als »hohes Sinnbild deutscher Frauenwürde«. Sie galt als Vorbild echter deutscher Weiblichkeit, an der sich »heute tausendfach die deutschen Frau'n in unserm Kampf um Deutschland« orientieren könnten.[85]

Uta sollte das Schönheitsideal des neuen Deutschlands verkörpern. Der »meinungslos und urteilsunfähig« dahinlebenden Bevölkerung sei unmissverständlich klarzumachen, »welcher Widersinn darin liegt«, sich Reproduktionen ausländischer Kunst in die Wohnzimmer zu stellen. Im Vergleich »mit erdgewachsenen deutschen Meisterwerken« müsse die Nofretete »schon immer und künftig noch mehr als Fremdkörper« wirken.[86] Uta von Naumburg wurde daher ausdrücklich als Gegenentwurf zur populären Nofretete in Stellung gebracht:

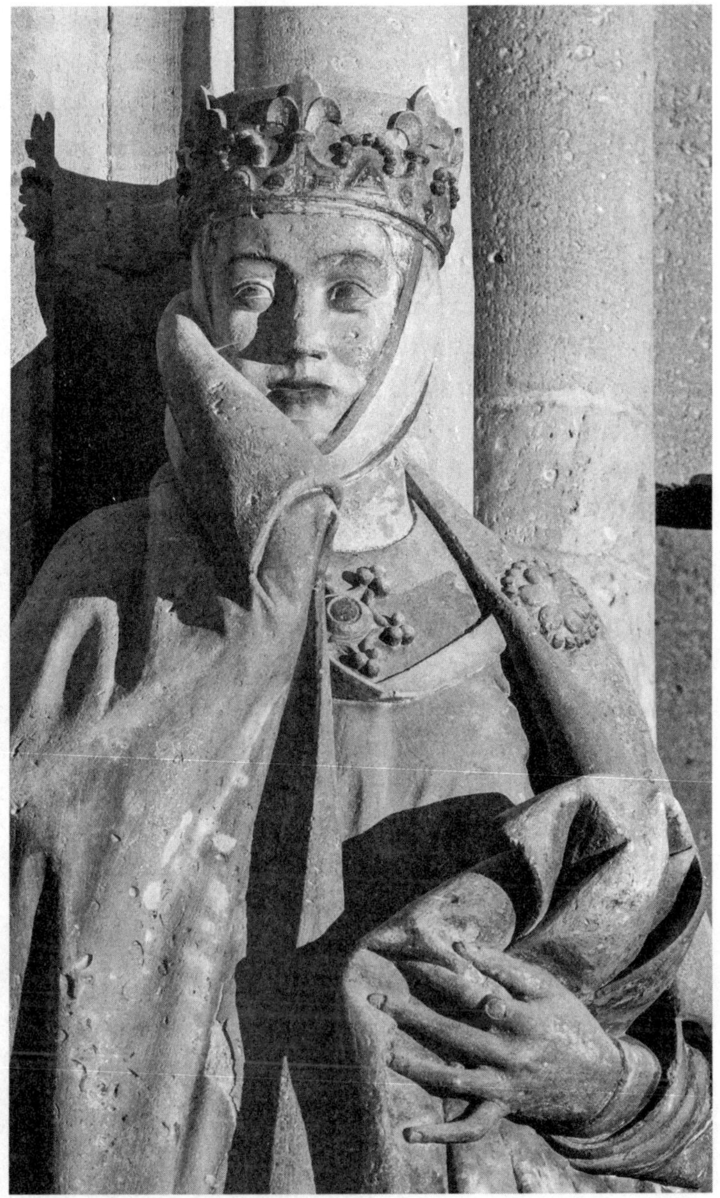

Abb. 11: Statue Utas im Naumburger Dom, eine der bekanntesten Skulpturen der deutschen Gotik

»Fühlen wir nicht, daß sie inniger und weicher, eben deutsch sich gibt!« Uta stand für die Verbindung von Schönheit, Innerlichkeit und Tugendhaftigkeit sowie von jungfräulicher Scheu und Reinheit mit herrischer Strenge: »Nein, sie trägt ihren Sinn nicht so zur Schau wie die exotische Nachbarin.« Uta wurde so etwas wie die First Lady des »Dritten Reichs«: »So wie der germanische Mensch etwas Heiliges in der Frau gesehen hat, so hat er sich auch ihr Bild vorgestellt. Uta ist die Idealgestalt für Jahrhunderte.«[87]

Es gab also durchaus auch Vorbehalte gegenüber Nofretete. Viel verbreiteter waren jedoch die Bemühungen, sie für die völkische Sache zu instrumentalisieren. Eine Reihe von Nazi-Schriftstellern verwendete Nofretete und ihren Ehemann Echnaton als ideale Projektionsflächen für ihre Ideologie. Nofretete wurde in Aufsätzen, Romanen und Novellen explizit als Königin von arischer Herkunft präsentiert. Die Herrscher von Amarna seien »ihrer Blutzusammensetzung nach zum größten Teil indogermanisch« gewesen.[88] Auch die Kunst aus Amarna sei »auf einen germanischen Einfluß« zurückzuführen; das gelte auch für den Bildhauer Thutmosis, dessen »Blut auch das unsere ist«.[89] Die Verherrlichung körperlicher Schönheit und heidnischen Ariertums eignete sich dazu, eine ägyptische Vorgeschichte für das nationalsozialistische Regime zu konstruieren. Die Verehrung des Sonnengottes Aton, der in Amarna allen anderen Göttern vorgezogen wurde, ließ sich ebenfalls als Teil arischer Bräuche interpretieren; man denke an das Swastika-Symbol, das von der völkischen Bewegung als Hakenkreuz bezeichnet und als Sonnenrad gedeutet wurde. Nofretete ließ sich dann als »Repräsentantin eines nordisch begründeten Gedankens, des Sonnenkultes« vereinnahmen.[90] Nicht zuletzt machte auch die Hingabe an eine absolute Autorität, die dem Pharao und seiner Gattin geschuldet war, das alte Ägypten zu einem für Nationalsozialisten anschlussfähigen Modell.

Der erste Roman, der diese Themen aufgriff, war Max Kronbergs *Nofretete: Roman einer Königin* aus dem Jahr 1934, der bis 1968 regelmäßig wieder aufgelegt wurde. Kronberg stilisierte Nofretete – »die schöne, die herrliche! Sie war einzig vollkommen in allem« – zur strahlenden Gegenspielerin ihres Mannes Echnaton, der als Schwächling und unmännlicher Pazifist diskreditiert wird. Sie bezweifelte, dass »ihr Mann auch der starke und harte Held« war, der in der Lage sein würde, das Land gegen die äußeren Feinde zu verteidigen – Feinde, die »genügsam [waren], aber heißhungrig nach Lebensraum und zum Kampfe um diesen bereit, ohne jedes erschlaffende Streben nach gemächlicher Ruhe«. Kronbergs Nofretete liebte zwar ihren Mann, aber sie sehnte sich auch nach einem »Führer [...], den seine Untertanen als einen echten, volkstreuen Mann lieben mußten«. Der Text ist durchzogen von rassistischen Formulierungen, in denen die »edlen Gesichter« der Ägypter den »wulstlippigen« Sklaven gegenübergestellt werden, die »von Süden her in Ägypten eingebrochen [waren], in hellen Haufen«.[91]

Im Jahr darauf legte der promovierte Botaniker und Schriftsteller Reinhold Conrad Muschler eine Nofretete-Novelle vor. Muschler, der bereits 1932 in die NSDAP eingetreten war, war ein aktiver Propagandist der nationalsozialistischen Ideologie. Kurz nach der Machtübernahme der NSDAP veröffentlichte er das Buch *Adolf Hitler unser Führer*, das sich an Kinder und Jugendliche richtete. Sein Buch *Nofretete*, erschienen in einer Auflage von weit über 100 000 Exemplaren, idealisierte den

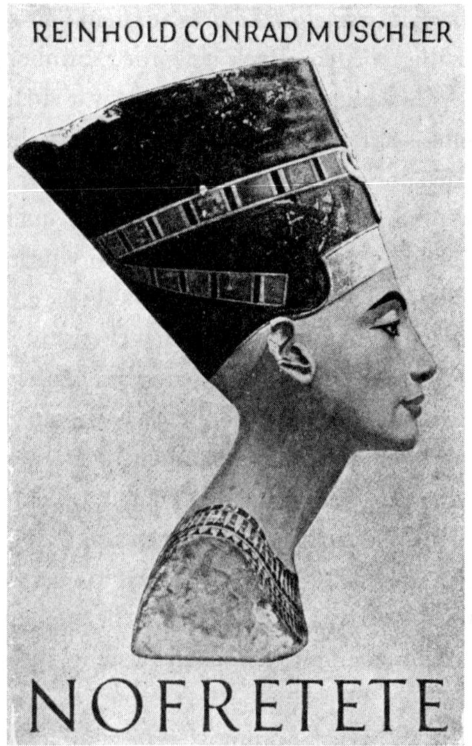

Abb. 12: Reinhold Conrad Muschlers Novelle *Nofretete* erschien 1935; noch in den 1950er-Jahren wurde das Buch in hohen Auflagen nachgedruckt.

Pharao Echnaton als absoluten Herrscher und Gebieter: »Wer führen will, kann keine Bindung haben.« Die Erzählung ist durchzogen von einer Ästhetik, die an die Filme Leni Riefenstahls erinnert: der Kult der Reinheit, die Verehrung der Sonne und die Idee des einsamen Führers, während »schwarze Nubier, prachtvolle, hohe Gestalten« dienend den Hintergrund bevölkern. Im Zentrum des Geschehens steht jedoch Nofretete. Indem er ihre Hingabe an Echnaton beschreibt, entwirft Muschler ein Idealbild von streng hierarchischen Geschlechterrollen. »Nofretete liebte den König mit der ganzen Hingabe einer Frau, deren Leben im Manne beginnt und endet.«[92]

Auch der aus Österreich stammende Komponist Nico Dostal wäre zu nennen, dessen Operette *Prinzessin Nofretete* 1936 in Köln uraufgeführt wurde. Dostal hatte bereits 1933 das Stück *Die kleine Hitler-Garde kommt* für Orchester komponiert. Er stand auf der sogenannten Gottbegnadeten-Liste von 1944, auf der das von Joseph Goebbels geleitete Propagandaministerium diejenigen Künstler aufführte, die dem nationalsozialistischen Regime besonders wichtig erschienen. Operetten aus der NS-Zeit werden auch heute noch häufig aufgeführt, da man ihnen einen harmlosen, unpolitischen Charakter zuspricht.[93] Auch *Prinzessin Nofretete*, »jenes unentdeckte Meisterwerk«, wird bis heute auf die Bühne gebracht.[94]

Zu den Autoren, die die Figur der Nofretete nutzten, um für eine faschistische Ästhetik und Ideologie zu werben, gehörte auch Josef Magnus Wehner, ein Schriftsteller und Theaterkritiker mit tiefen katholischen Wurzeln. Mit einem Roman, der im Ersten Weltkrieg spielt und mit seiner offenen Kriegsbegeisterung als Gegenentwurf zu Erich Maria Remarques *Im*

Westen nichts Neues konzipiert war, gelang ihm 1930 der Durchbruch. Drei Jahre später, nun schon NSDAP-Mitglied, gehörte Wehner zu den 88 Schriftstellern, die das »Gelöbnis treuester Gefolgschaft für Adolf Hitler« unterschrieben. Während des Krieges produzierte er Propagandasendungen für das Radio. Seine Erzählung *Echnaton und Nofretete*, 1940 erschienen, reproduzierte das Bild des arischen, sonnenanbetenden Königspaares im Sinne der Ideologie des Regimes.[95]

Die extremste Verfechterin einer nationalsozialistischen Lesart des antiken Ägyptens war Savitri Devi (1905–1982). Geboren als Maximine Portaz in Lyon, entwickelte die französische Schriftstellerin eine Faszination für indische Religion und Philosophie, zog nach Indien und wurde dort zu einer glühenden Verehrerin des Nationalsozialismus. Sie hielt Adolf Hitler für eine Verkörperung des hinduistischen Gottes Vishnu, vertrat radikal antisemitische Positionen und propagierte die Herrschaft der Arier. Devi arbeitete während des Krieges in Indien als Spionin für das NS-Regime. Nach dem Krieg und dem Ende des »Dritten Reiches« zog sie nach Deutschland, um dort weiter die nationalsozialistische Ideologie zu verbreiten, bevor sie 1971 nach Indien zurückkehrte.

In Devis krudem, hochgradig rassistischem Weltbild spielte das alte Ägypten eine zentrale Rolle. Sie verfasste sage und schreibe fünf Bücher über Echnaton und seine Religion des Sonnengottes. Echnaton und Nofretete, das königliche Paar, stehen darin für einen Kult der Natur und körperlichen Schönheit, für die Verehrung der Sonne und für ein arisches Heidentum, aus dem eine Weltreligion hervorgehen sollte, die dereinst Ost und West vereinen würde. Echnaton war der Stifter dieser Religion, aber auch Nofretete war unverzichtbar: »Er konnte

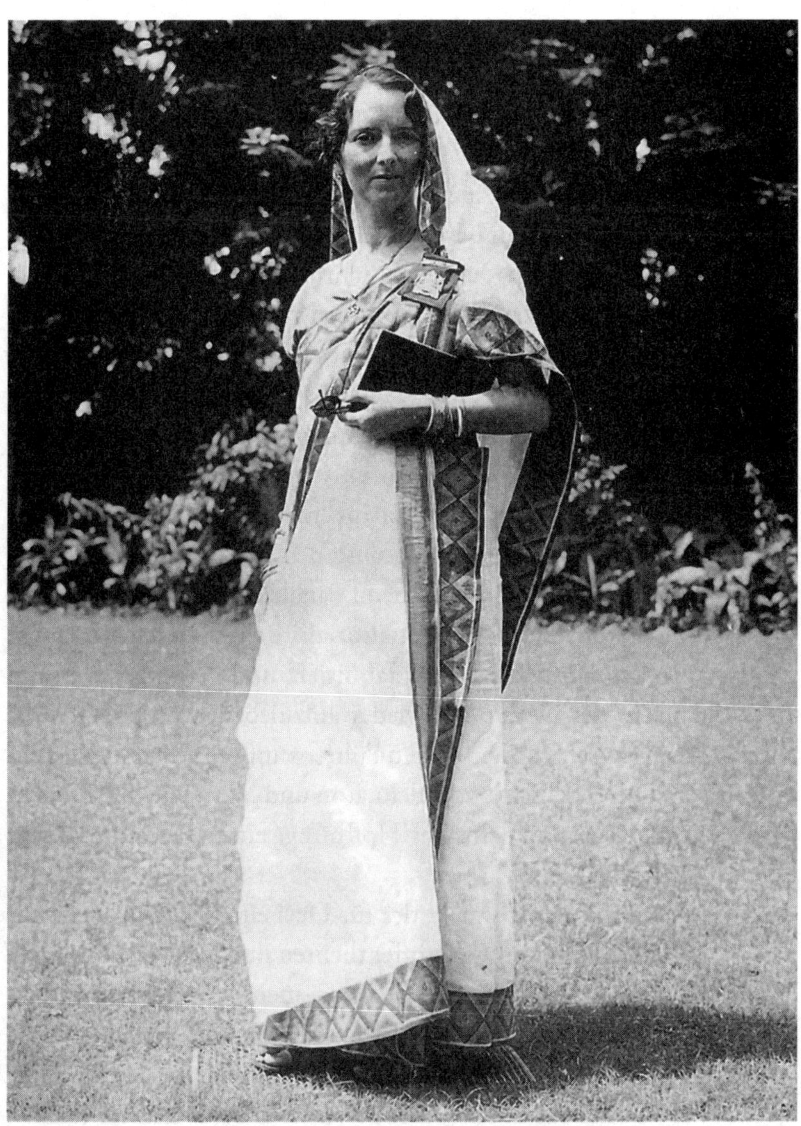

Abb. 13: Savitri Devi, die sich als Arierin bezeichnete, gehörte 1962 zu den Begründern der World Union of National Socialists.

sich nicht getrennt von ihr vorstellen, […] ohne sie würde etwas Entscheidendes in seinem Leben fehlen. […] In keinem seiner höchsten Ansprüche betrachtete er sich als allein. Er war ›er und sie‹.«[96]

Nofretete war es auch vorbehalten, in einem von Devis Büchern die Rückkehr des arischen Sonnenkultes zu prophezeien. »Jahrhunderte lang, vielleicht Jahrtausende lang mag er in Vergessenheit geraten«, lässt Devi die Königin über ihren verstorbenen Ehemann sagen, »aber eines Tages wird er im Austausch für das verlorene Reich die Herrschaft über die Seelen erhalten. […] Der Tag seiner Verherrlichung wird anbrechen und eine neue Ära beginnen.«[97] Noch 1963 rechtfertigte Devi in einem unveröffentlichten Manuskript mit dem Titel »Hart wie Kruppstahl« offen den Holocaust, den »unser verehrter Führer« angeordnet hatte, und beschwor Parallelen zwischen Echnatons Sonnenkult und der nationalsozialistischen Weltanschauung: Wie Echnaton lange Zeit tabuisiert und vergessen war, um dann in der Gegenwart wieder aufzuleben, würden auch die Ideen »unseres unsterblichen Führers« unweigerlich wiederkehren. Die Geschichte von Echnaton und Nofretete missbraucht sie als Gleichnis »unserer Hoffnung, eines Tages die Macht wiederzuergreifen«.[98]

Und in der Tat war Hitler für Devi ein Wiedergänger Echnatons. In ihrem 1958 veröffentlichten Buch *The Lightning and the Sun* – gewidmet Adolf Hitler, »dem gottgleichen Individuum unserer Zeit […] als Tribut der unerschütterlichen Liebe und Treue, für immer und ewig« – konstruierte sie eine Linie der »Götter auf Erden«, die von Amarna bis Nürnberg reichte. In ihrer Deutung verkörperte Echnaton die Fusion der ägyptischen mit der arischen Welt. Sein kompromissloses Einstehen für Gewaltlosigkeit und Pazifismus habe in Hitler – »Niemand strebte so hartnäckig und durchgängig nach Frieden wie er« – sein Pendant gefunden. Im Unterschied zu Echnaton habe Hitler jedoch verstanden, dass das gewaltfreie Goldene Zeitalter nicht ohne Blutvergießen zu erreichen war.[99]

Während Savitri Devi in Kalkutta noch dabei war, ihre erste Echnaton-Biografie zu verfassen, saß Thomas Mann im kalifornischen Exil und arbeitete an seiner Roman-Tetralogie *Joseph und seine Brüder*. Im Gegensatz zu den faschistischen Vereinnahmungen diente das alte Ägypten ihm als eine hoffnungsfrohe Utopie inmitten einer dunklen Gegenwart. Er hatte unmittelbar nach den spektakulären Ausstellungen von Tutanchamun und Nofretete mit der Arbeit an dem Roman begonnen und reiste zweimal nach Ägypten, um die Schauplätze des Geschehens selbst in Augenschein zu nehmen. Sechzehn Jahre lang rang er mit dem umfangreichen Romantext, den er schließlich in den letzten Jahren des Zweiten Weltkriegs in seinem Exil in Pacific Palisades vollendete.

Nofretete tritt darin allerdings nur als eine Nebenfigur auf, »die Lider gesenkt, den langen Hals in ängstlicher Lieblichkeit vorgeschoben, […] das Haar von einer blauen Kappe bedeckt, die ihren Hinterkopf rundlich verlängerte«, in hingebungsvoller Anbetung ihres Gatten. Der Roman spielt am Hof von Echnaton und Nofretete in Amarna; »von Anfang an« plante Thomas Mann das Gespräch zwischen Echnaton und Joseph als den eigentlichen Höhepunkt des Romans.[100] Zugleich griff er auf Ereignisse und Motive aus fast allen Epochen der Geschichte des antiken Ägyptens zurück.

Es wäre verkürzt, das ausufernde und facettenreiche Werk auf eine Allegorie der politischen Ideologien der Zeit zu reduzieren. Gleichwohl sind die Themen Faschismus und Demokratie allgegenwärtig und eng miteinander verwoben. So lässt Thomas Mann einen reaktionären Amun-Oberpriester auftreten, der im Stile eines Mussolini oder Goebbels eine dumpfe, alte Mythen aufrufende Propaganda von sich gibt. Am Ende des Romans steht die Distanzierung von der Figur des autoritären Gewaltherrschers: »Denn ein Mann, der die Macht braucht, nur weil er sie hat, gegen Recht und Verstand, der ist zum Lachen.«[101] In Thomas Manns Werk stehen die Josephsromane für die Abkehr von seinen früheren nationalkonservativen Anschauungen und für die entschiedene Orientierung an humanistischen und demokratischen Idealen. »Mit dem Joseph bin ich früher fertig geworden als die Welt mit dem Faschismus«, notierte er 1943 in sein Tagebuch.[102]

Zeitlosigkeit und Natur

Kehren wir nun zur Frage der Schönheit der Nofretete zurück. Wie wurde diese Vorstellung begründet? Was machte sie so zeitlos schön, und wie kam ein so einmütiges Urteil zustande? Einige Zeitgenossen brachten ihre Intuition und ihr Bauchgefühl in Stellung, während andere darum bemüht waren, sich in ihrem Urteil auf objektivere Kriterien zu stützen. Für die meisten Beobachter und Beobachterinnen war Nofretete ein Beispiel für die klassische Tradition, die auf harmonische Beziehungen zwischen den Teilen und dem Ganzen setzte. Mit anderen Worten: Der Schlüssel zur Schönheit liegt in der Perfektion der Proportionen. Und Proportionen lassen sich messen und in Zahlen ausdrücken.[103]

Die Idee, dass Schönheit tatsächlich berechnet, gezählt und quantifiziert werden kann, war nicht neu, sondern geht auf antike ästhetische Theorien zurück. Seit dem späten 19. Jahrhundert verstärkte die zunehmende Autorität der Naturwissenschaften noch einmal die Überzeugung, dass eine objektive Beurteilung von Aussehen und Ästhetik möglich sei. Es reichte demnach nicht aus, einfach seine Meinung zu äußern; jede individuelle Bewertung, so hieß es, leide unweigerlich unter Verzerrungen und Vorurteilen. Stattdessen verließen sich viele

Wissenschaftler auf mathematische Verfahren, um die Subjektivität des Urteils auszuhebeln, in der Hoffnung, ein Gesetz zu finden, das die menschliche Schönheit definiert.[104]

Auch heute noch gibt es in der Wissenschaft Stimmen, die auf der Universalität von Nofretetes Schönheit bestehen, einer Schönheit, die stets und immer anerkannt werde, über Zeit und Raum hinweg. Einige führen die anhaltende Anziehungskraft der Büste auf die Einhaltung der klassischen Proportionen zurück und berufen sich dabei auf ein altägyptisches Maß, die Elle, und ihre 28 Unterteilungen von je 1,875 cm. Andere stützen sich auf moderne CT-Scans und versuchen, das Rätsel um Nofretetes Schönheit mit dem unbestechlichen Instrument mathematischer Berechnung zu lösen.[105]

Diese Suche nach ewigen Gesetzen und nach einem Schönheitsverständnis, das über Zeit und Raum hinweg vollkommen unverändert bleibt, hat sich jedoch als vergeblich erwiesen. Und in der Tat ist man sich heute einig, dass große und signifikante Unterschiede in den ästhetischen Vorstellungen bestehen, die die Amarna-Zeit von der Weimarer Republik oder auch von unserer Gegenwart trennen. Das beginnt bereits damit, dass die Büste der Nofretete gar kein Kunstwerk im engeren Sinne war, sondern ein Prototyp. Es handelt sich bei dem Prunkstück der Berliner Sammlung mithin nicht um ein erlesenes Kunstwerk, dem im antiken Ägypten die höchste Wertschätzung entgegengebracht wurde, sondern lediglich um einen Funktionsgegenstand, um ein Modell, nach dem der Bildhauer Thutmosis weitere Statuen herstellen wollte.

Ohnehin kann man generell sagen, dass Bilder und Skulpturen im alten Ägypten nicht als Porträt einer individuellen Person verstanden wurden. Vielmehr sollten sie vor allem eine gesellschaftliche Rolle repräsentieren. Auch bei der Darstellung der unterschiedlichen Geschlechter ging es nicht darum, einzelne Individuen mit ihren spezifischen Eigenschaften abzubilden, sondern vielmehr darum, ihren sozialen Status deutlich zu machen. Gerade im Fall von Echnaton und Nofretete – die, wie wir gesehen haben, häufig Aufgaben übernahm, die traditionellerweise dem König vorbehalten waren – führte das dazu, dass die Abgrenzung zwischen den Geschlechtern in den Darstellungen oft ambivalent und fließend war. Für das Publikum im frühen 20. Jahrhundert gehörte diese Uneindeutigkeit zu dem enigmatischen Reiz, den das Paar ausstrahlte.[106]

Die Betrachter zur Zeit der frühen Weimarer Republik betonten in erster Linie das Neue an der Kunst aus Amarna, den Bruch mit früheren Epochen der ägyptischen Geschichte. Vor allem der Unterschied zu Skulpturen im Tempelkomplex von Karnak in der Hauptstadt Theben, die noch während Echnatons ersten Regierungsjahren geschaffen worden waren, war markant. Dort waren überschwängliche, ungeheuer expressive Darstellungen entstanden, die auf die Zeitgenossen der 1920er-Jahre verzerrt und übersteigert wirkten. Im Vergleich dazu erschien die Bildsprache von Amarna geradezu gezähmt. Aber auch von den älteren Darstellungen der Könige, die traditionell als kraftvolle, breitschultrige, jugendliche, dezidiert maskuline Erscheinungen gezeigt wurden, wich die Kunst aus Amarna sichtlich ab.

Dem europäischen Publikum der Zwischenkriegszeit konnten die in Amarna hergestellten Kunstwerke daher rationaler erscheinen, weniger überladen und zugleich näher an der menschlichen Natur. In der Tat spielten nun realistische Details, gerade bei der Darstellung von Personen, eine größere

Rolle – auch wenn es sich dabei nach wie vor um idealisierte Formen handelte. Heute geht man in der Ägyptologie jedoch nicht mehr von einer markanten Zäsur aus, sondern betont vor allem die Kontinuität zu den traditionellen Genres. Schließlich gehörten naturnahe, wirklichkeitsgetreue Wiedergaben insbesondere von Pflanzen und Tieren schon lange zum klassischen Repertoire altägyptischer Kunst.[107]

Was also viele heutige Betrachter an Nofretete schätzen, war keineswegs identisch mit der Wahrnehmung zu ihren Lebzeiten. Umso mehr lohnt die Frage, wie seit den 1920er-Jahren die Idee von Nofretetes universeller Schönheit überhaupt entstanden ist. Wir haben bereits gesehen, dass die frühe Nofretete-Begeisterung viel mit der damaligen Situation in Deutschland und Westeuropa zu tun hatte und auch eine Reaktion auf die Herausforderungen der Jahre unmittelbar nach dem Ende des Ersten Weltkriegs war. Aber wir sollten nun einen Schritt weiter gehen und fragen, warum so viele Menschen in der Zwischenkriegszeit glaubten, dass ihre Schönheit über jeden Zweifel erhaben war, in aller Welt geschätzt wurde und für alle Epochen und Zeitalter galt?

Ein Schlüssel zur Beantwortung dieser Frage ist der Begriff der Zeitlosigkeit, der schon früh zur Beschreibung der Nofretete-Büste verwendet wurde. Wenn man sich die europäische Diskussion genauer ansieht, lässt sich feststellen, dass mehr oder weniger von Anfang an die Vorstellung existierte, die Skulpturen aus Amarna seien nicht so sehr Zeugen einer längst untergegangenen Kultur, sondern eigentlich Zeitgenossen. Obwohl die Artefakte Tausende von Jahren alt waren, wirkten sie frisch und neu – eben zeitlos. »Eine solche Übereinstimmung des damaligen ägyptischen Schönheitsideals mit dem modernen« war wiederholt Anlass für bewunderndes Erstaunen.[108] Von den meisten Besuchern der Berliner Ausstellung wurden die Skulpturen als experimentell und modern wahrgenommen; sie vermittelten »wirkliche Menschen, keine Schemen; jeder ist ein Individuum«.[109] Vor allem Echnaton mit seinem schlanken Gesicht und den weichen Zügen wirkte auf die Besucher wie »ein Moderner im verwegensten Sinne des Wortes«.[110] In der Kunst von Amarna schien sich die große Kluft zwischen der Antike und der Gegenwart aufzulösen. »Dreitausend, viertausend Jahre vielleicht«, schrieb Howard Carter über seine Gefühle beim Öffnen des Grabes von Tutanchamun, »sind vergangen, seit menschliche Füße das letzte Mal den Boden betreten haben, auf dem du stehst.« Die Erfahrung der Unmittelbarkeit überwältigte ihn. »Die Zeit«, so Carter, »ist ausgelöscht.«[111]

Es ist in der Tat auffallend, dass viele Museumsbesucher und das lesende Publikum die antiken Skulpturen als zeitgenössisch empfanden. »Die Abgüsse könnten ebensogut von heute sein«, schrieb Lisbeth Stern, eine linke Kunstkritikerin, in den *Sozialistischen Monatsheften*.[112] Die wahrgenommenen Parallelen reichten von der Ähnlichkeit der Gesichtszüge – »Das wirst Du wohl bemerkt haben, wie viele Amenhotep's IV [= Echnaton] Dir ähnlich sehen?«, schrieb Lou Andreas-Salomé an Rainer Maria Rilke, nachdem sie die Amarna-Ausstellung gesehen hatte – bis hin zu den alltäglichsten Gegenständen: »Handschuhe, Pantoffeln, Schmuck, Kosmetika und sogar Bettgestelle haben sich in 5.000 Jahren kaum verändert.«[113]

Amarna war in dieser Lesart keine abgestorbene Zivilisation, keine alte und überholte Kultur, sondern befand sich im Hier und Jetzt, so modern, wie es nur möglich war. Das war jedenfalls die Meinung des Publikums, das Nofretete rasch als »die erste *moderne* heutige Frau« für sich beanspruchte.[114] Die allgemeine Begeisterung für die Nofretete-Büste hatte durchaus etwas Demokratisches an sich, losgelöst von den Vorgaben der Fachleute.[115] Der Eindruck der Zeitlosigkeit ist das beste Beispiel dafür: Nofretete als Zeitgenossin – das war das populäre Gegenmodell zum wissenschaftlichen Ansatz der Archäologen, die den Abstand zwischen Antike und Gegenwart zeitlich und ästhetisch genau vermessen wollten. Die unmittelbare Wirkung des Kunstwerks führte jedoch dazu, dass diese historisch-kritischen Feinheiten in der öffentlichen Wahrnehmung keine große Rolle spielten.

Nofretete als *instant celebrity* – auf diese Weise wurde sie von Anfang an von der historischen Chronologie abgekoppelt. Dieses Herauslösen aus der Geschichte war eine der Voraussetzungen für ihre Kanonisierung. Ein Kanon stellt immer eine Auswahl dar, die als ewig gültig präsentiert wird – und ganz ähnlich wurde die Nofretete-Büste aus der Vielzahl der Zeugnisse des antiken Ägyptens ausgewählt und in das kulturelle Gedächtnis aufgenommen.[116]

Diese Inszenierung der Zeit- und Geschichtslosigkeit wurde noch durch die Tatsache verstärkt, dass die Exponate auf neuartige, geradezu revolutionäre Weise präsentiert wurden: nicht mehr eingerahmt von einer farbenfrohen Innenausstattung und eng gedrängt, sondern vor einer weißen Wand. Das Ergebnis war ein Kunsterlebnis, das »so gar nichts museumshaftes an sich hat«.[117] Diese frühe Version des White Cube verlieh den Objekten eine eigene Aura; zugleich wurden dadurch die Amarna-Kunstwerke aus ihrem historischen Kontext gerissen.[118]

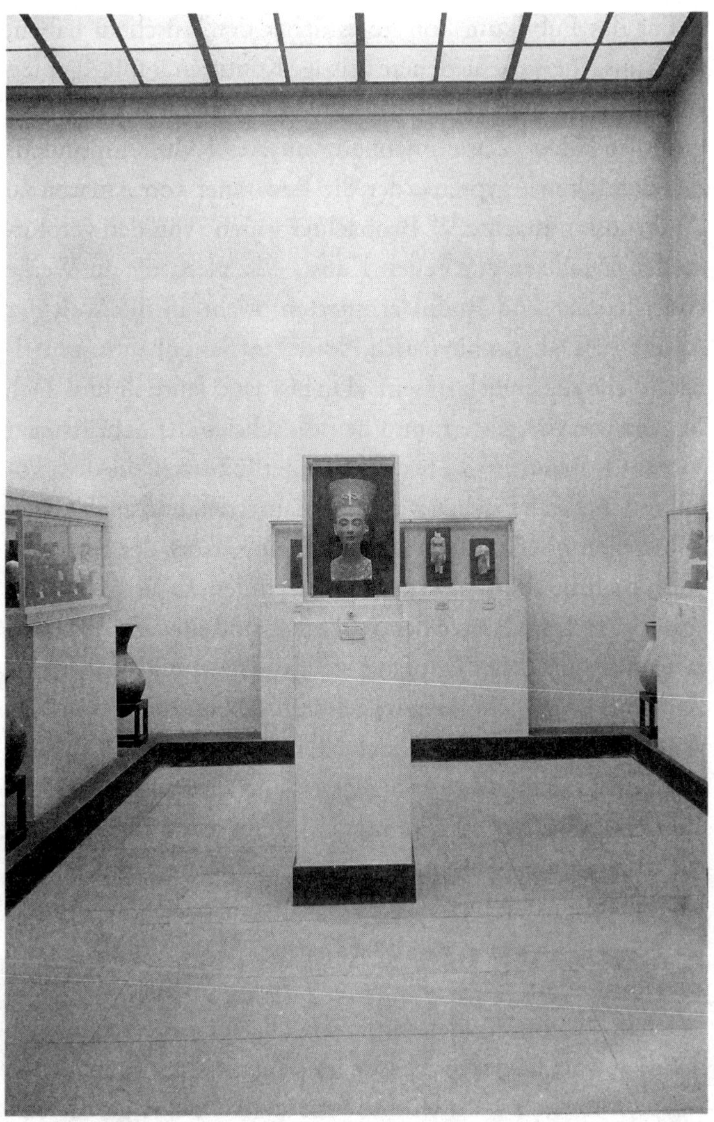

Abb. 14: Die Büste der Nofretete als Glanzstück der Tell-el-Amarna-Ausstellung von 1924

Für das Publikum konnte es daher den Anschein haben, »dass uns eine entschiedenere geistige Kontinuität mit Ägypten verbindet, als man früher annahm«. Die Rede war von einem grundlegenden »Zusammenhang unseres Kulturempfindens mit dem alten Ägypten«, der die Bewohner von Amarna zu Zeitgenossen machte.[119] Beobachter waren »von den verblüffenden Parallelen zur neuen Kunst« fasziniert, die an Werke von Meunier und Rodin erinnerten, nicht an die Welt der Antike.[120] Daher schien auch Nofretetes Schönheit unmittelbar für alle zugänglich zu sein. »Du bist 3300 Jahre alt und doch so ganz wie von gestern und heute«, schrieb der Schriftsteller Victor Ottmann.[121] Sie bedurfte keiner Experten, die dem Publikum ihre ästhetischen Vorzüge erläuterten, und auch keiner kulturellen oder zeitlichen Übersetzung, trotz des Abstands von 34 Jahrhunderten. »Sie wird verstanden, so lange es Menschen gibt. Die Gesetze der Schönheit sind unwandelbar und ewiggültig.«[122] Man empfand sie als »Frauenbild, das keiner Zeit und keinem Volke anzugehören scheint«.[123] »Nofretete wäre den Männern jeder Epoche der Weltgeschichte als außerordentlich weiblich und königlich erschienen«, schrieb die *New York Times*, »so lebendig, so modern ist dieses Portrait.«[124] Die Wahrnehmung, Nofretete sei im Grunde eine Zeitgenossin, hält sich bis heute. Der Schweizer Kunsthistoriker Henri Stierlin behauptete sogar, die Büste sei eine Fälschung aus dem 20. Jahrhundert.[125]

Diese Einebnung der zeitlichen Distanz unterschied sich deutlich von früheren Phasen der Ägyptomanie, in denen Ägypten stets als exotisch und fern angesehen, ja gerade aufgrund seiner Fremdartigkeit geschätzt wurde. In den Jahren nach dem Ersten Weltkrieg war das anders. Nun konnte das alte Ägypten als Zufluchtsort erscheinen, an dem man die aktuellen Wirren und Schwierigkeiten verdrängen und eine »tiefere Wirklichkeit« als das Leben in der krisengeschüttelten Nachkriegsgegenwart erfahren konnte.[126] Auch Museumsdirektor Heinrich Schäfer brachte die Begeisterung für die Kunst vom Hofe Echnatons und Nofretetes mit der spezifischen Situation im Deutschland der Nachkriegszeit in Verbindung: »So stark fühlte sich damals unsere Zeit durch die Werke aus Amarna gepackt, weil eben auch im Leben unserer eigenen Zeit beträchtliche Veränderungen vor sich gegangen waren.«[127]

Wie konnte also damals der Eindruck entstehen, die Normen für menschliche Schönheit seien bei einem ägyptischen Bildhauer im Jahr 1334 v. Chr. die gleichen gewesen wie bei einer deutschen Museumsbesucherin im Jahr 1924? Die Erklärung, die am häufigsten vorgeschlagen wurde, berief sich auf eine angeblich direkte Beziehung zwischen Schönheit und Natur. Anstatt ästhetische Werte an Zeit und Ort zu binden, sahen die Kommentatoren die Unveränderlichkeit der Schönheit und ihre universelle, kulturübergreifende Anziehungskraft als von Natur aus gegeben an. Folglich wurde die Attraktivität einer 3000 Jahre alten ägyptischen Skulptur für ein europäisches Publikum des 20. Jahrhunderts als Ergebnis der getreuen Nachahmung der Natur verstanden. »Man fühlte«, schrieb ein Kritiker über den Hof von Amarna, »hier hatte die Kunst sich in neuer Beobachtung der Natur erfrischt«.[128] Es schien offensichtlich, »wie ernst es schon damals, etwa 14 Jahrhunderte vor Christus, den Künstlern um die getreue Wiedergabe der Natur war«.[129] Das war eine weitverbreitete Meinung: »Durchgängig sind die Modelle von einer geradezu verblüffenden Naturwahrheit.«[130]

Die Überzeugungskraft des Naturarguments stand in unmittelbarem Zusammenhang mit dem großen Einfluss, den die Strömungen des Realismus und Naturalismus zu Beginn des 20. Jahrhunderts ausübten. Getragen von der Autorität der Naturwissenschaften, hatte diese Stilrichtung vor allem in der Literatur, aber auch in der bildenden Kunst eine breite Wirkung gehabt.[131] Der emphatische Bezug auf die »Natur« war also ein Produkt der damaligen Zeit – und wurde in der Folge auf Amarna und das ägyptische Neue Reich zurückprojiziert. In der fernen ägyptischen Vergangenheit, so schien es nun, hatte die Menschheit einen ähnlichen Wandel durchlebt wie in der Gegenwart: Monotheismus, Aufklärung, Naturalismus, Moderne. »Mit dem Sonnenkult bricht eine Art Zeitalter der Aufklärung, der Aufheiterung heran«, fasste der Schriftsteller Joseph Roth eine weitverbreitete Ansicht über Echnatons Revolution zusammen. Es »erwacht die neue Freude an der genauen Beobachtung der Realität, am Detail, am – Naturalismus.« Kein Wunder also, dass die Kunst von Amarna »getreue, sogar peinlich getreue Nachbildungen des majestätischen Angesichts, voll erschütternder Wahrhaftigkeit, von fast beleidigender Echtheit« zeigte.[132]

Das weiße Ägypten

Der Bezug auf die »Natur« war allerdings keineswegs unschuldig oder unproblematisch. Er war vielmehr ein wesentlicher Bestandteil des Gemischs aus Annahmen und Ideen, mit denen seit dem 19. Jahrhundert der europäische Kolonialismus gerechtfertigt wurde. Die angebliche »zivilisatorische Überlegenheit« Europas ließ sich so als das selbstverständliche Ergebnis natürlicher Unterschiede darstellen; häufig wurde mit Begriffen der damals etablierten »Rassenkunde« argumentiert. Auch die Selbstverständlichkeit, mit der man von einer ästhetischen Vormachtstellung des Westens ausging, gehört in diesen Zusammenhang. Solche Annahmen konnten sich auf die Autorität von Johann Winckelmann stützen, dem bekannten deutschen Archäologen und Kunstkritiker des 18. Jahrhunderts. Auf ihn ging die Vorstellung zurück, dass die Kunst ihren höchsten Ausdruck in der antiken griechischen Skulptur gefunden habe. Winckelmann zufolge war es gerade die Gestaltung des menschlichen Körpers nach der Natur, die die Vorherrschaft des griechischen Schönheitsideals begründete.[133]

Winckelmann feierte die weißen Marmorstatuen des antiken Griechenlands – und damit implizit auch die ästhetische Überlegenheit weißer Haut. Er ging davon aus, dass »ein schöner Körper desto schöner sein [wird], je weisser er ist«.[134] Auch die Abgüsse antiker Statuen, die seit dem 18. Jahrhundert angefertigt wurden, waren weiß und haben auf diese Weise das moderne Bild von der griechischen Ästhetik weiter verfestigt. Obwohl die antiken Statuen eigentlich bunt gewesen waren, wirkte die moderne Begeisterung für die unbemalten Plastiken als Legitimierung der Idealisierung weißer Hautfarbe. Der weiße Marmor stand für weiße Körper, die wiederum symbolisch mit Reinheit, Wahrheit und moralischem Handeln assoziiert wurden.[135] Diese angenommene intellektuelle, moralische und ästhetische Überlegenheit des Weiß-Seins, die man der klassischen Antike und ihrer materiellen Kultur zuschrieb, machte den Neoklassizismus für koloniale Herrschaftszwecke so geeignet.[136]

Infolge der Vorbildfunktion des antiken Griechenlands wurde Schönheit also implizit als weiß definiert. Von Winckelmann über Johann Friedrich Blumenbach bis hin zu Immanuel Kant stimmten die Gelehrten der europäischen Aufklärung darin überein, die weißen Menschen oder »Kaukasier« für die schönste aller menschlichen Gruppen zu halten. Kant war überzeugt, dass »die Menschheit in der Rasse der Weißen ihre größte Vollkommenheit erreicht« habe.[137] Die Folge war, dass europäische Gelehrte sich daranmachten, römische und griechische Skulpturen sorgfältig zu vermessen, um die Proportionen des idealen menschlichen Körpers zu ermitteln. Mit diesen Idealmaßen ließen sich dann die Körper von Menschen aus außereuropäischen Kulturen vergleichen, meist mit negativem Ergebnis.[138] Die Annahme eines Zusammenhangs zwischen Schönheit und Natur war auf diese Weise immer auch ein Instrument der Herrschaft.

Nach dieser Logik erschien auch Nofretete als europäisch und weiß. Tatsächlich stellten sich die Europäer im 19. Jahrhundert die Ägypter größtenteils als hellhäutig vor, als »weiße Menschen«.[139] Wenn der amerikanische Ägyptologe George Gliddon über die Pyramiden sprach, betonte er die »interessante Tatsache, dass sie von derselben Rasse von Männern erbaut wurden, die keine Afrikaner, sondern Kaukasier waren«.[140] Ein halbes Jahrhundert später erklärte James Breasted die Ägypter kurzerhand zu »Mitgliedern der weißen Rasse«, deutlich getrennt von »der wimmelnden schwarzen Welt Afrikas«.[141] Für den amerikanischen Arzt John Campbell hatte Ägypten »sich fortschrittlich entwickelt, weil es kaukasisch war«; in der Folge habe es seine zivilisatorischen Errungenschaften an Griechenland, Westeuropa und schließlich an die Vereinigten Staaten weitergegeben: »Es liegt in der Natur der Weißen, sich weiterzuentwickeln.«[142]

Mit diesen rassistischen Annahmen im Hinterkopf erschien es vielen Europäern noch naheliegender, Nofretete als eine Zeitgenossin zu betrachten, als eine von ihnen. Die Nazis vereinnahmten sie ohnehin als weiße Arierin. Aber auch das in New York erscheinende *Jewish Daily Bulletin* pries Nofretete als eine »Königin, die – in moderner Kleidung und mit anderem Kopfschmuck – gut und gerne eine Bewohnerin der West End Avenue und ein Mitglied der Frauenabteilung des American Jewish Congress sein könnte«.[143] Man beschrieb sie als eine vertraute Person, vielleicht etwas rätselhaft, aber doch nicht fremd. In der Nachkriegszeit ließen sich viele berühmte Schauspielerinnen, darunter Elizabeth Taylor, Audrey Hepburn und Barbra Streisand (die häufig als »Nofretete aus Brooklyn« bezeichnet wurde), als Nofretete ablichten. Sarah Churchill, die

Tochter des britischen Premierministers, trat 1952 in einer Fernsehsendung in New York als Königin Nofretete vor die Kamera.

Die helle Farbgebung der Berliner Büste machte es leichter, sie auf diese Weise zu vereinnahmen. Dabei kann man von der Plastik keineswegs auf die tatsächliche Pigmentierung der antiken Königin schließen. Vielmehr war im alten Ägypten die in bildlichen Darstellungen verwendete Hautfarbe genau festgelegt und gehorchte klaren Vorgaben. Männer wurden mit einer rötlich-braunen Haut dargestellt, Frauen hingegen erhielten eine gelbliche Färbung. Die Hautfarbe war also lediglich eine Konvention, die es erleichtern sollte, zwischen Männern und Frauen zu unterscheiden. Der Teint der Nofretete-Büste sagt mithin nichts über das wirkliche Erscheinungsbild der Königin aus, sondern war durch den Kunstkanon vorgegeben.[144]

An der öffentlichen Wahrnehmung der Büste hat das jedoch nichts geändert. Nofretete wurde als Europäerin oder Nordamerikanerin betrachtet – ebenso wie Kleopatra, die in der westlichen Vorstellungswelt eine ähnliche Rolle spielte, von Shakespeare bis hin zu Elizabeth Taylor.[145] Vor allem Taylors Verkörperung der Kleopatra popularisierte und verstärkte das Bild der altägyptischen Königinnen als »weiße Orientalinnen«. Das war zu dieser Zeit schon gar nicht mehr selbstverständlich: Schließlich fiel ihre berühmte Rolle in dem Blockbuster-Film von 1963 mit dem Ende der europäischen Imperien in Afrika und der Entstehung unabhängiger postkolonialer Nationen zusammen. Just zu dieser Zeit reisten Afroamerikaner – von W. E. B. Du Bois und Ralph Bunche bis hin zu Malcolm X – nach Afrika, um im Geiste des Panafrikanismus die Befreiungsbewegungen zu unterstützen. Und während der Untergang des Imperiums der Pharaonen vom weißen Establishment in den Vereinigten Staaten noch als warnendes Beispiel für die Gefahren der »Rassenvermischung« angeführt wurde, stellte die Bürgerrechtsbewegung genau diese bestehenden Hierarchien infrage. In der arabischen Welt entzündete sich die Kritik am Kleopatra-Film daran, dass Taylor wenige Jahre zuvor zum Judentum übergetreten war und sich öffentlich für Israel aussprach. Die Vereinigte Arabische Republik (die kurzlebige Fusion von Ägypten und Syrien in den Jahren 1958–1961) verbot daher alle Filme, in denen Elizabeth Taylor mitspielte; auch Drehgenehmigungen für Ägypten wurden nicht erteilt.

Unabhängig von diesen Entwicklungen präsentierte der Film *Cleopatra* die ägyptische Königin noch einmal unmissverständlich als weiß. Elizabeth Taylor löste damit eine Welle ägyptisch inspirierter Kleidung und Kosmetika aus, die Melani McAlister als »Waren-Orientalismus« bezeichnet hat.[146] Viele Frauen nutzten solche Modeartikel dazu, sich in der Öffentlichkeit zu inszenieren. Das Vorbild der exzentrischen Königin versprach Freiräume für selbstbestimmtes Handeln, nicht zuletzt im Feld der Sexualität. Elizabeth Taylor selbst, und insbesondere ihre als Skandal behandelte Affäre mit Richard Burton, lieferte das beste Beispiel dafür. Dass die Selbstverwirklichung Kleopatras jedoch auf der Unterwerfung Schwarzer Sklaven beruhte, wie man auch in dem Film sehen konnte, wurde dabei nicht diskutiert.[147]

Jedenfalls: Generationen von europäischen und nordamerikanischen Ägyptologen, ebenso wie eine breite Öffentlichkeit, behandelten Nofretete im Grunde wie eine weiße Person. Allerdings erwähnten die meisten Beschreibungen und Lobpreisungen ihre Hautfarbe gar nicht. Wenn überhaupt, dann nannte man sie, in Anlehnung an Ludwig Borchardt, die »bunte Königin«.[148] Aber der unausgesprochene Standard – die ästhetische Überlegenheit weißer Körper – wurde genau dadurch, dass man ihn nicht thematisierte, umso nachhaltiger bestätigt. Nofretete ist insofern ein klassisches Beispiel für die Art und Weise, wie im Fall von als weiß wahrgenommenen Personen die Hautfarbe nicht der Erwähnung wert scheint und sozusagen »unsichtbar« wird. Weiß-Sein wird so zu einer unhinterfragten, »unmarkierten« Norm – und Hautfarbe oder die Einteilung in konstruierte »Rassen« werden nur dann erwähnt, wenn sie von dieser Norm abweichen. Bei der Durchsetzung von Schönheitsvorstellungen, die als allgemeingültig bezeichnet wurden, spielte dieses Muster eine entscheidende Rolle.[149]

Das wird besonders deutlich, wenn man die Begeisterung für Nofretete mit der Rezeption der afroamerikanischen Tänzerin und Sängerin Josephine Baker vergleicht. Baker kam 1925 in Paris an, nur ein Jahr nach Nofretetes erster öffentlicher Präsentation, und ihre Auftritte eroberten das Theaterpublikum und die Zeitungsleserschaft im Sturm. Ebenso wie Nofretete wurde auch sie gleichsam über Nacht zu einer Berühmtheit und zog riesige Menschenmengen an. Wie Nofretete wurde sie als die Verkörperung der Schönheit gefeiert; Pablo Picasso sprach von ihr sogar als »Nofretete von heute«.[150]

Aber hier hören die Parallelen auch schon wieder auf. Josephine Baker stellte mit ihren Performances die etablierten ästhetischen Normen radikal infrage; darin unterschied sie sich grundsätzlich von der Nofretete-Büste, die die herrschenden Schönheitsvorstellungen zu verkörpern und zu bestätigen schien. Baker setzte ihren Körper ein, um alternative Vorstellungen von Weiblichkeit auszudrücken, und unterlief ganz bewusst bestehende, rassistische Hierarchien. Sie »war die primitivistische Moderne in schwarzer Maske und auf zwei Beinen. [...] Anstatt in ein Museum zu gehen, um sich von afrikanischer Kunst inspirieren zu lassen, wie es Picasso getan hatte, verwandelte Baker ihren Körper in ein Museum.«[151] Die Schriftstellerin Janet Flanner erinnerte sich später daran, dass »ihr großartiger dunkler Körper« dem »weißen, männlichen Publikum« in Frankreich, und bald auch weltweit, »zum ersten Mal vor Augen führte, dass Schwarz schön ist«.[152]

Die Zeitungsberichte nutzten die rassistischen Fantasien des weißen Publikums aus, indem sie Josephine Baker als Sexobjekt darstellten und häufig auf ihren Körper reduzierten.[153] Dies stand in deutlichem Kontrast zu Nofretete, deren Anziehungskraft nicht auf ihrem Geschlecht, sondern auf der Ruhe und Gelassenheit beruhte, die sie ausstrahlte. Während die Zuschauer in Baker »wilde Pracht und wunderschöne Animalität« erkannten und »der Rausch des afrikanischen Eros über das Publikum hinwegfegte«,[154] reagierten Nofretetes Bewunderer deutlich kontemplativer. Während »Baker, der Star« zu »Baker, der Körper« wurde, besaß die Nofretete-Büste nicht einmal einen Körper.[155]

Baker also stand für die Sexualität der »kongolesischen Wilden«[156], die Nofretete verband man mit Aufklärung und Rationalität. Ihre Aufnahme in den Kanon der europäischen Moderne ging Hand in Hand mit dem Ausschluss ihres Körpers, ihrer Sexualität und ihrer afrikanischen Abstammung. »Die Idee der Schönheit basiert auf enormen Ausschlüssen«, hat die feministische Denkerin Camille Paglia in ihrem kritischen Kommentar zu dieser Tradition gesagt. In ihrer eigenen Darstellung stützt sich Paglia jedoch auf dieselben Gegensätze, die sie zu kritisieren versucht. Sie orientiert sich an Nietzsches berühmter Gegenüberstellung der Figuren des Apollo (der für rationales Denken und Logik steht) und des Dionysos (Wein, Irrationalität, Emotionen) aus der griechischen Mythologie. Paglia prangert die westliche Besessenheit von Nofretete als eine Form des apollinischen Denkens an, das die dionysischen Kräfte der Natur, der Gewalt und der Sexualität unsichtbar macht. »Nofretete ist ganz Kopf. […] Nofretete ist die mathematisch gewordene Weiblichkeit. […] Nofretete ist die ritualisierte westliche Persönlichkeit«, schrieb sie 1990 und demonstrierte damit unfreiwillig die lang anhaltende Wirkung der Einverleibung von Nofretete in die kulturelle Tradition des Westens, die in den 1920er-Jahren ihren Ausgang nahm. »Nofretete ist eine mutierte und visionäre Materialistin, ein Ding, das sieht. […] Sie ist schön, aber ungeschlechtlich, […] der kalte Nährboden des griechischen kategorischen Denkens. […] Sie ist der augenintensive Westen. […] Nofretete ist die westliche Persönlichkeit in ihren rituellen Bindungen.«[157] Nicht alle werden mit dieser übertriebenen, fast karikaturhaften Gegenüberstellung des rationalen Westens und des dionysischen Anderen einverstanden sein. Trotzdem macht das Beispiel deutlich, wie stark Nofretete nach wie vor als Europäerin betrachtet wird, als Symbol des modernen Westens.

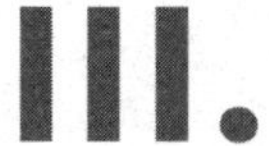

RESTITUTION

Ägyptische Ansprüche

Im Jahr 1913 hatte Borchardt die deutschen Besitzansprüche auf die Nofretete-Büste in juristischer Hinsicht etabliert. In den 1920er-Jahren folgte dann die europäische Öffentlichkeit und nahm die ägyptische Königin auch symbolisch in Besitz. Diese Ansprüche waren jedoch keineswegs unumstritten. Sowohl in Ägypten als auch in der afrikanischen Diaspora wurde die europäische Aneignung der Nofretete schon früh infrage gestellt. Bald nach der ersten öffentlichen Ausstellung im Jahr 1924 erhob die ägyptische Regierung Ansprüche auf die Rückgabe der Nofretete – und hätte damit wohl auch Erfolg gehabt, wenn Adolf Hitler nicht interveniert hätte.[1]

Wem die Nofretete-Büste eigentlich gehört, war und ist in erheblichem Maße eine juristische Frage. Rein rechtlich gesehen hatte die Teilung der Funde im Jahr 1913 Deutschland das Eigentum an der Büste zugesprochen. Aber was bedeutete das wirklich? Bedeutete rechtlich auch gerecht? Die Gesamtheit der zwischenstaatlichen Regelungen war schließlich ein Produkt des imperialen Zeitalters und somit Ausdruck der ungleichen Machtverhältnisse der Zeit. Heute würde kein Land der Welt akzeptieren, dass die Hälfte der archäologischen Funde in ausländische Museen verschleppt wird. Und schon

1913, als Borchardt und sein französischer Kollege Lefèbvre noch um die Beute der Ausgrabungen feilschten, hatten andere Länder längst damit begonnen, das System der Fundteilung aufzugeben. Italien und Griechenland beispielsweise hatten die Ausfuhr antiker Artefakte bereits gänzlich verboten. Es ist also klar, dass der deutsche Anspruch nur möglich war, weil Ägypten zu dem Zeitpunkt keine souveräne Nation war. Und in der Tat: Sobald Ägypten 1922 seine Unabhängigkeit erlangte, änderte es sofort die Regeln. Als Howard Carter noch im selben Jahr das Grab des Tutanchamun mit Tausenden von wertvollen Gegenständen entdeckte, musste er nach London zurückkehren, ohne auch nur einen Löffel mitzunehmen. Alle 5398 Gegenstände verblieben in den Museen in Ägypten. Wäre Nofretete nur ein paar Jahre später entdeckt worden, wäre ihre Berliner Karriere nicht möglich gewesen.

Die ägyptischen Forderungen beruhten auf der Überzeugung, dass Ägypten Nofretetes natürliche »Heimat« sei, und auf der engen Verbindung zwischen der pharaonischen Vergangenheit und der jungen Nation. Was heute so selbstverständlich klingt, war es jedoch keineswegs. Vielmehr handelte es sich um eine relativ neue Entwicklung: Denn bis etwa zur Mitte des 19. Jahrhunderts blieb die Wertschätzung der antiken Zivilisation im modernen Ägypten sehr begrenzt. Als heidnische und vorislamische Gesellschaft war das pharaonische Ägypten für die muslimische Gegenwart nicht von zentraler Bedeutung; für die meisten Ägypter, und auch für die staatliche Repräsentation spielte es keine große Rolle.[2]

Wie der Historiker Elliott Colla bemerkte, wurden die Pyramiden und Pharaonen erst in den letzten Jahrzehnten des 19. Jahrhunderts mit der Ausbreitung des Nationalismus in die nationale Erzählung eingebunden. Nun erst wurden sie als Bestandteil eines jahrtausendealten Zusammenhangs gesehen, der die antike Zivilisation mit dem modernen Schicksal der Nation verband – und nicht zuletzt dazu beitrug, Ägypten von anderen Teilen des Osmanischen Reiches zu unterscheiden. Schulbücher begannen damit, die Errungenschaften der alten Herrscher zu preisen und politische Ansprüche – »Ägypten den Ägyptern« – mit Verweisen auf die ferne Vergangenheit zu untermauern.

Diese Rückbesinnung fand ihren wohl spektakulärsten Ausdruck in Verdis Oper *Aida*, die vom Khediven Ismail Pascha in Auftrag gegeben und 1871 in Kairo uraufgeführt wurde. Anlass für den Auftrag waren die Feierlichkeiten zur Eröffnung des Suezkanals zwei Jahre zuvor gewesen, doch Verdi hatte erst einmal abgelehnt. Der Khedive wollte dem internationalen Publikum, das zur Eröffnung erwartet wurde, eine runderneuerte Metropole präsentieren. Zu diesem Zweck leitete er ein umfangreiches öffentliches Bauprogramm ein, um Teile von Kairo und Alexandria zu modernisieren. Zu den Maßnahmen gehörten breite Boulevards, Hotels, Gärten und Parks. Der Höhepunkt des Programms war der Bau eines neuen Opernhauses, das in einer Mischung aus osmanischen und europäischen Designelementen errichtet wurde. Schließlich willigte Verdi in die Komposition der Oper ein; die Textgrundlage für das Libretto hatte der Ägyptologe Auguste Mariette verfasst, der Direktor des ägyptischen Antikendiensts. Der Auftrag lautete, dass es sich um eine Geschichte handeln sollte, die – in Ismails Worten – »im reinen Stil der ägyptischen Antike« gehalten war und im Land der Pharaonen spielte. Im Zentrum der Handlung steht Radames, ein Hauptmann der ägyptischen Garde. Die Spannung wird dadurch erzeugt, dass Ägypten von einer äthiopischen Armee aus dem Sudan angegriffen wird, während Radames sich gleichzeitig in Aida, eine äthiopische Sklavin am Hof des Königs, verliebt.[3]

Die Oper rief den Ruhm, die zivilisatorischen Errungenschaften und die imperiale Macht auf, die das antike Ägypten symbolisierte. Der Krieg im Sudan stand für die imperialen Ambitionen Ägyptens in der Gegenwart – in der Tat träumte Ismail von der Ausdehnung seines Landes bis zu den Quellen des Nils und zur Küste des Roten Meeres und führte eine Reihe von Eroberungskriegen.[4] Zugleich dokumentierte die ganz und gar moderne Institution des Opernhauses den Fortschritt des Landes. Ismails imperiale Ambitionen und Modernisierungsvorhaben waren auf diese Weise eng miteinander verbunden; der Bau des Opernhauses und das Ausgreifen in den Sudan können als zwei Seiten derselben Medaille verstanden werden. Beides sollte unter Beweis stellen, dass Ägypten die europäischen Mächte und ihre Zivilisierungsmission nicht benötigte, da es selbst gewissermaßen »europäisch« (d. h. modern und imperial) geworden war. *Aida* unterstrich so gesehen Ägyptens Abgrenzung vom übrigen (d. h. kolonialen) Afrika und seine kulturelle und politische Nähe zu Europa. »Mein Land«, sagte Ismail einmal, »ist nicht mehr Teil von Afrika. Es ist ein Teil von Europa.«[5] Die wiederentdeckte antike Größe des Landes war dafür die wirkungsvollste Legitimation.

Wenige Jahre später waren viele dieser Träume schon wieder ausgeträumt. Angesichts rasant steigender Auslandsschulden setzten Frankreich und Großbritannien die Finanzverwaltung des Landes 1875 unter internationale Kontrolle. Der Urabi-Aufstand von 1881, der sich gegen den britischen und französischen Finanzimperialismus in der Region richtete, war zwar ein wichtiger Beschleuniger des auf die antiken Traditionen gestützten Nationalismus, führte aber zur Besetzung des Landes durch britische Truppen. In den folgenden nationalistischen Kampagnen gegen die britische Besatzung und den westlichen Imperialismus erwies sich die Berufung auf die antike Vergangenheit als ein mächtiges rhetorisches Mittel. Dem Narrativ der Zivilisierungsmission, mit dem die europäischen Mächte ihre Herrschaft in der Region legitimierten, wurde das Bild der ersten und größten Zivilisation der alten Welt entgegengesetzt. Nach den schweren Unruhen von 1919, in deren Folge Großbritannien 1922 die Unabhängigkeit Ägyptens anerkannte, wurde der sogenannte Pharaonismus zum bestimmenden Diskurs der nationalistischen Eliten.[6] Die zunehmenden Konflikte um archäologische Grabungen und geplünderte Artefakte dienten somit als Stellvertreter im Ringen um Souveränität.[7]

Vor diesem Hintergrund forderte der neue französische Direktor des ägyptischen Antikendiensts, Pierre Lacau (von 1914 bis 1936 im Amt), bereits 1924 offiziell die Rückgabe der Nofretete-Büste an Kairo. Er leitete eine Reihe von Restitutionsforderungen ein, die bis heute nicht erfüllt wurden.[8] »Das Stück hätte Ägypten niemals verlassen dürfen. […] Es ist klar, […] dass es von größter Bedeutung für die Kunstgeschichte ist«, notierte Lacau, räumte aber gleichzeitig ein, dass die Forderung nach Rückgabe aus rein juristischen Gründen eine aussichtslose Sache sei: »Es handelt sich also um unseren Fehler. Herr Lefebvre hat uns vertreten, seine Unterschrift bindet uns voll und ganz. Ich glaube, wir sind *rechtlich* gesehen wehrlos.« Stattdessen stützte er seinen Appell an die Deutschen auf moralische Erwägungen.[9]

Um die Rückgabe möglich zu machen, bot Lacau andere seltene Objekte aus der Sammlung des Museums in Kairo im Austausch an – ein Vorgehen, das von ägyptischen Zeitungen wie *Al Ahram* als Ausverkauf heftig kritisiert wurde. Die ägyptischen Nationalisten sahen in Lacau ein Symbol für die fortgesetzte koloniale Unterdrückung (und stimmten hier ironischerweise mit dem französischen Außenministerium überein, das seine Anwesenheit in Ägypten als »so wichtig für die Wissenschaft und den französischen Einfluss« ansah).[10] In einem Brief an die ägyptische Presse rechtfertigte Lacau sein großzügiges Angebot an die Deutschen und betonte den unvergleichlichen Wert der Nofretete-Büste: »Der Kopf der Königin ist ein außergewöhnliches Stück, unvergleichlich und seines Weltruhms würdig.«[11]

Die deutsche Seite reagierte zunächst ablehnend und beharrte auf der Rechtmäßigkeit der Fundteilung. Ägypten verweigerte daraufhin die Genehmigung für weitere deutsche Ausgrabungen. Die Dinge änderten sich, als Lacau 1929 nach Berlin reiste, um direkt mit dem Direktor des Ägyptischen Museums, Heinrich Schäfer, zu verhandeln. In einem überraschenden Zugeständnis erklärte sich Schäfer bereit, die Büste gegen mehrere Stücke, die Kairo im Gegenzug anbot, abzugeben. Auch der ursprüngliche Sponsor der Ausgrabung, James Simon, willigte ein. Der Tausch – Lacau hatte die eindrucksvolle Statue des Ranefer angeboten, eines altägyptischen Beamten des Alten Reiches – schien ihm vielversprechend: Es handele sich um einen kunsthistorischen Schatz, »dessen gleichen es in Europa nicht gibt und nie geben wird«. Auch hier noch klangen deutsch-englische Animositäten an: »Das Britische Museum besitzt nichts, was sich ihm zur Seite stellen ließe.« Im Vergleich zur Ranefer-Statue, so Simon, sei die Nofretete ein weniger wertvolles Objekt: »Unter unserem Bestande gibt es so manches Stück, das künstlerisch von höherem Range ist als die elegante farbige Büste der Königin. Für deren Beliebtheit beim großen Publikum spricht doch manches andere mit. Die Dargestellte ist eben eine schöne Frau. Und man weiß ja, […] wie leicht der Laie dazu kommt, die Schönheit des Objektes mit dem Wert der künstlerischen Darstellung zu verwechseln. Überhaupt sollte man in Kunstdingen sich meiner Meinung nach davor hüten, auf den Geschmack des Publikums zu viel zu geben.«[12]

Das war keineswegs eine Einzelmeinung. Insbesondere in Fachkreisen überwog die Ansicht, dass der Austausch mit der Ranefer-Statue »für das Berliner Museum einen ganz gewaltigen Gewinn, und zwar einen objektiven Gewinn von dauerndem, und zwar höchstem künstlerischen Wert« darstelle, wie Kurt Sethe mit der Autorität des Professors für Ägyptologie an der Berliner Universität versicherte.[13] Der Kunsthistoriker Gustav Friedrich Hartlaub bezweifelte den künstlerischen Rang der Nofretete-Büste und ihre »bis an Décadence grenzende, stark ans Kunstgewerbliche hinreichende Artistik«. Es handele sich um »ein rassiges, zartes Frauenbildnis, in das sich mancher Mann und manches Weib verlieben möchte: nicht weniger –, aber auch nicht mehr!«[14] Eine Gruppe von Berliner Künstlern, darunter Mies van der Rohe, Georg Kolbe und Max Oppenheimer, schickte eine gemeinsame Stellungnahme, die für den Tausch plädierte.[15] Andere stimmten zu: »Nofretete, der längst vermoderten Gattin« des Königs Echnaton, solle man keine Träne nachweinen; »als Gesamtleistung« werde sie »von dem prächtig energiegespannten stehenden Ranofer weit

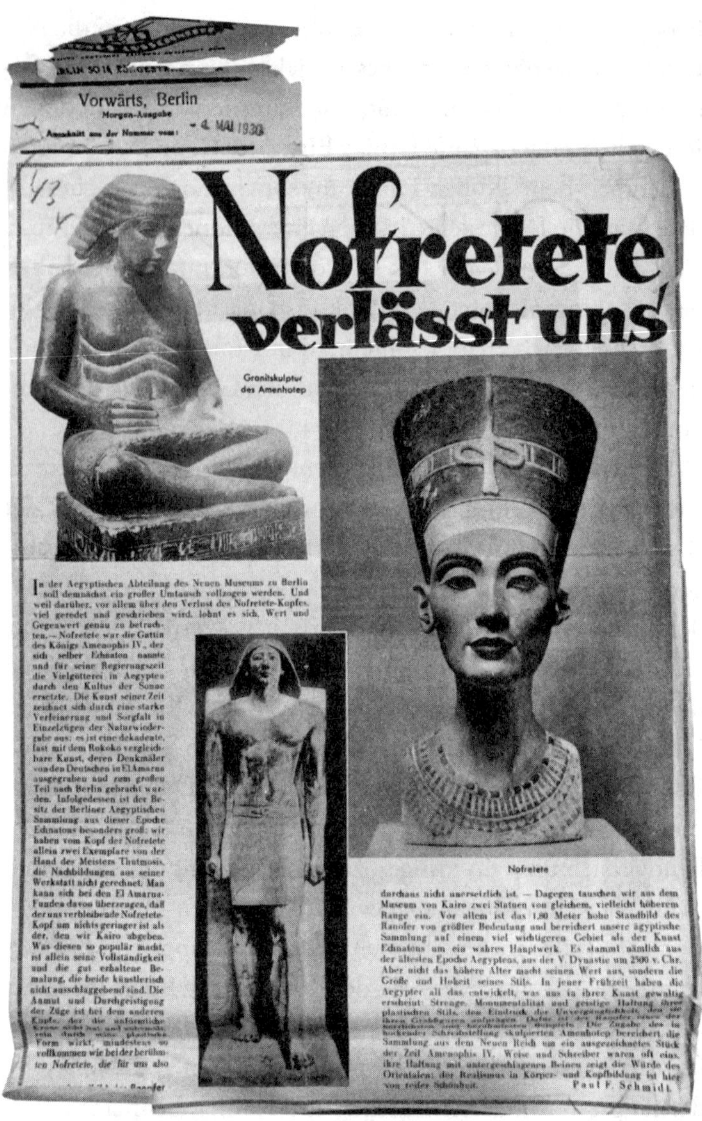

Vorwärts, Berlin
Morgen-Ausgabe
Ausschnitt aus der Nummer vom: - 4. MAI 1930

Nofretete verlässt uns!

Granitskulptur des Amenhotep

In der Aegyptischen Abteilung des Neuen Museums zu Berlin soll demnächst ein großer Umtausch vollzogen werden. Und weil darüber, vor allem über den Verlust des Nofretete-Kopfes, viel geredet und geschrieben wird, lohnt es sich, Wert und Gegenwert genau zu betrachten. — Nofretete war die Gattin des Königs Amenophis IV., der sich selber Echnaton nannte und für seine Regierungszeit die Vielgötterei in Aegypten durch den Kultus der Sonne ersetzte. Die Kunst seiner Zeit zeichnet sich durch eine starke Verfeinerung und Sorgfalt in Einzelzügen der Naturwiedergabe aus; es ist eine dekadente, fast mit dem Rokoko vergleichbare Kunst, deren Denkmäler von den Deutschen in El Amarna ausgegraben und zum großen Teil nach Berlin gebracht wurden. Infolgedessen ist der Besitz der Berliner Aegyptischen Sammlung aus dieser Epoche Echnatons besonders groß: wir haben vom Kopf der Nofretete allein zwei Exemplare von der Hand des Meisters Thutmosis, die Nachbildungen aus seiner Werkstatt nicht gerechnet. Man kann sich bei den El Amarna-Funden davon überzeugen, daß der uns verbleibende Nofretete-Kopf um nichts geringer ist als der, den wir Kairo abgeben. Was diesen so populär macht, ist allein seine Vollständigkeit und die gut erhaltene Bemalung, die beide künstlerisch nicht ausschlaggebend sind. Die Anmut und Durchgeistigung der Züge ist bei dem anderen Kopfe, der die unförmliche Krone nicht hat [illegible] Form wirkt, mindestens so vollkommen wie bei der berühmten *Nofretete*, die für uns also

Nofretete

durchaus nicht unersetzlich ist. — Dagegen tauschen wir aus dem Museum von Kairo zwei Statuen von gleichem, vielleicht höherem Range ein. Vor allem ist das 1,80 Meter hohe Standbild des Ranofer von größter Bedeutung und bereichert unsere ägyptische Sammlung auf einem viel wichtigeren Gebiet als der Kunst Echnatons um ein wahres Hauptwerk. Es stammt nämlich aus der ältesten Epoche Aegyptens, aus der V. Dynastie um 2500 v. Chr. Aber nicht das höhere Alter macht seinen Wert aus, sondern die Größe und Hoheit seines Stils. In jener Frühzeit haben die Aegypter all das entwickelt, was uns in ihrer Kunst gewaltig erscheint: Strenge, Monumentalität und geistige Haltung ihres plastischen Stils, den Eindruck der Unvergänglichkeit, [illegible] Die Zugabe des in hockender Schreibstellung skulpierten Amenhotep bereichert die Sammlung aus dem Neuen Reich um ein ausgezeichnetes Stück der Zeit Amenophis IV. Weise und Schreiber waren oft eins; ihre Haltung mit untergeschlagenen Beinen zeigt die Würde des Orientalen; der Realismus in Körper- und Kopfbildung ist hier von reifer Schönheit.

Paul F. Schmidt.

Abb. 15: Im Frühjahr 1930 schien die Rückgabe der Büste an Ägypten festzustehen; in der Presse erschienen zahlreiche Abschiedsartikel.

überragt«.[16] Die Begeisterung für sie sei »nichts weiter, als eine Modeangelegenheit. In 30 Jahren kümmert sich niemand mehr um sie.« Moden, so hieß es, änderten sich, die ästhetischen Vorlieben auch. »[U]nsere Kinder und Enkel raufen sich vielleicht die Haare [...] über unseren ›kitschigen‹ Geschmack.« Sobald wieder »ein anderer Frauentyp ›modern‹ ist«, so viel sei gewiss, »fragt niemand mehr nach ihr«.[17] Im Frühjahr 1930 stand der Tausch, und damit die Auslieferung der Nofretete-Büste nach Kairo, unmittelbar bevor.

Aber der geballte Einsatz der Fachleute half nichts. Als die Tauschpläne bekannt wurden, brach in der Presse ein Sturm der Entrüstung aus, und es begann ein regelrechter Kreuzzug, um die Büste der Königin in Berlin zu halten. Journalisten wetterten dagegen, »das außerordentliche Bildwerk [...] aus dem Land geben zu müssen«,[18] während die Besucher in Scharen ins Ägyptische Museum strömten wie nie zuvor – eine wahre »Wallfahrt«.[19] Die »kleine, gestorbene Nofretete«[20] habe »selbstverständlich in Berlin zu bleiben«.[21] Viele Kommentatoren setzten sich dezidiert von den Expertenmeinungen ab: »Was wissen die Gelehrten von Frauenschönheit!«[22] Die Satirezeitschrift *Kladderadatsch* stellte den preußischen Kultusminister Adolf Grimme bei den Verhandlungen mit dem ägyptischen König Fuad als Esel dar, das Symbol der Dummheit.[23]

Zwar gab es auch Stimmen, die sich über den öffentlichen Zorn lustig machten: »Ein Heer von Laien und Halblaien erhebt seine Stimme«,[24] mobilisiert nicht aus Liebe zur Kunst, sondern weil »König Fuad I. seine gierigen Hände nach der Nofretete-Büste« ausgestreckt hatte.[25] Erst jetzt habe das Berliner Publikum angefangen, sich für das Museum zu interessieren. »Tatsache ist, daß sich 456,318 Personen und 4 Seidenpintscher in diesen Monaten zum erstenmal die Nofretete […] angeschaut haben.«[26] Erst im Angesicht des nahenden Verlusts »ergrimmte ein sogenanntes Volk, das sonst kaum einen Pfennig für Kunst und Künstler übrig hat, erboste sich über die hartnäckigen Wünsche Ägyptens, sah das Vaterland in Gefahr«.[27] Aber mit Spott war der Sache nicht beizukommen. Die Nofretete-Büste war längst nicht mehr ein antiker Kunstgegenstand, der einem unwissenden Publikum erklärt werden musste, sondern eine wahre Ikone, deren Popularität – ähnlich wie bei manchen Celebrities heute, die für ihr Berühmtsein berühmt sind – sich vor allem aus ihrer Allgegenwart speiste. Ihre Bedeutung erschloss sich von selbst, sie berührte »ohne erklärende Worte auch das Gemüt des einfachsten Mannes«.[28] Nicht jedem gefiel das: »Der Laie hat diesmal, und das ist das ärgerliche, über den Fachmann, der Enthusiasmus über die Vernunft triumphal den Sieg davongetragen.«[29]

Die meisten Kommentare drückten jedoch lautstark ihren Unwillen aus, die Büste wegzugeben. Dabei mischte sich populäre Begeisterung für Nofretetes Schönheit mit außenpolitischem Kalkül: Man wollte sich nicht ausländischem Druck beugen. Die Rückgabe wäre ein weiterer »internationaler Prestigeverlust des mehr als je wehrlosen Deutschlands!«[30] Dieser Unwille wurde noch dadurch verstärkt, dass die Verhandlungen nicht direkt zwischen Deutschland und Ägypten, sondern über einen französischen Vertreter geführt wurden. Der öffentliche Aufschrei war also zum Teil durch tiefsitzende Animositäten motiviert: Die deutsch-französische Rivalität bestand seit Langem und war in den Jahren nach der Niederlage und der Besetzung des Rheinlandes durch die Franzosen besonders explosiv.[31]

Und schließlich gab es noch eine deutlich antiamerikanische Komponente, die bei den Plädoyers für ein Festhalten an der Nofretete-Büste regelmäßig zutage trat. Das war kein Zufall: Die Auseinandersetzung mit dem »Amerikanismus« war eine der großen öffentlichen Debatten in der Zeit der Weimarer Republik. Der rasche gesellschaftliche Wandel – vom kapitalistischen Marktgeschehen bis zum glitzernden Nachtleben, vom Siegeszug von Auto, Radio und Film bis zu den Veränderungen der Geschlechterrollen – wurde mit den Vereinigten Staaten in Verbindung gebracht; alles, was einem daran missfiel, wurde als amerikanischer Import geschmäht.[32] Dieses Unbehagen an der Moderne findet sich in der Nofretete-Debatte auf Schritt und Tritt. Nofretete, die Unveränderliche, wirkte wie ein Ruhepol, ein Gegenentwurf zu überhasteter Modernisierung. Die Begeisterung für die Büste bewies, »daß den Menschen von heute trotz aller Mechanisierung, Automatisierung, Amerikanisierung [...] das lebendige Empfinden für Werke der Kultur und der Kunst nicht abhanden gekommen ist«.[33] Nofretete stand für die kulturelle Welt des Abendlandes, im Gegensatz zu dem inhaltsleeren, dem Markt ausgelieferten Treiben in »Dollaria«.[34] Eine Übergabe der Büste an Ägypten kam deshalb nicht infrage. Die Reise nach Kairo, so war zu lesen, könnten sich nur die »Amerikanerinnen« leisten, die dort »ihre dürren und häßlichen Physiognomien ans Glas« pressen, um Nofretete anzuschauen.[35] Als schließlich das ägyptische Ersuchen offiziell abgelehnt wurde – übrigens gegen den ausdrücklichen Protest des Mäzens James Simon, der befürchtete, »dass wir in den Augen der Ägypter als unzuverlässig erscheinen«[36] –, sah Satire-Zeitschrift *Kladderadatsch* »Berlin und Deutschland [...] vor ungeheurer Blamage [...] bewahrt«.[37]

Der Fall war damit jedoch noch nicht ad acta gelegt. Vielmehr wurde er wenige Jahre später erneut aufgerollt. Im Herbst 1933, ein halbes Jahr nach der Machtübernahme der Nazis, informierte der preußische Ministerpräsident Hermann Göring König Fuad über die bevorstehende Rückgabe der Büste. Bei dieser Entscheidung wurde er von Joseph Goebbels, Hitlers Propagandaminister, unterstützt. Goebbels sah die Möglichkeit, die Rückgabe für eine PR-Kampagne in der kolonisierten Welt zu nutzen und im deutsch-britischen Wettstreit um die Vorherrschaft in Afrika und der arabischen Welt engere Beziehungen zu Ägypten zu knüpfen.[38] Und da »die Nofretete in ihrer orientalisch dekadenten Ueberkultiviertheit ohnehin allen nordischen Blubo-Idealen ins Gesicht schlägt, gab es gegen ihre Auslieferung an Aegypten keine Einwände mehr«, wie die oppositionelle katholische Exilzeitung *Der Deutsche Weg* sarkastisch formulierte.[39]

Nofretete war also praktisch bereits auf dem Weg nach Ägypten – und wurde erst in letzter Minute von Hitler persönlich aufgehalten. Hitler bestand darauf, dass die Büste in Berlin verbleiben sollte. Er war »verliebt« in Nofretete, wie sich ägyptische Diplomaten später erinnern sollten.[40] Er erklärte, dass er »keinen Wert auf die Beurteilung von Ägyptologen« lege, die ihn davon zu überzeugen versuchten, dass die Nofretete-Büste ein minderwertiges Kunstwerk sei. Hitler, der mit seinen eigenen Ambitionen als Künstler gescheitert war, sich aber »in Sachen der Kunst kein X für ein U vormachen lässt«, wie der *Deutsche Weg* ironisch anmerkte, zeigte sich unbeeindruckt.[41] »Ich kenne diese berühmte Büste. Ich habe sie schon oft betrachtet und bewundert«, erklärte er. »Sie ist ein einzigartiges Meisterwerk, ein Juwel, ein wahrer Schatz.« Um sie herum wollte Hitler ein ganzes neues Museum bauen, in dessen Mitte, unter einer gigantischen Kuppel, er »dieses Wunderwerk« aufstellen wollte.[42]

In Ägypten waren die Reaktionen gemischt. Die Regierung protestierte wiederholt gegen die Vorenthaltung der »Schönheit aller Schönheiten« (*Jamilat al-Jamilat*), und von einem ägyptischen Regierungsbeamten war in der britischen Presse zu lesen, er könne »niemals heiraten, weil ich der Schönheit der Königin Nofretete verfallen bin«.[43] Andere wiederum dankten »Gott, dass die Idee [des Austauschs] zurückgenommen wurde«.[44] Einige Jahre später veröffentlichte der Schriftsteller und Literaturkritiker Ahmad Aziz Fahmy, ein Schüler des berühmten Autors und »Doyens der arabischen Literatur« Taha Hussein, seine Kurzgeschichte *Nofretetes Offenbarung*. Die Hauptfigur ist Adolf Hitler, der von der ägyptischen Königin so begeistert ist, dass er »keine andere Wahl hatte, als sich vor die Statue zu setzen« und zu bekennen: »Das Schicksal hat sie für mich auserwählt.« Gegen Ende der Geschichte »besuchte Hitler sie, worauf sie ihn fragte:

– Was ist los?

Sie wollen dich in Ägypten haben.

– Was ist Ägypten?

Dein Heimatland.

– Mein Heimatland? Meine Heimat ist, wo immer ich bin. Ich bin nicht an eine Scholle oder einen Ort gebunden.

Aber du warst die Königin von Ägypten.

– Und Ägypten ist jetzt nur noch eine Ecke meines gesamten Königreichs.«[45]

Nofretete als Angehörige nicht eines Landes, sondern der Welt – ein Argument, das bis in die Gegenwart nachhallt. »Du sollst hierbleiben«, beschloss der fiktive Adolf Hitler. Die deutschen Behörden haben sich bis heute an seinen Entschluss gehalten.

In Ägypten wurde der Pharaonismus seit den 1930er-Jahren von den Befürwortern einer arabischen und islamischen Identität des Landes zunehmend infrage gestellt. Dennoch blieb sein Einfluss spürbar, zum Beispiel in der Werbung und in der neo-pharaonischen Architektur, aber auch in den Lehrplänen der Schulen.[46] Namhafte Schriftsteller wie Nagib Mahfuz, Taha Hussein, Salama Musa und Tawfiq al-Hakim ließen ihre Romane im pharaonischen Ägypten spielen. Das Theaterstück *Echnaton und Nofretete* (1940), das Ali Ahmad Bakathir unter dem Einfluss seiner eigenen Shakespeare-Übersetzung verfasste, war das erste Skript in arabischer Sprache, das in freier Versform verfasst war.[47] Hussein, der 13-mal für den Literaturnobelpreis nominiert wurde und in den 1950er-Jahren die Rolle des Bildungsministers übernehmen sollte, war überzeugt, dass »das neue Ägypten nur aus dem alten, ewigen Ägypten heraus entstehen kann. […] Wir wollen und können die Verbindung zwischen uns und unseren Vorvätern nicht lösen.«[48]

In politischer Hinsicht war der Pharaonismus eine zentrale ideologische Stütze der aufkommenden Jungägyptischen Partei *(Misr al-Fatah)*, der sowohl der junge Gamal Abdel Nasser als auch Anwar Sadat angehörten. Die 1933 von Ahmad Hussain (»Ich war besessen vom Pharaonentum«)[49] gegründete Partei machte sich das antike Erbe in ihrem Bemühen um die Etablierung eines spezifisch ägyptischen Nationalismus zu eigen. Ahmad Hussain forderte einen »Führer der Tat, der nicht von türkischem oder tscherkessischem, sondern von pharaonischem Blut ist«.[50] Ab den 1940er-Jahren verdrängten dann islamische und arabische Strömungen nach und nach den Pharaonismus als führende nationalistische Ideologie.

Doch selbst seit den 1950er-Jahren, seit den Tagen von Nassers arabischem Nationalismus, blieb der Kult um das alte Ägypten ein probates Mittel, um ein Gefühl der nationalen Identität jenseits aller internen Unterschiede, seien sie religiöser, regionaler oder sozialer Art, zu fördern.[51] Nach dem Militärputsch durch die »Bewegung Freier Offiziere« von 1952, in dessen Folge Nasser an die Macht gelangte, wurde die antike Geschichte ausdrücklich in die Entwicklungsprojekte eingebunden, die zur staatlichen Strategie einer Modernisierung von oben gehörten. Das beste Beispiel hierfür war die von der UNESCO geförderte archäologische Kampagne in Nubien, die darauf abzielte, antike Überreste zu schützen, bevor der 1960 begonnene Bau des Assuan-Staudamms die Gegend unwiderruflich überfluten würde.[52]

Nofretete im Kalten Krieg

Zurück zu Nofretete. Die Büste ging zwar nicht an Ägypten zurück, erlebte aber dennoch ein wechselhaftes Schicksal und verschiedene Ortswechsel. Im Berliner Neuen Museum wurde sie nur 15 Jahre ausgestellt. Mit Ausbruch des Zweiten Weltkriegs 1939 wurde sie zunächst in Berlin eingelagert, um sie vor Beschädigung durch Bomben zu schützen. In den Wirren der letzten Kriegsmonate wurde sie dann aus der Hauptstadt fortgeschafft und in den Stollen des Salzbergwerks Merkers in Thüringen untergebracht.

Schon wenige Wochen später beschlagnahmten US-Besatzungstruppen die Büste und verbrachten sie nach Frankfurt am Main. Präsident Roosevelt hatte während des Krieges eigens eine Abteilung zum Schutz von Kulturgütern eingesetzt, die sogenannten Monuments Men, die 2014 durch den gleichnamigen Film mit George Clooney in der Hauptrolle bekannt wurden.[53] Gemeinsam mit vielen anderen Objekten landete die Nofretete-Büste so in der amerikanischen Kunstsammelstelle in Wiesbaden. Dort wurde sie 1946 öffentlich ausgestellt, und »mehr als 200.000 Besucher sahen bewundernd die unsterbliche Schönheit«.[54]

Wie ging es danach weiter? Es sollte bis 1956 dauern, bevor

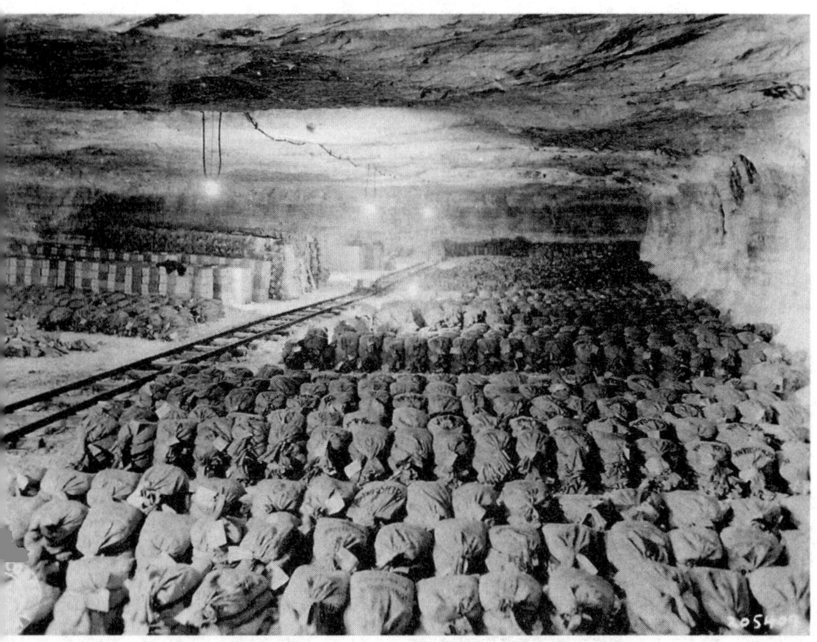

Abb. 16: Verpackte Kulturgüter, die im Salzbergwerk Merkers in Thüringen lagern – darunter die Nofretete-Büste

die Büste nach einem Jahrzehnt in Hessen schließlich wieder zurück nach Berlin gelangte, »in ihre Wahlheimat an der Spree«, wie die lokale Presse schrieb.[55] Dort wurde sie zunächst im Südwesten der Stadt, im Museumszentrum in Dahlem, ausgestellt. 1967 zog sie dann in das neu geschaffene Ägyptische Museum in Charlottenburg, in dem diejenigen Objekte gezeigt wurden, die während des Krieges nach Westdeutschland ausgelagert oder nach Kriegsende dorthin verbracht worden waren, darunter als Prunkstück die Nofretete. Der Großteil der Ägypten-Sammlung war in Ost-Berlin verblieben und wurde

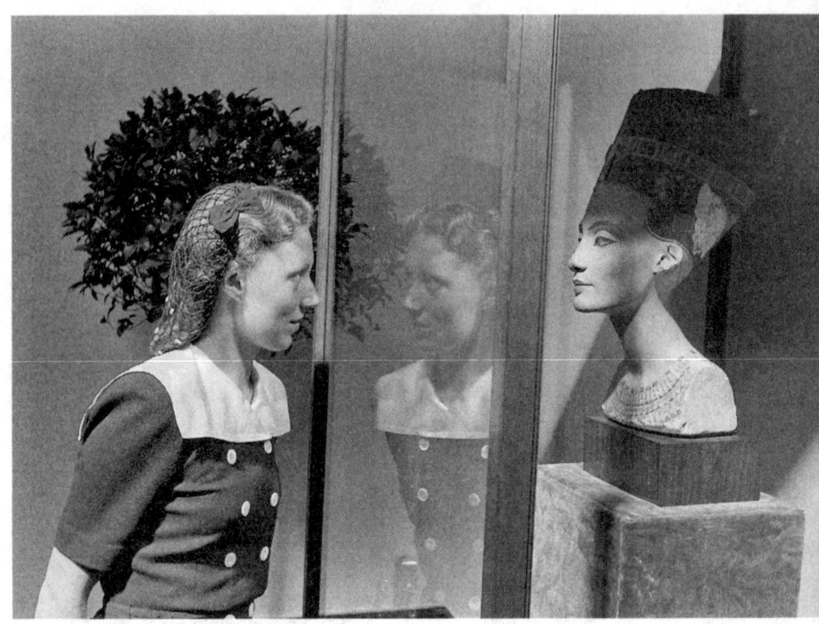

Abb. 17: Publikum der Wiesbadener Ausstellung des Central Art Collecting Points vor der Büste der Nofretete, 1951

während der Zeit der DDR im Bodemuseum auf der Museumsinsel präsentiert.

Nach der Wiedervereinigung wurden die beiden Sammlungen dann seit 2005 nach und nach wieder zusammengeführt. Zunächst konnte das Publikum die Objekte, inklusive der Nofretete, im Obergeschoss des Alten Museums, ebenfalls auf der Berliner Museumsinsel gelegen, besichtigen. Aus Sicherheitsgründen wurde der Transfer der Büste zunächst mit einer Kopie geprobt. Der eigentliche Umzug erfolgte unter Geheimhaltung und strengsten Sicherheitsvorkehrungen und ähnelte einem Staatsakt.

Seit 2009 sind die ägyptologischen Sammlungen wieder – wie schon in den 1920er-Jahren – im Neuen Museum zu sehen. Das Mitte des 19. Jahrhunderts von Friedrich August Stüler erbaute Gebäude hatte während des Zweiten Weltkriegs massive Schäden erlitten, die zu DDR-Zeiten nicht behoben wurden. Erst seit 1999 wurde es unter Leitung des britischen Architekten David Chipperfield wiederhergestellt. Er verzichtete auf eine vollständige Rekonstruktion des Originalzustandes und machte stattdessen die historischen Brüche durch den weitgehenden Erhalt der Originalsubstanz und deren offen erkennbare Ergänzung durch neue Materialien und die Wiederherstellung zerstörter Gebäudeteile sichtbar. Seine Fans feierten den 2009 wiedereröffneten Bau als »Sensation«; man fühle sich »sinnlich ergriffen wie selten in einem Museum«.[56] Kritiker hingegen bezeichneten das Museum als »künstliche Ruine«, der die »Majestät des einstigen Kunstwerks geopfert« worden sei.[57] Das Publikum ließ sich davon nicht beirren. Es strömt seither in nicht da gewesenen Zahlen zur Nofretete, dem unangefochtenen Publikumsmagneten, die nun im Nordkuppelsaal in einer Vitrine ausgestellt wird, ganz allein, als Solitär. Das Museumsensemble wurde 2019 durch die ebenfalls von David Chipperfield erbaute James-Simon-Galerie, das neue Besucherzentrum der Museumsinsel, abgerundet.

Aber damit sind wir unserer Geschichte schon weit vorausgeeilt. Kehren wir also in die Zeit nach dem Zweiten Weltkrieg zurück. In den Nachkriegsjahren wurde in Westdeutschland die Vereinnahmung der Nofretete weiter kultiviert. Der deutsche Botschafter in Washington teilte 1952, als die Büste noch gar nicht wieder in Berlin war, seinem ägyptischen Kollegen mit, dass »die ganze Berliner Bevölkerung […] eine ungewöhnliche sentimentale Bindung« an die schöne Königin empfinde.[58] Ihre identitätsstiftende Rolle reichte jedoch über die Hauptstadt hinaus. In den Jahren nach 1945, als das Land noch in Ruinen lag und die Scham und das schlechte Gewissen angesichts des in den vergangenen Jahren begangenen Unrechts nach und nach Einzug hielten, befriedigte Nofretete eine weitverbreitete Sehnsucht nach Harmonie und Schönheit. »Wo ich auch geh, wo ich auch steh, denk ich an Nofretete«, reimte die *Nordwest-Zeitung* in einfältiger Unbeschwertheit, und weiter: »mit einem Stich Erinnerungsweh – denn sie war nicht wie jede.«[59] Das Auswärtige Amt hielt in interner Kommunikation im Juli 1953 fest, dass »auch heute [...] die Nofretete nichts von ihrer Publikumswirkung verloren [hat]«. Man habe die Erfahrung gemacht, dass »die Büste auf ausdrücklichen Wunsch der Besucher in keiner der vielen inzwischen [in Wiesbaden] veranstalteten Ausstellungen fehlen durfte, obwohl keine dieser Veranstaltungen sonst die geringste Beziehung zur ägyptischen Kunst hatte«.[60] In der Zeit nach NS-Regime und Kapitulation ging die Bewunderung für die makellose Schönheit Nofretetes mit dem eskapistischen Traum von einem »besseren Deutschland« Hand in Hand.

Als in den 1950er- und 1960er-Jahren die Debatte über die Restitution wiederaufkam, hatte sich der internationale Kontext grundlegend verändert. Der Kalte Krieg und das anbrechende Zeitalter der Dekolonisierung bildeten den Hintergrund, vor dem die Frage des Eigentums an der Nofretete-Büste erneut verhandelt wurde. Auf deutscher Seite führte der Ost-West-Gegensatz zunächst dazu, dass der Streit um Nofretete auch in den Konflikt zwischen der Bundesrepublik und der DDR hineingezogen wurde. Die Regierung der DDR verlangte die Auslieferung der Büste – aber nicht an Ägypten, wie man angesichts der antiimperialistischen Selbststilisierung des SED-Regimes hätte vermuten können, sondern an Ost-Berlin. Die Begründung lautete, die Büste habe sich bis 1945 auf der Berliner Museumsinsel befunden, die nun zum Gebiet der DDR gehörte. Nofretete warte daher »auf die Reisegenehmigung, und mit Freuden wird Berlin sie repatriieren«.[61]

Die Adenauer-Regierung und alle nachfolgenden Bundesregierungen wehrten diese Forderung jedoch immer wieder ab. Man argumentierte, das Eigentum des inzwischen untergegangenen Staates Preußen sei rechtmäßig an Westdeutschland übergegangen, bevor es die DDR überhaupt gab. Eine Übergabe der Büste an die DDR »wäre daher gesetzwidrig«.[62] In Ost-Berlin sah man das genau umgekehrt. Immer wieder kam die DDR-Presse auf den »während des Krieges ausgelagerten und bis heute widerrechtlich zurückgehaltenen Besitz« zu sprechen, dessen Rückkehr auf die Museumsinsel vehement eingefordert wurde.[63] Die 1957 in Westdeutschland ins Leben gerufene »Stiftung Preußischer Kulturbesitz«, die den Anspruch auf die ehemals in preußischem Besitz befindlichen Kulturgüter rechtlich untermauern sollte, wurde in Ost-Berlin als »eine Finte seitens der BRD, um sich widerrechtlich in den Besitz von Eigentum unserer Museen und Bibliotheken zu setzen«, wahrgenommen.[64] Nie sei es dabei »bloß um die Kunst« gegangen: »Es geht gegen uns.«[65]

Als die Aussicht auf Rückgabe der Büste schwand, versuchte man in Ost-Berlin, der inzwischen in den Westteil Berlins zurückgekehrten Königin eine eigene Nofretete gegenüberzustellen. Dabei handelte es sich um den »weltbekannte[n] Granitkopf der Königin Nofretete«,[66] der nach Ende des Krieges in die Sowjetunion verschleppt und 1958 zurückgegeben worden war. Die DDR-Presse bemühte sich nach Kräften, die ästhetischen Vorzüge des steinernen Kopfes gegenüber der berühmten Büste auszuspielen: »In grauem Granit finde ich dich viel schöner als bunt bemalt.«[67] Der Granitkopf stünde dem »in Dahlem immer noch widerrechtlich zurückgehaltenen Nofretetekopf kaum nach«, übertreffe »diesen aber an Schlichtheit und Ausdruck«.[68] Bunt und fancy in West-Berlin, grau und schlicht im Osten der Stadt – das hatte beinahe schon symbolische Qualität und forderte eine trotzige Reaktion heraus: »Und wenn die Nofretete-Ost auf den ersten Blick eher unscheinbar erscheint, so hat sie andererseits den Vorzug, eben auch nicht so ›aufgedonnert‹ […] zu sein.«[69]

Letzten Endes verfingen diese Aufwertungsversuche jedoch nicht. Was in anderen Fällen funktionierte – »Digedags« als realsozialistische Antwort auf »Micky Maus« beispielsweise –, ließ sich mit dem grauen Granitkopf nicht wiederholen, dessen Popularität nie an die der bunten Büste heranreichte. Ost-Berlin hielt die Rückgabeforderung daher aufrecht, die im Westen wiederum als »absurd« abqualifiziert wurde.[70] Gleichwohl betrachtete man in der westdeutschen Öffentlichkeit das Tauziehen zwischen BRD und DDR lange Zeit als die eigentliche Gefahr für die eigenen Besitzansprüche. Die ägyptischen Vorstöße hingegen waren kaum eine Randnotiz wert. Noch Mitte der 1970er-Jahre wurde ein aus Kairo stammender Vorschlag, den innerdeutschen Disput durch die Rückgabe an Ägypten zu lösen, mit kaum verhohlener Ironie als »originell« bezeichnet.[71] Auch für die westdeutschen Diplomaten blieben die Beziehungen zur DDR ein stets präsenter Faktor; sie prägten auch die Verhandlungen mit der ägyptischen Regierung.

Selbst eine mögliche Rückgabe der Büste an Kairo wurde gegen die zu erwartenden Reaktionen aus Ost-Berlin abgewogen. Das Auswärtige Amt war überzeugt, dass eine solche Rückgabe »zweifellos in der Ostzone zum Nachteil der Bundesrepublik propagandistisch ausgenutzt werden würde«.[72]

Ein weiterer Faktor, der sich als für den Fall Nofretete bedeutsam herausstellte, war das 1952 in Luxemburg geschlossene Wiedergutmachungsabkommen zwischen Israel und Westdeutschland. Es sollte den israelischen Staat für den Völkermord an Jüdinnen und Juden während der Zeit des Nationalsozialismus »entschädigen«. Laut Bundeskanzler Adenauer war die materielle Entschädigung dazu gedacht, »den Weg zur seelischen Bereinigung unendlichen Leides zu erleichtern«.[73] Das Abkommen sah im Wesentlichen vor, dass Deutschland die Kosten für die Umsiedlung der jüdischen Überlebenden durch direkte Zahlungen an den Staat Israel übernahm.[74]

In der arabischen Welt, und insbesondere in Ägypten, stieß dieses Abkommen auf heftigen Widerstand. Ägypten hatte gerade erst den Staatsstreich der Freien Offiziere erlebt, der die Monarchie beendete und Gamal Abdel Nasser an die Macht brachte. Neben der Forderung nach einem Abzug der britischen Streitkräfte und ehrgeizigen Plänen für soziale Reformen und eine Modernisierung des Landes gehörte auch die Unterstützung der Palästinenser in ihrem Kampf gegen Israel zur Agenda der Freien Offiziere. Das Luxemburger Abkommen passte daher nicht zu den politischen Bestrebungen des neuen Regimes. Wenn es eine Entschädigung geben sollte, so die ägyptische Forderung, müsste diese auch den von Israel aus Palästina vertriebenen arabischen Flüchtlingen zukommen. Kairo protestierte vor allem gegen die aus seiner Sicht unrechtmäßige Unterstützung eines feindlichen Staates. Selbst der (im Abkommen vorgesehene) Transfer von scheinbar friedlichen Gütern wie Öl oder Stahl würde von Israel letztlich für die Kriegsführung gegen die arabischen Staaten genutzt werden. In einem Telegramm an die deutsche Regierung drohte das ägyptische Außenministerium, »dass die arabischen Staaten sich nicht mit der weitgehenden Unterstützung abfinden können, die die Bundesrepublik einem Staate leistet, mit dem sie sich im Kriegszustand befinden«.[75]

In diesem brisanten Zusammenhang betrat Nofretete erneut die diplomatische Bühne. Aus Sorge vor einem arabischen Boykott und einer Unterbrechung der Wirtschaftsbeziehungen mit dem Nahen Osten wurde im Auswärtigen Amt sowohl im Vorfeld des Luxemburger Abkommens als auch nach dessen Verabschiedung mehrfach die Idee geäußert, Nofretete nach Ägypten zurückzuschicken. Eine solche symbolische Geste würde die Ressentiments in der arabischen Welt lindern, und »wir würden einen ausgezeichneten politischen Erfolg damit erzielen können«.[76] Und wenig später: »Dabei darf nochmals hervorgehoben werden, dass die Übergabe der Nofretete-Büste auf das ägyptische Volk von einer nicht hoch genug einzuschätzenden psychologischen Wirkung ist.«[77]

In einem weiteren Vermerk des Auswärtigen Amtes vom September 1952 wurde die Absicht geäußert, »die Büste der Nofretete durch unseren neuen Botschafter in Kairo der ägyptischen Regierung zurückzugeben«.[78] Einige Monate später drängte das Amt, »zu prüfen, ob nicht höheren Orts ein gemeinsamer Beschluss auf Länderebene herbeigeführt werden kann, um die vermögensrechtliche Lage für das Einzelstück zu klären und damit die Abgabe der Büste zu beschleunigen«.[79]

Die Bereitschaft, die arabische Öffentlichkeit zu beschwichtigen, währte jedoch nicht lange genug, um alle rechtlichen und pragmatischen Hindernisse aus dem Weg zu räumen. Nie wieder sollte Ägypten der Rückgabe der Nofretete so nahe kommen wie Ende 1952.

Bereits im Sommer 1953 wurden die deutschen Botschaften und Konsulate angewiesen, die Angelegenheit nicht weiterzuverfolgen. Das Auswärtige Amt begann sich nun zu fragen, »ob nicht die politische Auswirkung einer Rückgabe der Nofretete von deutscher Seite überschätzt wird«.[80] Zwei Jahre später machte die ägyptische Seite einen erneuten Vorstoß. Diesmal schlug Kairo vor, die Büste gegen den Marschallstab von Walther von Brauchitsch, einem Generalfeldmarschall Hitlers, auszutauschen, den Ägyptens König Faruq für 4000 Dollar von einem Londoner Antiquitätenhändler erworben hatte. Der Stab war immer wieder von deutschen Diplomaten zurückgefordert worden. Den Vorschlag des Tausches mit der Nofretete-Büste wies das Auswärtige Amt jedoch ohne zu zögern als »völlig indiskutabel« zurück.[81]

In den folgenden anderthalb Jahrzehnten kam das Ringen um das Eigentum an der Nofretete-Büste infolge der Dynamik des Kalten Krieges zum Stillstand. Die Verschlechterung der Beziehungen zwischen Ägypten und der Bundesrepublik machte weitere Verhandlungen unmöglich. Ab Mitte der 1950er-Jahre, nach dem Putsch der Freien Offiziere und insbesondere nach der Suezkrise 1956, begann die Sowjetunion, Ägypten mit Militärhilfe zu versorgen.[82] Die Bundesrepublik hingegen intensivierte ihre Zusammenarbeit mit Israel und begann 1957 mit der heimlichen militärischen Unterstützung des Landes. Als 1964 schließlich Gerüchte über diese umfangreichen Waffenlieferungen aufkamen, wandte sich die ägyptische Regierung an die DDR und lud den Staatsratsvorsitzenden Walter Ulbricht zu einem Staatsbesuch nach Kairo ein. Die Bundesregierung empfand dies aufgrund der geltenden Hallstein-Doktrin als Provokation und nahm im Mai 1965 offizielle diplomatische Beziehungen zu Israel auf. Ägypten und die anderen arabischen Staaten brachen daraufhin jegliche Beziehungen zu Westdeutschland ab.[83]

Dies änderte sich erst in den frühen 1970er-Jahren, als Bundeskanzler Willy Brandt seine Entspannungspolitik begann und der Tod von Präsident Nasser 1970 den Raum für neue diplomatische Initiativen unter seinem Nachfolger Anwar Sadat eröffnete. Die diplomatischen Beziehungen zwischen der Bundesrepublik Deutschland und der arabischen Welt wurden 1972 wieder aufgenommen. Offizielle Beziehungen zwischen Ägypten und Israel gab es hingegen erst seit 1980. Seitdem verkehrten jede Woche vier Flüge zwischen Kairo und Tel Aviv. Um die Reputation der staatlichen Fluglinie Egypt Air in der arabischen Welt nicht zu kompromittieren, richtete Ägypten für diese Strecke eine eigene Luftfahrtgesellschaft ein, die zwei Jahre lang aktiv war. Ihr Name: Nefertiti Airlines.[84] Auch sonst wurde Nofretete verstärkt als nationales Symbol eingesetzt. Von 1971 bis 1991 schmückte das Bild der Königin den Fünf-Piaster-Schein; und die Internationalen Filmfestspiele in Kairo, die 1976 gegründet wurden, verliehen als Hauptpreis die »Goldene Nofretete«.

Zu Beginn der 1970er-Jahre hatte sich die geopolitische Landschaft grundlegend verändert. Im Laufe des vorhergehenden Jahrzehnts hatten zahlreiche ehemals kolonialisierte Länder ihre Unabhängigkeit erlangt. Schon bald weitete sich der Geist der Dekolonisation vom diplomatischen Parkett auf den kulturellen Bereich aus, und Fragen der globalen Gerechtigkeit rückten mehr und mehr in den Mittelpunkt. In diesem Zusammenhang wurden weltweit Forderungen nach der Rückgabe von Kunstwerken laut.[85] 1973 hielt der zairische Diktator Mobutu vor den Vereinten Nationen eine viel beachtete Rede. Darin prangerte er die systematische Ausplünderung des afrikanischen Kontinents während des Kolonialismus und die damit einhergehende kulturelle Verarmung der afrikanischen Gesellschaften an. Daraufhin verabschiedete die UN-Generalversammlung die Resolution 3187 über die »Rückgabe von Kunstwerken an Länder, die Opfer von Enteignungen geworden sind«, die fast einstimmig angenommen wurde (mit Ausnahme von 17 Enthaltungen ehemaliger Kolonialmächte, darunter die Bundesrepublik, während die DDR dafür stimmte). Mit dem Hinweis, dass »das kulturelle Erbe eines Volkes die Bedingung für die gegenwärtige und künftige Entfaltung seiner gesamten Entwicklung darstellt«, sah die Entschließung die Rückgabe von Objekten vor, die »infolge kolonialer oder ausländischer Besetzung von einem Land in ein anderes verlagert« worden waren.[86]

Die ägyptische Regierung versuchte, das veränderte Klima auszunutzen, und leitete eine weitere Verhandlungsrunde mit dem westdeutschen Staat ein. Die First Lady des Landes, Jehan Sadat, erinnerte bei einem Besuch in Bonn an die prägende Rolle Nofretetes »in unserer Vorzeit, die ebenfalls die der zivilisierten Welt ist«.[87] Die ägyptischen Forderungen fanden auch in Deutschland Gehör, vor allem in zivilgesellschaftlichen Kreisen, die sich für die Belange der damals sogenannten »Dritten

Welt« einsetzten und bereit waren, Nofretete, dieses »Raubobjekt«, nach Hause zu schicken. Kritische Stimmen vertraten die Ansicht, sie gehöre nicht nach Berlin: »In Wirklichkeit ist dieser ›Besitz‹ und die Werbung für ihn ein Skandal – besonders für eine Stadt, die sich als Bollwerk der Freiheit und Leuchtturm der Menschenrechte [...] fühlt.« Die offizielle Position, wonach Deutschland das Objekt auf legalem Wege erworben habe, demonstriere nur, »wie schwer es manchen Europäern fällt, sich vom Hochmut des Kolonialzeitalters freizumachen«.[88]

Die Ablehnung der deutschen Seite war jedoch entschieden. »Unrecht, wie wir es verstehen, wurde von Menschen zu allen Zeiten begangen«, hieß es lapidar, und es gebe daher keinen Grund, »uns ein schlechtes Gewissen einzureden«. Nofretete »fühlt sich wohl in Berlin« und sei »neben der Mauer die größte Attraktion der geteilten Stadt«. Auch aus Sicht der Bundesregierung bestand kein Restitutionsbedarf.[89] Allerdings werde der Tag kommen, prophezeite einer der Chefredakteure der *ZEIT* augenzwinkernd, »an dem die Grünen die Regierung auffordern werden, Nofretete heimzuschicken«.[90] Er konnte nicht ahnen, dass seine Bemerkung nicht einmal zehn Jahre später Realität werden würde. Im Januar 1992 forderten die Grünen im Landtag von Nordrhein-Westfalen, Nofretete die Heimreise zu ermöglichen. Nicht nur der Raub von Kunstwerken, sondern auch die fortgesetzten Besitzansprüche durch fremde Länder stünden in der Kontinuität des Kolonialismus. Die deutschen Museen sollten sich daher nicht länger »hinter zweifelhaften Fundteilungsregelungen von Kolonialherren verschanzen«.[91] Die Initiative der Grünen stand im Zusammenhang mit der internationalen Kritik an kolonialer Ausbeutung, die anlässlich des 500. Jahrestages der »Entdeckung« Amerikas durch Kolumbus zu Forderungen nach Rückgabe von Kulturgütern an Lateinamerika geführt hatte. Auch im Falle der Nofretete, so die Grünen-Fraktion, bestehe eine moralische Pflicht zur Restitution.[92]

Das universale Museum

An der offiziellen deutschen Haltung hat sich seitdem grundsätzlich nicht viel geändert. Die Büste der Nofretete gehört zum kulturellen Selbstverständnis der Bundesrepublik. Der Direktor des Ägyptischen Museums betonte, »wie stark Nofretete nach dem Mauerbau zu einem Teil der West-Berliner Identität geworden war«. Das Museum habe sich »dank Nofretete zu einem Identitätsfaktor des Westens« entwickelt.[93] 1989 – und erneut 2013 – ehrte die Bundesrepublik die berühmteste Einwohnerin der Stadt mit einer Briefmarke.

Seit ihrem Umzug auf die Museumsinsel hat Nofretete ihren Wert als Sehenswürdigkeit stetig gesteigert. Im Jahr 2010 besichtigten 1,2 Millionen Besucher die Büste – 85 Prozent von ihnen kamen von außerhalb der Stadt. Die Ausstellung »Im Licht von Amarna«, die 2012 im Jubiläumsjahr des Fundes der Büste gezeigt wurde, bescherte dem Museum 600 000 Besucher und Besucherinnen innerhalb von acht Monaten. Nofretete ist nach wie vor ein wichtiger Touristenmagnet, ein Aushängeschild für die Stadt und ein beachtlicher Garant wichtiger Einnahmen. Der Wert der Büste wird inzwischen auf 350 Millionen Euro geschätzt.[94] Das Kapital, das sie Berlin sowohl in wirtschaftlicher als auch in symbolischer Hinsicht einbrachte, hat ihren Status als Tochter der Stadt weiter gefestigt. »Nofretete ist eine Berlinerin«, konnte man regelmäßig lesen, und die Bewohner der Stadt nennen sie liebevoll einfach »Nofi«.[95] »Ja, die Nofretete ist eine Berlinerin geworden wie die Mona Lisa eine Pariserin«, hieß es.[96] Der damalige Kulturstaatsminister Bernd Neumann bekräftigte diese Ansicht im Jahr 2012, indem er Nofretete zu einem der Kunstwerke erklärte, »die zum festen Bestandteil unseres kollektiven Bildgedächtnisses geworden sind. Sie begleiten uns […] durchs Leben und sind uns vertraut wie alte Freunde.«[97]

Neumann, für den Nofretete »untrennbar […] mit dem Museum [in Berlin] verbunden« war, verteidigte Deutschlands Anspruch auf die Büste vehement gegen jegliche Restitutionsforderungen.[98] Dabei bediente er sich einer neuartigen rhetorischen Argumentation, die seit Mitte der 1990er-Jahre als typisches Element des damals in Mode gekommenen Globalisierungsdiskurses stark an Zugkraft gewonnen hatte: Anstatt sie als Eigentum einer bestimmten Nation zu betrachten, erklärte er Nofretete zum Teil eines globalen Erbes. Immer mehr Museumskuratorinnen und auch Regierungsvertreterinnen haben sich seitdem die Idee zu eigen gemacht, dass Kunst *per definitionem* nationale Grenzen überschreitet und sich der Aneignung durch Staaten widersetzt. Da die Welt immer näher zusammenzurücken schien, wurde die Kunst als Brücke zwischen den Kulturen und Völkern, als gemeinsame Ressource der gesamten Menschheit betrachtet. Auch wenn die Kunst nicht unter das UNESCO-Welterbe-Programm fiel, wurde sie doch in diesem Sinne behandelt.[99]

Diese Idee wurde auch in der Kunst und von zivilgesellschaftlichen Gruppen kreativ aufgegriffen. Im Jahr 2007 setzte sich die Initiative »Nofretete geht auf Reisen« für eine vorübergehende Ausleihe der Büste nach Ägypten ein – als Teil einer Kampagne, die darauf zielte, die deutschen Museen zu dekolonisieren.[100] Acht Jahre später verschafften sich die beiden deutschen Kunstschaffenden Nora Al-Badri und Jan Nikolai Nelles im Neuen Museum heimlich einen Scan der Nofretete-Büste. Sie gaben die gewonnenen Daten weiter, um eine »Gegenerzählung« zu schaffen und »die koloniale Vorstellung von Besitz in Deutschland zu überwinden«.[101] Die Idee war, dass alle, die über einen 3D-Drucker verfügten, sich ihre originalgetreue Nofretete selbst ausdrucken konnten. In einer Kunstaktion, die vom Goethe-Institut unterstützt wurde, schuf das Künstlerduo eine exakte Kopie der Büste und brachte sie »zurück« nach Ägypten, um sie dort im Sand zu vergraben: »Nofretete kehrt zu dem Ort zurück, an dem sie gefunden wurde.«[102] Schließlich präsentierten sie die Büste auf der OFF-Biennale in Kairo. Durch den Einsatz digitaler Technologie zielten die beiden darauf, koloniale Kunstwerke zu »reaktivieren« und sie so einem neuen Publikum zugänglich zu machen. Auf diese Weise schuf die Idee von der Kunst als Erbe der Menschheit also Räume, in denen mit alternativen Vorstellungen von Eigentum und Zugehörigkeit experimentiert werden kann.

Vor allem aber wurde die Rede vom kulturellen Erbe der Menschheit dazu genutzt, konventionelle Eigentumsansprüche zu untermauern. Das hat seinen prominentesten Ausdruck in der Institution des »Universalmuseums« gefunden. Dieses Konzept, das 2002 von einem Konsortium von 18 bedeutenden Museen ins Leben gerufen wurde, zielte in erster Linie darauf ab, Restitutionsforderungen postkolonialer Nationen abzuwehren. »Im Laufe der Zeit«, so hieß es in der Erklärung, seien die während der Kolonialzeit erworbenen Objekte »Teil der Museen geworden, die sie aufbewahrt haben, und damit auch Teil des Erbes der Nationen, die sie beherbergen«. Das klang nach einem altmodischen Beharren auf nationalem Eigentum und war es in gewisser Weise auch. Doch die Hauptforderung ging in eine andere Richtung: Universalmuseen wurden als Institutionen definiert, die »nicht nur den Bürgern einer Nation, sondern den Menschen aller Nationen« und damit der Menschheit dienen.[103]

Seine Befürworter führten den Ursprung des Universalmuseums auf die europäische Aufklärung und ihre »kosmopolitische Sicht auf die Welt« zurück.[104] Nur in den Museen der Aufklärungszeit seien Objekte aus verschiedenen Kontinenten und Kulturen gesammelt und nebeneinander ausgestellt worden. Die damals entstandenen Museen seien keine PR-Maschinen für die jeweilige Nation gewesen, sondern hätten die künstlerischen Hervorbringungen und Leistungen aus aller Welt präsentiert. »Es ist gut für uns, für unsere Spezies, die ganze Vielfalt der menschlichen Kulturindustrie zu erleben, um unseren Platz in der Welt besser zu verstehen.«[105]

In vielen Kreisen stießen solche Erklärungen jedoch auf heftige Kritik. Da sämtliche 18 Unterzeichner der ursprünglichen Erklärung für Museen in Nordamerika und Europa sprachen, wurde die Rhetorik der Universalität als ein kaum verhüllter Versuch gesehen, den Status quo zu erhalten. Die Bezeichnung »Universalmuseum« wurde als durchsichtige Strategie kritisiert, von den ungerechten Bedingungen und vielfach auch gewaltsamen Mitteln zu schweigen, durch die viele der Objekte überhaupt erst in westliche Sammlungen gelangt waren. Als bekannteste Beispiele nannten die Kritiker die Elgin Marbles, jene klassischen griechischen Marmorskulpturen, die Anfang des 19. Jahrhunderts von Lord Elgin aus dem Athener Parthenon entfernt und nach Großbritannien transportiert worden waren, und die Benin-Bronzen, mehr als 5000 bronzene Skulpturen aus dem Königreich Benin (heute Teil des Staates Nigeria), die 1897 von britischen Truppen geplündert und anschließend an diverse europäische Museen verkauft worden waren.

Der angebliche »weltbürgerliche Zweck« der sogenannten Universalmuseen, die »allen Bürgern [...] kostenlos und von Rechts wegen« offenstehen,[106] wurde als heuchlerisch kritisiert. Schließlich waren die meisten potenziellen Besucher aus der postkolonialen Welt nicht in der Lage, überhaupt ein Visum für Großbritannien, Frankreich oder die Vereinigten Staaten zu erhalten, geschweige denn sich die Kosten für die Anreise zu leisten. Die Idee der Universalität erscheint somit als Strategie, um das Thema zu entpolitisieren und alle Forderungen nach Restitution vom Tisch zu wischen.[107] Und tatsächlich war die Trennung von Kunst und Politik ein ausdrückliches Ziel der Initiative. Neil MacGregor, der damalige Direktor des Britischen Museums und eine der treibenden Kräfte, pries das Universalmuseum ausdrücklich dafür, dass es »nicht an eine bestimmte Vorstellung von nationaler Identität gebunden ist oder für ein bestimmtes politisches Ziel vereinnahmt werden kann«.[108]

Die offiziellen Äußerungen in der Nofretete-Frage fügten sich in diese Debatte ein. Kulturstaatsminister Neumann bestand 2012 anlässlich der Feierlichkeiten zum 100. Jahrestag ihrer Entdeckung darauf, dass die Büste der Königin das »unbestrittene und rechtmäßige Eigentum« des Berliner Museums sei und das auch auf Dauer bleibe. Und warum? Weil die Berliner Museumsinsel ein Universalmuseum sei – ein Selbstverständnis, mit dem die Stiftung Preußischer Kulturbesitz noch 2023 für sich warb: »Prinzipiell sollten wir uns klar machen, dass Kunstwerke Teil eines universellen Welterbes der Menschheit sind.«[109] Versuche, die ägyptische Büste an eine bestimmte (d. h. ägyptische) Kultur zu binden und sie zum Eigentum einer bestimmten Nation zu machen, waren nach dieser Logik zum Scheitern verurteilt. Hermann Parzinger, Präsident der Stiftung, der die Nofretete-Büste offiziell gehört, sah das ähnlich: »Nofretete ist ein Teil des kulturellen Erbes der Menschheit. Ich halte es für prinzipiell nicht vertretbar, sie einfach so als großherzige Geste zurückzugeben.«[110] Was sollte stattdessen geschehen? »Letztlich gibt es auf die Frage, wem die Nofretete gehört, eine ganz einfache Antwort«, erklärte Neumann: »Uns allen.« Was nichts anderes heißen sollte als: Sie muss in Berlin bleiben.[111]

Revolution und Diktatur in Kairo

Aus ägyptischer Sicht wirkten die Debatten der 1970er-Jahre wie eine Generalprobe für die heftigen Konflikte um die Restitution, die zu Beginn des 21. Jahrhunderts wieder aufflammten. Mit dem Abflauen des panarabischen Nationalismus nach dem Ende der Nasser-Ära gewannen Bezüge auf die antike Vergangenheit in Ägypten wieder an Bedeutung. Eine zentrale Figur der Restitutionsbemühungen der Mubarak-Ära war Zahi Hawass, der uns schon in der Einleitung begegnet ist und der 2002 zum Generalsekretär der ägyptischen Antikenverwaltung ernannt wurde. Er hatte in Alexandria und Kairo Archäologie studiert und dann an der University of Pennsylvania einen Doktorgrad erworben. Seine Omnipräsenz in den Medien, nicht zuletzt in amerikanischen Fernsehprogrammen, machte ihn zu einer der bekanntesten, zugleich aber auch kontroversesten Figuren in der ägyptischen Öffentlichkeit. Seine Kritiker bemängelten eine Tendenz zur oberflächlichen Selbstverherrlichung, mit der er die Leistungen anderer Altertumsforscher herunterspielte. Man warf ihm vor, den öffentlichen Auftritt und den Show-Effekt über die Wissenschaft zu stellen. Hawass bezeichnete sich selbst als wichtigsten Ägyptologen der Welt, aber nur wenige seiner wissenschaftlichen Arbeiten wurden in

Fachzeitschriften mit Qualitätskontrolle veröffentlicht. Auf der anderen Seite betonten seine Unterstützer, dass er das antike Erbe des Landes – jahrzehntelang die Domäne westlicher Ägyptologie – für Ägypten zurückgewonnen habe.[112]

Wie dem auch sei: Hawass brachte die Forderung nach Restitution ägyptischer Artefakte wieder auf den Tisch. Für ihn strahlte das »alte Ägypten eine Magie aus, die keine andere Zivilisation hat«, und müsse daher als integraler »Bestandteil unserer Identität« anerkannt werden.[113] Neben anderen wertvollen Objekten müsse vor allem die Nofretete-Büste als »eine Ikone der ägyptischen Identität« verstanden werden, die »eines Tages […] zurückkommen sollte«.[114]

Hier wird deutlich, wie eng die Frage des Eigentums mit Fragen der kollektiven Identität verknüpft ist. Weil Nofretete ganz und gar ägyptisch sei, so Hawass stellvertretend für viele andere, seien nur die Ägypter befugt, ihre wahre Bedeutung zu beurteilen. »Wir sind diejenigen, die für den Zustand der Schätze und den ihnen gebührenden Respekt verantwortlich sind.«[115] Die Unterbringung der Nofretete-Büste außerhalb ihres Heimatlandes, so seine Behauptung, mache sie anfällig für die Launen ihres derzeitigen Gastgebers.

Ein gutes Beispiel für diese Art der Auseinandersetzung war der Streit um ein Kunstwerk aus dem Jahr 2002: Zwei ungarische Künstler, die sich »Little Warsaw« nennen, schufen zunächst einen kopflosen nackten Torso aus Bronze, brachten diesen in das Ägyptische Museum in Berlin und platzierten mit Genehmigung von dessen Direktor Dietrich Wildung den Kopf der Nofretete darauf. Mit den entstandenen Fotografien wollten die Künstler auf die Ungerechtigkeiten der modernen Kunstwelt hinweisen. Während die Glanzstücke der alten Kulturen – wie die Nofretete-Büste – in europäischen Museen aufbewahrt würden, bleibe den Herkunftsländern nur ein Fragment. Im darauffolgenden Jahr stellten »Little Warsaw« den Torso als Beitrag Ungarns auf der Biennale von Venedig aus und projizierten gleichzeitig ein Video, das die Verschmelzung von Torso und Büste zeigt.

Auch wenn das politische Anliegen dieser Installation mit der offiziellen ägyptischen Position durchaus übereinstimmte, waren die Vertreter des Landes alles andere als amüsiert. Ganz im Gegenteil, sie reagierten ausgesprochen heftig. Muhammad al-Orabi, der ägyptische Botschafter in Deutschland, hielt die Performance für »nicht einmal albern; sie ist gar nichts. Ich meine, das Projekt ist nichts.« Er kritisierte, das Kunstwerk widerspreche schamlos »den ägyptischen Sitten und Traditionen. Der Körper ist fast nackt, und die ägyptische Zivilisation zeigt eine Frau niemals nackt.«[116] Der ehemalige Dekan der Archäologischen Fakultät der Universität Kairo, Ali Radwan, nannte die Skulptur »das größte Verbrechen, das jemals gegen die ägyptische Zivilisation und Geschichte begangen wurde«. Auch Faruq Hosni, ägyptischer Kulturminister, schaltete sich ein: »Die Büste ist in deutschen Händen nicht mehr sicher.« Museumsdirektor Wildung, der mit den Künstlern zusammengearbeitet hatte, erhielt daraufhin ein Verbot, weiter an Ausgrabungen in Ägypten teilzunehmen. Auch Hawass ließ seinem Ärger freien Lauf: »Was die Königin Nofretete betrifft, so wird die ihr angetane Demütigung nie vergessen werden.« Das Werk der ungarischen Künstler, so sah er es jedenfalls, »entwürdigt die Ikone der ägyptischen Identität«. Die zu erwartende Schlussfolgerung war, dass »die Büste der Königin Nofretete in ihre Heimat zurückgebracht werden sollte – nach Ägypten!«[117]

Als Hawass seinen ersten Antrag auf eine kurzfristige Ausleihe der symbolträchtigsten und berühmtesten Objekte – des Steins von Rosette, der Nofretete-Büste und des Tierkreises von Dendera – stellte, wurde dieser von den europäischen Museen rundweg abgelehnt. Die deutschen Behörden bestanden auf ihrem Standpunkt: Nofretete »ist und bleibt die beste Botschafterin Ägyptens in Berlin« und müsse dort auch bleiben.[118] In den letzten Jahren hat sich die Situation jedoch geändert. Im Jahr 2018 gab der französische Präsident Emmanuel Macron einen »Bericht über die Restitution afrikanischer Kulturgüter« in Auftrag.[119] Dieser noch im selben Jahr vorgelegte Bericht forderte die Rückgabe von Objekten, die während der Kolonialzeit erworben, entwendet oder geplündert worden waren. Von nun an konnten Petitionen zur Rückgabe mit einer breiteren internationalen Unterstützung rechnen, und auch Hawass erneuerte seine Forderung, dass ikonische Objekte aus der pharaonischen Vergangenheit Ägyptens »dauerhaft zurückgegeben werden sollten«.[120]

Allerdings darf nicht übersehen werden, dass der Bezug auf Nofretete und das antike Reich auch in Ägypten keineswegs einheitlich war und ist. So kann Hawass, ein enger Vertrauter des ehemaligen ägyptischen Präsidenten Hosni Mubarak, als ein Vertreter der offiziellen Regierungsposition gelten. Der staatliche Nationalismus mobilisierte sowohl aus wirtschaftlichen als auch aus politischen Gründen den Mythos eines zeitlosen, ewigen Ägyptens. Der Tourismus zu den Pyramiden und anderen antiken Stätten ist nach wie vor eine Haupteinnahmequelle des Staates (und natürlich für die Händler, die vor den antiken Monumenten Andenken verkaufen, darunter auch Nachbildungen der Nofretete).[121] So ist es beinahe eine

Ironie, dass das Ägyptische Museum in Kairo auch heute noch hauptsächlich von europäischen Familien der Mittel- und Oberschicht besucht wird, ungeachtet aller antiimperialistischen Rhetorik von Hawass und einigen seiner Kollegen.[122] Zahi Hawass hat auch persönlich enorm von dem Rummel um die ägyptische Antike profitiert. Er ist bekannt für seine Bemühungen, das antike Erbe öffentlich zu inszenieren und für kommerzielle Zwecke einzuspannen – etwa als Gastgeber der Fernsehserie *Chasing Mummies* auf dem US-amerikanischen History Channel oder wenn er die Aura des antiken Ägyptens nutzte, um seine »Zahi Hawass Kleiderkollektion« auf den Markt zu bringen.[123]

Auch politisch hat Ägyptens Führung das Erbe der Pharaonen als ideologische Stütze für den autoritären Staat instrumentalisiert. Hawass selbst rechtfertigte beispielsweise die Wehrpflicht ausdrücklich durch einen Vergleich mit den Arbeitern, die vor vielen Jahrtausenden eingezogen wurden, um die Pyramiden zu bauen.[124] Noch während der Revolution von 2011 erklärte er im Radio öffentlich, es bestehe kein Zweifel, dass »wir Präsident Mubarak brauchen«.[125] Und auch nach den Protesten auf dem Tahrir-Platz betonte er weiterhin, dass Ägypten »immer einen starken Mann gebraucht hat; ohne einen solchen herrscht Chaos. Die Dinge ändern sich, aber ich bin der Einzige, der die Geschichte dieses Landes versteht, der die Vergangenheit wirklich sehen kann.«[126]

In den letzten Jahren haben jedoch auch andere Gruppen Ansprüche auf das pharaonische Erbe erhoben und sich auf diese Weise der staatlichen Bevormundung widersetzt. Dabei kam auch Nofretete als Symbol eine wichtige Rolle zu. Die Kritik an der Vereinnahmung der antiken Vergangenheit für

Regierungszwecke war eine Möglichkeit, die Unzufriedenheit der Öffentlichkeit zum Ausdruck zu bringen. In den Jahren des »Arabischen Frühlings« machten sich einzelne Aktivisten dann das Image der Nofretete zunutze, um mit ihr die Autorität des Staates infrage zu stellen und die Königin für ihre eigenen Zwecke zu mobilisieren.[127]

Das bekannteste Beispiel ist das Graffiti-Porträt der Nofretete mit einer Gasmaske, das der junge Straßenkünstler El-Zeft 2012 in Kairo anbrachte. Er platzierte es in der Muhammad-Mahmud-Straße, der Hauptverkehrsader, die vom Innenministerium zum Tahrir-Platz führt und während der Proteste zu einer Art Open-Air-Galerie wurde. Gleichzeitig war sie der Schauplatz eines der brutalsten Zusammenstöße während der Revolution im Jahr 2011.[128] Das Bild war eine Hommage an die Frauen, die sowohl aktive Teilnehmerinnen als auch häufig Opfer der Revolution waren.[129] Man kann das schablonenhafte Bild als Beschwörung des gemeinsamen ägyptischen Erbes lesen, um der Gewalt gegen Frauen in einer nach wie vor patriarchalischen Gesellschaft entgegenzuwirken. Darüber hinaus kann es als Kritik an den heftigen Konflikten zwischen militaristischen Nationalisten und Islamisten verstanden werden, die das Land zu dieser Zeit in Beschlag nahmen.[130] Es ist also wichtig, daran zu erinnern, dass auch innerhalb Ägyptens die Bezugnahme auf Nofretete durchaus umstritten ist. Ihr Bild wird verwendet, um sehr unterschiedliche Ziele zu verfolgen und alternative Vorstellungen von Gemeinschaft und Zukunft auszudrücken.[131]

Seit der Revolution von 2011 und ihrer Unterdrückung in den Jahren danach ist auch die antike Geschichte Ägyptens nicht zur Ruhe gekommen. Ganz im Gegenteil: Unter dem diktatorischen Präsidenten Abdel Fattah el-Sisi, der 2013 durch einen militärischen Staatsstreich die Regierung der Muslimbrüder unter Präsident Mursi absetzte und die Macht übernahm, setzt die Regierung das Erbe der pharaonischen Vergangenheit völlig ungeschminkt zur Repräsentation und Legitimierung des Regimes ein. Zu den sichtbarsten Maßnahmen gehört die Umgestaltung des Tahrir-Platzes, Schauplatz der demokratischen Proteste im Jahr 2011. Dort ließ Sisi einen zwanzig Meter hohen Obelisken aus der Zeit Ramses' II. errichten, der symbolisch auf die Kontinuität zwischen dem mächtigen Pharao und dem heutigen autokratischen Herrscher verweist.

Vorläufiger Höhepunkt dieser Aneignung war die »Goldene Parade der Pharaonen« im April 2021. Dabei handelte es sich um die Überführung der Mumien von 22 Pharaonen vom Ägyptischen Museum am Tahrir-Platz zum neu gebauten Nationalen Museum der Ägyptischen Zivilisation in Fustat. Ein Konvoi von verkleideten Militärfahrzeugen, die so aussehen sollten wie antike Streitwagen, kutschierte die Überreste von 18 Königen und vier Königinnen durch die menschenleere Stadt – die Bevölkerung war von den Straßen verbannt und verfolgte das Spektakel am Fernseher. Präsident Sisi hatte keine Scheu vor Kitsch und Pathos: »Diese majestätische Szene ist ein Beweis für die Größe des ägyptischen Volkes, die Hüter dieser einzigartigen Zivilisation, die bis in die Tiefen der Geschichte reicht.«[132]

Auch die wiederholt vorgetragenen Forderungen nach Rückgabe der Nofretete stehen in diesem Zusammenhang. Sisi nutzte die aufwendige Inszenierung der pharaonischen Vergangenheit nicht zuletzt zur symbolischen Abgrenzung von einer mit der Muslimbruderschaft in Verbindung gebrachten islamischen Vergangenheit. Mindestens ebenso wichtig ist die Indienstnahme des antiken Erbes jedoch für die außenpolitische Positionierung des Regimes. Das alte Reich steht symbolisch für die Stabilität, die auch die aktuelle Militärdiktatur für sich in Anspruch nimmt. Die umfangreiche Militärhilfe durch die Vereinigten Staaten – jährlich unterstützt das US-Verteidigungsministerium die ägyptischen Streitkräfte mit Mitteln in Höhe von 1,3 Milliarden Dollar – und durch europäische Staaten, die auf Ägypten als Bastion gegen den Zuzug von Menschen aus Afrika und Asien setzen, beruht auf dem Image der Verlässlichkeit, das durch die antiken Bezüge unterstrichen werden soll.[133]

Aber auch in der Gegenwart wird das Bild des antiken Ägyptens nicht vom Staat allein geprägt. Eine prominente Stimme ist die bekannte Wissenschaftlerin Monica Hanna, die unter anderem ein Jahr an der Berliner Humboldt-Universität gearbeitet hat und für eine konsequente Dekolonisierung des Wissens von den alten Kulturen einsteht. »Ich möchte, dass die Ägyptologie demokratisiert wird. Ich möchte die Ägyptologie aus den Elfenbeintürmen der Akademiker und den universalistischen westlichen Museen befreien, damit sie für das Alltagsleben der Ägypter relevant wird.«[134] Die Distanz zu General Sisis Propagandafeldzug ist unmittelbar deutlich. In ihrer feministischen Lesart kommt insbesondere den antiken Frauenfiguren eine wichtige Funktion zu. Ihrer Meinung nach waren es die Frauen, die »die Macht des alten Ägyptens am Leben hielten«. In ihnen erkennt Monica Hanna die Bewahrer des antiken Erbes, »denn es sind die Frauen, die die Geschichten kennen, die die Mythologie kennen, […] die die verschiedenen

Geheimnisse kennen, die also ihre eigenen kleinen magischen Zaubersprüche haben, die sie von ihren Urgroßmüttern geerbt haben«.[135] Und auch Nofretete hat für sie eine besondere Bedeutung, die über die Legitimierung des politischen Regimes hinausgeht: »Nofretete ist Teil unserer Identität als ägyptische Frauen. Sie ist die Königin; wir sehen zu ihr auf. Auch für uns ägyptische Feministinnen sind solche mächtigen Herrscherinnen wichtig.«[136]

IV.

NOFRETETE GLOBAL

Ägypten als Ursprung der globalen Moderne

Die nun schon ein Jahrhundert währende Auseinandersetzung zwischen Deutschland und Ägypten war vor allem ein Konflikt um Eigentumsrechte. Die Anziehungskraft, die Nofretete ausübte, reichte jedoch weit über die beiden Länder, die sich um den Besitz der Büste stritten, hinaus. Auch in anderen Ländern wurde sie als Verkörperung eines Schönheitsstandards mit weltweiter Gültigkeit gefeiert. So erklärte das britische *Sunday Pictorial*, der Vorläufer des heutigen *Sunday Mirror*, bereits 1934: »Wie stark die Schönheitsideale auch auseinanderklaffen mögen, wir sind uns alle einig in der Anerkennung der beeindruckenden Schönheit [...] der Nofretete.«[1] In den 1950er-Jahren stimmte der berühmte Maler Salvador Dalí in den Chor ein. Er räumte zwar ein, dass »die Vorstellungen von Schönheit immer von Land zu Land und von Zeit zu Zeit variieren«, aber der ästhetische Maßstab in der »Zeit nach dem Ersten Weltkrieg«, so Dalí, sei zweifellos »die große ägyptische Königin Nofretete [...], die alle Vorstellungen von Eleganz und Raffinesse in sich vereint«.[2] Die britische illustrierte Wochenzeitschrift *The Sketch* bestätigte dieses Urteil: »In den 1930er-Jahren wurde die Kalksteinbüste der Nofretete [...] als Norm der Schönheit akzeptiert.«[3]

Diese nahezu einmütige Anerkennung der Nofretete-Büste als Sinnbild einer universellen ästhetischen Norm beschränkte sich nicht nur auf Westeuropa, sondern war auch in anderen Ländern zu finden. Die russische Exilpresse pries Nofretete als »Katharina die Große des antiken Ägyptens«.[4] In Mexiko identifizierte sich die Künstlerin Frida Kahlo mit Nofretete (und ihren Ehemann Diego Rivera mit Echnaton),[5] und die Zeitungen in Guadalajara berichteten davon, dass man auf den Pariser Straßen jetzt »zahlreiche Mädchen« sehen konnte, »die Strohhüte ganz im Stil von Nofretete tragen«.[6] Auch in Israel rief »das Gesicht dieser schönen Königin Ehrfurcht hervor« (wobei spekuliert wurde, dass Nofretete »mit hebräischen Spiritualisten in Kontakt« gewesen sei).[7] In Brasilien adelten die Zeitungen die »sanfte Königin Nofretete« als »die Besitzerin des schönsten weiblichen Profils, das je auf der Erde erschienen ist«.[8] Auch in China wurde Nofretete als »atemberaubende Schönheit« gefeiert: »Die Anziehungskraft dieser Schönheit ist für jeden offensichtlich, auch wenn wir oft nicht verstehen, warum wir sie lieben.«[9] An weiteren Beispielen herrscht kein Mangel.

Wie kam es zu dieser globalen Resonanz? Ein Teil der Erklärung hat mit der Medienrevolution des 20. Jahrhunderts zu tun, denn es war ja nicht die Büste selbst, die zirkulierte, sondern ihre mediale Vervielfältigung. Nachbildungen wurden in Museen ausgestellt; vor allem kursierten Fotos, die in Zeitungen massenhaft reproduziert wurden. In der Nachkriegszeit kamen bewegte Bilder und Filme hinzu, aber auch andere Medien; so gaben nicht nur Deutschland und Ägypten, sondern auch zahlreiche andere Länder Briefmarken zu Ehren von Nofretete heraus. Von Anfang an beruhte die weltweite Faszination der Königin auf der Verbreitung von Bildern, die auch für ein Publikum zugänglich waren, das keine Aussicht hatte, das Original in Berlin selbst in Augenschein zu nehmen.

Mindestens ebenso wichtig wie die mediale Verbreitung des Bildes selbst war jedoch die schon seit Längerem etablierte Meistererzählung vom Tal des Nils als Ursprung und Quelle der modernen Zivilisation. Europa schuf sich damit eine Vorgeschichte, die über das antike Rom und Griechenland noch weiter zurückreichte. Diese Integration des antiken Ägyptens in die Genealogie der Moderne hatte während des imperialistischen Zeitalters rasch Verbreitung gefunden. Sie ebnete der weiteren Karriere der Nofretete über Ägypten hinaus, bis nach Lateinamerika und Ostasien, den Weg. Dass die Königin auch hier auf solche Resonanz stieß, lässt sich nur vor dem Hintergrund dieses globalen Zusammenhangs – Ägypten als Teil der Ursprungserzählung der Moderne und die Übernahme dieser Vorstellung unter imperialen Vorzeichen – verstehen.

Ein sehr plakatives Beispiel für diese Theorie vom ägyptischen Ursprung der Moderne waren die Schriften des australischen Anatomen und Anthropologen Grafton Elliott Smith (1871–1937). Smith war seit 1900 einige Jahre lang in Kairo tätig gewesen, und er war der Erste, der Mumien mithilfe von Röntgenaufnahmen studierte; auf diese Weise ließ sich das Tabu, die Mumien auszuwickeln, umgehen. Er vertrat die Ansicht, dass die ägyptische Kultur Ausgangspunkt aller Zivilisationen auf der Erde gewesen sei. Nicht nur Europa und der Nahe Osten, sondern auch Indien und China sowie die amerikanischen Kulturen seien, indirekt und vermittelt durch Europa, von ägyptischen Errungenschaften geprägt worden. In seinem 1911 veröffentlichten und viel beachteten Buch *The Ancient*

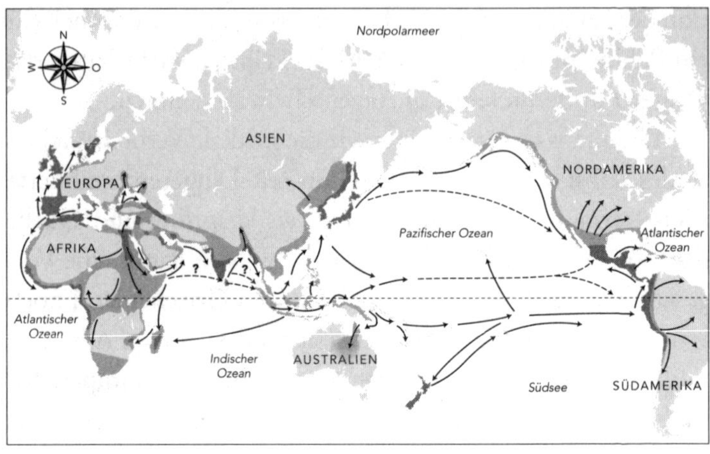

Abb. 18: Die Ausbreitung der Zivilisation aus Ägypten nach Elliott Smith

Egyptians and the Origin of Civilization führte er aus, dass zentrale Kulturleistungen aus der Zivilisation am Nil stammten: nicht nur die Schrift, große steinerne Monumente wie die Pyramiden oder die Bestattungspraktiken, sondern eigentlich so gut wie alles. Die Ägypter »legten nicht nur die Grundlagen für die Landwirtschaft und die Bewässerung, sondern auch für alle Künste und das Handwerk, die soziale Organisation und den religiösen Glauben, die ein wesentlicher Bestandteil der Zivilisation wurden, die […] in der ganzen Welt verbreitet wurde«.[10]

Diese hochgradig diffusionistische Theorie, wonach die evolutionären Fortschritte der Menschheit sämtlich auf einen gemeinsamen Ursprung zurückzuführen waren, von dem aus sie sich ausbreiteten, traf in der Zeit des Hochimperialismus auf ein aufnahmebereites Publikum. Insbesondere in Großbritannien befriedigte sie ein Bedürfnis nach umfassenden Welterklärungen, die mit dem imperialen Selbstverständnis des Landes zusammenpassten. Das Reich der Pharaonen konnte dann als ein Vorläufer des British Empire erscheinen. Wenn Smith davon sprach, Ägypten habe die Welt beeinflusst, »ohne ihr gewaltsam eine fremde Kultur aufzuzwingen«, dann entsprach das ziemlich genau der westlichen Idee von der moralischen Pflicht, »zurückgebliebene« Völker großmütig zu »zivilisieren«.[11]

Wie verbreitet waren solche Theorien, und welche Wirkung hatten sie? Man kann die Wucht und Überzeugungskraft dieser Entstehungsgeschichte gut an dem Eifer ablesen, mit dem Gelehrte und reformorientierte Politiker aus aller Welt darauf bestanden, auf ihren Pilgerreisen nach Europa auch einen Halt in Ägypten einzuplanen. In Europa waren Reisen nach Ägypten, um die antiken Stätten zu besichtigen, seit dem 18. Jahrhundert Teil der Elitenkultur und eine Station der ausgedehnten *Grand Tour* geworden, der obligatorischen Bildungsreise für adlige Zöglinge. Im 19. Jahrhundert machten auch zahlreiche Monarchen und Delegationen aus nicht-westlichen Ländern, die nach Europa reisten, um sich persönlich einen Eindruck von der Leistungskraft moderner, industrialisierter Gesellschaften zu verschaffen, in Ägypten halt, um die Pyramiden zu bestaunen und die antike Kultur, den vermeintlichen Ursprung der westlichen Zivilisation, in Augenschein zu nehmen.

Zahlreiche Beispiele wären hier zu nennen: Eine japanische Delegation auf dem Weg nach Europa besuchte bereits 1864 Gizeh. Als neun Jahre später eine Delegation hochrangiger japanischer Regierungsmitglieder für eineinhalb Jahre Europa und die Vereinigten Staaten bereiste, um Anschauungsmaterial für die Modernisierung des eigenen Landes zu sammeln (die Iwakura-Mission), machte eine kleinere Gruppe von Gesandten erneut in Ägypten Station.[12] Aus China kamen in den 1860er-Jahren der Schriftsteller und Reformer Wang Tao und der Diplomat Zhang Deyi, um sich die Spuren der pharaonischen Kultur anzusehen. Der gefeierte bengalische Dichter und spätere Nobelpreisträger Rabindranath Tagore besuchte Ägypten gleich zweimal, 1878 als 17-Jähriger und dann wieder 1926, auf dem Höhepunkt seines Ruhms. In den Jahren 1871 und 1876 reiste der brasilianische Kaiser Dom Pedro II. auf der Suche nach einer Vorgeschichte für seine eigene, noch junge Monarchie nach Ägypten.[13]

Das Ziel solcher Reisen waren dabei stets die Monumente und Überreste der antiken Zivilisation, nicht etwa das Ägypten der damaligen Gegenwart, also die osmanische Provinz. Es lohnt sich, kurz darüber nachzudenken, was das bedeutete. Es handelte sich im Grunde um Reisen sowohl in einen anderen Raum als auch in eine andere Zeit. Das pharaonische Ägypten wurde von der islamischen und modernen Geschichte des Landes getrennt, als ob es sich nicht um denselben Ort handelte. Die in Ägypten ansässige Engländerin Edith Butcher brachte diese Sichtweise treffend auf den Punkt, als sie sagte: »Wie alle anderen auch war ich viel zu absorbiert vom Ägypten der Pharaonen, um mich groß für ihre degenerierten Nachfahren zu interessieren.«[14] In manchen Ländern wurde diese Trennung zwischen Antike und Gegenwart regelrecht institutionalisiert. An japanischen Universitäten beispielsweise wurde die Geschichte des alten Ägyptens in der Abteilung für »westliche Geschichte« gelehrt, während die Geschichte Ägyptens nach

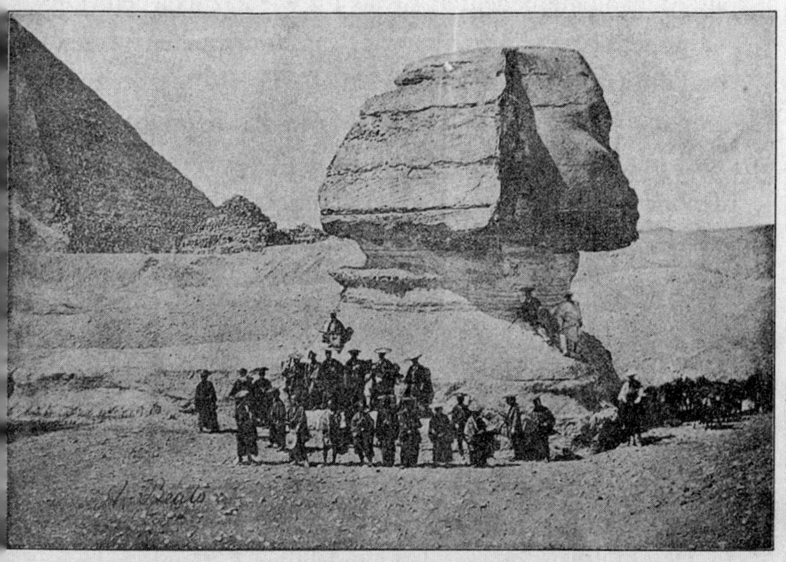

Abb. 19: 1864 schickte Japan eine Delegation nach Europa, die auch in Ägypten – hier vor der Großen Sphinx von Gizeh – Station machte.

der Ankunft des Islams in die Zuständigkeit der Abteilung »Geschichte des Orients« fiel.[15]

Diese Abspaltung der antiken Kultur von der Gegenwart war jedoch keineswegs nur das unschuldige Ergebnis der Begeisterung für die Zivilisationen des Altertums, sondern konnte viel weiter gehende Folgen haben. Die Kulturwissenschaftlerin Mary Louise Pratt hat beschrieben, wie »die europäische Vorstellungskraft archäologische Subjekte produziert, indem sie zeitgenössische außereuropäische Bevölkerungsgruppen von ihrer vorkolonialen und sogar kolonialen Vergangenheit abspaltet. Die Wiederbelebung indigener Geschichte und Kultur als Archäologie bedeutet, sie als tot wiederzubeleben. Diese Geste rettet sie gleichzeitig vor dem europäischen Vergessen und ordnet sie einem vergangenen Zeitalter zu.« Pratt zufolge ging die Wertschätzung für die Ruinen und Zeugnisse antiker Kulturen meist damit einher, die in der Gegenwart dort lebenden indigenen Bevölkerungen als Randerscheinung zu betrachten, ja, geradezu unsichtbar zu machen. Die Länder erschienen dann weitgehend menschenleer. Ein solches Niemandsland, oder *terra nullius* in der Sprache der Juristen, erlaubte die Kolonisierung – so wurde es auf der Berliner Kongo-Konferenz 1885 festgelegt. Sowohl der Schutz der antiken Überreste als auch die angebliche Abwesenheit der einheimischen Bevölkerung konnten als Rechtfertigung für koloniale Inbesitznahme ins Feld geführt werden.[16]

Diese Dimension war den handelnden Akteuren jedoch in der Regel nicht bewusst. Für sie waren Exkursionen in das Tal des Nils und zu den Pyramiden eine Art Versprechen, so etwas wie Reisen zu den Ursprüngen der westlichen Moderne. Insbesondere in Ländern, die sich vom europäischen Imperialismus bedroht sahen, war das Bedürfnis groß, nicht nur vom Westen zu lernen, sondern auch nachzuweisen, dass man eine ähnliche Entwicklung eingeschlagen hatte. Sich auf Ägypten zu beziehen signalisierte daher die Ambition, selbst Teil einer Geschichte des Fortschritts, der Moderne zu sein. Seit dem späten 19. Jahrhundert kann man beobachten, wie in vielen Gesellschaften Verweise auf Ägypten zunahmen. Häufig war die Behauptung von Verbindungen zum alten Ägypten eine Strategie der Anpassung an ein eurozentrisches Narrativ. Aber nicht immer: Schließlich befand sich Ägypten ja gegenwärtig unter osmanischer und dann britischer Herrschaft; und auch die Verbindung zum Westen war alles andere als eindeutig. Dieser ambivalente Status des Landes erlaubte es reformorientierten Politikern, vor allem in Asien, »Ägypten« auch als Ausgangspunkt für Kritik am Westen, ja für eine Suche nach alternativen Wegen in die Moderne zu sehen.

Pyramiden in Mexiko, Hieroglyphen in China

Eine kurze Tour d'Horizon macht rasch deutlich, wie verbreitet solche Strategien waren und wie weit sie reichten. In vielen Ländern Mittelamerikas beispielsweise diente das alte Ägypten als Maßstab für die Interpretation von Ruinen und Überresten aus vorkolumbischer Zeit,[17] konnte also als Modell und Vergleichsfall genutzt werden. Darüber hinaus gab es immer auch Versuche, direkte Verbindungen zum antiken Ägypten aufzuspüren und so von dessen kulturellem Kapital zu profitieren. Solche Ideen kursierten im Vizekönigreich Neuspanien bereits im 17. Jahrhundert. Einer ihrer bekanntesten Vertreter war Carlos de Sigüenza y Góngora. Er war ein kreolischer Intellektueller (spanischer Abstammung, aber in Mexiko geboren) und ein eifriger Verfechter der kulturellen Traditionen Neuspaniens, die nicht in erster Linie auf Spanien, sondern auf die Azteken zurückgingen. Sigüenza vertrat die These, dass die indigenen Völker in Neuspanien ursprünglich hebräischer, europäischer und altägyptischer Abstammung waren. Nachdem er lange Jahre archäologische Überreste aus der Zeit vor der Ankunft der Spanier erforscht hatte, war er davon überzeugt, dass der Ursprung der mittelamerikanischen Pyramiden, wie derjenigen in Teotihuacán, direkt auf das alte Ägypten zurückgeführt werden konnte.[18] Diese Ideen, die darauf abzielten, die Errungenschaften der vorspanischen Kulturen zu feiern, spielten eine wichtige Rolle für den Nationalismus, der Mexiko nach dem Unabhängigkeitskrieg (1810–1821) erfasste.

Alexander von Humboldt, der auf seiner fünfjährigen Amerikareise (1799–1804) auch nach Mexiko gekommen war, erlangte Kenntnis von Sigüenzas Arbeiten und berichtete über ihn. Auf diese Weise gelangten dessen Theorien auch in europäische Gelehrtenkreise und wurden begierig aufgegriffen. Der britische Naturforscher und Antiquitätenhändler William Bullock machte sie in den 1820er-Jahren mit aufeinanderfolgenden Ausstellungen ägyptischer und mexikanischer Artefakte in seiner eigenen »Egyptian Hall« in London populär.[19] Auch Bullock verstand sich als Verteidiger der alten mexikanischen Zivilisationen, deren Errungenschaften durch das dunkle Zeitalter der spanischen Kolonialisierung verdrängt worden seien. Gleichzeitig fiel es ihm schwer, sich vorzustellen, dass ungeheure architektonische Leistungen wie der Bau der Pyramiden allein von den indigenen Völkern Mittelamerikas geschaffen worden sein könnten. Unterstützung für seine Ansichten fand er in den Theorien des Diffusionismus, die im frühneuzeitlichen Europa kursierten und letztlich die biblische Geschichtsauffassung wiederholten, wonach die Verbreitung von Kulturen durch Migration und die Ausbreitung von Völkern zu erklären sei.[20]

So ging auch Bullock davon aus, dass die ägyptischen Pyramiden als Inspiration für die Pyramiden in Mexiko gedient haben mussten. Er war überzeugt, dass die aztekische und die ägyptische Kultur einen »gemeinsamen Ursprung haben, der

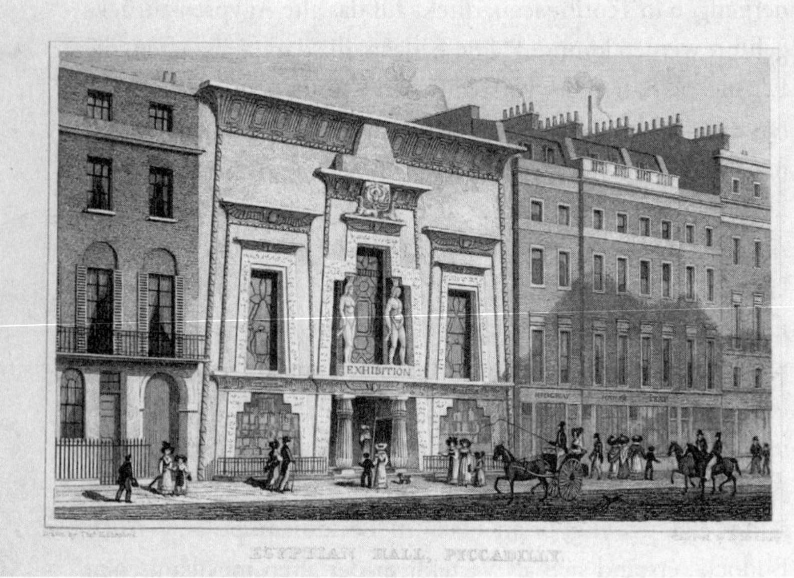

Abb. 20: Die »Egyptian Hall«, in der William Bullock Artefakte aus Mexiko und Ägypten ausstellte

kaum bezweifelt werden kann«.[21] Ähnliche Ideen blieben das ganze 19. Jahrhundert hindurch wirksam. Ein Beispiel war der einflussreiche mexikanische Geograf und Schriftsteller Antonio García Cubas. Er hatte 1863 (und später noch einmal 1895) in Teotihuacán archäologisch geforscht und 1871 eine umfassende Studie zum Vergleich der mexikanischen und ägyptischen Pyramiden veröffentlicht. Auch Cubas beharrte darauf, »dass es in fernen Zeiten eine Beziehung zwischen zwei Kontinenten gab, die durch die Unermesslichkeit des Ozeans getrennt waren«. Die große Stadt- und Tempelanlage in Teotihuacán sei von ihren ägyptischen Vorläufern beeinflusst worden. Cubas war »überzeugt, dass die Völker, die die amerikanischen Denkmäler errichteten, zwar nicht direkt aus Ägypten stammten, aber zumindest Nachkommen anderer Völker waren, denen die Ägypter ihr Wissen übermittelten«.[22]

Auch in China hatte der Vormarsch des britischen Imperialismus seit dem Opiumkrieg (1840) Ägypten zu einem festen Bezugspunkt gemacht. Chinesische Intellektuelle, sowohl Gelehrte als auch Beamte, begannen mit der Suche nach Verbindungen zwischen dem alten China und dem pharaonischen Ägypten – eine Suche nach gemeinsamen Ursprüngen, die implizit auch Chinas Fähigkeit zur Modernisierung unter Beweis stellen würden. Die ägyptischen Hieroglyphen und ihre vermeintliche Ähnlichkeit mit frühen chinesischen Schriftzeichen übten dabei eine besondere Anziehungskraft aus. Guo Songtao beispielsweise, der erste Botschafter der Qing-Regierung im Vereinigten Königreich und in Frankreich, war vom antiken Ägypten fasziniert. Er war davon überzeugt, dass »die ersten ägyptischen Hieroglyphen genau die gleichen waren wie [die ersten in] China geschaffenen Schriftzeichen«.[23]

Zunächst neigten die meisten Intellektuellen dazu, auf dem Vorrang der chinesischen Schrift zu bestehen und die Hieroglyphen ganz im Rahmen der philologischen Traditionen des eigenen Landes zu interpretieren. Einige waren überzeugt, dass eine direkte Verbindung zwischen den beiden alten Zivilisationen bestanden haben musste. Eine verbreitete Ansicht besagte, dass in ferner Vergangenheit die Welt von der mythischen Figur des Gelben Kaisers (der Legende nach regierte er hundert Jahre lang, von 2697 bis 2597 v. Chr.) geeint und regiert wurde; in dieser Zeit seien die ägyptischen Hieroglyphen von einer frühen Form der chinesischen Schrift *(guwen)* abgeleitet worden.

Solche Theorien hatten immer auch die Funktion, dem eurozentrischen Narrativ vom alten Ägypten als Quelle der Mo-

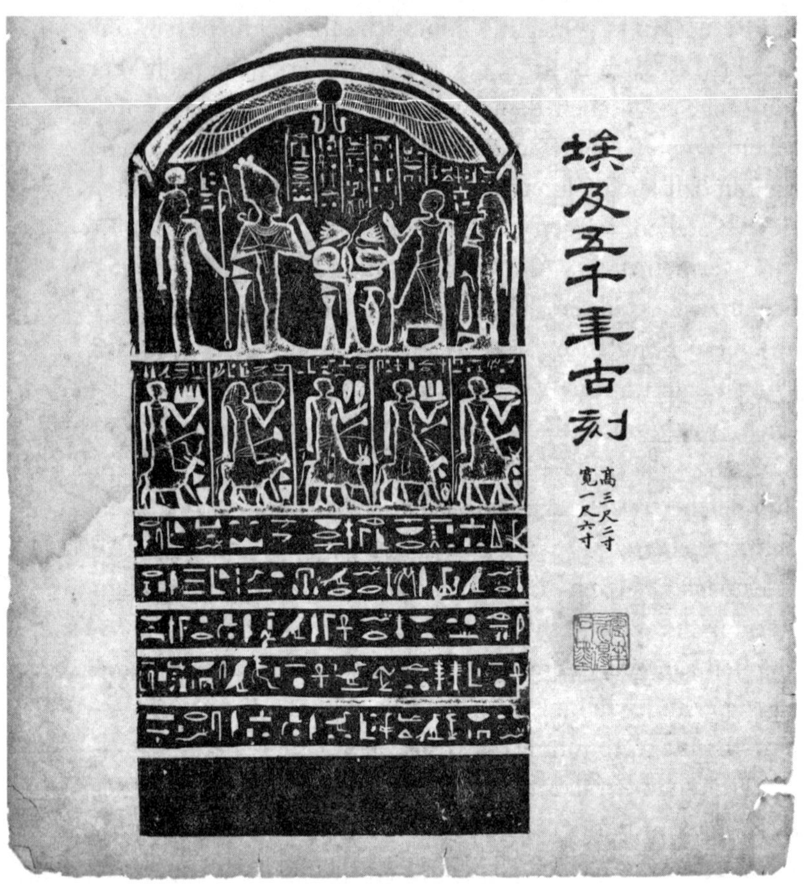

Abb. 21: Duan Fang, ein hoher chinesischer Beamter, reiste 1905 nach Ägypten und erwarb Objekte wie diese Stele.

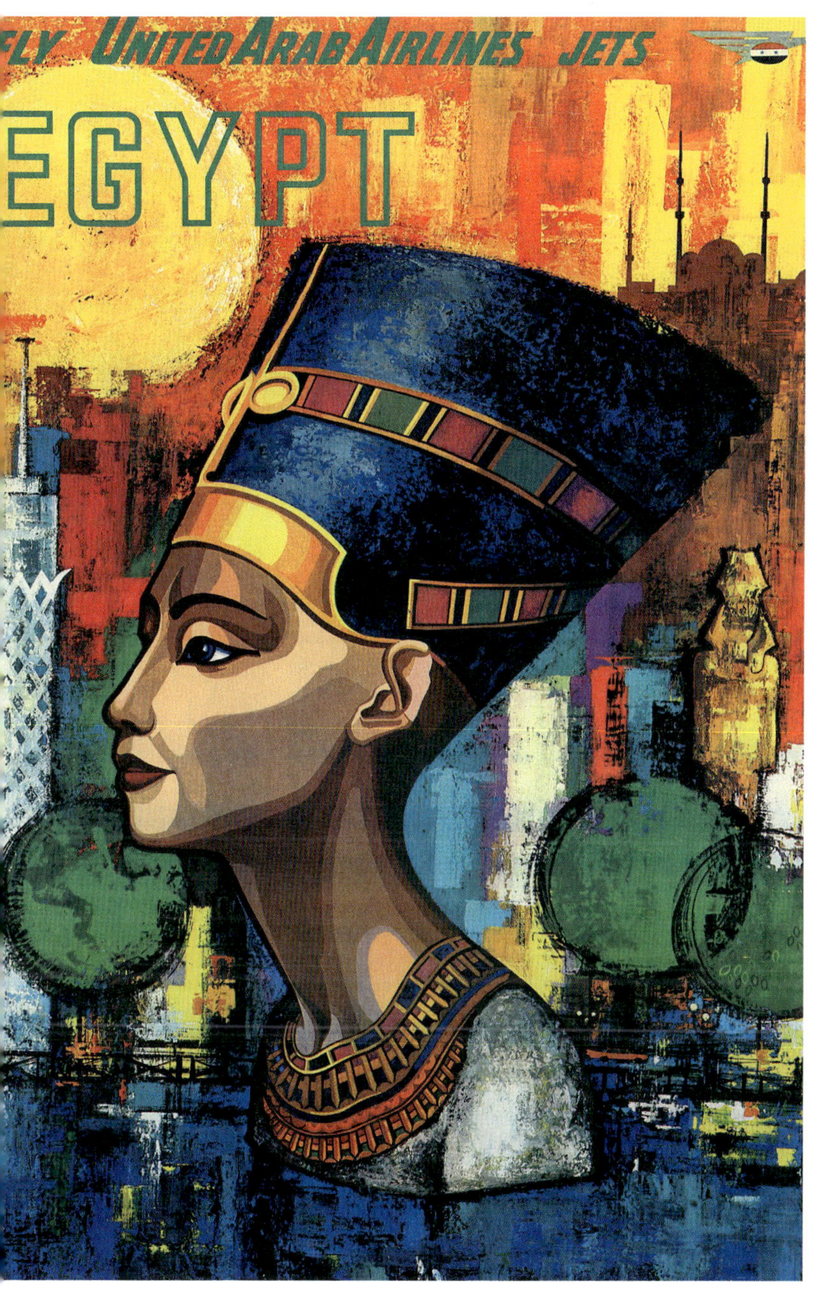

Tafel 12 Reiseplakat der Fly United Arab Airlines Jets, 1960er-Jahre

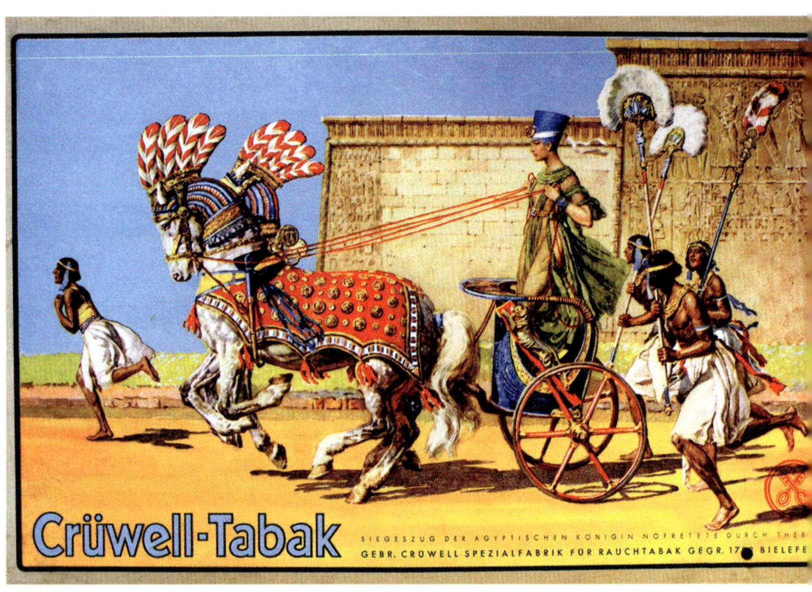

Tafel 13 Werbung für die Bielefelder Tabakfirma »Crüwell Tabak« mit der Unterschrift »Siegeszug der ägyptischen Königin Nofretete durch Theben«, ca. 1940

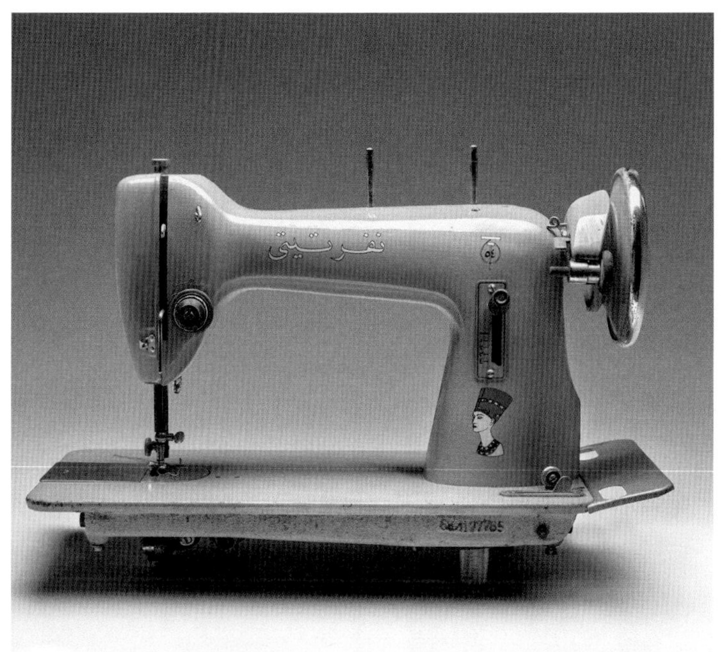

Tafel 14 Die Nähmaschine »Nofretete« wurde nach Nassers Machtübernahme hergestellt. Sie symbolisiert die Strategie des Nasser-Regimes, die verordnete Modernisierungspolitik mit nationalen Symbolen zu verbinden. In den 1960er-Jahren war sie ein beliebtes ägyptisches Haushaltsgerät.

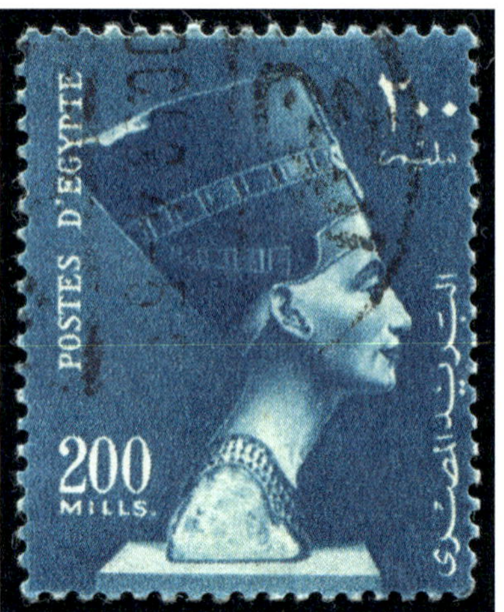

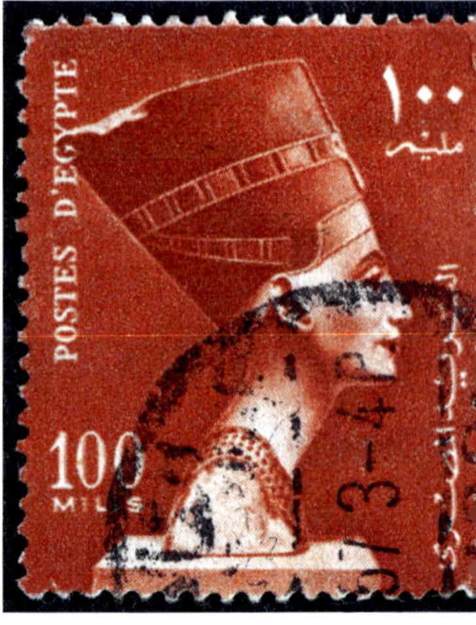

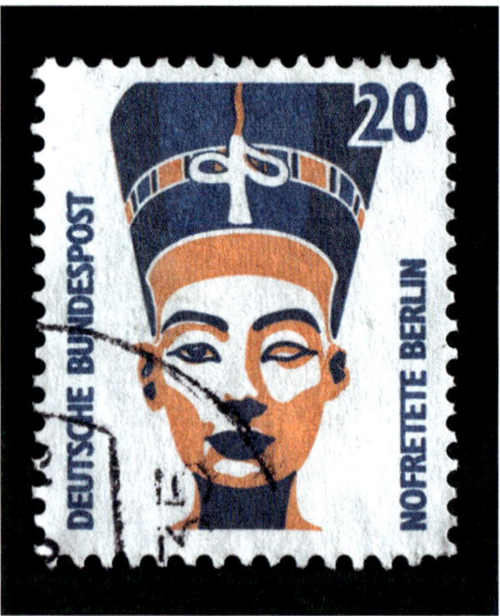

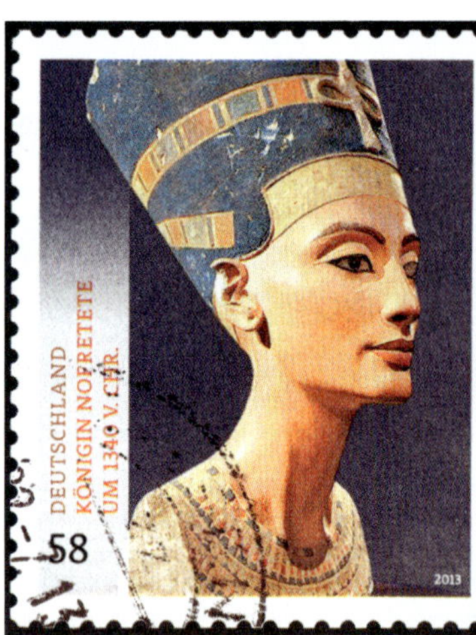

Tafel 15 Briefmarken aus Ägypten (1953) und Deutschland (1989, 2013). Die Marken unterstreichen die Bedeutung der Nofretete-Büste für das jeweilige nationale Selbstverständnis.

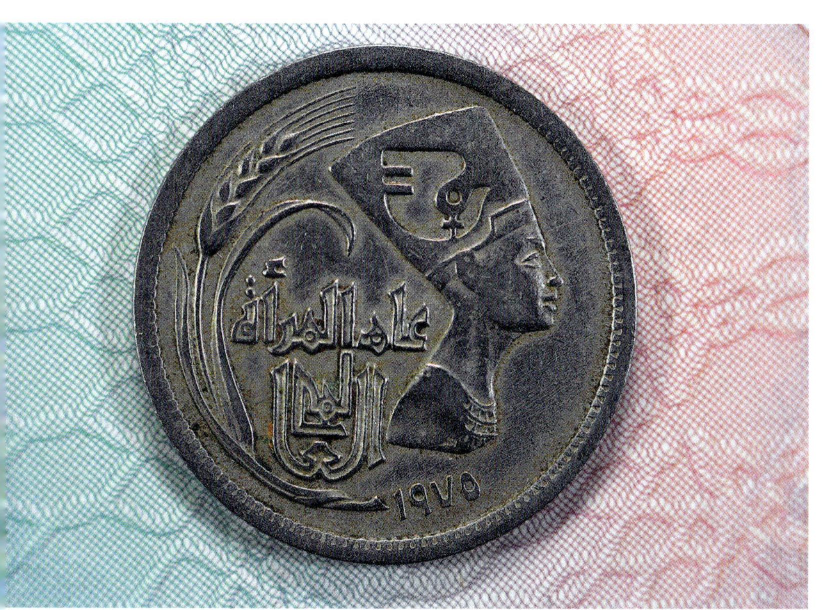

el 16 Ägyptische Fünf-Piaster-Münze; Königin Nofretete auf der Vorderseite

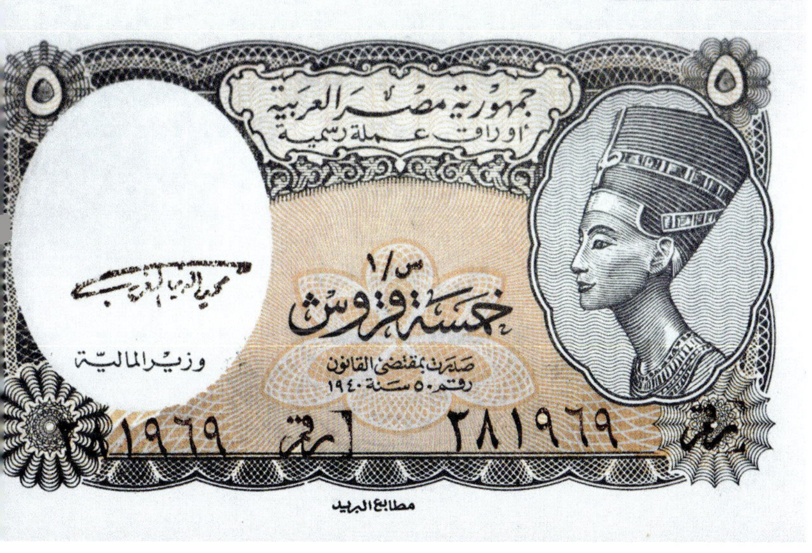

Tafel 17 Ägyptische Fünf-Piaster-Banknote mit der Büste der Nofretete

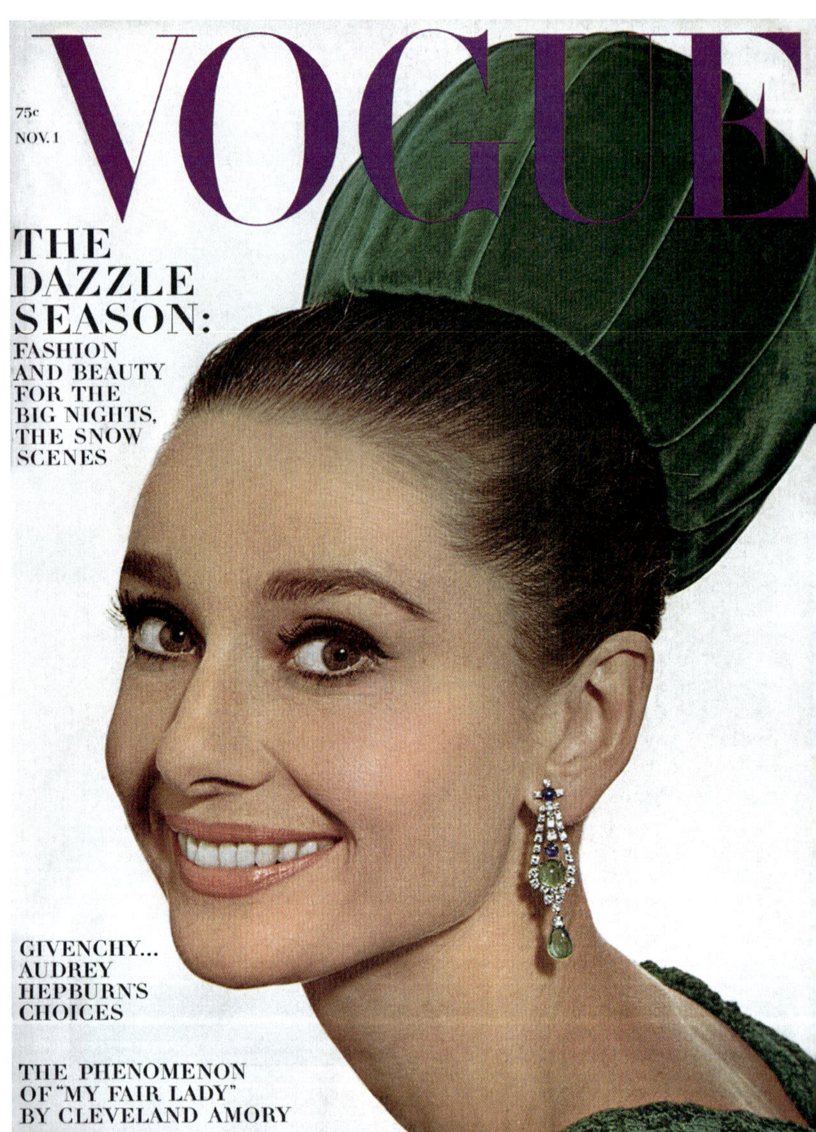

Tafel 18 Audrey Hepburn auf dem Cover der *Vogue*, November 1964

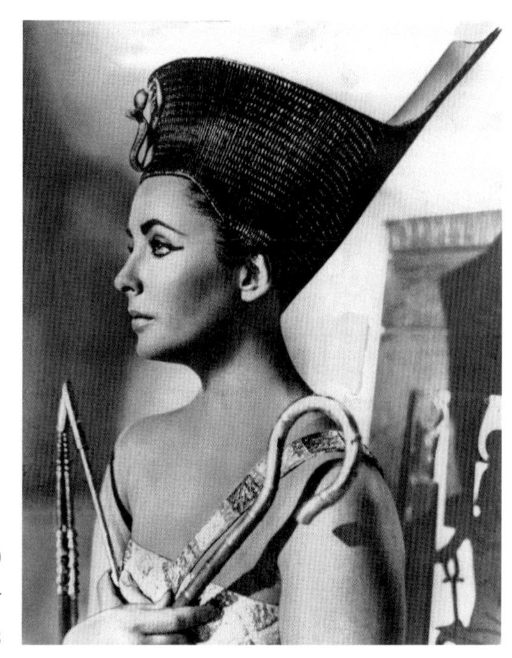

Tafel 19
Elizabeth Taylor
als *Cleopatra,* 1963

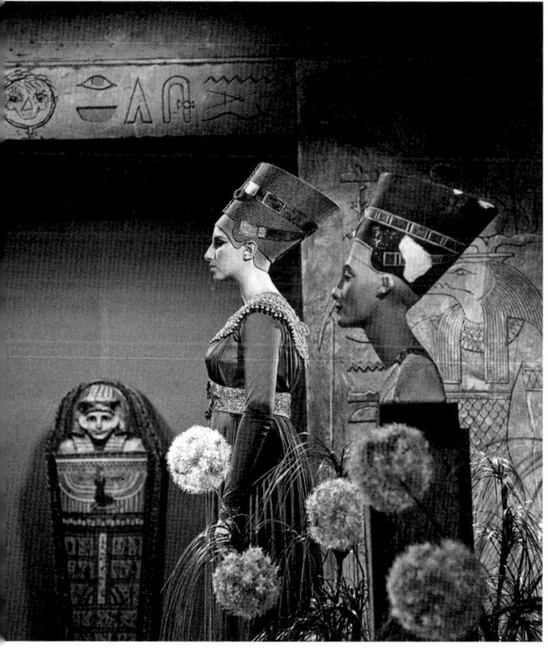

Tafel 20
Barbra Streisand
neben einer Büste der
Nofretete am Set ihres
TV-Specials
Color Me Barbra, 1966

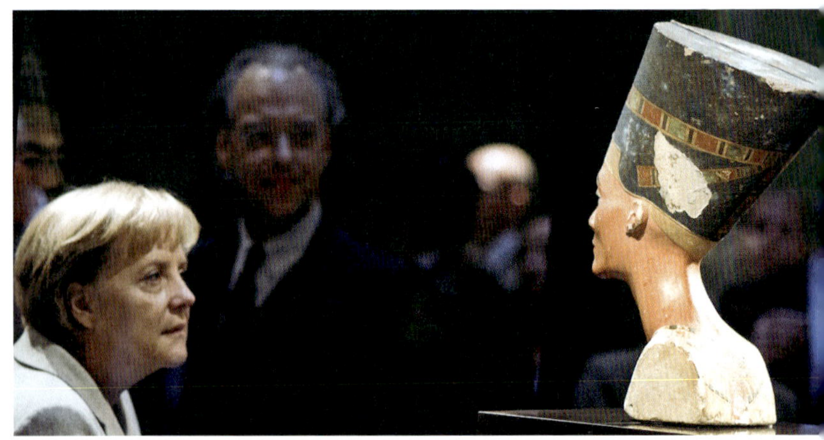

Tafel 21 Bundeskanzlerin Angela Merkel bei der Eröffnung des Neuen Museums in Berlin, 17. Oktober 2009

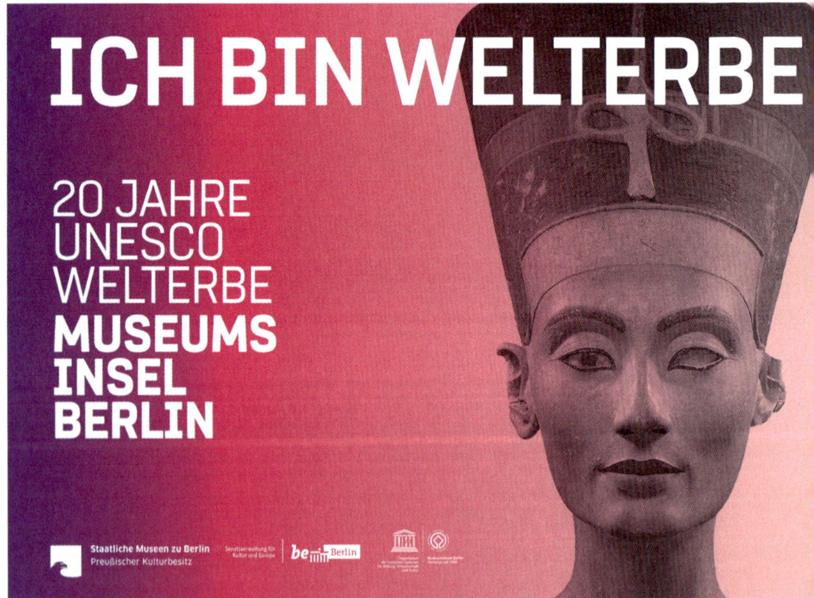

Tafel 22 Motiv der Kampagne *20 Jahre Welterbe* der Staatlichen Museen zu Berlin und der Senatsverwaltung für Kultur und Europa, 2019

derne entgegenzuwirken und ihm die Priorität Chinas gegenüberzustellen. So wurde das Buch eines deutschen Gelehrten über die ägyptische Schrift heftig kritisiert, weil er mit der chinesischen Schrift nicht vertraut war: »Deutschland ist tausend Meilen von Ägypten und tausend Jahre vom alten Ägypten entfernt; daher ist dieses Buch ohne jedes Fundament.« China sei gewissermaßen näher dran, da die ägyptischen Hieroglyphen (so jedenfalls die Überzeugung) ja von der chinesischen Schrift abstammten. Im späten 19. Jahrhundert waren chinesische Gelehrte darum bemüht, die Autorität ihrer europäischen Kollegen infrage zu stellen – paradoxerweise selbst dann, wenn sie gleichzeitig die (eurozentrische) Idee von der Verbindung des alten Ägyptens mit der Moderne übernahmen.[24]

Mit dem Niedergang Chinas und dem Verlust seiner geopolitischen Macht, vor allem infolge der Niederlage im Krieg mit Japan im Jahr 1895, wurde dieses Beharren auf der Vorrangstellung des Reichs der Mitte allmählich aufgeweicht. Zunehmend wurden nun Theorien formuliert, die China umgekehrt in der Nachfolge der Zivilisationen im Nahen Osten sahen. Die populärste dieser »Out-of-the-West«-Theorien, die davon ausgingen, dass die chinesische Kultur durch Migration und Anleihen von weiter im Westen gelegenen Kulturen entstanden sei, war der sogenannte Sino-Babylonismus. Chinesische Gelehrte sahen sich in ihren Ideen durch das Buch *Western Origin of the Early Chinese Civilisation* von Terrien de Lacouperie bestätigt, einem Professor und vergleichenden Sprachwissenschaftler am University College in London, der argumentierte, dass die frühe Bevölkerung Chinas in prähistorischer Zeit aus Mesopotamien eingewandert sei.[25] In diesem Zusammenhang wurde neben Babylon auch Ägypten immer wieder als möglicher Ursprung der chinesischen Zivilisation angeführt.

Solche Theorien wurden von der sogenannten Zweifel-am-Altertum-Schule unterstützt. Damit wird eine Gruppe namhafter chinesischer Gelehrter bezeichnet, die in den 1910er- und 1920er-Jahren aufgrund textkritischer Methoden die Verlässlichkeit und Autorität alter chinesischer Texte infrage stellten.[26] Zeitgleich entzündete sich unter Archäologen eine lebhafte Debatte, in der angezweifelt wurde, dass es in der Steinzeit überhaupt schon eine chinesische Kultur gegeben habe. Im Rahmen der damals weithin akzeptierten Evolutionslehre stellte das Fehlen physischer Überreste aus der Steinzeit ein ernsthaftes Problem dar. Die Entstehung einer entwickelten Kultur ohne eine längere interne Vorgeschichte konnte dann nur als Ergebnis von Migration oder der Ausbreitung einer fremden Kultur verstanden werden.[27] Die These von den babylonischen bzw. ägyptischen Wurzeln war somit ein Versuch, China eine Verbindung zur Steinzeit und damit zur üblichen weltgeschichtlichen Periodisierung zu verschaffen und es auf diese Weise an die gängige Vorstellung vom Ursprung der Zivilisation im Nahen Osten anzuschließen.

Von etwa 1900 bis in die 1920er-Jahre waren die »Out-of-the-West«-Theorien sehr populär und weit verbreitet. Auf den jungen chinesischen Nationalismus übten sie eine besondere Anziehungskraft aus und wurden von einigen der bedeutendsten Intellektuellen jener Zeit, darunter Liu Shipei und Zhang Taiyan, vertreten. Sie stellten eine Verbindung her zwischen China und den globalen Netzwerken von Handel und Migration und waren somit eines der Narrative, die China auf der globalen Bühne etablierten.[28] Gleichzeitig hatte die These von der Verbindung zu Mesopotamien oder Ägypten auch eine innenpolitische Dimension. Sie erlaubte es den Intellektuellen, einen Stammbaum der chinesischen Kultur zu entwerfen, der als Gegenentwurf zur Fremdregierung der aus der Mandschurei stammenden Qing-Dynastie (1644–1911) gelesen werden konnte.[29]

Seit den 1920er-Jahren wandten sich die meisten chinesischen Gelehrten, allen voran der Historiker Fu Sinian, allmählich von der Theorie einer Verbindung zu Babylon und Ägypten ab.[30] Eine Reihe neuer archäologischer Funde untergrub die Annahmen dieser Theorie, und die These von den westlichen Ursprüngen wurde nun, im veränderten Klima nach dem Ende des Ersten Weltkriegs, zunehmend als eine Form des westlichen Imperialismus angeprangert. Gelehrte kritisierten diesen »neuen Mythos vom Ursprung der chinesischen Nation« und lehnten die Ansicht, dass das alte Ägypten und China einst miteinander verbunden waren, rundweg ab.[31]

Seitdem ist die Idee einer ägyptischen Vorgeschichte des Reichs der Mitte still und leise zu Grabe getragen worden. Doch gelegentlich flammt sie immer noch auf – wie 2015, als ein chinesischer Wissenschaftler auf der Grundlage geochemischer Analysen behauptete, die chinesische Kultur sei ursprünglich von Menschen aus Ägypten eingeführt worden, und zwar auf dem Seeweg von den Hyksos, die zwischen dem 17. und 16. Jahrhundert v. Chr. (also zwei Jahrhunderte vor Echnaton und Nofretete) in Nordägypten herrschten. Diese hätten nicht nur Technologien wie die Bronzeherstellung mitgebracht, sondern auch Streitwagen und die Schrift – mit anderen Worten, die gesamten Zutaten für eine bronzezeitliche Zivilisation, wie sie in China mit der Shang-Dynastie (18.–11. Jahrhundert

v. Chr.) verbunden wird.[32] Solche Theorien finden in der Öffentlichkeit nach wie vor große Beachtung. Aber auch in der Wissenschaft werden sie heftig diskutiert und bleiben im Zentrum der chinesischen Debatte über Herkommen und kollektive Identität.[33]

Das allgemeine Muster in all diesen Debatten war ähnlich: Die Kommentatoren betonten die Verbindungen Chinas mit dem alten Ägypten, die es ihnen wiederum ermöglichten, auf die etablierte Geschichte der ägyptischen Wurzeln der Moderne zurückzugreifen. Innerhalb dieses übergreifenden Rahmens verlief auch die Rezeption der Nofretete weitgehend nach einem ähnlichen Muster. Ihre Popularität erreichte nie ganz den Ruhm von »König Tut«, der in der chinesischen Öffentlichkeit viel präsenter war. Aber sie wurde als eine der mächtigsten Frauen der Geschichte bezeichnet. In Anspielung auf die beiden dominierenden Herrscherinnen der chinesischen Geschichte nannte die Presse Nofretete die »ägyptische Wu Zetian« (gemeint war die einzige Frau, die je in China als Kaiserin regierte, von 690 bis 702) oder die »altägyptische Cixi« (mit Bezug auf die Kaiserinwitwe, die von 1861 bis 1908 de facto die Regierungsgeschäfte führte).[34] Sie wurde auch regelmäßig als »die schönste Frau Ägyptens« bezeichnet und für ihre »atemberaubende Schönheit« bewundert.[35]

Auffallend ist, dass viele Hinweise auf Nofretetes Aussehen den Eindruck – schön, aber nicht sinnlich – aufgreifen, der auch ihre Rezeption in Europa von Anfang an begleitet hat. Diese Bewertung führte bisweilen dazu, dass sie als kalt und distanziert beschrieben wurde: »Sie ist ganz kantig und unnahbar, wie eine geometrische Waffe oder ein leuchtend farbiges religiöses Symbol. Sie hat majestätische Augenlinien, aber keine Wimpern, nach denen man sich sehnt. Ihre Attraktivität kommt nicht von ihrem Sex-Appeal, sondern von einer Haltung.«[36] Aber die fehlende Sinnlichkeit erlaubte es den Kommentatoren auch, sie als moralisches Vorbild hinzustellen: »Die Tatsachen bewiesen, dass Nofretete ein Vorbild für eine gute Ehefrau und Mutter war und immer fleißig für ihren Mann und ihre Kinder gesorgt hatte. Im Gegensatz zu ihrer königlichen Kollegin Kleopatra, die für ihre romantischen Affären berühmt war, oder der römischen Königin Messalina, deren Ausschweifungen keine Grenzen kannten, hat Nofretete nie einen schlechten Namen in der Geschichte hinterlassen.«[37] Die Anspielung auf die Redewendung »gute Ehefrau, weise Mutter«, eine Maxime, die seit dem späten 19. Jahrhundert in Ostasien einflussreich wurde, war kein Zufall.[38] Auf diese Weise wird Nofretete noch im 21. Jahrhundert mit traditionellen Vorstellungen von weiblicher Tugend in Verbindung gebracht und dazu benutzt, die chinesische Kultur vom Westen abzugrenzen. »Ihre orientalische Gelassenheit war außergewöhnlich, keine Spur von der Vulgarität der zeitgenössischen westlichen weiblichen Stars wie Marilyn Monroe oder Madonna. Stattdessen erinnerte sie an die ›orientalische Venus‹ wie die himmlischen Jungfrauen in den Felsskulpturen von Dazu [in der Nähe von Chongqing] oder die atemberaubende Göttin Luo Shen.«[39]

Nofretete in Kalkutta und Rio de Janeiro

Ein weitverbreitetes Motiv bei der Bezugnahme auf das alte Ägypten bestand darin, sich in dessen imperialem Glanz zu sonnen. Moderne Imperien schmückten sich mit Symbolen und Emblemen aus der ägyptischen Antike und suggerierten damit, an die Größe und Autorität des Reichs der Pharaonen anzuknüpfen und zugleich die eigene imperialistische Politik als Teil einer altehrwürdigen, zivilisatorischen Tradition erscheinen zu lassen.

In besonders markanter Weise war dies in den Vereinigten Staaten der Fall. Dort waren Verweise auf Ägypten ein gängiger Bestandteil der Inszenierung der Nation. Viele der Gründungsväter wiesen eine Nähe zu den Freimaurern auf, bei denen ägyptische Motive allgegenwärtig waren. So findet sich eine Pyramide, die imperiale Macht und Dauer signalisieren soll, gekrönt vom freimaurerischen »Auge der Vorsehung«, auf der Rückseite des Dollarscheins, also an prominentestmöglichem Ort. Zentrale Bauwerke in der Hauptstadt Washington, D. C. wie das Washington Monument greifen explizit ägyptische Motive (hier der Obelisk) auf. Im Jahr 1862 bezeichnete Präsident Lincoln den Mississippi als den amerikanischen Nil und das Mississippi-Tal als »Ägypten des Westens«. Die Identifikation mit dem alten Ägypten wurde auch auf Weltausstellung in Philadelphia 1876 (anlässlich des 100. Jahrestages der Unabhängigkeitserklärung) an prominenter Stelle zum Ausdruck gebracht, wo die Inschrift am Eingang zum Ägyptischen Hof lautete: »Das älteste Volk der Welt sendet der jüngsten Nation seinen Morgengruß.«[40]

Auch in Belgien stieg das öffentliche Interesse an Ägypten zu einem Zeitpunkt, als König Leopold II. versuchte, sein Land als imperiale Macht zu etablieren. Bereits in den 1850er-Jahren war er nach Ägypten gereist und hatte von dort nicht nur Altertümer mitgebracht, sondern auch den Plan gefasst, das Nildelta als belgische Kolonie zu erwerben.[41] In den letzten Jahrzehnten des 19. Jahrhunderts nahmen auch belgische Finanzinvestitionen in Ägypten stark zu. Doch der Erwerb des Kongo als Kolonie – zunächst 1885 als Privatbesitz Leopolds II., seit 1908 dann verwaltet durch den belgischen Staat – lenkte den Fokus der Belgier auf Zentralafrika.[42]

So verbreitet die Inanspruchnahme für imperiale und expansionistische Ziele auch war: Noch weitaus häufiger waren die Verweise auf Ägypten im Dienste der Nationsbildung. Die Behauptung, es habe in der jeweiligen Nationalgeschichte Verbindungen zum alten Ägypten gegeben, mochten sie auch noch so weit zurückliegen, diente dazu, der eigenen Nation eine ehrwürdige Vorgeschichte zu verschaffen. Ein solcher auf Ägypten zurückgehender Stammbaum versprach, Gleichwertigkeit mit den mächtigen Staaten Westeuropas herzustellen und die eigene Nation als Teil der gemeinsamen Geschichte der westlichen Zivilisation darzustellen. Es ist daher kein Zufall, dass in vielen Ländern der Aufstieg des Nationalismus

Hand in Hand ging mit einem wachsenden öffentlichen Interesse am alten Ägypten. In Ungarn zum Beispiel kann man für die Jahrzehnte nach dem österreichisch-ungarischen Ausgleich von 1867 eine wachsende Begeisterung des Bildungsbürgertums für die pharaonische Kultur beobachten, die am Ende des Jahrhunderts in der Einrichtung eines Lehrstuhls für Ägyptologie gipfelte.[43]

Die Verbindung zu Ägypten verlängerte die nationale Geschichte also gewissermaßen nach hinten. Zugleich ermöglichte sie, sich als Teil der europäischen Traditionen darzustellen und zu verstehen. Dieses Anliegen war in den ehemaligen osmanischen Ländern besonders dringlich. In Serbien etwa konnte der Verweis auf Ägypten als Argument dienen, sich aus der osmanischen Vergangenheit zu lösen. Es war kein Zufall, dass das nationale »Erwachen« und der Aufbau von Museumssammlungen, in denen Objekte und Materialien ägyptischer Provenienz angehäuft wurden, gleichzeitig stattfanden. Im Jahr 1915 stellte der kroatische Bildhauer Ivan Meštrović im Victoria & Albert Museum in London ein Modell für den Vidovdan-Tempel vor, der als zentraler Ort für nationale Feierlichkeiten konzipiert war und an die Niederlage gegen das Osmanische Reich im Jahr 1389 erinnern sollte, ein zentrales Ereignis im kollektiven Gedächtnis Serbiens. Mit seiner Fülle an antiken und ägyptischen Motiven zielte das Modell darauf, »konzeptionell die Zugehörigkeit Serbiens und der Südslawen zur Familie der europäischen Völker« zu bestätigen.[44]

Die Konstruktion ägyptischer Wurzeln, die oft mit der Institutionalisierung der Ägyptologie als universitäres Fach und der Sammlung ägyptischer Objekte in staatlichen Museen einherging, war somit eine der ideologischen Zutaten, die im Verständnis der damaligen Zeit die moderne Nation ausmachten. Aus der Sicht der Geschichtswissenschaft mögen einige dieser Bezugnahmen ziemlich weit hergeholt, wenn nicht nachgerade absurd erscheinen. In den 1990er-Jahren entwickelte beispielsweise der tschetschenische Schriftsteller Said-Khamzat Nunuev, der auch Mitglied des Parlaments der Russischen Föderation war, einen weit zurückreichenden Stammbaum für die junge tschetschenische Nation. Dabei würdigte er nicht nur die politischen und kulturellen Errungenschaften der Tschetschenen in der fernen Vergangenheit, sondern reklamierte auch direkte Abstammungslinien zu verschiedenen Völkern des Altertums, darunter den Ägyptern. »Für die ägyptischen Pharaonen war es eine Ehre, mit unseren fernen, ursprünglichen Vorfahren, den Hurritern, verwandt zu sein«, schrieb er 1996 in einem Roman. »Zum Beispiel ist die ägyptische Königin Nofretete die Urahnin unserer heutigen [tschetschenischen] Schönheiten.« Noch am Ende des 20. Jahrhunderts entsprachen also solche Ursprungsgeschichten dem Bedürfnis nach einer Herkunftserzählung, die dazu beitragen sollte, den Widerstand gegen die russische Unterdrückung sowie tschetschenische Ansprüche auf Selbstbestimmung und Souveränität zu stärken.[45]

Ein weiteres Beispiel kommt aus dem Osten Indiens, der Provinz Bengalen. Auch dort wurde Ägypten in der Nachkriegszeit zu einem wichtigen Referenzpunkt in Debatten über Identität, Geschichte und ethnische Zugehörigkeit. Dabei hatten diese Bezugnahmen schon eine längere Geschichte. Bereits im 19. Jahrhundert bezogen sich Intellektuelle auf Ägypten, wenn es darum ging, die britischen Ansprüche auf den Subkontinent anzufechten und Kritik an der Kolonialmacht zu üben. »Wie Indien ist Ägypten ein altes zivilisiertes Land«, hieß es etwa in einem frühen Reisebericht aus den 1880er-Jahren. Zwei Jahrzehnte später ging ein Romanautor noch weiter und behauptete, dass »die alten Hindus und die alten Ägypter das gleiche Volk sind. […] Sie sind zwei Zweige desselben großen Baumes.« Mit dieser Feststellung wollte er den britischen Anspruch, die Zivilisation nach Indien zu bringen, als leere Behauptung entlarven. »Vor Hunderten von Jahren, als Europa und Amerika noch in die Dunkelheit der Unwissenheit gehüllt waren, als sie keine Bekanntschaft mit der Zivilisation gemacht hatten, waren in dieser längst vergangenen Ära nur Indien in Asien und Ägypten in Afrika zur höchsten Stufe der Zivilisation aufgestiegen.«[46]

Die Faszination für Ägypten hielt auch nach der Unabhängigkeit Indiens im Jahre 1947 an. Eine Gruppe bengalischer Intellektueller entwickelte die Theorie vom »bengalischen Pharao«, die auf den indischen Sprachwissenschaftler Suniti Kumar Chatterji zurückging. Nun war die These einer Ägypten-Verbindung in der Antike nicht mehr als Kritik an den Briten gemeint, sondern an der führenden Rolle des Hindu-Nationalismus. Einer ihrer wichtigsten Propagandisten war Sudhansu Kumar Ray. Seiner Auffassung nach gab es »von jeher eine eigentümliche und tiefere Beziehung zwischen Indien und Ägypten«. Damit meinte er einerseits »uralte Handelsbeziehungen, die zwischen den beiden Ländern bestanden«. Noch folgenreicher sei jedoch die »Eroberung Bengalens durch die ketzerischen Könige Ägyptens der XVIII. Dynastie« gewesen. Ray zufolge waren die Anhänger von Echnaton und Nofretete »von der orthodoxen Schule der Amon-Anbeter aus Ägypten vertrieben« worden und hatten »die Überreste der mumifizierten Körper dieser Könige« mitgebracht. Auf diese Weise seien

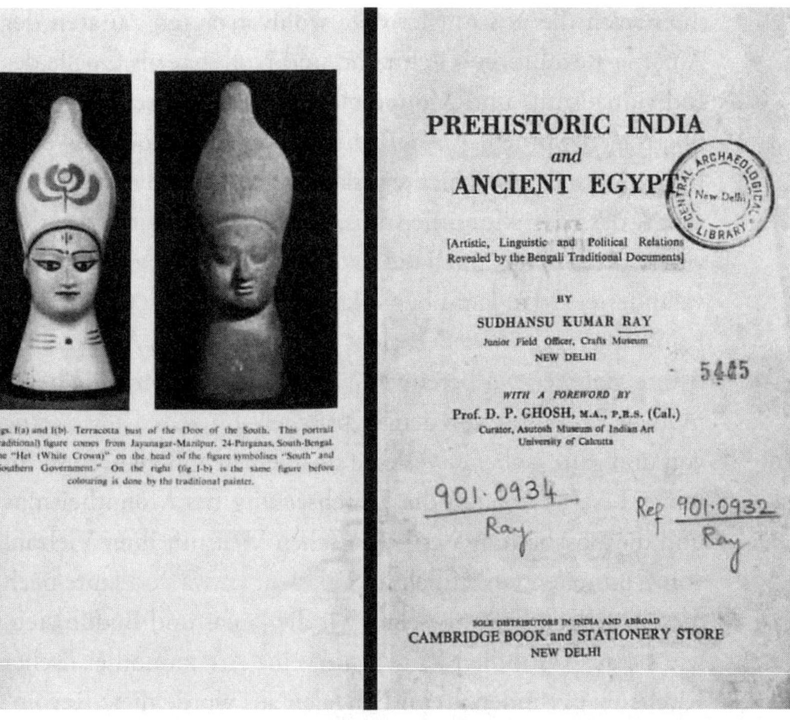

Figs. I(a) and I(b). Terracotta bust of the Door of the South. This portrait (traditional) figure comes from Jayanagar-Mazilpur, 24-Parganas, South-Bengal. The "Het (White Crown)" on the head of the figure symbolises "South" and "Southern Government." On the right (fig I-b) is the same figure before colouring is done by the traditional painter.

PREHISTORIC INDIA
and
ANCIENT EGYPT

[Artistic, Linguistic and Political Relations Revealed by the Bengali Traditional Documents]

BY

SUDHANSU KUMAR RAY
Junior Field Officer, Crafts Museum
NEW DELHI

WITH A FOREWORD BY
Prof. D. P. GHOSH, M.A., P.R.S. (Cal.)
Curator, Asutosh Museum of Indian Art
University of Calcutta

SOLE DISTRIBUTORS IN INDIA AND ABROAD
CAMBRIDGE BOOK and STATIONERY STORE
NEW DELHI

Abb. 22: Sudhansu Kumar Ray arbeitete für das Crafts Museum in Delhi und war ein Spezialist für traditionelles Handwerk und Volkskunde.

Echnaton und Nofretete nicht nur physisch nach Bengalen gelangt, sondern hätten dort auch ein kulturelles Erbe hinterlassen, das fortan die kulturelle Einzigartigkeit Bengalens bestimmen sollte.[47]

Und mehr noch: In Rays Interpretation war diese Infusion von Elementen der ägyptischen Kultur dafür verantwortlich, dass Bengalen nach und nach zu einem Zentrum und zu einer zentralen Triebkraft der globalen Moderne werden sollte. Damals seien die uns mittlerweile wohlvertrauten Zutaten der Amarna-Revolution – Echnaton und Nofretete als Quelle des Individualismus und Monotheismus – direkt nach Bengalen übertragen worden. Auch Ray wollte in Echnaton »das erste Individuum der Geschichte« erkannt haben. Und er war überzeugt, dass der Monotheismus, wie er in Amarna erfunden wurde, in der Folge auch die südasiatische Kultur grundlegend veränderte: »Man kann bemerken, wie um 1350 v. Chr. unsere Kunst und Kultur wiederbelebt wurde. […] Was Ägypten ablehnte, nahmen wir bereitwillig an.« Ray akzeptierte die hegemoniale Erzählung von den ägyptischen Wurzeln der Moderne voll und ganz – aber er verlegte sie in einen anderen Raum. In seiner Lesart erfolgten die Durchsetzung des Monotheismus und die Abschaffung der heidnischen Welt mit ihrer Vielzahl von Gottheiten tatsächlich in Südasien: »Etwa 700 Jahre nach diesem großen Ereignis sehen wir die Jainas und Buddhisten, wie sie aus Ostindien kamen, um eine Art monotheistischer Kirchen zu gründen.« Von Bengalen aus wurde diese Revolution dann in die Welt getragen, »und Bengalen wurde zur […] ›Quelle des Lebens‹ der ganzen Menschheit.«[48]

In der Fachwelt stoßen solche weitreichenden Konstruktionen auf wenig Gegenliebe; sie werden in der Regel als bloße Mythen und Legenden abgetan. Zwar wissen wir sehr wohl, dass Traditionen häufig »erfunden« werden, wie Eric Hobsbawm und Terence Ranger es genannt haben, also nachträgliche Konstruktionen sind, ohne die kein Nationalismus auskommt. Trotzdem fühlen sich Historiker und Historikerinnen bei der Vorstellung ziemlich unwohl, dass solche Traditionen tatsächlich auf Erfindungen beruhen, die ganz und gar von der historischen Realität abgelöst sind.[49] Das gilt insbesondere für das alte Ägypten, das seit Langem zahlreiche alternative Geschichten und esoterische Spekulationen – etwa Ägypten als Ort des mythischen Atlantis – auf sich zieht.[50]

Aber anstatt uns hier mit der Frage nach der Wahrheit zu verzetteln, ist es aufschlussreicher, zu untersuchen, warum solche Behauptungen überhaupt formuliert wurden und warum und unter welchen Bedingungen sie Resonanz fanden, welche Funktion sie also erfüllten. Dann lässt sich leicht erkennen, dass die These von den Verbindungen zwischen Bengalen und Ägypten – »ein brüderlicher Händedruck des indischen Mannes mit dem Mann Afrikas« – gut zur politischen Atmosphäre der Bandung-Ära passte, also zu der Zeit, als die sogenannten blockfreien Staaten auf der legendären Konferenz im indonesischen Bandung im Jahr 1955 nach einem dritten Weg zwischen (kapitalistischer) erster und (sozialistischer) zweiter Welt suchten. Indien spielte dabei eine wichtige Rolle; sein Ministerpräsident Jawaharlal Nehru – der übrigens Ägypten in der Suezkrise 1956 offen unterstützte – trat als eine der Führungsfiguren der blockfreien Bewegung und der afro-asiatischen Solidarität hervor.[51] Aber ebenso wichtig war der innenpolitische Kontext: Die Beschwörung der Verbindung zum antiken Ägypten diente dazu, das Monopol des Hindu-Nationalismus infrage zu stellen und damit auch die sozialen und ethnischen Hierarchien kritisch zu beleuchten, die sich auf ihn gründeten. Die Kritik richtete sich insbesondere auf die Identifizierung der höheren Kasten mit der Ideologie des Ariertums, häufig auf Kosten indigener Gruppen.[52]

In Lateinamerika ist Brasilien das Land, in dem die Obsession mit ägyptischen Themen am stärksten ausgeprägt ist. In der Tat war »Ägypten« von Anfang an tief im Selbstverständnis des modernen brasilianischen Staates verankert. Im Jahr 1808 waren der portugiesische Königshof und die gesamte Regierungsbürokratie vor der napoleonischen Invasion geflohen und hatten sich in der überseeischen Kolonie Brasilien niedergelassen. Als der König 1821 schließlich nach Portugal zurückkehrte, blieb sein Sohn in Brasilien zurück, verkündete die Unabhängigkeit vom Mutterland und erklärte sich ein Jahr später zum Kaiser Pedro I.

Eine der ersten Maßnahmen des neuen Monarchen war die Einrichtung eines Nationalmuseums. Als dessen Herzstück hatte Pedro eine Sammlung ägyptischer Artefakte vorgesehen. Er beauftragte einen italienischen Kunsthändler, antike Überreste aus dem Reich der Pharaonen anzukaufen – als symbolische Versicherung einer jahrtausendealten Vorgeschichte, die sich Brasilien auf diese Weise selbst erschuf. Die Zivilisation, so hat Thais Rocha da Silvas es treffend formuliert, traf in Brasilien also gewissermaßen »per Schiff« ein. Der Kauf von antiken Gegenständen war im Grunde gleichbedeutend mit dem Erwerb einer Geschichte für das neugeborene Land: Brasilien wollte nicht einfach nur Objekte aus Ägypten importieren, sondern sich seinen Platz in der Geschichte der »zivilisierten« Welt sichern. Darüber hinaus stellten die Dynastien der Pharaonen auch ein Modell für Brasiliens politische Kultur dar – eine stabile Theokratie mit einer furchteinflößenden Machtfülle für den Herrscher, der mit göttlichen Eigenschaften ausgestattet war.[53]

Pedros Sohn Pedro II. setzte die Tradition der Ägypten-Orientierung fort. Im Gegensatz zu seinem Vater verstand er sich jedoch als aufgeklärter Monarch und stilisierte sich als einfacher »brasilianischer Bürger«. In den 1870er-Jahren machte er

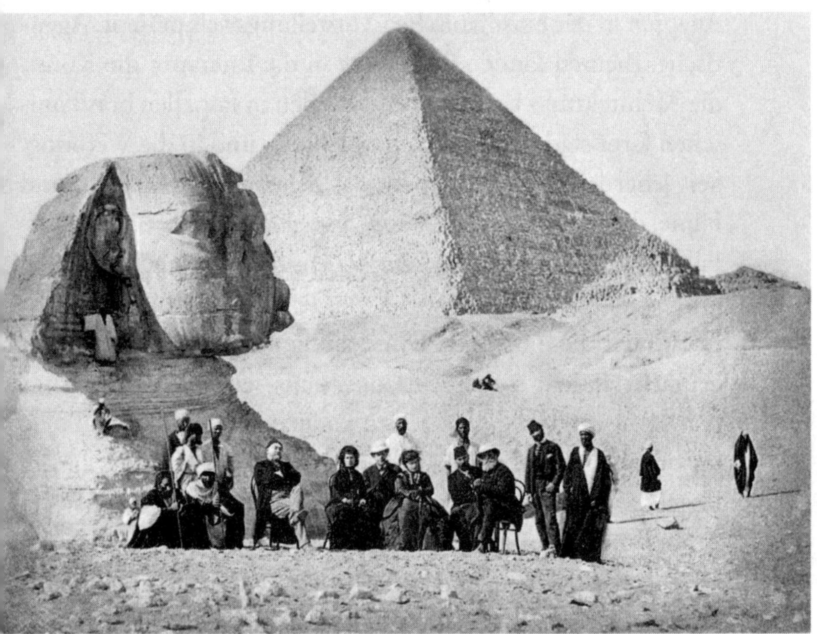

Abb. 23: Der brasilianische Kaiser Pedro II. (Dritter von rechts, sitzend, mit Hut und Bart); links im Bild (mit überkreuzten Beinen) Auguste Mariette, erster Direktor des ägyptischen Antikendienstes

sich zweimal selbst auf den Weg nach Ägypten. Er war nicht nur von der pharaonischen Vergangenheit fasziniert und erwarb weitere Artefakte für seine Sammlung, sondern er hatte auch ein echtes wissenschaftliches Interesse an der alten Zivilisation. Er korrespondierte mit renommierten Ägyptologen seiner Zeit und hielt in seinen Tagebüchern seine Beobachtungen zur ägyptischen Geschichte, Sprache und Architektur fest.[54]

Auch nach dem Ende der Monarchie im Jahr 1889 blieb

Ägypten in der brasilianischen Vorstellungswelt präsent. Ägyptische Themen fanden ihren Weg in die Literatur, die Kunst, die Architektur – beispielsweise wurden in fast allen brasilianischen Großstädten Obelisken errichtet – und in die Werbung. Seit jeher ist das alte Ägypten das beliebteste Schulfach, und Filme, die im Land der Pharaonen spielen – wie der italienische Film *Nofretete, Königin des Nils* (1961) –, haben ein zahlenmäßig großes Publikum angezogen.[55] Der Anthropologe Carlos Fausto hat diese besondere Beziehung treffend auf den Punkt gebracht, indem er den Amazonas »unseren Nil« taufte.[56]

Wie in vergleichbaren Fällen anderswo war mit »Ägypten« im brasilianischen politischen und populären Diskurs in der Regel das Land der Pharaonen und nicht etwa die Heimat der Araber und des Islams gemeint. Auf diese Weise wurde ein angeblich weißes Ägypten konstruiert, das gut zur Politik des *branqueamento* passte, also des »Weißmachens« der Bevölkerung: In den Jahrzehnten vor dem Ersten Weltkrieg hatte die brasilianische Regierung nachdrücklich die Einwanderung von Europäern propagiert, um die demografische Zusammensetzung des Landes zu verändern. Und ebenso, wie die arabische Bevölkerung aus dem idealisierten Ägypten herausdefiniert wurde, spielte auch die indigene Bevölkerung Brasiliens im offiziellen brasilianischen Selbstbild kaum eine Rolle.[57] Noch heute erhalten Schulkinder in brasilianischen Schulen mehr Informationen über das alte Ägypten als über die vorkolumbianischen Zivilisationen ihres Landes.[58]

In den letzten Jahrzehnten beginnt sich dies jedoch allmählich zu ändern. Seit den 1980er-Jahren, zumal nach dem Ende der Militärdiktatur im Jahr 1985, sind afrobrasilianische Stimmen lauter geworden und haben damit begonnen, selbstbewusster ihren Platz im öffentlichen Leben einzufordern. In diesem Zusammenhang versuchten sie auch, die Geschichte Ägyptens für ihre Zwecke einzuspannen und die herkömmliche Darstellung Ägyptens als ideologische Stütze der weißen Vorherrschaft infrage zu stellen. Solche alternativen Interpretationen der ägyptischen Geschichte haben inzwischen auch Eingang in den allgemeinen Lehrplan gefunden. Ein Beispiel ist das Lehrbuch von Mário Schmidt aus dem Jahr 2002, das ausdrücklich die eurozentrischen und rassistischen Untertöne der Ägypten-Obsession in Brasilien thematisiert: »Leider führten die Vorurteile der Europäer gegenüber dunkelhäutigen Menschen lange Zeit dazu, dass sie nicht bemerkten, wer die wahren Schöpfer der wunderbaren altägyptischen Zivilisation waren. Im Kino und im Fernsehen sind die Schauspieler, die die alten Ägypter spielen, normalerweise weißhäutig und sogar blauäugig. Dabei waren die Ägypter dunkelhäutige Afrikaner.«[59] In den Mainstream-Medien wurde der Autor beschuldigt, die Kinder einer »Gehirnwäsche« zu unterziehen; Kritiker verunglimpften das Buch als »intellektuelle Kriminalität«.[60] Ungeachtet der Kritik entwickelte sich Schmidts Werk zu einem der beliebtesten Lehrbücher, zumal es gut zu den 1998 verabschiedeten staatlichen Richtlinien für die Lehrplanentwicklung passt, in denen Themen wie kulturelle Vielfalt und interkultureller Austausch betont werden.[61]

Vor diesem Hintergrund nahm auch Nofretete eine neue Rolle ein. In der Nachkriegszeit wurde sie in den brasilianischen Medien regelmäßig als die »ägyptische Königin von legendärer Schönheit« beschrieben.[62] Aber in jüngerer Zeit wurde sie vermehrt von afro-brasilianischen Gruppen in Anspruch genommen, und zwar nicht nur als edle Aristokratin, sondern auch als mächtige Herrscherin, deren Taten mit den Kämpfen afro-brasilianischer Frauen während und nach der Sklaverei in Verbindung gebracht wurden. Ein gutes Beispiel ist die Karnevalsaufführung der bekannten Sambaschule Salgueiro in Rio de Janeiro im Jahr 2007, in deren Verlauf große Gruppen afrikanischer Königinnen und Kriegerinnen auftraten, die in vorkolonialer (und vorchristlicher) Zeit den afrikanischen Kontinent beherrschten. Auf einem der Festwagen sah man eine riesige Skulptur der Königin Nofretete. Sie wurde als Herrscherin gefeiert, die »Ägypten mehr als ein Jahrzehnt lang regierte, während der Blütezeit einer Zivilisation, die die gesamte Menschheitsgeschichte beeinflussen sollte«.[63] Nofretete als Galionsfigur der afro-brasilianischen Emanzipation: Das war eine radikale Abkehr von der Art und Weise, wie die Königin – und das antike Ägypten generell – in den vorangegangenen zwei Jahrhunderten in den Dienst des europäischstämmigen brasilianischen Establishments gestellt worden war.[64]

V.

DIE AFROAMERIKANISCHE NOFRETETE

Ägypten in Afrika und der afrikanischen Diaspora

Die größte Resonanz fand Nofretete jedoch auf dem afrikanischen Kontinent und, vor allem, in der afrikanischen Diaspora. Während sie in Ägypten als Teil der nationalen Kultur verehrt wurde, das heißt als spezifisch ägyptisch, wurde sie in vielen anderen Ländern Afrikas von Politikern und Intellektuellen als Teil einer panafrikanischen Traditionsbildung vereinnahmt. Nach dem Zweiten Weltkrieg fand die Vorstellung, dass die neu entstehenden afrikanischen Staaten ihre Nationalgeschichte bis ins antike Ägypten zurückverfolgen konnten, rasche Verbreitung. Besonders prominent war sie in Texten des Panafrikanismus zu finden, die Afrika als kulturelle, wenn nicht politische Einheit verstanden, und sie beflügelte die Fantasie der Befreiungsbewegungen.[1]

Ein typisches Beispiel war Nelson Mandela, eine der Führungsfiguren des African National Congress, der Unabhängigkeitsbewegung in Südafrika. Auch er sah Ägypten als »die Wiege der afrikanischen Zivilisation«, dessen kulturelles Erbe als Bezugspunkt für den ganzen Kontinent diene. Als Mandela 1962 nach Ägypten und Äthiopien reiste, hatte er »das Gefühl, dass ich meine eigene Entstehungsgeschichte besuchen und die

Wurzeln dessen ausgraben würde, was mich zu einem Afrikaner machte«. In Kairo verbrachte er seinen ersten Tag im Museum (»wichtig für afrikanische Nationalisten«) und entdeckte »an einem einzigen Vormittag […], dass die Ägypter bereits große Kunstwerke und Architektur schufen, als die Weißen noch in Höhlen lebten«.[2] Bis heute bleibt die Nofretete-Büste ein Bezugspunkt der nationalen Identität in vielen Staaten Afrikas. In den Jubiläumsjahren 2012–13, hundert Jahre nach ihrer Entdeckung, druckten zahlreiche afrikanische Länder – darunter Mosambik, Gambia, Togo, Guinea-Bissau und Niger – Postwertzeichen mit dem Abbild der ägyptischen Königin.

Wie die Äußerungen Mandelas zeigen, konnte der Verweis auf das antike Ägypten zum Ausgangspunkt einer deutlichen Kritik am westlichen Imperialismus und seinen eurozentrischen Annahmen über Zivilisation und Moderne werden. Zugleich knüpften manche dieser Thesen aber auch an koloniale Stereotype an, etwa an den Hamitischen Mythos. Diese Theorie, die im 19. Jahrhundert von europäischen Afrikawissenschaftlern unter Rückgriff auf die biblische Erzählung entwickelt wurde, bezieht sich auf die Figur des Ham, einer der Söhne Noahs, von dem angeblich die nordafrikanischen Völker abstammten. Insbesondere die Ägypter hätten als höher entwickelte Kulturträger zivilisatorische Errungenschaften überhaupt erst in andere Regionen Afrikas gebracht. Der Hamitische Mythos unterstellte, dass in Afrika eine eigenständige Entwicklung ohne Einflüsse von außen nicht denkbar war – und passte daher gut zum Selbstbild der europäischen Kolonisatoren.[3]

Die Geschichtswissenschaft in den entstehenden afrikanischen Staaten sparte nicht mit Kritik an diesem rassistischen

Narrativ. Gleichwohl finden sich auch in ihren Schriften Versatzstücke ähnlicher Theorien. Zum Teil gingen diese auf die muslimische Geschichtsschreibung zurück, die ebenfalls den Schwerpunkt auf kulturelle Diffusion – hier vor allem vom Islam ausgehend – legte. Ein gutes Beispiel ist der nigerianische Priester und Historiker Jonathan Olumide Lucas, der 1948 eine umfangreiche Arbeit publizierte, in der er kulturgeschichtliche und linguistische Beweise dafür vorstellte, dass die ethnische Gruppe der Yoruba im Südwesten Nigerias – »eines der führenden und fortschrittlichsten Völker in Westafrika« – ursprünglich von den alten Ägyptern abstamme. Es sei bemerkenswert, »dass so viele Ideen und Praktiken unverändert blieben, obwohl mehrere Jahrhunderte vergangen sind, seit die Yoruba aus Ägypten ausgewandert sind«.[4] Diese Herkunftsgeschichte erlaubte ihm, die Yoruba-Kultur in die vorkoloniale und vorchristliche Zeit zurückzuverfolgen. Andere afrikanische Historiker operierten mit ähnlichen Konstrukten; auch sie verwiesen auf Verbindungen zum Reich der Pharaonen, um lokale Identitäten zu untermauern und historische Vorrangstellung und kulturelle Überlegenheit gegenüber benachbarten ethnischen Gruppen zu reklamieren. Neben der intellektuellen Tradition des Panafrikanismus gab es in den ersten Nachkriegsjahrzehnten also auch zahlreiche Versuche, Ägypten im Interesse nationaler oder auch regionaler Identitäten einzuspannen.[5]

Noch ausgeprägter als in Afrika war die Faszination für das alte Ägypten unter afroamerikanischen Intellektuellen in den Vereinigten Staaten. Angesichts der besonderen Stellung, die Nofretete heutzutage in Kreisen afroamerikanischer Popstars genießt, lohnt es sich, die Geschichte dieser Faszination etwas genauer in den Blick zu nehmen. Auch in diesem Fall wurde der Boden für Nofretete durch eine schon länger bestehende allgemeine Wertschätzung für das antike Ägypten bereitet. Bereits lange vor dem Ersten Weltkrieg hatten afroamerikanische Denker wie Martin Delany, Henry H. Garnet, Henry McNeal Turner, Edward Blyden oder W. E. B. Du Bois die Vorstellung populär gemacht, »dass Ägypten die ›Wiege der frühesten Zivilisation‹ war und die Künste und Wissenschaften verbreitete, während die Griechen noch ein unzivilisiertes Volk waren«.[6] In ihrer Begeisterung für das alte Ägypten standen sie der Ägyptomanie des weißen nordamerikanischen Establishments in nichts nach. Aber ihre Deutung richtete sich explizit gegen dessen Vereinnahmung der ägyptischen Geschichte.

Im weißen Mainstream wurde Ägypten häufig als Modell für ein mächtiges Imperium betrachtet, dessen kulturelle Leistungen auf Sklavenarbeit beruhten; Ägypten konnte daher sowohl als Vorbild für imperialistische Expansion als auch als Rechtfertigung der Ausbeutung von Sklavenarbeitern im eigenen Land verstanden werden. Nachdem die Sklaverei 1865 abgeschafft worden war, kam ein anderes Argument hinzu: Es besagte, dass der Untergang des antiken Ägyptens letzten Endes auf die Vermischung unterschiedlicher Völker *(racial mixing)* zurückzuführen sei. Typisch für solche Ansichten, die heute als *white supremacy* bezeichnet werden, war der für seine rassistischen Einstellungen bekannte Verteidiger der Sklaverei John H. Van Evrie. Er hielt die Pharaonen für Nachkommen »kaukasischer Stämme«, die als überlegene Eroberer »in das Tal des Nils eingedrungen« seien. Letzten Endes habe jedoch »die Vermischung und Angliederung an die eroberten Rassen« den Untergang des Reiches herbeigeführt. Für Van Evrie waren die Parallelen zu den Vereinigten Staaten nach dem Bürgerkrieg nicht zu übersehen: Mit der Abschaffung der Sklaverei habe die Regierung »vier Millionen Schwarze aus ihrem normalen Zustand gerissen«.[7] Das Beispiel zeigt, wie in der Folge des Bürgerkriegs das antike Ägypten als ideologische Stütze für die Segregation von Schwarz und weiß verwendet werden konnte. Es war kein Zufall, schrieb der Soziologe W. E. B. Du Bois, »dass die Wissenschaft der Ägyptologie genau zu der Zeit aufkam und florierte, als das Königreich der Baumwolle, basierend auf der Grundlage der Versklavung der schwarzen Amerikaner, seine größte Macht erreichte«.[8]

Genau gegen diese Instrumentalisierung Ägyptens im Dienste weißer Vorherrschaft rebellierten prominente afroamerikanische Intellektuelle. Sie stellten stattdessen die Verbindung zwischen der afrikanischen Diaspora in Amerika und dem alten Ägypten in den Vordergrund. Einige von ihnen, darunter Edward Blyden und Frederick Douglass, machten sich selbst auf den Weg nach Ägypten und identifizierten sich dort mit dem Glanz der uralten Zivilisation. »Mich überkamen Gefühle, die sich vollkommen von denen unterschieden, die ich beim Anblick der großartigen Werke empfunden habe, die von der Genialität Europas hervorgebracht worden waren«, gestand Blyden nach seinem Besuch in Gizeh. »Ich spürte, dass mich ein besonderes Erbe mit der Großen Pyramide verband. […] Das Blut schien schneller durch meine Adern zu fließen. Ich schien das Echo jener berühmten Afrikaner hören zu können.«[9]

Blyden war 1850 nach Liberia ausgewandert, einem unabhängigen Staat in Westafrika, in dem seit den 1820er-Jahren ehemalig versklavte Menschen aus den USA angesiedelt wurden. Auf seiner Ägyptenreise ritzte er das Wort »Liberia« in einen Felsblock der Großen Pyramide und unterstrich damit symbolisch die direkte Verbindung zwischen dem antiken Ägypten, der afrikanischen Diaspora und dem Streben nach Unabhängigkeit in Afrika.[10] Man sollte nicht vergessen, dass Blyden ebenso wie andere Afroamerikaner von den Diskursen ihrer Zeit geprägt waren, in denen sich das wirtschaftliche und geopolitische Gefälle zwischen den Vereinigten Staaten und Afrika spiegelte. Es ist daher kein Zufall, dass sich in ihren Texten auch Vorstellungen von der zivilisatorischen Überlegenheit des Westens gegenüber Afrika finden, wie sie in ähnlicher Form zur Rechtfertigung des westlichen Kolonialismus herangezogen wurden.[11] Aber gleichzeitig diente ihnen Ägypten als ein Ort, an dem eine alternative Gesellschaftsordnung gedacht werden konnte, mit Spielräumen für Schwarze Gemeinschaften, die es im Amerika der Reconstruction-Ära nach dem Bürgerkrieg nicht gab.[12]

Nofretete wird Schwarz

Dies war der Hintergrund, vor dem die afroamerikanische Rezeption der Nofretete gesehen werden muss. Seit der ersten öffentlichen Präsentation der Büste in den 1920er-Jahren wurde die Königin mehr oder weniger sofort mit den oben geschilderten alternativen Deutungen des antiken Ägyptens in Verbindung gebracht.[13] Interessanterweise hieß das aber nicht, dass sie von Anfang an als Schwarz wahrgenommen wurde. Denn die rigide Unterscheidung von »Schwarz« und »weiß« war auch in den Vereinigten Staaten nicht schon immer gegeben. Vielmehr bildete sie sich erst nach und nach in einem langsamen, konfliktreichen und komplizierten Prozess heraus.[14] Insbesondere in den 1920er-Jahren bezeichneten sich Personen der afroamerikanischen Mittelschicht, von denen viele erst kurz zuvor in die städtischen Zentren gezogen waren, häufig eher als »braun«. Damit distanzierten sie sich vom Erbe der Sklaverei und hofften, im Amerika der Zwischenkriegszeit Respekt und gesellschaftliches Ansehen zu erreichen.[15]

Auch Nofretete wurde zunächst nicht als »Schwarz« betrachtet. In den ersten Veröffentlichungen in afroamerikanischen Zeitungen erschien sie als eine »sehr kultivierte Frau« von »heller rötlicher Farbe«.[16] Dies begann sich jedoch bald zu ändern.

Ein Kontext für die allmähliche »Afrikanisierung« der Nofretete waren die Debatten unter den Intellektuellen der Harlem Renaissance, der großen kulturellen Erneuerungsbewegung der 1920er- und frühen 1930er-Jahre mit dem Zentrum New York. Sie veränderten das öffentliche Bild der afroamerikanischen Bevölkerung grundlegend. Vor dem Hintergrund der zunehmenden Migration von Schwarzen in den Norden der USA war eine breite, selbstbewusste afroamerikanische Mittelschicht entstanden, die sich künstlerisch und intellektuell betätigte und auch aktiv für Bürgerrechte eintrat. Die Bemühungen um ein neues politisches Selbstbewusstsein unter Afroamerikanern führten zu einer intensiven Auseinandersetzung mit ihrer Geschichte und mit afrikanischen Traditionen.[17]

Ägypten und die Amarna-Kultur spielten dabei eine herausragende Rolle. W. E. B. Du Bois, eine zentrale Figur der Bewegung, beharrte darauf, dass es sich bei dem antiken Ägypten um eine kulturell und ethnisch afrikanische Zivilisation gehandelt habe. Auch Nofretete und »dieser Mulatten-Pharao« Echnaton – dessen Vater »›*colored*‹« und dessen Mutter »fast rein nubisch« war – seien zweifelsfrei als Schwarze Herrscher zu betrachten. Du Bois pries den Pharao (»einer der bemerkenswertesten Menschen, die je gelebt haben«) dafür, dass er der Welt den »Monotheismus, […] eine philosophische Verehrung der Kräfte der Natur, […] und den universalistischen Humanismus« geschenkt habe.[18]

Ein zweiter Diskussionszusammenhang, in dem sich afroamerikanische Gruppen auf Nofretete bezogen, war mit der Nation of Islam verbunden. Elijah Muhammad, der umstrittene Führer der Bewegung, und später auch Malcolm X erkannten in Echnaton und Nofretete die ersten Monotheisten und damit Vorläufer des Islams. Muhammad war von Nofretete besonders angetan; er stellte eine Nachbildung ihrer Büste – die ihm von Tynetta, einer seiner Ehefrauen, geschenkt worden war (sie war der Meinung, dass die Form von Echnatons Schädel der ihres Mannes ähnelte) – im Eingangsbereich seines nordafrikanisch inspirierten Hauses in Chicago auf.[19]

Seit den 1930er-Jahren wurde Nofretete in der afroamerikanischen Presse immer häufiger und umstandslos als »Afrikanerin« bezeichnet – in einer Zeit, in der die *New York Times* ihren Leserinnen noch riet, wenn sie wie Nofretete aussehen wollten, sollten sie »ihre Haut blass halten«.[20] Die afroamerikanischen Journalisten waren sich durchaus bewusst, dass diese Vereinnahmung für die weiße Mehrheit Amerikas eine Provokation darstellen musste; ihnen war klar, dass diese Mehrheit Nofretetes afrikanische Identität »nicht ertragen konnte« und sie weiterhin »als weiße Frau« beschreiben würde. Im Gegensatz dazu bestanden sie darauf, dass Nofretete »eine afrikanische Schönheit, und nicht eine nordische« gewesen sei.[21]

Das Interesse am alten Ägypten nahm in der Zeit der Dekolonisierung seit den 1960er-Jahren und der anschließenden selbstbewussten Bejahung einer Schwarzen Identität – das bekannteste Beispiel war das Black Consciousness Movement in Südafrika – weiter zu. Afrozentrische Organisationen, aber auch die afroamerikanische Presse, bezeichneten Nofretete in der Folge eindeutig als Schwarz. In einigen Artikeln wurde behauptet, dass die ihr gewidmeten Abbildungen »ihre Hautfarbe als ebenholzschwarz zeigen«,[22] während andere die berühmte Büste im Berliner Museum dafür kritisierten, dass sie zu hell war und Nofretete »nicht so darstellte, wie [sie] tatsächlich aussah«.[23] Wenn von Nofretete die Rede war, wurde sie nun zumeist als »die schöne und schwarze altägyptische Königin« bezeichnet.[24]

Jetzt begannen auch Künstler und Künstlerinnen, sich auf Nofretete zu beziehen und sie sich für ihre Projekte zur Ermächtigung der Schwarzen anzueignen.[25] Das erste Schwarze Supermodel, Donyale Luna, wurde vom surrealistischen Maler Salvador Dalí als »die Reinkarnation der Nofretete« bezeichnet. Die Zeitschrift *Ebony* druckte Fotos von Frauen mit »Königin Nofretete«-Perücke ab, und das *Jet*-Magazin ehrte Bette Mabry, die Ehefrau von Miles Davis, als seine »Nefertiti« (das war übrigens auch der Titel seines 1968 veröffentlichten Albums).[26] »Nofretete, die romantische schwarze Königin mit dem beneidenswerten Hals, ist besonders attraktiv für junge schwarze Frauen«, schrieb die Schriftstellerin Toni Morrison 1971: »Sie war eine große Schönheit.«

Morrison selbst ließ sich allerdings nicht vom Nofretete-Fieber anstecken. Sie betrachtete die verbreitete Sehnsucht nach Nofretetes Schönheit eher mit Skepsis; ihr Aussehen sei im Grunde eine Ablenkung von den eigentlichen gesellschaftlichen Herausforderungen, »ein Opiat, das das Leben lebenswert zu machen scheint«. Lakonisch fügte sie hinzu: »Man fragt sich, ob Nofretete es 10 Minuten im Sozialamt, in einer Tankstelle in Mississippi oder bei einer Elternversammlung hätte aushalten können.«[27] Mit dieser Meinung war sie jedoch in der Minderheit. Anlässlich einer Ausstellung in der New York Public Library sprach der Künstler Milton Sherrill davon, dass er Nofretete »in den Gesichtern ganz normaler schwarzer Frauen in den U-Bahnen, auf den Straßen und den Marktplätzen von New York« erkenne; ihre Schönheit sei ein Ausdruck »der zeitlosen und universellen […] schwarzen Menschheit«.[28]

Zeitlose, universelle Schönheit – diese typischen Schlagworte aus der Nachkriegszeit griffen auf ein Vokabular zurück, das sich seit der ersten öffentlichen Präsentation 1924 für das Bild der antiken Königin etabliert hatte. Die kritische, antieurozentrische Deutung der Nofretete profitierte somit auch von dem kulturellen Kapital, das die Königin im Laufe ihrer euphorischen Aufnahme in Europa bereits angehäuft hatte. Wenn zum Beispiel *Muhammad Speaks*, die Zeitung der Nation of Islam, darauf verwies, dass Nofretete »als eine der schönsten Frauen der Weltgeschichte gilt«, bezog sich dieses Urteil auf ihre bereits fest etablierte Verankerung im westlichen Kanon.[29] Jede Kritik an der europäischen Vereinnahmung der Königin, jede Betonung ihrer dunklen Hautfarbe und afrikanischen Herkunft knüpfte also paradoxerweise zugleich an ihre bereits bestehende Reputation als universale Schönheit an.

Der afroamerikanische Protest gegen die als unrechtmäßig empfundene europäische Aneignung der Nofretete spitzte sich in den 1970er-Jahren zu. Ein gutes Beispiel für die Kontroversen, die sich daraus ergaben, war die Verärgerung über ein Musical mit dem Titel *Nofretete*, das 1977 in Chicago aufgeführt wurde. Die Rolle der Nofretete hatte man mit einer weißen Frau besetzt. Schwarze Aktivistinnen und Aktivisten waren empört. Sie kritisierten »dieses Stück als eine weitere in einer langen, ununterbrochenen Reihe kultureller und historischer Aktivitäten von Weißen, die die Tatsache leugnen, dass Nofretete und die Zivilisation, die sie repräsentierte, zum schwarzen Afrika gehörten und dass Ägypten eindeutig ein Teil Afrikas war. In dem Stück wird Nofretete als weiße Frau dargestellt, obwohl sie in Wirklichkeit schwarz war.«[30] Die Theaterkritikerin Jessica Harris ergänzte: »Die Tatsache, dass die ägyptische

Königin mit ihrer legendären Schönheit von der weißen Andrea Marcovicci gespielt wird, ist eine bittere Pille, die für ein schwarzes Theaterpublikum schwer zu schlucken sein wird.«[31] Ein Sprecher der Schwarzen Künstlerorganisation Kuumba kritisierte das Stück als ein Beispiel für die eurozentrische Meistererzählung der westlichen Moderne: »Diese Ungenauigkeiten sind nicht nur historisch unredlich; sie dienen auch dazu, die westliche Zivilisation aufzuwerten und den rassistischen Mythos zu untermauern, dass es in Afrika nie große Zivilisationen gegeben hat – eine wichtige Voraussetzung für den Schwindel, auf dem die Idee der weißen Vorherrschaft basiert.«[32]

Zwei Jahre zuvor, im Jahr 1975, hatte das Brooklyn Museum in New York eine große Ausstellung von Amarna-Kunst unter dem Titel »Echnaton und Nofretete« gezeigt. Das Museum, das sich am Rande der (abgesehen von Harlem) zahlenmäßig größten afroamerikanischen Community von New York City befindet, hoffte, mit der Ausstellung auch »eine beträchtliche Zahl von Schwarzen aus der unmittelbaren Nachbarschaft« anzulocken. Zum Leidwesen vieler Ausstellungsbesucher konnte die berühmte Büste der Nofretete – »Wo ist die Nofretete, die wir alle aus Berlin kennen?«, fragte eine Person aus dem Publikum – nicht gezeigt werden; das Berliner Museum verfolgt bis heute die Politik, das Objekt niemals auf Tournee zu schicken. Trotz dieser Leerstelle zog die Ausstellung weit über 100 000 Besucher an. Aus ihren Reaktionen lässt sich gut ablesen, welch starke Wirkung die ägyptische Kunst auf das Publikum ausübte. Man hatte ein Kommentarbuch ausgelegt, in dem alle, die die Exponate gesehen hatten, ihre Bewertungen hinterlassen konnten – für uns heute ein lebendiges Dokument der unmittelbaren Erfahrung der Besucher und Besucherinnen, von denen sich viele ausdrücklich als Schwarz identifizierten.[33]

Die Reaktionen auf die Ausstellung waren höchst unterschiedlich und betrafen eine Reihe verschiedener Themen. Einige Kommentare prangerten an, dass das Museum »gestohlene Kunstwerke« ausstelle, und betonten, dass alle gezeigten Objekte rechtmäßig Ägypten gehörten. »Die Ausstellung zeigt, dass die kulturelle Vergewaltigung und Ausplünderung des afrikanischen Kontinents unvermindert weitergeht. Museen und Haftanstalten stehen an der Spitze der Bewegung.« Andere brachten die Ausstellung mit dem politischen Konflikt im Nahen Osten in Verbindung. Der arabisch-israelische Krieg von 1973 (Jom-Kippur-Krieg) war noch nicht lange her, und der schwelende Konflikt war noch sehr präsent. Das spiegelte sich auch in den Kommentaren wider, in denen sowohl anti-israelische Bemerkungen (»Es lebe Ägypten! Nieder mit den Barbaren« oder »Warum verherrlichen […] wir die alten Hebräer so sehr? Welche Kunst haben sie denn geschaffen, die mit dieser vergleichbar ist?«) als auch deutlich anti-arabische Reaktionen (»Diese Araber haben diese interessante Ausstellung nicht verdient. Es lebe der jüdische Staat«) zu lesen waren. In einer Stellungnahme hieß es sogar: »Diese Ausstellung ist absolut das Schlimmste. Nach dem Krieg wird es kein Ägypten mehr geben.«

Aber die meisten Reaktionen konzentrierten sich auf die Kunstwerke selbst und ihre kulturgeschichtliche Bedeutung. Ganz überwiegend zeugten sie von dem Stolz darauf (manchmal gemischt mit Erstaunen), dass »Nofretete keine weiße (*Caucasian*) Königin war, sondern eine Schwarze Königin«. Die meisten Kommentare waren sich einig, dass »diese Menschen schwarz waren – das ist ganz offensichtlich«. Selbst einige der Besucher, die sich in dem Kommentarbuch als Weiße vorstellten, räumten ein, dass diese Tatsache »nicht genug hervorgehoben wird. Ich habe überhaupt nicht gewusst, dass dies wirklich eine schwarze Gesellschaft war.« Für viele afroamerikanische Besucher war die Begeisterung über die hohe künstlerische Qualität der Exponate eine Ressource, aus der sich soziales Prestige und kollektive Selbstachtung ableiten ließen. »Schwarz ist schön« *(Black is beautiful)* – dieser populäre afroamerikanische Slogan der späten 1960er-Jahre war häufig zu lesen. »Es bringt mich zurück zu meinen Ahnen – der Gedanke, dass Schwarzsein der Grund für solche Schönheit sein kann.«

Viele empfanden die Ausstellung auch als symbolische Wiedergutmachung für die lange Verleugnung oder Geringschätzung der Errungenschaften der afrikanischen Zivilisationen in der nordamerikanischen Gesellschaft und ihren Medien: »Wir haben doch Kultur, oder etwa nicht?«, war zu lesen oder »Denken Sie daran, dass in dieser weißen rassistischen Kultur alles Gute weiß sein muss, auch wenn es offensichtlich schwarz ist.« Auf diese Weise wurde insbesondere weißen US-Amerikanern der Besuch der Ausstellung als lehrreiche Erfahrung empfohlen. »Ich freue mich, wenn die (weißen) Amerikaner verstehen, dass die Ägypter Afrikaner und schwarz und schöne und intelligente Menschen waren, weil die Weißen in Amerika die Tatsache nicht akzeptieren können, dass schwarze Menschen […] intelligente, fleißige Erfinder sind.« Durchgängig wurden afrikanische Errungenschaften für Afroamerikaner in Anspruch genommen. Dahinter stand eine ganze Kette von Gleichsetzungen: Ägypten wurde mit Afrika und Afrika wiederum mit dem afroamerikanischen Amerika identifiziert: »Weil die meisten Weißen rassistische Individuen sind, ignorieren sie die Tatsache, dass Ägypter genau wie die Sklaven sind, die mit Schiffen nach […] Amerika gebracht wurden.«

Das Kommentarbuch ist ein regelrechtes Archiv der unmittelbaren Reaktionen aus der Bevölkerung. Es zeigt die starke emotionale Wirkung, die die Ausstellung auf viele Besucher und Besucherinnen hatte.[34] »Es war sehr spirituell, mich selbst in den Werken von Künstlern zu sehen, die vor vielen Jahren gelebt haben. Ich fühlte mich sehr besonders und sehr froh, schwarz zu sein.« Afroamerikanische Besucher und Besucherinnen kritisierten das Museum offen dafür, dass auf den erklärenden Tafeln, die neben den Objekten angebracht waren, das Afrika südlich der Sahara nicht genügend gewürdigt wurde. »Das ist eine rassistische Ausstellung. […] Weißer Mann, wann hört das endlich auf!!!« Das Bemühen der Ausstellungsmacher, zwischen Nordägyptern und Nubiern zu trennen, erregte besonderen Zorn. »Mir ist aufgefallen, dass Sie versucht haben, zwischen den Ägyptern und den Menschen aus dem Süden zu unterscheiden. Dieser Versuch, diese großartigen Kunstwerke ›weißzuwaschen‹, ist ein Skandal. Sie haben die Ägypter als Weiße oder etwas Ähnliches dargestellt, aber wenn Sie Ihre Hausaufgaben gemacht hätten, würden Sie wahrscheinlich herausfinden, dass sie so Schwarz waren, wie man nur Schwarz sein kann!«

Ebenso bemerkenswert wie die emotionale Wucht, die viele der Bemerkungen kennzeichnet, war die Tatsache, dass die Organisatoren selbst von den zum Ausdruck gebrachten Gefühlen verblüfft und verwirrt schienen. Die Reaktion des in Berlin-Charlottenburg geborenen Kurators des Brooklyn Museums, des Ägyptologen Bernard V. Bothmer, war vielsagend: »Viele der Äußerungen kamen, zumindest für mich, überraschend, vor allem die immer wieder auftauchenden Kommentare, dass Ägypten Teil des alten Afrikas sei.« Überrascht konnte man davon aber eigentlich nur sein, wenn man einen großen Teil der Diskussionen des vorhergehenden Jahrzehnts nicht mitbekommen hatte. Bei Bothmer war das offenkundig der Fall: »Diese Betonung der ›afrikanischen Kunst‹, der ›Schwarzen Kunst‹, steht für einen völlig anderen Zugang zur ägyptischen Kunstgeschichte.«[35]

Afrozentrismus

Die Interpretationen, von denen Bothmer so überrascht war, fanden ihren Widerhall in den Theorien des Afrozentrismus und wurden von diesen inspiriert. Diese intellektuelle Strömung war ein Produkt der transnationalen Austauschbeziehungen zwischen Theoretikern und Aktivisten im globalen Süden und Gruppen in der afrikanischen Diaspora, vor allem in den Vereinigten Staaten.[36] Ihr bekanntester Vertreter war der senegalesische Historiker und Politiker Cheikh Anta Diop, dessen Universität in Dakar inzwischen nach ihm benannt worden ist. Diops Arbeiten gehen auf die 1950er-Jahre zurück, auf die Zeit seiner Dissertation an der Universität in Paris. Zu einem prominenten, wenn auch höchst kontroversen intellektuellen Ansatz wurde der Afrozentrismus seit den 1970er-Jahren.[37]

Der Afrozentrismus war eine Antwort auf die jahrhundertelange Ignoranz gegenüber der afrikanischen Kultur, die in Hegels berühmtem Diktum von Afrika als dem »Kinderland«, das der europäischen Vormundschaft bedürfe, ihren sprechenden Ausdruck gefunden hat. Zu den zentralen Annahmen des Afrozentrismus gehören die These vom afrikanischen (sprich: ägyptischen) Ursprung der frühesten Zivilisationen, die Zugehörigkeit des antiken Ägyptens zu Afrika sowie die Vorstellung, dass die afrikanische Kultur – die im Gegensatz zur Gewalt, zum Patriarchat und zum Individualismus der griechisch-europäischen Zivilisation als friedlich, matriarchalisch und kosmopolitisch gilt – für viele der wichtigsten kulturellen Fortschritte der Menschheit verantwortlich sei. Diop erklärte ausdrücklich, dass »die Rückkehr nach Ägypten auf allen Gebieten die notwendige Voraussetzung dafür ist, die afrikanischen Zivilisationen mit der Geschichte zu versöhnen. [...] In einer neu konzipierten und erneuerten afrikanischen Kultur wird Ägypten die gleiche Rolle spielen, die die griechisch-römische Antike in der westlichen Kultur spielt.«[38]

Die wissenschaftliche Debatte gipfelte 1987 in der Veröffentlichung des ersten Bandes von Martin Bernals einflussreicher Abhandlung *Black Athena*. Bernal lehrte an der Cornell-Universität; eigentlich war er als Sinologe ausgebildet worden und hatte zum frühen chinesischen Sozialismus promoviert. Bekannt wurde er jedoch erst mit seinem Werk *Black Athena*, das schließlich zu einem dreibändigen Opus anwachsen sollte. Darin argumentierte er, dass die These von den griechischen Ursprüngen der europäischen Moderne, die seit dem 18. Jahrhundert in Europa zum Gemeinplatz geworden sei, den afrikanischen (und phönizischen) Beitrag zur kulturellen Blüte Griechenlands verleugnet und unsichtbar gemacht habe; die Errungenschaften afrikanischer Gesellschaften, die Griechenland und Rom zeitlich vorausgegangen seien und diese auch direkt beeinflusst hätten, seien im Zeitalter des Imperialismus systematisch verdrängt und ausgelöscht worden.[39] Die auf die Publikation des Buches folgende Kontroverse schwappte bald vom universitären Elfenbeinturm in den öffentlichen Raum über. »War Kleopatra schwarz?«, lautete der Titel des *Newsweek*

Magazine im September 1991. Nofretete jedenfalls, schrieb der afroamerikanische Rechtsanwalt und Aktivist Legrand H. Clegg II, wies »ausgeprägte und unverwechselbar afrikanische Körpermerkmale auf«; Zweifel daran seien nur möglich aufgrund der »Unehrlichkeit des amerikanischen akademischen Establishments«.[40]

Während die wissenschaftliche Rezeption von Bernals provokanten Thesen überwiegend kritisch, wenn nicht gar feindselig ausfiel, war die Resonanz des Afrozentrismus in der Populärkultur unübersehbar. Ein gutes Beispiel, das auch die prominente Rolle der Nofretete in der afrozentrischen Vorstellungswelt verdeutlicht, ist das Video, das Michael Jackson 1992 für seinen Song *Remember the Time* gedreht hat. Damals produzierte »Jacko« Musikvideos, die die eigentliche Attraktion waren, im Grunde Kurzfilme, viel länger und aufwendiger als die Lieder, für die sie werben sollten. Für *Remember the Time* gab er ein neun Minuten langes Spektakel in Auftrag, das den verschwenderischen Luxus und die Macht des alten Ägyptens heraufbeschwört. Das Video zeigt einen Pharao und seine teilnahmslose Königin an ihrem Hof. Eine Reihe von Unterhaltunskünstlern, Jongleuren und Flammenwerfern werden gerufen, um sie zu unterhalten und die Langeweile der Königin zu vertreiben. Keiner von ihnen hat Erfolg, und einer nach dem anderen wird zum Tode verurteilt. Dann taucht plötzlich eine Gestalt auf, die wie ein Zauberer aussieht und von Michael Jackson selbst gespielt wird. Er fängt an, in seinem Michael-Jackson-Stil zu singen und zu tanzen, und die Gemahlin des Pharaos erwacht aus ihrer Lethargie und tanzt mit. Sie küssen sich leidenschaftlich, bevor Jackson vom wütenden Pharao und seinem Gefolge davongejagt wird.

Das Video war eine Hommage an die afrikanische Kultur und Geschichte. Der junge, aber bereits bekannte afroamerikanische Filmregisseur John Singleton erklärte sich nur unter der Bedingung bereit, den Film zu drehen, dass er von einer Schwarzen Besetzung gespielt würde. Als Hauptdarsteller wurden hochkarätige Schwarze Prominente rekrutiert, darunter der Schauspieler Eddie Murphy als Pharao Ramses und der Basketballstar »Magic« Johnson als Zeremonienmeister. Auch die künstlerischen Ausdrucksformen waren eine eindeutige Huldigung an die Schwarze Kultur. »John sagte, er wolle, dass die Tänze Hip-Hop sind«, erinnerte sich Fatima, die Choreografin der langen Tanzeinlage. »Es ist voller schneller Bewegungen und stammt im Grunde genommen von unseren afrikanischen Wurzeln. […] Wir sind froh, dass dies eine ausschließlich schwarze Angelegenheit geworden ist.«[41]

Rückblickend mag es ironisch erscheinen, dass Jackson sein Black-Pride-Musikvideo inszenierte, während er sich mitten in seiner eigenen Verwandlung befand, vom Mitglied der afroamerikanischen Geschwister-Band »The Jackson Five« zu einem Crossover-Superstar, dessen wechselnde Hautfarbe ständige Gerüchte über »Bleichen« und Aufhellung hervorrief. Paradoxerweise beschwor er Ägypten als Schwarze Zivilisation genau zu dem Zeitpunkt herauf, als er selbst erklärte: »Ich werde mein Leben nicht damit verbringen, eine Farbe zu sein.«[42] Das Video präsentierte ein weitgehend fiktionalisiertes Ägypten, das Personen und Stile aus verschiedenen Epochen vermischte. Es spielte zwar nicht direkt auf die berühmten »schwarzen Pharaonen« an, die Könige aus dem Königreich Kusch (im heutigen Sudan), die Ägypten während der 25. Dynastie (im 7. Jahrhundert v. Chr.) regierten, gut 600 Jahre nach

Echnaton und Nofretete. Aber die klare Botschaft war eine Aufforderung, sich an die Zeit zu erinnern (»*Remember the Time*«), als eine afrikanische Zivilisation eines der größten Reiche der Geschichte beherrschte.[43]

Im Mittelpunkt der Video-Handlung stand Nofretete. Mit ihrer charakteristischen Kopfbedeckung wurde sie von dem somalischen Supermodel Iman gespielt, die seit den späten 1970er-Jahren zu den ersten Schwarzen Frauen gehörte, die in der internationalen Schönheits- und Modeindustrie den Status eines Superstars erreichten. Iman selbst betonte stets ihre afrikanische Herkunft. Sie setzte sich dafür ein, neben den weißen ästhetischen Standards, die in der Film- und Modeindustrie dominierten, andere Schönheitsvorstellungen als ebenbürtig anzuerkennen.[44] Dies entsprach genau Jacksons Beweggründen für das Video. Wie John Singleton sich erinnerte, »wollte Michael etwas machen, das uns so zeigt, wie wir sind – sehr schöne Menschen«.[45]

Nur ein Jahr später präsentierte der amerikanische Künstler Fred Wilson eine Installation im Whitney Museum of American Art, die ebenfalls als Herausforderung der Meistererzählung von Ägypten als Ursprung des modernen Westens gelesen werden konnte. Wilson ist dafür bekannt, dass er in seinem Werk kritische Fragen nach Machtverhältnissen und rassifizierenden Zuschreibungen stellt und die vielfachen Ausgrenzungsmechanismen in der Kunstwelt – und darüber hinaus – infrage stellt.[46] Auch er hatte das Buch von Martin Bernal gelesen, bevor er die Ausstellung konzipierte.[47] In seiner Installation mit dem Titel »Grey Area« (Grauzone) stellte er fünf Reproduktionen der Nofretete-Büste nebeneinander, die bis auf ihre Farbe identisch waren: Sie reichten von Weiß über drei sich verdunkelnde Grautöne bis hin zu Schwarz. Das Video von Michael Jackson lief dabei im Hintergrund.

Anders als die meisten kunsthistorischen Diskussionen über die Büste stellte Wilson die Frage der rassifizierenden Zuschreibungen ganz bewusst in den Mittelpunkt. Seine Serie von Köpfen spielt auf die vielfältige Aneignung der ägyptischen Königin an, von der weißen europäischen bis hin zur afroamerikanischen Vereinnahmung Nofretetes als Symbol für *Black Pride* und die Macht Schwarzer Frauen. Somit ließ er, der sich selbst als »Afrikaner, Inder, Europäer und indigener Amerikaner« beschreibt (»meine Abstammung ist so vielfältig, dass sie für mich sehr fließend ist«), die Antwort im Ungewissen. Seine Arbeit, die Teil einer größeren Installation mit dem Titel »Re:Claiming Egypt« war, thematisierte den Austausch und die Verschmelzung von Kulturen und stellte die Vermischung »dieser westlichen, afroamerikanischen und ägyptischen Ideen« in den Vordergrund.[48] Sowohl die Hautfarbe als auch die Identität Nofretetes blieben in Wilsons Werk in einer »Grauzone«, die Raum für Ambivalenz und ganz unterschiedliche Sichtweisen ließ.[49]

Wilsons Installation, ebenso wie das Video von Michael Jackson im Jahr zuvor, fiel in eine Zeit intensiver Debatten in der US-amerikanischen Öffentlichkeit. Es war der Höhepunkt der heftigen Kontroversen über Postmoderne, Multikulturalismus und postkoloniales Denken sowie der Kampagnen für »Inklusion« und »Diversität«, die in den 1980er-Jahren die Vereinigten Staaten erfassten – in einem regelrechten Kulturkampf, der die Öffentlichkeit polarisierte. Beide Kunstwerke müssen vor diesem Hintergrund verstanden werden.[50]

In den folgenden Jahren setzte eine ganze Reihe von Künstlerinnen, Sängern und Filmstars in den Vereinigten Staaten diesen Trend fort. Aufrufe zur Dekolonisierung der westlichen Museen sowie Initiativen, große Kunstausstellungen auch in der postkolonialen Welt stattfinden zu lassen und auf diese Weise die Kunstszene zu verändern, stießen auf breite Resonanz.[51] Parallel dazu bezogen sich immer mehr afroamerikanische Künstlerinnen auf das ägyptisch-afrikanische Erbe. Nofretete spielte dabei als Symbol für *Black Power*, Schönheit und weibliche Identität eine besondere Rolle. »Bevor es eine Königin von England gab, gab es schon Nofretete«, erklärte Hip-Hop-Star Queen Latifah.[52] Auch eine kalifornische Rapperin, die sich den Künstlernamen »Nefertiti« gab, feierte die ägyptische Königin 1994 in ihrem Lied *Visions of Nefertiti*. Die in Jamaika geborene Künstlerin Lorraine O'Grady stellte in einer Installation Bilder von Nofretete und ihren eigenen Schwestern und Nichten nebeneinander. In diesen und anderen Fällen mobilisierten die Künstlerinnen Nofretete und eine afrozentrische Bildsprache, um Forderungen nach Gleichberechtigung zu untermauern und feministische Anliegen zu formulieren.[53]

Im 21. Jahrhundert haben die Verweise auf ein afrikanisches Erbe noch einmal zugenommen. Nofretete wurde dabei immer mehr zum wichtigsten Symbol. So zitieren afroamerikanische Künstlerinnen wie Janelle Monáe die Königin in ihren Liedern; die R&B-Sängerin Keri Hilson und die Schauspielerin Keke Palmer traten als Nofretete auf. Auch in der bildenden Kunst ist Nofretete als Motiv sehr präsent.

Afrozentrismus in der Schusslinie

Die Instrumentalisierung der Nofretete für politische Zwecke in der Gegenwart, so populär sie auch ist, war nie unumstritten. Das gilt bereits für die Versuche, die ägyptische Königin für die Anliegen des Empowerments afroamerikanischer Frauen einzuspannen. Kritische Stimmen waren vor allem aus Ägypten zu hören, wo die Vereinnahmung der Nofretete durch die afrikanische Diaspora häufig mit Argwohn betrachtet wird. Im Land am Nil wurde die antike Vergangenheit nämlich in erster Linie, so schon von Premierminister Mustafa al-Nahhas im Jahr 1928, als »Wiege der menschlichen Zivilisation, als Quelle der menschlichen Weisheit« bezeichnet.[54] Das konnte als Absage an afrikanische oder afroamerikanische Partikularinteressen verstanden werden, auch wenn der nationale Stolz zwischen den Zeilen unüberhörbar ist. Jedenfalls wird der Anspruch Ägyptens auf das Erbe der ägyptischen Antike in erster Linie historisch begründet und bezieht sich auf den gemeinsamen Ursprung, die gemeinsame Kultur und nicht zuletzt den identischen geografischen Raum.[55] Vor diesem Hintergrund werden afrozentrische Erklärungsmuster heute weithin mit Misstrauen betrachtet und als eine Herausforderung für die ägyptische Identität angesehen.[56]

Dieser nationale Blickwinkel war nicht immer so ausgeprägt. In der Bandung-Ära (im Gefolge der Konferenz im indonesischen Bandung 1955) hatte sich die Zusammenarbeit zwischen den Ländern der »Dritten Welt« intensiviert und war dann zum Teil in die Bewegung der Blockfreien Staaten übergegangen. Ägypten entwickelte sich damals zu einem Zentrum des Antikolonialismus und zu einem Bindeglied zwischen Afrika und Asien. Die Afro-Asian Writers Conference 1962 in Kairo war nur ein Beispiel für solche transkontinentalen Verbindungen.[57] In dieser Zeit zog es auch zahlreiche afroamerikanische Aktivisten und Intellektuelle aus den Vereinigten Staaten an den Nil. Malcolm X erklärte, dass sein »Herz in Kairo« sei, und entwickelte dort seine Überlegungen zur arabisch-afrikanischen Solidarität.[58]

Doch in den 1970er-Jahren, nach dem Ende der Nasser-Ära, verloren solche transnationalen Allianzen nach und nach an Bedeutung. Auf der einen Seite machten afrozentrische Denker wie Molefi Kete Asante – der amerikanische »Ziehsohn« von Cheikh Anta Diop und der wohl bekannteste afroamerikanische Vertreter dieser Denkrichtung – die Araber für die »Zerstörung eines Großteils der alten [ägyptischen] Kultur« verantwortlich. Auf der anderen Seite formierte sich der ägyptische Nationalismus zunehmend in Opposition zu Afrika.[59] Als in den 1970er-Jahren – unter dem neuen Präsidenten und nach dem Yom-Kippur-Krieg gegen Israel 1973 – die Beziehungen Ägyptens zu den USA enger wurden, traten Afrika und die Bestrebungen der afroamerikanischen Aktivisten in der ägyptischen politischen Vorstellungswelt zunehmend in den Hintergrund.

Seither wurde das antike Erbe, jedenfalls in offiziellen ägyptischen Verlautbarungen, als exklusives nationales Eigentum beansprucht. Auch hier war Zahi Hawass ein typischer Vertreter. Er ließ keinen Zweifel daran, dass »der Ursprung der alten Ägypter rein ägyptisch war«, und betonte, dass sich »die altägyptische Zivilisation […] nicht in Afrika, sondern nur hier« (also in Ägypten) ereignet habe.[60] Er wandte sich ausdrücklich gegen die Inanspruchnahme der pharaonischen Vergangenheit durch afroamerikanische Gruppen – zumal, wie er nicht müde wurde zu betonen, die Mehrheit von ihnen west- und zentralafrikanischer Abstammung sei. Man kann es ironisch finden, dass Hawass, dieser unermüdliche Kämpfer gegen den Eurozentrismus, damit die klassische eurozentrische Trennung zwischen Ägypten und Afrika, insbesondere zwischen Ägypten und den subsaharischen Zivilisationen, wiederaufleben lässt.

Auch in den USA ist das Konstrukt einer ägyptischen Vorgeschichte der afroamerikanischen Community nicht ohne Kritik geblieben. Eine Reihe einflussreicher Personen wie etwa Henry Louis Gates Jr. blieben gegenüber den afrozentrischen Theorien ausgesprochen skeptisch. Sie hielten die von Bernal oder Diop aufgestellte Behauptung, die griechische Zivilisation sei stark vom subsaharischen Afrika geprägt worden, für gegenwartspolitisch motiviert und somit für ideologisch und nicht wissenschaftlich. Die Kritik bezog sich hauptsächlich auf philologische Ungenauigkeiten und den Vorwurf der Fälschung von Tatsachen; aber sie betraf auch die Annahme, dass das alte Ägypten und die afroamerikanische Community in der Gegenwart einen gemeinsamen afrikanischen Hintergrund teilten, dass sie im Grunde eine Familie seien. »Hinter der Behauptung, Kleopatra sei ›schwarz‹ gewesen, verbirgt sich die heimliche Überzeugung«, bemerkte Gates mit beißendem Witz,

»dass Kleo, wenn man in der Zeit zurückreisen und eine James-Brown-Platte auflegen würde, sofort in den *camel walk* [ein von James Brown populär gemachter Ragtime-Tanzschritt] übergehen würde.«[61]

Andere Wissenschaftler wie der Philosoph Kwame Anthony Appiah haben den Afrozentrismus als eine »Mischung aus Wahrheit und Irrtum«, wenn nicht gar als »Pseudogeschichte« gegeißelt und dabei auch auf frauenfeindliche und antisemitische Passagen hingewiesen, die sich in afrozentrischen Texten finden ließen. Vor allem aber prangerte Appiah die Bezeichnung des alten Ägyptens als »Schwarze« Zivilisation und überhaupt die Verwendung rassifizierender Begriffe als eine Form des »umgedrehten Eurozentrismus« an. Einerseits sei es anachronistisch, den heutigen Begriff der »Rasse«, der in seiner modernen Form erst im 18. Jahrhundert erfunden wurde, auf die alte Welt zu übertragen; andererseits stelle man mit der Behauptung, die antike Zivilisation sei Schwarz und nicht weiß gewesen, die Kategorien des imperialistischen Zeitalters lediglich auf den Kopf, statt sie zu hinterfragen.[62]

Diese Kritik hat auch im Umgang mit populären Phänomenen, die mit afrozentrischen Positionen assoziiert werden, ihr Pendant gefunden. So haben Schwarze feministische Stimmen die Aneignung der ägyptischen Vergangenheit durch sogenannte »Hoteps« kritisiert. Der zunächst neutral verwendete Begriff bezieht sich auf eine sozial konservative Weltanschauung, die in den 1930er-Jahren unter Rückgriff auf Elemente der damals weitverbreiteten Ägyptomanie entstanden war und seit den 1990er-Jahren eine Renaissance erlebt hat. Heutzutage wird der Begriff meist abfällig gemeint. Er bezeichnet afroamerikanische Männer, die ihre konservativen Einstellungen – etwa das Beharren auf der Unterordnung der Frau unter den Mann, die Ablehnung von Rechten für LGBT-Communitys sowie eine Form des Panafrikanismus, die auf Separatismus setzt und Beziehungen zwischen Schwarz und Weiß ablehnt – durch Verweis auf die Leistungen der antiken ägyptischen Zivilisation legitimieren wollen.[63]

Viele Kritiken afrozentrischer Ansätze sind sich also darin einig, dass es keine gerade Linie gab, die Amarna mit den Vereinigten Staaten des 20. Jahrhunderts – oder Nofretete mit Beyoncé – verbindet. Ohnehin ist es ja erstaunlich, in welchem Maße die Autorität einer monarchischen Gesellschaft, die wesentlich auf Sklavenarbeit basierte, herangezogen wird, um den Anspruch auf Gleichberechtigung zu untermauern. »Schwarze Menschen scheinen sich heute viel eher mit den glamourösen Pharaonen zu identifizieren als mit der bitteren Not derjenigen, die die Pharaonen in Knechtschaft hielten«, merkte der britische Soziologe und Autor des einflussreichen Buches *The Black Atlantic*, Paul Gilroy, kritisch an. »Dieser Wandel verrät eine tiefgreifende Veränderung auf der Ebene der moralischen Grundlage der politischen Kultur im Schwarzen Atlantik.«[64]

Doch was hier als unhistorisch erscheint, kann man auch aus einem anderen Blickwinkel betrachten. Dann stellt der afrozentrische Gegendiskurs nämlich das Zeitverständnis und das Narrativ der herkömmlichen Geschichtsschreibung provokativ, aber auch produktiv infrage. Die US-amerikanische Wissenschaftlerin Michelle M. Wright hat in diesem Zusammenhang den etwas sperrigen Begriff der »epiphänomenalen Zeit« vorgeschlagen, um darauf hinzuweisen, dass wir auf die Vergangenheit immer und ausschließlich aus unserer eigenen Gegenwart zugreifen können und sie aus dieser Gegenwart heraus interpretieren und sozusagen vergegenwärtigen. Ähnlich wie in der Erinnerungsforschung geht es ihr also nicht in erster Linie um historische Genauigkeit, sondern um die Bedeutung der Vergangenheit für das Heute, das Hier und Jetzt. »Während das lineare Zeitverständnis die Vergangenheit, die Gegenwart und die Zukunft als chronologisches Nacheinander begreift, geht das Konzept der ›epiphänomenalen Zeit‹ von einem einzigen raumzeitlichen Zusammenhang aus: dem Moment des Jetzt, durch den wir uns die Vergangenheit vorstellen und uns zugleich auf zukünftige Möglichkeiten zubewegen.« In einer solchen Lesart mag die Beschwörung der Nofretete als Schwarze Ikone und Symbol des *Black Pride* zwar Argumentationsmuster aus der Zeit des Imperialismus wiederaufnehmen (in erster Linie die Verwendung des Begriffs *race* selbst); gleichzeitig aber stellt die Indienstnahme der ägyptischen Königin für Zwecke des *Black Empowerment* ebenjene imperialistischen Hierarchien grundlegend infrage.[65]

Zwischen Empowerment und »Blackwashing«

Wie wir gesehen haben, hat die These von den Verbindungen zwischen dem alten Ägypten und heutigen afroamerikanischen Identitäten eine Geschichte, die bis ins 19. Jahrhundert zurückreicht. Dabei gilt es jedoch festzuhalten, dass man nicht einfach von einer langen Kontinuität der Ägypten-Referenzen sprechen kann, als ob es sich immer um die gleiche Argumentation gehandelt hätte, von Edward Blyden bis zu »Queen Bey«. Vielmehr änderten sich der Charakter und die Bedeutung solcher Referenzen im Laufe der Zeit.[66] Heute verweist die Rede von Ägypten nicht mehr auf ein imaginäres Heimatland, in das man zurückkehren könnte, einen Hort afrikanischer Kultur oder den Ausgangspunkt einer wahren afrikanischen Identität. Vielmehr handelt es sich dabei in erster Linie um die Inanspruchnahme eines symbolischen Kapitals, also um eine imaginäre Projektion, die häufig gar nicht mehr den Anspruch erhebt, sich auf einen realen Ort zu beziehen.[67]

Auch die Bezugnahmen auf Nofretete änderten sich im Verlauf des letzten Jahrhunderts. Obwohl sich die Verweise auf die schöne und mächtige afrikanische Königin auf den ersten Blick glichen, konnten sie jeweils eine andere Bedeutung annehmen.

Ein gutes Beispiel hierfür sind die Diskussionen, die auf die prominente Vereinnahmung Nofretetes durch die Sängerin Beyoncé im Jahr 2018 folgten. Die meisten Reaktionen auf ihren ikonischen Auftritt beim Coachella-Festival waren zustimmend, ja euphorisch. »Das Wort ›ikonisch‹ kratzt nur an der Oberfläche und kann gar nicht ausdrücken, wie sich das Schwarze Amerika fühlte, als eine unerschrockene schwarze Frau, die im Bauch des Südens geboren und aufgewachsen ist, als Headliner eines der weißesten Musikfestivals Amerikas auftrat«, erklärte Kristi Henderson, leitendes Mitglied von Color of Change, Amerikas größter Online-Organisation für *racial justice*. Beyoncé wurde als Vorkämpferin für die Rechte afroamerikanischer Frauen und für ihr öffentliches Eintreten für »Black is beautiful« bewundert.[68]

Gleichzeitig gab es aber auch kritische Stimmen. So wurde ihr verschiedentlich vorgeworfen, dass sie nicht wirklich meine, was sie sagt. Ihre Anspielungen auf Black Power, so die Kritik, seien bloße Zitate und blieben an der Oberfläche. Damit beabsichtige sie lediglich, ihre Attraktivität beim afroamerikanischen Publikum zu steigern und ihren vergleichsweise privilegierten sozialen Hintergrund zu verschleiern: Schwarze Politik als Form des Marketing, aus rein kommerziellen Motiven. Beyoncé, so ein verbreiteter Vorwurf, verkaufe sich an den kapitalistischen Markt und stelle sich als Aktivistin dar, um Geld zu machen – ein Einwand, der auch gegenüber ihrer Vereinnahmung feministischer Positionen erhoben wurde. »Beyoncés fetischisierter schwarzer feministischer Radikalismus hat die Politik der sozialen Bewegungen in eine Reihe von Waren verwandelt, die letztlich ihr persönliches Imperium stützen«, schrieb etwa die Sozialwissenschaftlerin Mako Ward.[69]

Auch aus Ägypten hagelte es Kritik. In den sozialen Medien warfen zahlreiche Nutzer Beyoncé vor, sich der ägyptischen Tradition zu bedienen. Ihr Auftritt in Coachella wurde als Musterbeispiel der kulturellen Aneignung verstanden, die eigentlich einer anderen Kultur oder Identität angehören. Eine typische Reaktion auf Twitter lautete: »Ich bin total wütend darüber, dass Beyoncé sich buchstäblich als Nofretete verkauft. Die Geschichte und Kultur meines Landes werden seit GENERATIONEN so brutal vermarktet, kommerzialisiert und zu jedermanns Zufriedenheit und Bequemlichkeit exportiert. Ich werde keinen Cent für sie ausgeben.«[70]

Aus anderen afrikanischen Ländern waren ähnliche Stimmen zu vernehmen. Die vor allem zur aktuellen Politik in Nigeria tweetende Aktivistin mit dem Künstlernamen »Nefertiti« kommentierte mit sarkastischen Worten: »Feiert Beyoncé ruhig weiter, sie sichert euerem geliebten Afrika einen Platz auf der verdammten globalen Landkarte.« Diese Nachricht ging an ihre mehr als eine halbe Million Follower auf Twitter – und an »die unterdrückten Menschen in Afrika (deren Leben ja nicht zählen): Feiert Beyoncé ruhig weiter, für die Afrika es nicht wert genug war, in ihre Welttournee aufgenommen zu werden«.[71] In der Tat bot Beyoncé zwar verschiedentlich afrikanischen Sängerinnen ein Forum bei ihren Auftritten, aber abgesehen von Südafrika ist sie noch nie auf dem afrikanischen Kontinent aufgetreten.

In den Vereinigten Staaten wiederum war der schwerwiegendste Vorwurf der des sogenannten *Colorism*. Dieser Begriff wurde in den 1980er-Jahren von Alice Walker geprägt und bezeichnet die »vorurteilsbehaftete oder bevorzugte Behandlung von Menschen gleicher *race* allein aufgrund ihrer Hautfarbe«.[72]

Dabei werden Menschen mit hellerem Hautton favorisiert und Menschen mit dunklerer Haut diskriminiert. Auch im Falle von Beyoncé lautet der Vorwurf mithin, dass sie in einer Gesellschaft, die nicht nur zwischen ethnischen Gruppen, sondern auch innerhalb dieser diskriminiert, von ihrer helleren Hautfarbe profitiere. Für ein weißes Mainstream-Publikum, so hieß es dann, sei Beyoncé nur aufgrund ihrer geglätteten, blonden Haare, ihres kreolischen Hintergrunds und ihrer hellen Haut akzeptabel. Selbst ihr eigener Vater Mathew Knowles war überzeugt, dass dies so ist. »Wenn es um Schwarze Frauen geht, wer sind dann die Leute, deren Musik im Radio gespielt wird?« fragte er, um die Antwort gleich hinzuzufügen: »Mariah Carey, Rihanna, die Rapperin Nicki Minaj, meine Kinder [Beyoncé und Solange], und was haben sie alle gemeinsam?« Mit dieser rhetorischen Frage meinte er natürlich, dass sie alle eine vergleichsweise helle Haut haben.[73]

Colorism ist ein komplexes Phänomen. Der Begriff weist auf tatsächlich bestehende Formen der Diskriminierung hin; zugleich kann *Colorism* aber auch einen Keil in Gruppen treiben, die insgesamt gesellschaftlich benachteiligt sind. Die gegen Beyoncé erhobenen Vorwürfe sind umstritten; ihnen steht die verbreitete Auffassung entgegen, dass sie durch ihre Musik und öffentlichen Auftritte einen Raum für die Lebensentwürfe und die gesellschaftliche Aufwertung von Afroamerikanerinnen schafft.[74] Im Zusammenhang mit der langen Geschichte der Nofretete-Rezeption ist jedoch etwas anderes auffällig und aufschlussreich: Ein Jahrhundert lang haben die Menschen der afrikanischen Diaspora darauf bestanden, dass Nofretete Schwarz sei – eine Position, die umkämpft blieb und kritisch gegen den europäisch-nordamerikanischen Konsens formuliert war. In der aktuellen *Colorism*-Diskussion jedoch stand diese Frage gar nicht mehr zur Debatte: Für die meisten African Americans war Nofretete nun, zu Beginn des 21. Jahrhunderts, unbestritten Schwarz. Die Diskussion kreiste lediglich darum, ob es legitim sei, dass Beyoncé sich zu ihrer Wiedergängerin stilisiert. Der Status von Nofretete selbst als Inbegriff Schwarzer Schönheit hingegen war fest etabliert.

Aber natürlich nicht überall. Wie umstritten die Frage nach dem ethnischen Charakter des antiken Ägyptens nach wie vor ist, zeigen die heftigen Reaktionen in zwei Debatten, die im Frühjahr 2023 ausbrachen und vor allem in Ägypten viel Protest auslösten. Zunächst entzündete sich die Kritik an einem auf Netflix ausgestrahlten Dokudrama zur Geschichte der Kleopatra, in der die Königin von Adele James – die Schauspielerin ist die Tochter einer weißen Engländerin und eines Schwarzen Briten aus Jamaica – verkörpert wurde. Kontroversen um die Frage nach Kleopatras Ethnizität sind nicht neu. Ihr Vater stammte aus altmakedonischem Adel; die Herkunft ihrer Mutter hingegen ist unbekannt.[75] In Europa wurde sie lange Zeit relativ umstandslos als Griechin und damit Europäerin vereinnahmt. Gleichwohl war die Besetzung ihrer Rolle in Spielfilmen häufig von Kontroversen begleitet; zuletzt 2020, als die israelische Schauspielerin Gal Gadot als Kleopatra gecastet und des »Whitewashings« bezichtigt wurde.[76]

Drei Jahre später ging der Vorwurf in die umgekehrte Richtung: »Blackwashing«. Zwar stand die Frage von Kleopatras Ethnizität nicht im Mittelpunkt der Serie. Gleichwohl hatten sich die Produzenten »absichtlich dafür entschieden, sie als Person mit gemischter ethnischer Zugehörigkeit darzustellen, um Theorien über Kleopatras mögliche ägyptische

Abstammung und die multikulturelle Natur des alten Ägyptens wiederzugeben«.[77] In Ägypten war die Empörung darüber groß. Eine Internet-Kampagne »Ägypten den Ägyptern« sammelte in kürzester Zeit Tausende von Unterschriften. Für Mostafa Waziri, den Leiter der Denkmalpflegebehörde, war die Darstellung der berühmten Königin als Schwarze nichts weniger als »eine Fälschung der ägyptischen Geschichte«. Das Ministerium für Altertümer veröffentlichte umgehend eine ausführliche Erklärung. Darin stellte es fest, dass Kleopatra »weiße Hautfarbe« und »hellenistische Gesichtszüge« gehabt habe.[78]

Innerhalb kürzester Zeit landete die Angelegenheit vor Gericht. Der ägyptische Rechtsanwalt Mahmoud al-Semary reichte die erste Klage noch vor der Ausstrahlung des Dokudramas ein. Nachdem er den Trailer gesehen hatte, bezeichnete er die Serie als »Verbrechen« und forderte, die Ausstrahlung von Netflix-Programmen in Ägypten einzustellen. Seine Anklageschrift zielte darauf, »die nationale und kulturelle Identität Ägyptens in der ganzen Welt« zu schützen.[79] Weitere Beschwerden bei der Staatsanwaltschaft, zum Teil von offiziellen Stellen formuliert, ließen nicht lange auf sich warten. Eine staatliche Fernsehanstalt stellte eine eigene Kleopatra-Serie in Aussicht, bei der die Rolle der Königin von einer hellhäutigen Darstellerin übernommen werden sollte.[80] Schließlich forderte ein Team aus Juristen und Archäologen in einem Brief an die UNESCO zwei Milliarden Dollar von Netflix als Entschädigung für die Verzerrung der »ägyptischen Identität«. Sie reichten Klage ein, um die ägyptische Regierung zu zwingen, alle dazu notwendigen diplomatischen Maßnahmen zu ergreifen.[81]

»Also, war Kleopatra schwarz?«, fragte Tina Gharavi, die

Regisseurin der Serie, die den Disput ausgelöst hatte. »Wir wissen es nicht mit Sicherheit, aber wir können sicher sein, dass sie nicht weiß war wie Elizabeth Taylor.«[82] Die Frage danach, ob Kleopatra Schwarz oder weiß war, wirkt auf den ersten Blick anachronistisch; sie sagt mehr über das politische Klima der Gegenwart aus als über die antike Vergangenheit, in der Hautfarbe keine zentrale Rolle spielte und anders als heute nicht mit Identitäten verbunden war.[83] Aber das Pochen der Kritiker auf historischen Fakten verdeckt, dass es darum eigentlich gar nicht geht. »In der HBO-Serie ›Rome‹ wurde eine der intelligentesten, kultiviertesten und mächtigsten Frauen der Welt als schäbige, ausschweifende Drogenabhängige dargestellt, doch Ägypten schien das nicht zu stören«, erinnerte sich Gharavi. »Wo war da die Empörung?«[84]

Der Auslöser der zweiten Debatte war eine Ausstellung in den Niederlanden, die das Nationale Museum für Altertümer (Rijksmuseum van Oudheden) im Frühjahr 2023 in Leiden eröffnete – etwa gleichzeitig mit der Ausstrahlung der Kleopatra-Serie. Unter dem Titel »Kemet« (der altägyptische Name für Ägypten bedeutet »schwarzes Land«, ein Bezug auf das fruchtbare Ackerland entlang des Nils) wurden Zeugnisse afrikanischer und afroamerikanischer Musiker und Musikerinnen gezeigt, die sich auf antike ägyptische Motive und Themen beziehen: Musikvideos, Konzertmitschnitten, Fotografien oder Schallplattencovern wurden Gegenstände aus der ägyptologischen Sammlung des Museums – Skulpturen ägyptischer Gottheiten, Goldschmuckstücke, Hieroglyphentexte und Pharaonen-Porträts – gegenübergestellt. Man sah Beyoncé und Rihanna als Nofretete auftreten, aber auch den Rapper Nas als Tutanchamun oder Eddie Murphy als Ramses II. Das Ziel war, die

Vielfalt der popkulturellen Bezüge auf die Zeit der Pharaonen sichtbar zu machen. »Es gibt Ägypter oder Ägypter in der Diaspora, die glauben, dass das pharaonische Erbe ausschließlich ihr eigenes ist«, erklärte der Kurator der Ausstellung Daniel Soliman, der selbst einen ägyptischen Hintergrund hat. »Das Bild vom alten Ägypten in der Musik, vor allem aus der afrikanischen Diaspora, von Schwarzen Künstlern in verschiedenen Stilen, Jazz, Soul, Funk, Hip-Hop, wurde lange Zeit ignoriert.«[85]

Auch in diesem Fall war die öffentliche Empörung in Ägypten groß. In den sozialen Medien setzte eine Protestlawine ein, deren Heftigkeit das Museum zeitweise zwang, seine Facebook-Seite zu schließen. Die ägyptische Boulevardzeitung *El Fagr* schrieb, die Ausstellung stelle »in hohem Maße eine Provokation dar«, denn sie beruhe auf »afrozentrischen Ideen, die dem ägyptischen Volk die antike ägyptische Zivilisation rauben wollen«.[86] Es dauerte nicht lange, bis auch die ägyptische Regierung reagierte. Man ließ das Museum in einer E-Mail wissen, dass man den »afrozentrischen« Ansatz der Ausstellung nicht toleriere, der als »Geschichtsfälschung« angesehen werden müsse.[87] Aber damit nicht genug: Dem Museum wurde mitgeteilt, dass die niederländische Lizenz für Grabungen in der altägyptischen Nekropole in Sakkara ab sofort entzogen sei. Die mit dem Museum verbundenen Archäologen und Archäologinnen hatten dort seit 1976 ununterbrochen wissenschaftliche Untersuchungen durchgeführt.[88]

Wie man an diesen beiden Kontroversen sehen kann: Hier geht es ums Ganze. Auch Nofretete ist nicht bloß ein Gegenstand der Wissenschaft, der Popkultur, der Ästhetik. Vor allem in Verbindung mit Fragen von Hautfarbe und *race*, aber auch vor dem Hintergrund des global verbreiteten anti-Schwarzen Rassismus ist sie zu einer Projektionsfläche für gesellschaftliche Auseinandersetzungen in der Gegenwart geworden. Warum ist das so? Hier spielen zahlreiche Faktoren hinein. In Ägypten wird die antike Kultur schon seit Jahrzehnten zur Legitimierung autoritärer Regimes eingespannt. Zudem dient sie dem Nation Branding, also der internationalen Imagepflege, die in Zeiten der Globalisierung, da Länder um Investitionen und Urlaubsgäste konkurrieren, immer wichtiger wird. Im Falle Ägyptens gehört dazu häufig auch die Distanzierung vom subsaharischen Afrika. Typisch dafür ist die Stellungnahme von Mahmoud al-Semary, dem Rechtsanwalt, der die Klagewelle gegen Netflix ausgelöst hat: »Bei allem Respekt für den afrikanischen Kontinent, zu dem wir geografisch gehören, waren sie (die Dynastie der Ptolemäer, der Kleopatra entstammte) nicht Teil des afrikanischen Volkes.«[89]

In Ägypten haben solche Gegenüberstellungen von Ägypten und Afrika immer auch eine innenpolitische Funktion. In ethnischer Hinsicht verstehen sich die Ägypter seit dem 20. Jahrhundert überwiegend als »Araber«, auch wenn diese Bezeichnung durchaus ambivalent ist und Spielraum für Interpretation lässt. Die Betonung des Unterschieds zwischen arabischer und afrikanischer Bevölkerung und die damit verbundene Ablehnung der Zuschreibung »schwarz« finden ihr Pendant in der gesellschaftlichen Marginalisierung der Nubier im Süden des Landes. Tausende Nubier wurden in den 1960er-Jahren im Zuge des Baus des Assuan-Staudamms enteignet. Ihre kulturellen Traditionen werden nur unzureichend geschützt und anerkannt. Im öffentlichen Leben sowie beim Zugang zur Gesundheitsversorgung und zum Arbeitsmarkt sehen sich Nubier häufig mit Vorurteilen konfrontiert. Die Konstruktion einer »ägyptischen« Identität, die sich seit dem späten 19. Jahrhundert so prominent auf die Zeit der Antike beruft, ging einher mit der Ausgrenzung von Minderheiten im Süden des Landes.[90]

VI.

GLOBALISIERUNG, RESTITUTION UND NOFRETETES ZUKUNFT

Politik, Schönheit, Sex

Die Büste der Nofretete, die nach ihrer ersten öffentlichen Präsentation vor einem Jahrhundert zu sofortiger Berühmtheit gelangte, ist auch heute noch eine Ikone mit weltweitem Wiedererkennungswert. Auf den ersten Blick scheint sich seit 1924 nicht viel geändert zu haben: Nach wie vor strömen Zehntausende auf die Museumsinsel in Berlin, um Nofretete im Original zu bestaunen; der Streit um das Eigentum an der Büste und eine mögliche Rückgabe an Ägypten ist nicht beigelegt, und der Wunsch nach Verhandlungen kommt regelmäßig wieder auf; Nofretete ist nach wie vor eine wichtige Einnahmequelle für Museen, Kosmetikfirmen und fliegende Händler – wie es scheint, ist alles mehr oder weniger beim Alten geblieben.

Vor allem Nofretetes Status als Inbegriff weiblicher Schönheit scheint die Zeiten unbeschadet überstanden zu haben. Einige Wissenschaftlerinnen und Experten haben sogar den Versuch unternommen, zu beweisen, dass die unverminderte Anziehungskraft der Nofretete-Büste im Objekt selbst begründet liegt. Nicht erst seit 1924, sondern im Grunde über die Jahrtausende hinweg, also auch schon im 14. Jahrhundert vor Christus, habe sie in ähnlicher Weise auf ihr Publikum gewirkt. Diese Theorien, die zumeist aus der Psychologie und den Naturwissenschaften stammen und sich auf die Analyse von riesigen Datenmengen stützen, gehen von der Annahme aus, dass der Sinn für Schönheit allen Menschen gemeinsam ist. Dementsprechend wird in der Attraktivitätsforschung angenommen, dass es objektive Merkmale sein müssen, die Nofretete eine dauerhafte und kulturübergreifende Anziehungskraft verleihen: Schlüsselreize, die die Ausschüttung von Sexualhormonen auslösen; das sogenannte Kindchenschema (ein rundliches Gesicht, ein kleines Kinn, rundliche Wangen); die Symmetrie des Gesichts. Das Fazit einer Archäologin: »Die Schönheit der Nofretete beruht auf Biologie und der Zahlenlehre.«[1]

Aber wie wir gesehen haben, kann die zeit- und raumübergreifende Schönheit Nofretetes nicht als gegeben angesehen werden. Vielmehr lässt sich ihre Attraktivität nur historisch erklären: Es waren ganz besondere Bedingungen in den 1920er-Jahren, die dazu führten, dass ein jahrtausendealtes Kunstwerk innerhalb von kurzer Zeit zu einem weithin anerkannten ästhetischen Standard werden konnte. Immerhin waren sich zu Beginn nicht einmal die Experten über den ästhetischen und kunsthistorischen Wert der Büste einig. Das lässt sich gut an den ägyptologischen und kunsthistorischen Expertisen ablesen, die die deutsche Regierung sowohl in den späten 1920er- als auch in den frühen 1950er-Jahren einholte. Beide Male ging es um ägyptische Rückgabeforderungen und das Angebot, Nofretete gegen einen anderen Gegenstand aus dem Bestand des Museums in Kairo zu tauschen; und beide Male erhielt die Regierung die einmütige Antwort, dass ein Austausch der Büste gegen andere Objekte durchaus eine gute Idee sei. Schließlich gebe es »ägyptische Kunstwerke, die von Fachleuten für wertvoller und begehrenswerter gehalten werden als die Nofretete«.[2]

Es waren nicht ihre intrinsischen ästhetischen Eigenschaften, sondern vor allem die öffentliche Popularität der Königin, die gegen ihre Rückkehr sprach; es war ihr Status als Ikone, der die Restitution schließlich verhinderte. Tatsächlich kann man sagen, dass nicht zuletzt das lange Tauziehen und öffentliche Gerangel um die Büste sie noch bedeutender erscheinen ließ. Schon die Zeitgenossen verstanden, dass Nofretete »erst durch diese Streitigkeiten berühmt, populär und wertvoll geworden ist«.[3] Noch wichtiger für ihren Weltruhm war die Verbindung zu den verschiedenen Erzählungen, die Nofretete und Amarna sowohl mit nationalen Identitäten als auch mit Theorien der Moderne in Beziehung setzten. Nofretete, wie wir sie kennen, wurde nicht einfach ausgegraben: Sie wurde gemacht.

Nofretetes Karriere – vom archäologischen Fundstück zur globalen Ikone – passt gut zu der Veränderung des kulturellen Gedächtnisses, das Historikerinnen wie Anne Eriksen beschrieben haben. Sie hat nachgezeichnet, wie sich unterschiedliche Paradigmen der kulturellen Erinnerung – von der Antiquität über das Monument bis zum kulturellen Erbe – abgewechselt haben. Eriksen spricht in Anlehnung an den französischen Historiker François Hartog von drei »Regimes der Historizität«, also drei Ansätzen, Vergangenheit und Gegenwart in Bezug zu setzen. Im 18. Jahrhundert wurden Antiquitäten, insbesondere alte klassische Texte, vor allem ihres Alters wegen gesammelt. Sie galten aber nicht als vergangen, sondern als Zeugen einer Vergangenheit, die auch noch in der Gegenwart wirkte. Im 19. und frühen 20. Jahrhundert hingegen wurden historische Überbleibsel zu Monumenten (im Sinne von Denkmälern), die dokumentierten, wie weit sich die Gegenwart von der Vergangenheit gelöst hatte; sie öffneten den Blick auf den Fortschritt und Wandel, der die dynamische Gegenwart ausmachte. Gleichzeitig ließen sich auf diese Weise historische Kontinuitäten nachzeichnen.

Das dritte Zeitregime, dasjenige der postmodernen Gegenwart, steht im Zeichen der *Heritage*, des kulturellen Erbes. Die heutige Resonanz der Nofretete-Büste fügt sich gut in diese Logik ein. Der Kern des *Heritage*-Gedankens besteht darin, dass der Wert von überlieferten Gegenständen nicht durch ihr Alter (Antiquitäten) oder ihren historischen Stellenwert (Monumente) bestimmt wird, sondern einzig durch unser Interesse an ihnen. Ihre Bedeutung wird also nicht in der Vergangenheit gestiftet, sondern allein in der Gegenwart hergestellt. Auf diese Weise wird die Kluft zwischen Vergangenheit und Gegenwart eingeebnet – wie wir das am Motiv der »Zeitlosigkeit« von Nofretetes Schönheit bereits kennengelernt haben: Gegenstände aus der Vergangenheit können unmittelbar zu uns sprechen, als ob nicht mehr als drei Jahrtausende zwischen Nofretetes Krönung und dem *Coachella Valley Music and Arts Festival* liegen. Demnach wurde Nofretete nicht aufgrund ihres Alters zu einem kulturellen Erbe, sondern weil es Akteure gibt – Beyoncé, ägyptische Nationalisten, Afro-Brasilianerinnen etc. –, die sich heute auf sie berufen und sozusagen ihr Erbe antreten wollen. Umgekehrt speist sich die Autorität, die der Bezug auf die ägyptische Königin diesen Akteuren verleiht, daraus, dass Nofretete tief in der Geschichte verwurzelt ist.[4]

Jedenfalls: Im Laufe ihrer ein Jahrhundert währenden, weltumspannenden Karriere haben sich die Vorstellungen, die sich die Menschen von der ägyptischen Königin machen, verändert.

Zugleich haben sie sich vervielfacht. Das eigentliche Objekt – die Büste im Neuen Museum in Berlin – ist natürlich identisch geblieben; aber von Ort zu Ort wurde sie auf je unterschiedliche Weise mit lokalen Traditionen, aber auch – Beispiel: *Female Empowerment* – mit Visionen einer besseren Zukunft verknüpft. So gesehen gibt es inzwischen nicht mehr nur eine, sondern viele Nofretetes – die wiederum nicht getrennt voneinander existieren, sondern miteinander in Beziehung stehen. So hat man Nofretete in je unterschiedlicher Weise für den ägyptischen Nationalismus, den deutschen Kosmopolitismus, das bengalische Sonderbewusstsein innerhalb Indiens, für afrikanische Unabhängigkeitsbewegungen oder die brasilianische Staatsgründung, als Ikone Schwarzer Schönheit und Symbol afroamerikanischer Ansprüche auf Gleichberechtigung vereinnahmt, um nur die wichtigsten Beispiele zu nennen.

Ein Ergebnis dieser vielfachen Aneignung ist die zunehmende Aufladung des Nofretete-Bildes mit politischer Bedeutung. Lange Zeit war das anders: Nofretetes Ruhm beruhte auf ihrem Ruf als makellose und universelle Schönheit. In der Tat war die weitgehende Reduktion auf ihr Aussehen eines der charakteristischen Merkmale ihrer globalen Popularität. Dabei wurde sie aus der Kultur und den Umständen, unter denen sie tätig war, vollkommen herausgelöst. Gewiss: Es gab immer auch Bestrebungen, sie für politische Zwecke einzuspannen, von den Feministinnen der Zwischenkriegszeit bis zu völkischen Schriftstellern oder der Nation of Islam. Aber viel häufiger wurde ihr Name in Anspruch genommen, um eine Kosmetikfirma, einen Lippenstift oder den sogenannten Nefertiti Lift zu bewerben – eine Behandlung mit Botox, um der Kieferpartie straffere Formen zu verleihen. Nofretete ist zur Chiffre für makelloses Äußeres geworden.

Dabei war diese Reduktion auf ihr Aussehen keineswegs selbstverständlich: Schließlich war Nofretete eine der einflussreichsten Personen im mächtigsten Imperium ihrer Zeit. Sie übernahm Aufgaben, die zuvor ausschließlich männlichen Königen vorbehalten waren. An der großen kulturgeschichtlichen Revolution ihrer Zeit war sie maßgeblich beteiligt. Sie war mithin selbst eine Revolutionärin. Diese politische Rolle ging aber in der öffentlichen Wahrnehmung weitgehend verloren. Welch ein Unterschied im Vergleich etwa zu einer anderen globalen Ikone des 20. Jahrhunderts, Che Guevara. Auch dessen Popularität hatte viel mit seinem Aussehen zu tun. Die berühmte Ablichtung des kubanischen Fotografen Alberto Korda, die ihn zur Ikone der Protestbewegung von 1968 machte, zeigt ihn als »guerrillero heroico«, dessen Appeal nicht zuletzt seiner Maskulinität geschuldet war. Wer mit dem Porträt von Che auf dem T-Shirt herumlief, trug immer auch dieses Symbol der Männlichkeit mit sich herum, aber dabei ging die politische Dimension keineswegs verloren. Protest und politische Rebellion werden häufig mit männlichen Charakterzügen assoziiert; das mag damit zusammenhängen, dass Frauen seltener die Rolle von politischen Ikonen übernehmen.[5] So auch im Fall der Nofretete: Ihre weltweite Verbreitung evozierte nicht die Revolutionärin und Mitbegründerin einer neuen Religion, sondern reduzierte sie zumeist auf die Rolle als schöne Frau.

Im 21. Jahrhundert scheint sich das zu ändern: Immer häufiger kann man Fälle beobachten, in denen Nofretete auch als politische Akteurin in Anspruch genommen wird. Die Graffiti von El-Zeft in Ägypten während der Revolution von 2011 sind dafür das beste Beispiel; die Bezugnahme auf Nofretete als Symbol afrobrasilianischer Emanzipation ist ein weiteres. Hinzu kommt ein Trend, den man vor allem unter afroamerikanischen Popstars ausmachen kann: eine politische Vereinnahmung, die mit einer zunehmenden Sexualisierung der Königin Hand in Hand geht. Man könnte sagen, dass die Fokussierung auf ihre Schönheit zunächst mit der Entpolitisierung von Nofretete einherging (also mit der Marginalisierung ihrer Rolle als Machthaberin und religiöse Revolutionärin). Erst ihre Aufladung als sexualisierte Figur ermöglichte dann in einem zweiten Schritt, dass ihr auch wieder eine politische Rolle zugeschrieben wurde – aber in erster Linie nicht als Königin, sondern als selbstbestimmtes sexuelles Subjekt.[6]

Die sexuelle Aufladung der Nofretete-Figur hat in den letzten Jahren ganz neue Züge angenommen. Zwar gab es schon früh Anspielungen auf den »Sex-Appeal im Museum«, den Nofretete verbreite.[7] Auch »die Exotik in ihrer Erscheinung und der geheimnisvolle Reiz, der von diesen braunen Zügen ausging«, wurden herausgestellt.[8] Von Anfang an wurde die Rezeption der königlichen Büste auch von leicht anzüglichen Bemerkungen begleitet. »Trügest du statt der hohen blauen Königskrone einen modernen Hut und schrittest über den Kurfürstendamm mit deinem Sex Appeal«, schrieb beispielsweise der Schriftsteller Victor Ottmann 1930, »so würde man dich vielleicht für eine Filmdiva halten.«[9] Aber diese Anspielungen blieben doch vereinzelt und hatten häufig einen eher ironisch-scherzhaften Charakter. Üblicher war die Assoziation mit Kühle, Distanz, Unnahbarkeit. Nofretete galt als »klug, beseelt und durchgeistigt«,[10] sie erschien als »auf asketische

Weise schön«.[11] Noch 2004 bekannte die Ägyptologin Joann Fletcher: »Die berühmte Büste lässt mich völlig kalt. [… Sie] hat mich immer verunsichert, ja sogar ein wenig erschreckt mit ihrem Ausdruck von kaum verhohlener Verachtung.«[12]

Hier hat in den vergangenen Jahren eine deutliche Veränderung eingesetzt. Künstlerinnen wie Beyoncé oder Rihanna setzen das Image von Nofretete ganz explizit für eine sinnlich aufgeladene Selbstinszenierung ein. Diese bislang weitgehend unbekannte Seite der Königin geht Hand in Hand mit ihrer immer stärkeren Vermarktung und Kommerzialisierung. Auch für Nofretete gilt: *Sex sells*. Aber um Verkauf und Gewinn allein geht es dabei nicht. Der Einsatz einer entschieden erotisierten Nofretete-Figur ist immer auch ein politisches Statement. Sie dient sowohl als Symbol für *Black Power* als auch als Modell für größere weibliche Selbstbestimmung, die sich auch auf das Feld des Sexuellen erstreckt. Das solcherart erneuerte Bild der Königin passt zu neueren Formen des Feminismus, in denen das Bild von sich frei entscheidenden, unternehmerischen Frauen, das sich auch auf die aktive Rolle als Sexualsubjekt erstreckt, auf breite Akzeptanz stößt.[13]

In der Figur der Nofretete kreuzen sich also zahlreiche, zum Teil miteinander konkurrierende Erwartungen und Ansprüche; genau das macht ihren Weltruhm aus. Die vielen verschiedenen Weisen, das Bild der ägyptischen Königin zu beschwören, machten sie in der ganzen Welt zu einem Symbol und verschafften ihr globale Resonanz. Viele Betrachtungen mochten sich auf Nofretete und »Ägypten« beziehen – aber sie verbanden damit jeweils eigene, zum Teil gegenläufige Ziele. Paradoxerweise war es gerade diese Vielfalt der Bezugnahmen, die in ihrer Gesamtheit dazu führten, dass das charakteristische

Profil mit der blauen Krone mehr oder weniger bis in den letzten Winkel der Erde als eine Ikone der Schönheit verstanden wurde. Mehr noch: Sogar die Stilisierung der Nofretete als Gegenentwurf zu den westlichen ästhetischen Standards führte letzten Endes dazu, die seit den 1920er-Jahren in Europa propagierte Vorstellung von der Universalität ihrer Schönheit umso fester zu verankern.

Vom imperialen zum globalen Zeitalter

Das bringt uns zu der spannenden Frage, wie sich Nofretetes Entwicklung zur globalen Ikone in den Zusammenhang der Globalisierung einordnen lässt. Denn der Wandel der Deutungen hatte ja nur wenig mit der ägyptischen Königin selbst zu tun. Es waren nicht etwa immer neue archäologische Erkenntnisse über das Leben und die Regentschaft Nofretetes, die dazu geführt hätten, dass ihr Bild sich wandelte. Vielmehr war es die jeweilige Gegenwart im 20. und 21. Jahrhundert, die sich veränderte und in der Folge auch Nofretete in ein jeweils anderes Licht tauchte. Schließlich wäre ihre rasche Verbreitung über die Kontinente hinweg ohne die immer engere Vernetzung der Welt seit Beginn des 20. Jahrhunderts kaum möglich gewesen. Die Art und Weise, wie das Nofretete-Bild sich dabei wandelte, hatte daher auch mit der sich verändernden kulturellen Logik der Globalisierung zu tun.

Wenn wir uns also fragen, wie – und warum – sich das Nofretete-Bild zwischen 1924 und 2024 verändert hat, dann fallen vor allem zwei Entwicklungen ins Auge: zum einen der Übergang von der Zwischenkriegszeit, als noch europäische Kolonialreiche die Welt beherrschten, zum späten 20. und frühen

21. Jahrhundert, einer Zeit, die vor allem auf kulturellem Gebiet durch den großen Einfluss der nordamerikanischen Kulturindustrie geprägt ist; zum anderen der Übergang vom imperialen zum globalen Zeitalter.

Um mit dem ersten Punkt zu beginnen: Zu Beginn des 20. Jahrhunderts war die Weltordnung noch von den großen europäischen Mächten dominiert. Zwar zeigten sich bereits erste Risse: Der Erste Weltkrieg mit seiner beispiellosen Zerstörung hatte das Renommee Europas als Speerspitze der Zivilisation erschüttert. Gleichwohl konnte auch nach seinem Ende 1918 von Dekolonisierung noch keine Rede sein; die großen Kolonialreiche blieben intakt und wurden sogar noch ausgeweitet. Das Machtgefälle zwischen Europa und der kolonisierten Welt blieb enorm. Vor diesem Hintergrund war es alles andere als unbedeutend, wer die Nofretete-Büste entdeckte und wo sie ausgestellt wurde. Was wäre wohl passiert, wenn ein rein ägyptisches Grabungsteam auf die Werkstatt des Thutmosis gestoßen wäre? Mit großer Wahrscheinlichkeit wäre das internationale Echo deutlich geringer ausgefallen. Gewiss: Deutschland hatte den Krieg und auch seine Kolonien verloren. Dennoch profitierte die Nofretete-Büste in den 1920er-Jahren noch vom Prestige der deutschen Kultur und von der kommunikativen Wucht der europäischen Mediennetzwerke, die das Bild der ägyptischen Königin in alle Welt trugen.

Am Beginn des 21. Jahrhunderts hat sich die Lage grundlegend gewandelt. Die europäischen Kolonialreiche sind längst Geschichte; die Weltordnung der Nachkriegszeit war vom Aufstieg der Vereinigten Staaten geprägt: zunächst im Rahmen der vom Kalten Krieg geteilten Welt, seit 1990 dann (bis zu Chinas

Aufstieg in den letzten Jahren) nahezu konkurrenzlos. Dieser Wandel war der Hintergrund, vor dem auch der gegenwärtig so prominente Einsatz von Nofretete als Symbol für *Black Power* betrachtet werden muss. Denn die Position der USA als globale Führungsmacht brachte es mit sich, dass zentrale Themen der inneramerikanischen Diskussion rasch auch in anderen Teilen der Welt rezipiert wurden. Dazu gehörte beispielsweise die wachsende gesellschaftliche Bedeutung der Debatte über Rassismus und *race*, die sich im Gefolge der Bürgerrechtsbewegung auch außerhalb der USA bemerkbar machte. Seit den 1960er-Jahren mobilisierten afroamerikanische Aktivisten und Künstlerinnen zunehmend afrikanische Traditionen für ihren Kampf um Gleichberechtigung – darunter eben auch die Nofretete-Büste.

Im 21. Jahrhundert haben dann vor allem afroamerikanische Popstars und Celebrities die Figur der Nofretete aufgegriffen, was angesichts der Internationalisierung der Kulturindustrie zu einer weltweiten Verbreitung führte. Die Internet-Technologie löste ihr Bild endgültig von jedem physischen Ort und machte sie überall zugänglich – und erzeugte dadurch ein weithin geteiltes Gefühl von Globalität. Die weltweite Verbreitung des Bildes der Nofretete als Schwarzer afrikanischer Königin, das ja nicht zuletzt als Protest gegen weiße Schönheitsideale inszeniert wird, stützt sich letzten Endes auf die politische und kulturelle Hegemonie des Westens, vor allem der USA.

Kommen wir zum zweiten Punkt, dem Übergang vom imperialen zum globalen Zeitalter. Dieser Wandel ist für uns interessant, weil damit auch eine Veränderung der Art und Weise einherging, wie kulturelle Güter auf weltweite Resonanz stoßen. Die Ausgrabung in Amarna im Jahr 1912 und die erste öffentliche Ausstellung der Büste zwölf Jahre später fielen in die Hochphase der imperialen Epoche. In dieser Zeit wurde Nofretete von den europäischen Gelehrten und Experten als Ausdruck eines ästhetischen Standards verstanden, der weltweit gültig war. Die Annahme universaler Standards, die für alle gleichermaßen gültig sind, passte gut zur Rhetorik der »Zivilisierung«, mit der die europäischen Staaten ihre imperialistische Politik rechtfertigten. Das Konzept stellte in Aussicht, dass sich früher oder später alle Gesellschaften in dieselbe Richtung entwickeln und den modernen europäischen Gesellschaften annähern würden. Die Kolonisatoren versprachen also (genauer gesagt: gaben vor), die kolonialen Untertanen zu »erziehen« und zu »heben« und auf diese Weise letztlich alle kulturellen Differenzen einzuebnen.

Um 1900 bedeutete die Orientierung an einem universalen Standard also, Unterschiede verschwinden zu lassen. Ein Jahrhundert später war das Gegenteil der Fall. Die Situation hatte sich nun vollkommen gewandelt: Nach der Dekolonisierung und dem Ende des Kalten Krieges hatte der Imperialismus dem Zeitalter der Globalisierung Platz gemacht. Etwas vereinfacht gesagt: Während die imperialistische Politik noch vornehmlich von Staaten ausging, waren es nun die Märkte, die für einen großen Teil der globalen Dynamik verantwortlich waren. Die Logik von Angebot und Nachfrage sorgte dafür, dass es nun häufig gerade das Besondere, das Einzigartige war, was sich besonders gut vermarkten ließ. Im Industriezeitalter waren genormte, standardisierte Produkte typisch; die Differenzierungsmöglichkeiten blieben in der Zeit der industriellen Massenproduktion begrenzt. Das ist nun anders: In der postmodernen, globalen Welt verfügt das Unikat, das Ausgefallene über einen eigenen Marktwert – da Waren nicht mehr unterschiedslos für alle, sondern jeweils für ein spezielles Publikum vermarktet werden können. Nicht mehr Gleichheit, sondern Vielfalt wurde im Zeitalter der Globalisierung zum Verkaufsargument – beispielsweise der persönlich gestaltete Sneaker mit individuellem Design.

Diese Verschiebung lässt sich auch an der veränderten Wertschätzung für Nofretete gut beobachten. Heute wird ihr Bild häufig explizit mit dem Ziel mobilisiert, die Existenz allgemeingültiger (aber in der Praxis häufig westlicher und weißer) Standards infrage zu stellen. An die Stelle der Nofretete als globaler Schönheitsstandard tritt nun eine Nofretete, deren Einzigartigkeit in den Vordergrund gerückt wird: als Frau mit politischer Macht; als Symbol für Afrika als Pionier der Zivilisation; als Verkörperung von *Black Power*; als Symbol für Diversität.

Ein Blick auf zwei Titelbilder der Modezeitschrift *Vogue* ist geeignet, diese Veränderung anschaulich zu machen. Beide zeigen eine moderne Inkarnation der Nofretete und bringen damit die jeweilige kulturelle Logik zum Zeitpunkt ihrer Veröffentlichung gut auf den Punkt. Im November 1964 schmückte Audrey Hepburn das Cover der Zeitschrift. Hepburn war einer der Stars des goldenen Zeitalters von Hollywood und Inbegriff weißer Schönheitsvorstellungen. Für das Titelbild von Cecil Beaton posierte sie mit einer Givenchy-Kopfbedeckung und zeigte einen schlanken, lang gestreckten Hals, um den »Nofretete-Effekt« hervorzurufen. Hepburn wurde häufig mit der ägyptischen Königin verglichen. »Diese schlanke, kleine Person mit den geflügelten Augenbrauen und dem Nofretete-Kopf und Nofretete-Hals«, hieß es im Leitartikel der *Vogue*, ist »das

Wonder Girl der Gegenwart«; sie habe »einen neuen Schönheitsstandard etabliert«.[14]

Fünf Jahrzehnte später ließ sich die Sängerin und Schauspielerin Rihanna für das Titelbild der *Vogue Arabia* fotografieren. Rihannas Identifikation mit Nofretete dauerte schon einige Jahre an; seit 2012 trägt sie eine Tätowierung der Nofretete-Büste auf ihrer Brust. Ägyptische Symbolik spielt überhaupt bei ihrem Körperschmuck eine große Rolle: Sie hat auch die ägyptische Göttin Isis und einen ägyptischen Falken auf ihrer Haut verewigen lassen. Im Jahr 2017 trat sie in dem Luc-Besson-Film *Valerian – Die Stadt der tausend Planeten* auf, in dem die von ihr gespielte Figur in einer Schlussszene das Aussehen der Nofretete annimmt. Das *Vogue*-Cover, das im November desselben Jahres erschien, hatte mithin viel mit Rihanna und ihrer langjährigen Beschäftigung mit der antiken Königin zu tun.

Ein Vergleich der beiden Titelbilder macht die Veränderungen zwischen der Zeit, in der die kulturelle Dominanz der westlichen Moderne noch selbstbewusst inszeniert wurde, und der globalisierten Gegenwart rasch offenkundig. Im Gegensatz zu Audrey Hepburn ein halbes Jahrhundert zuvor zeigt Rihanna Nofretete ausdrücklich als Schwarze Herrscherin und als Vorbild für *Black Empowerment*. Sie erscheint hier auch nicht mehr als allgemeingültiger Standard, sondern als Verkörperung einer besonderen, Schwarzen (insbesondere afroamerikanischen) Kultur. Es ist daher kein Zufall, dass der Chefredakteur von *Vogue Arabia*, Manuel Arnaut, Rihanna in seinem Leitartikel nicht nur als eine der »starken und dynamischen Frauen, die die Welt verändern« bezeichnete; zugleich würdigte er sie auch – mit einer Formulierung, in der die Marktlogik des globalen

Zeitalters deutlich hervortritt – als eine »Verfechterin der Diversität«.[15]

Nofretetes moderne Karriere wird also erst vor dem Hintergrund der sich verändernden kulturellen Logik der Globalisierung ganz verständlich. Viele der kulturellen Muster der Hochmoderne, die von der Annahme einheitlicher Entwicklungspfade und für alle gleichermaßen gültiger (bzw. allen aufgezwungener) Standards gekennzeichnet war, haben in der Gegenwart ihren Einfluss verloren. Im heutigen neoliberalen Zeitalter sind Bild und Image der Nofretete zu einer Ware geworden, die auf einem Markt angeboten wird, der eher das Einzigartige und Besondere prämiert – auch wenn das nicht heißt, dass alle Hierarchien der früheren, imperialistischen Epoche einfach verschwunden wären.

In zweifacher Hinsicht erinnert also die gleichzeitige Existenz vieler konkurrierender Nofretetes an die kulturellen Trends, die die gegenwärtige Globalisierung kennzeichnen. Zum einen entspricht sie der Art und Weise, wie nach dem Ende des Kalten Krieges politische Konflikte auf dem Feld der Kultur ausgetragen wurden. Um die Jahrtausendwende war die Theorie weit verbreitet, dass die Welt nach dem Ende ihrer Zweiteilung im Ost-West-Konflikt nun in einen »Kampf der Kulturen« eintreten würde. Eine andere These besagte, dass die einheitliche, westliche Moderne nun von *multiple modernities*, von einer Vielzahl moderner Gesellschaftsentwürfe abgelöst werden würde. Dazu passte, dass auch Nofretete immer mehr für bestimmte Kulturen in Anspruch genommen wurde: die Berliner, die ägyptische, die afroamerikanische Nofretete und viele mehr.

Zum anderen fügt sich die Inszenierung der Nofretete, wie

sie etwa bei Beyoncé und Rihanna beobachtet werden kann, in den Übergang von der »Logik des Allgemeinen« zur »Logik des Besonderen«, wie sie Andreas Reckwitz für spätmoderne Gesellschaften beschrieben hat. Gemeint ist damit eine besondere Wertschätzung für das Einmalige, das Außergewöhnliche, mit dem Einzelpersonen oder auch ganze Nationen ihre Individualität oder *personality* unter Beweis stellen. Auch die Aneignung der Nofretete entspricht diesem Wunsch nach persönlicher Authentizität und individualisierter Ästhetik in einer »Gesellschaft der Singularitäten«.[16]

Wie wir gesehen haben, bedeutet dies jedoch nicht, dass die Marktlogik die Art und Weise, wie Nofretete angeeignet wurde, in jedem Fall vollständig bestimmt hat. Man wird kaum sagen können, dass die Ikone lediglich eine Ware geworden ist, ein kapitalistisches Produkt. Wenn sie heute zitiert und ihr Bild aufgerufen wird, dann geschieht das mit ganz unterschiedlichen Zielsetzungen: Es geht wahlweise um das Empowerment unterprivilegierter Gruppen, um Geschlechterrollen und Sexualität, um sozialen Status, um das Infragestellen ästhetischer und rassistischer Hierarchien. Gewiss: Beyoncé beispielsweise verkauft mit dem Nofretete-Image auch ihre Musik, ihre Konzerttickets und ihre Modekollektion. Aber das ist nur die eine Seite, denn gleichzeitig verfolgt sie auch gesellschaftliche und politische Ziele.

Dabei werden herkömmliche Standards und Hierarchien immer wieder über Bord geworfen. Auch Nofretete, die bislang der Hochkultur zugerechnet wurde und vor allem einem Museumspublikum zugänglich war, wird nun von der Welt der Popkultur zitiert und vereinnahmt. Mithilfe des Internets und der sozialen Medien werden die Bilder, in denen populäre Celebrities und die antike Nofretete miteinander verschmelzen, in der ganzen Welt unmittelbar zugänglich. Auch zu Beginn des 21. Jahrhunderts ist Nofretete, wie schon ein Jahrhundert zuvor, eine globale Ikone. Aber sie ist es heute auf ganz andere Weise.

Vereinnahmung und Restitution

Dreieinhalb Jahrtausende sind seit Nofretetes Tod vergangen. Die Geschichte ihrer Rezeption dagegen ist noch vergleichsweise kurz. Ihre weltweite Wirkung dauert erst seit einem Jahrhundert an. Wie wir gesehen haben, hat ihr Bild in dieser Zeit bereits einen markanten Wandel durchlaufen. Wie wird es sich in Zukunft verändern? Wer wird Ansprüche auf sie erheben? Wird die Büste Berlin noch einmal verlassen?

Ein Resultat ihrer globalen Strahlkraft ist die stetig zunehmende politische Vereinnahmung der Pharaonin. In Deutschland wird häufig auf ihre Instrumentalisierung in Ägypten verwiesen, wo der Glanz des antiken Reichs für die Legitimierung der autoritären Regierungen des 21. Jahrhunderts herangezogen wird – ein Grund mehr, sich der Forderung nach Rückgabe der Büste zu widersetzen. Aber auch in Deutschland wird Nofretete politisch eingesetzt. Als beispielsweise die Grünen 1999 für eine geschlechtergerechte und weltoffene Gesellschaft warben, zeigten die Plakate mit der Parole »Starke Frauen für Berlin« ein großes Bild der Nofretete – und zwar mit grünem Lippenstift. Auch die Kampagne »Das ist Berlin« der *Berliner Morgenpost* im Jahr 2010 bediente sich der ägyptischen Königin, um das Bild einer weltoffenen, diversen und kosmopolitischen Stadt aufzurufen. Unter dem Foto der Nofretete-Büste hieß es: »Berlin ist, wenn die schönste Bewohnerin Migrationshintergrund hat.«

Und auch staatliche Institutionen nutzen das Image der Königin, um die eigene Weltläufigkeit unter Beweis zu stellen. Die Inszenierung der Bundesrepublik als kosmopolitische Gesellschaft lässt sich im – höchst umstrittenen – Berliner Humboldt Forum in Augenschein nehmen. Aber auch Nofretete – unangefochtener Star der benachbarten Museumsinsel – wird für das Image Berlins als Hauptstadt eines weltoffenen, migrationsfreundlichen, kosmopolitischen Landes eingesetzt. Sie wird als Symbol für das kulturelle Welterbe vermarktet, für die friedliche und wissenschaftliche Auseinandersetzung mit der Welt, für die die Bundesrepublik stehen will. Ihr Standort auf der Museumsinsel ist dabei durchaus symbolisch: Die öffentliche Diskussion in Berlin ist durch eine regelrechte »Inselmentalität« gekennzeichnet, wie die Kulturhistorikerin Mirjam Brusius festgestellt hat, indem die Exponate auf der Museumsinsel weitgehend von den kolonialismuskritischen Debatten um das Humboldt Forum isoliert werden.[17]

Das zeigte sich auch 2019, als den Gebäuden der Museumsinsel ein neues Besucherzentrum hinzugefügt wurde. Es ist dem Andenken an James Simon gewidmet, der die Grabungen in Amarna finanziert hatte. In der Selbstdarstellung der Stiftung Preußischer Kulturbesitz wird er als Lichtgestalt der Museumslandschaft präsentiert: »Philanthrop, Mäzen, Patriot und jüdischer Weltbürger. James Simon förderte die Bildung breiter Schichten und half den sozial Schwachen. Ihm verdanken die Berliner Museen die Nofretete und andere unermessliche Schätze. Er stand für einen Gemeinsinn, der 1933 gewaltsam zerstört wurde.« Kein Wort von den mittels unfreier Arbeit betriebenen Baumwollplantagen, denen Simon sein Vermögen verdankte, oder von den kolonialen Bedingungen, unter denen die Grabungen stattfanden. Stattdessen wird an die jüdischen Traditionen in Deutschland erinnert – die James-Simon-Galerie stellt insofern auch ein Gegengewicht zum Bode-Museum dar, benannt nach dem langjährigen Generaldirektor der Staatlichen Museen, der für seine antisemitischen Äußerungen bekannt war, die, in den Worten der Stiftung, »für uns heute unbegreiflich« sind.[18] Auf diese Weise wird für die Berliner Republik eine postnationale, kosmopolitische Identität reklamiert, die sich durch Distanzierung vom Regime des Nationalsozialismus definiert – dabei aber Deutschlands koloniale Vergangenheit aus dem Blick verliert.[19]

Die Vereinnahmung der Nofretete für politische oder identitätsstiftende Zwecke ist also keineswegs ein ägyptisches Monopol. Vor diesem Hintergrund erklärt sich auch die Heftigkeit der Reaktionen auf die Forderung nach Restitution. Es bedarf keiner prophetischen Gaben, um vorauszusagen, dass die lange Liste der ägyptischen Initiativen, durch diplomatischen oder öffentlichen Druck die Rückkehr der Büste an den Nil zu erreichen, auch in Zukunft ihre Fortsetzung finden wird. In den letzten Jahren ist die Diskussion über die Rückgabe kultureller Güter in eine neue Phase eingetreten. Der Druck aus dem aktivistischen, künstlerischen und wissenschaftlichen Umfeld, etwa durch die »Initiative Schwarze Menschen in Deutschland«, spielt dabei eine wichtige Rolle. In dem vom französischen Präsidenten Emmanuel Macron in Auftrag gegebenen und im November 2018 veröffentlichten Bericht über die Restitution afrikanischer Kulturgüter wurde das moralische Recht auf Rückgabe dokumentiert; die französische Regierung gab noch im selben Monat die ersten 26 Kunstwerke an Benin zurück. Die in Berlin lehrende Kunsthistorikerin Bénédicte Savoy, Mitverfasserin des Berichts, erkannte in dieser Entwicklung eine grundlegende Wende: »Das 21. Jahrhundert wird das Jahrhundert der Restitution sein.«[20]

Auch Deutschland kann sich dem neuen Zeitgeist nicht entziehen. Innerhalb kürzester Zeit wurden Positionen geräumt, die bislang als unverhandelbar galten. Die Bundesregierung und zum Teil die Länder stellten Budgets bereit, um die Provenienzforschung zu unterstützen und die Wege, auf denen Kunstwerke in den Besitz deutscher Museen gelangt sind, zu erkunden. Von den Hunderttausenden von Objekten, die in den Depots der Museen lagern, wusste man häufig nicht, wie sie dorthin gekommen waren – und oft nicht einmal, dass es sie überhaupt gibt. Die Beweislast hat sich inzwischen umgedreht: Mussten ehemalige Kolonien bislang nachweisen, dass Objekte unrechtmäßig nach Europa gelangt waren, sehen sich die Museen heute verpflichtet, selbst deren Herkunft präzise aufzuarbeiten.[21]

Auch die Bundesregierung ist mittlerweile dazu übergegangen, erste Objekte zurückzugeben. Vertreterinnen der deutschen und der nigerianischen Regierung unterzeichneten am 1. Juli 2022 die »Erklärung über die Rückgabe von Benin-Bronzen und bilaterale Museumskooperation«, und Außenministerin Annalena Baerbock reiste gemeinsam mit Kulturstaatsministerin Claudia Roth noch im Dezember des Jahres nach Lagos, um die ersten 22 Benin-Bronzen an die nigerianische Regierung zu übergeben. Durch die Restitution »stellen [wir] uns – endlich muss man sagen – unserer Kolonialgeschichte«, erklärte Baerbock, um dann in leicht paternalistischem Ton fortzufahren: »Wir sorgen für das kulturelle Erbe, die kulturelle Geschichte Afrikas.«[22]

Welche Auswirkungen wird dieses neue Klima, in dem an die koloniale Epoche erinnert und über die Rückgabe von Kulturgütern debattiert wird, für Nofretete haben? Keine, wenn man den Vertretern der Stiftung Preußischer Kulturbesitz folgen will, in deren Besitz sich die Büste befindet. Die systematische Trennung der Nofretete-Büste von der allgemeinen Diskussion um die Restitution von Kulturgütern war seit jeher Politik des Hauses und ist es weiterhin. Als 2012 eine öffentliche Veranstaltung zum Thema Raubkunst und Rückgabe unter der Überschrift »Nofretete« angekündigt wurde, sagte der ehemalige Direktor des Ägyptischen Museums in Berlin, Dietrich Wildung, seine Teilnahme mit der Begründung ab, es handele sich um einen populistischen Titel; Nofretete und Restitution – das seien zwei Themen, die nichts miteinander zu tun hätten.

Auch ein Jahrzehnt später ist es grundsätzlich bei dieser Position geblieben. So erklärte sich Hermann Parzinger, der Präsident der Stiftung, mit der Rückgabe der Benin-Bronzen einverstanden, die durch Gewalt nach Europa gekommen waren; im Fall der Nofretete beharrt er jedoch auf der Legitimität der Erwerbung, »die dem damaligen Recht entsprach«.[23] Die Direktorin des Ägyptischen Museums, Friederike Seyfried, wärmte 2023 noch einmal die hergebrachte Argumentation auf, Nofretete müsse in Berlin bleiben, dort sei sie doch die beste Botschafterin für ihr Land. Es wäre allerdings eine Innovation, wenn Botschaften vom Zielland besetzt würden, nicht von der eigenen Regierung. Die ägyptische Archäologin Monica Hanna jedenfalls fragte sarkastisch, wo denn im Umkehrschluss das Gemälde von Albrecht Dürer bleibe, das Deutschland als Botschafter nach Ägypten entsende.[24]

Doch in der öffentlichen Diskussion haben sich die Schwerpunkte längst verschoben. Viele der Gründe, die lange Zeit vorgebracht wurden, um Rückgabeforderungen abzuwehren, sind inzwischen fragwürdig geworden; zum Teil werden sie auch gar nicht mehr öffentlich formuliert. So ist das Beharren auf den Buchstaben des (damaligen) Gesetzes zunehmend durch das Argument relativiert worden, dass die koloniale Herrschaft als solche als eine Form des Unrechtsregimes anzuerkennen sei. Das trifft auch auf den Fall der Nofretete zu: Ägypten war britisches Protektorat, und französische Beamte teilten die Funde mit deutschen Gelehrten; Ägypter waren an der Fundteilung überhaupt nicht beteiligt. Meinungen wie die des Gründungsintendanten des Humboldt Forums Horst Bredekamp, der noch 2016 darauf beharrte, »dass in Berlin nicht kolonial gesammelt wurde«, sondern in »einem völlig anderen Rahmen, der von großer Wertschätzung, durch Forschung, durch Neugierde bestimmt war« – solche Auffassungen wirkten schon wenige Jahre später wie Relikte aus einer anderen Zeit.[25]

Inzwischen ist das Bewusstsein gewachsen, dass Regelwerke, die in kolonialen Kontexten entstanden, nicht unbesehen rechtmäßigen Erwerb begründen. Im Mai 2023 veröffentlichten neun Sammlungen der Staatlichen Museen zu Berlin ein gemeinsames Positionspapier, das sich kritisch mit der Herkunft der archäologischen Objekte auseinandersetzt. »Wenn das Königreich Preußen Vereinbarungen mit anderen Staaten traf«, so lautet inzwischen das Selbstverständnis, »muss man heute genau schauen, ob da nicht bereits eine Macht-Asymmetrie herrschte, die die Deutschen zu ihrem Vorteil ausnutzten.« Nach und nach wird die Erwerbsgeschichte auf den Prüfstand gestellt. »In diesem Prozess werden unangenehme Fragen gestellt, und es wird dabei auch nicht vor den ehrwürdigen ›Vorvätern‹ Halt gemacht«, so eine der Autorinnen des Positionspapiers.[26] Auch nicht vor Nofretete? Ende 2022 sagte die damalige Berliner Staatssekretärin für Vielfalt und Antidiskriminierung, Saraya Gomis: »Ich persönlich bin dafür, dass der Pergamonaltar und die Nofretete-Büste zurückgegeben werden.«[27] Die Berliner Justizsenatorin stellte allerdings wenige Tage später klar, dass dies nicht die Position des Berliner Senats darstelle.[28]

Auch die Befürchtung, die afrikanischen Museen seien mangels kuratorischer Expertise nicht in der Lage, den Schutz der wertvollen Objekte zu garantieren, wird so unverblümt nur noch selten geäußert. Das gilt auch für Bedenken hinsichtlich des Klimas oder der allgemeinen Sicherheitslage. An die Stelle solcher Vorbehalte sind neue Formen der Zusammenarbeit zwischen europäischen und afrikanischen Museen getreten. Europäische und auch deutsche Kunsthäuser haben zunehmend ein Selbstverständnis entwickelt, das die Kooperation mit den Herkunftsländern von Objekten als integralen Bestandteil einbezieht. Auch der Charakter dieser Zusammenarbeit hat sich geändert. Im Jahre 2005 beschrieb Günther Schauerte, Stellvertretender Generaldirektor der Staatlichen Museen Berlin, das Verhältnis noch in Kolonialherrenmanier. Er sah das Berliner Ethnologische Museum »in einem intensiven weltweiten Austausch mit [...] Repräsentanten tribaler Gruppen, die zur Erschließung ihres kulturellen Erbes nach

Berlin kommen und dabei von der Kompetenz unserer Wissenschaftler profitieren«.[29]

Dieser überhebliche Ton ist inzwischen einer Rhetorik gewichen, die von Gesprächen »auf Augenhöhe«, vom »Forschen mit, nicht Forschen über« und von kuratorischem Austausch spricht, der dem »gegenseitigen Lernen« dient. Europäische Museen verstehen sich mehr und mehr als Treuhänder, nicht als Sammler und ausschließliche Eigentümer der Gegenstände aus anderen Kulturen. Das Selbstverständnis vieler Häuser ändert sich. Sie erfinden sich neu und sehen sich heute als eine Art Hub, als Knotenpunkt der kunsthistorischen und kuratorischen Zusammenarbeit mit Nachfahren der Herkunftsgesellschaften, die sowohl in Europa als auch außerhalb stattfindet.[30]

Auch die Diskussion über Restitution findet inzwischen auf anderer Grundlage statt. Im Vergleich mit den 1970er-Jahren, aber auch noch mit der Zeit bis etwa 2015, ist auffällig, dass der Situation in den Herkunftsregionen nun auch in der deutschen und europäischen Öffentlichkeit eine viel größere Aufmerksamkeit zuteilwird. Noch wichtiger ist, dass auch die Stimmen von Akteuren aus Afrika (und anderen Kontinenten), von Künstlerinnen und Aktivisten, von Kuratorinnen und Politikern heute ein größeres Gewicht haben.

Auch die Bandbreite der denkbaren Optionen hat sich durch die Diskussionen der letzten Jahre erweitert. Zu den Ansprüchen auf ungeteiltes Eigentum, die nur ein Entweder-Oder zulassen und zur Verhärtung der Fronten beigetragen haben, sind inzwischen andere Varianten hinzugekommen. Dazu gehört beispielsweise die Idee, Objekte nicht nur nominell, sondern auch in rechtlicher Hinsicht zum Weltkulturerbe zu erklären und etwa die UNESCO oder eine noch zu schaffende internationale Institution zur Eigentümerin zu bestimmen. Auch Formen des geteilten Eigentums und der Zirkulation von Artefakten zwischen verschiedenen Standorten sind denkbar. Auch wenn die Rede von der »shared heritage« häufig noch als verkappter Versuch gesehen werden kann, die Zusammenarbeit zwischen Museen zu fördern, um die harte Eigentumsfrage nicht stellen zu müssen – es deutet sich an, dass der Umgang mit Kunstwerken, die während der Kolonialzeit erworben wurden, flexibler und vielfältiger werden wird.[31]

Eine Sollbruchstelle in dieser Diskussion bleibt die unübersehbare Rolle des Nationalstaats. Historisch gesehen waren die modernen Museen Teil der Nationalstaatsgründung, ebenso unverzichtbar wie eine Flagge, ein nationaler Feiertag und eine Nationalhymne. Museen waren »Schreine der nationalen Kultur«.[32] Auch heute tun sich die Museen schwer, sich von diesem Erbe zu lösen und als kollaborative, transnationale Institutionen neu zu erfinden. Hinzu kommt, dass auch die Restitutionsdebatte in nationalstaatlichen Grenzen verläuft. Entsprechend den außenpolitischen Gepflogenheiten erfolgt die Rückgabe in der Regel an nationale Regierungen. Dadurch entstehen zusätzliche Spannungen. Das zeigte sich etwa im Fall der Rückgabe der Benin-Bronzen, als die unterschiedlichen Interessen und Ansprüche der nigerianischen Zentralregierung, des traditionellen Oberhaupts des Königreichs Benin (der Oba) sowie des entsprechenden Bundesstaates (Edo) miteinander konkurrierten.

Objekte und Kunstwerke werden dabei als Bausteine für die Herstellung nationaler oder auch regionaler Identitäten eingesetzt. Das gilt auch für die Nofretete-Büste. Aber in welchem

Maße können heutige postkoloniale Gesellschaften Ansprüche auf vergangene Kulturen erheben? Kann man sagen, dass ein unzertrennbares Band die antike ägyptische Kultur mit dem modernen Ägypten verbindet? Eine solche Kontinuität von Amarna bis heute, über 3400 Jahre hinweg, ist immer eine politisch motivierte Projektion, wie man etwa an der Propaganda des Sisi-Regimes erkennen kann. Wie wir gesehen haben, hat die Rückbesinnung auf das antike Erbe in Ägypten erst im späten 19. Jahrhundert eingesetzt und ist also eine vergleichsweise neue »Erfindung«. Allerdings war das auch in Deutschland nicht anders. Die deutsche Vereinnahmung der Nofretete beruht ebenfalls auf »erfundenen Traditionen« – ob die Büste nun als Teil der Vorgeschichte der abendländischen Moderne oder als Ausweis des kosmopolitischen Charakters der neuen Bundesrepublik inszeniert wird.

Alle diese Fragen betreffen die Geschichte – aber sie sind nicht einfach historisch zu beantworten. Rückgabe ja oder nein: Das ist eine politische Entscheidung, die sich nicht aus der Vergangenheit ableiten lässt. Umso wichtiger ist es daher zu verstehen, wie die Gegenwart auf die Diskussion einwirkt. An der Vergangenheit hat sich schließlich nichts geändert – und trotzdem wird es zunehmend als Skandal empfunden, dass geschätzte 95 Prozent der Kunstwerke aus Afrika in Museen und Depots im globalen Norden aufbewahrt werden (die Berliner Museen mit ihren rund 75 000 Objekten aus Afrika gehören dabei in die Spitzengruppe).[33]

Wie erklären wir diesen Stimmungsumschwung in der Restitutionsdebatte? Dieser Wandel des Zeitgeistes könnte auch die Diskussion über eine Rückgabe der Nofretete beeinflussen. Wie kommt es also, dass die Bereitschaft gestiegen ist, über

Objekte zu sprechen, die während der Kolonialzeit nach Europa gelangt sind? Man geht nicht fehl, darin eine Begleiterscheinung der Politik der Entschuldigungen für vergangenes Unrecht – insbesondere für die Sklaverei und den Kolonialismus – zu erkennen. Parlamente in den Vereinigten Staaten, aber auch in Dänemark, Frankreich, Großbritannien oder den Niederlanden haben sich in den letzten Jahren offiziell für die Beteiligung am Sklavenhandel entschuldigt. In Deutschland kreist die Diskussion um die Anerkennung des Völkermords an den Herero und Nama als Genozid und um Reparationen an Namibia.

Entschuldigung, Restitution, Entschädigung: Die aktuelle Prominenz dieser Themen zeigt, wie sehr die kollektive Erinnerung sich in den letzten Jahren und Jahrzehnten verändert hat. Der Historiker Charles Maier hat einmal von den beiden »moralischen Narrativen« gesprochen, die miteinander um die Deutung des 20. Jahrhunderts wetteifern: Holocaust/Stalinismus vs. Kolonialismus; eine westliche Erzählung gegen das Narrativ des globalen Südens.[34] Seit dem Ende des Kalten Krieges, und verstärkt seit dem 11. September 2001, hat sich der Rahmen, in dem erinnert und die Geschichte öffentlich gedeutet wird, immer stärker verschoben. Vor dem Hintergrund der Globalisierung und der damit einhergehenden Debatte über globale Ungleichheit sind koloniale Themen immer stärker in den Vordergrund gerückt.

Die Auseinandersetzung um die Rückgabe von Kunstwerken, nicht zuletzt der Nofretete-Büste, steht in diesem Zusammenhang, ist also zu einem großen Teil ein Globalisierungseffekt. Dabei ist nicht von der Hand zu weisen, dass die Rückgabe von Objekten, der Sturz von Denkmälern oder öffentliche Entschuldigungen für Sklaverei und Kolonialismus vor allem den Charakter von symbolischen Gesten annehmen. Wir erinnern uns an die Überlegungen des Auswärtigen Amtes in den frühen 1950er-Jahren, die Nofretete-Büste an Ägypten zu übergeben, um so den Blick von den harten Realitäten der deutschen Israelpolitik abzulenken. Entsprechend wären auch die heutigen Konflikte um die Frage der Restitution vor allem ein Ersatzterrain, auf dem um Anerkennung, um Anspruch auf Gleichheit und Gleichberechtigung in einer globalen Welt gerungen wird – ohne aber die zugrunde liegenden Machtverhältnisse anzutasten.

Der aus Mali stammende Kulturtheoretiker Manthia Diawara hat 2020 in einem offenen Brief an den französischen Präsidenten Macron dieser Sicht Ausdruck verliehen. »Herr Präsident, ich bitte Sie, das zu reparieren, was Sie und Ihre Vorfahren in meiner Heimat zerstört haben, bevor Sie die Trophäen aus den kolonialen Eroberungskriegen wieder zurückbringen. Die Restitution ist eine weitere List des Westens, um die Afrikaner von den wirklichen Problemen abzulenken, vor denen sie stehen. Die Restitution muss nach der Entschädigung für die noch immer andauernde Plünderung und Verwüstung der materiellen und natürlichen Ressourcen Afrikas durch Europa und andere ausländische Mächte erfolgen.«[35] Der Streit um Kunstobjekte ist seiner Interpretation zufolge also ein Ablenkungsmanöver, welches das immer drängendere Problem der globalen Ungleichheit verschleiert.

In Bezug auf Reparationszahlungen – für koloniale Genozide, für den Kolonialismus allgemein, für die Sklaverei – hat der US-amerikanische Philosoph Olúfẹ́mi O. Táíwò dafür plädiert, sich von einem engen Verständnis der Wiedergutmachung historischen Unrechts zu lösen. Die Ungleichheit im heutigen Weltsystem sei eng mit der Geschichte von kolonialer Ausbeutung und Sklaverei verknüpft; sie lasse sich durch Einmalzahlungen an die Nachfahren der Opfer kaum überwinden. Es könne daher nicht darum gehen, vergangenes Unrecht zu sühnen, sondern die Bedingungen zu schaffen, dass ehemals kolonisierte Völker selbstbestimmt und mit gleichen Entwicklungschancen leben können. Auch die Rückgabe von Kulturgütern – immerhin handelt es sich bei Nofretete um einen veritablen Wirtschaftsfaktor – müsse in solch einem umfassenden Rahmen diskutiert werden, der nicht die Vergangenheit reparieren, sondern die Zukunft gestalten will.[36]

Epilog

Wo also wird die Büste der Nofretete in einigen Jahrzehnten beherbergt und ausgestellt werden? Wem gehört sie? In mancher Hinsicht sind das für ihre globale Karriere inzwischen zweitrangige Fragen. Für Beyoncé beispielsweise dürfte der Standort des Originals keine große Rolle spielen. Die weltweite Beliebtheit der Büste und ihre kulturübergreifende Popularität als Schönheitssymbol hat sich längst von dem Fundstück, das Ludwig Borchardt 1912 in Entzücken versetzte, gelöst. Nofretete ist zu einer Projektionsfläche geworden, die ganz unabhängig von ihrer antiken Geschichte (und von den gegenwärtigen Besitzverhältnissen) ein Eigenleben führt.

Das beginnt schon mit ihrer Inszenierung im Neuen Museum in Berlin. Die Art und Weise, wie Nofretete dort präsentiert wird, trennt die Büste von der historischen Figur. Schon 1924 zeigte man die Büste vor neutraler, weißer Wand; das wurde bereits von den Zeitgenossen als ungewohnt wahrgenommen, als Herausreißen aus dem geschichtlichen Kontext. Immerhin sah man sie damals noch in Gesellschaft anderer ägyptischer Artefakte und daher als Teil der Kunst der Amarna-Epoche. Ein Jahrhundert später sind alle anderen Objekte aus ihrer Nachbarschaft verschwunden. Nofretete beherrscht den

Nordkuppelsaal des Neuen Museums, in dem sich sonst nichts befindet. Ihre geradezu magische Ausstrahlung wird durch diese Isolierung noch einmal verstärkt. Man fühlt sich an Henry James und seine Beschreibung griechischer Kunst erinnert, die fern der Heimat in den Vereinigten Staaten ausgestellt wurde. Seine 1907 niedergeschriebenen Sätze hätte er gut und gerne auch heute über Nofretete schreiben können: »Sie hat ihren Hintergrund [...] verloren – hat ihre Gesellschaft verloren, [...] aber weit davon entfernt, auch nur ein Jota ihrer Macht aufgegeben zu haben, hat sie unsagbar mehr gewonnen, denn wofür sie im Grunde steht, dafür steht sie nun allein. [...] Sie hat, kurz gesagt, durch ihre Anwesenheit als Einzelne ein ganzes Reich erworben.«[1] Nofretete wird heute als Star der Museumsinsel präsentiert, als ein auratisches, ganz und gar außergewöhnliches Kunstwerk, als Unikat, als »Singularität« – oder, in der Selbstdarstellung des Museums, als »ein einzigartiges Besuchserlebnis«.[2]

Diese Sonderstellung wird durch die mediale Revolution noch verstärkt. Sie hat dazu geführt, dass das Bild der Nofretete ein Eigenleben entwickelt hat und weltweit verfügbar geworden ist. Fotos, Produktwerbung, Markennamen, soziale Medien, Photoshop: Die Zahl der Kopien und Reproduktionen ist kaum mehr zu übersehen. Die Darstellungen haben sich dabei zum Teil von der Skulptur vollkommen gelöst. Das Original spielt gar nicht mehr die zentrale Rolle; die Silhouette allein garantiert schon einen hohen Wiedererkennungswert. Wie kaum ein anderes Werk der Kunstgeschichte ist Nofretete zu einem Logo geworden, das weltweit lesbar ist – und sich überdies mit anderen Bildern und Bedeutungen kombinieren lässt.

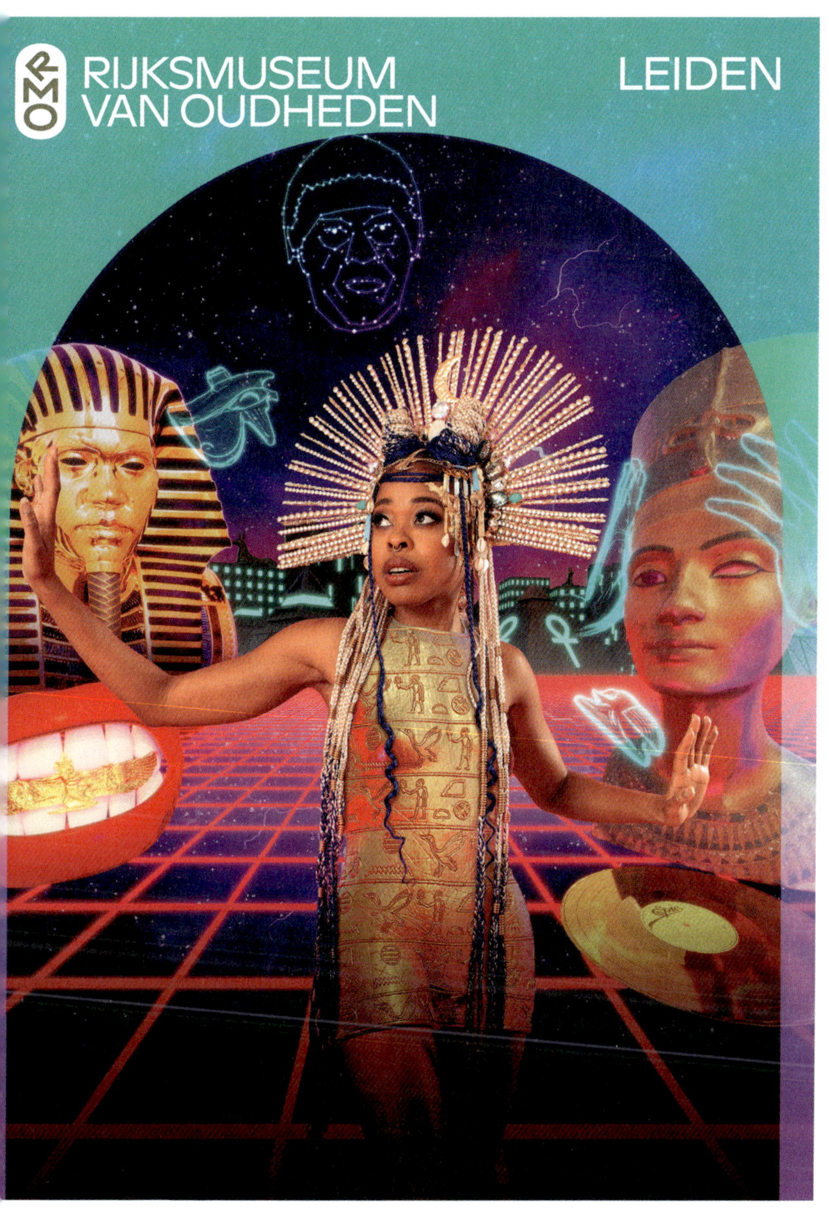

Tafel 23 Plakat zur Ausstellung *Kemet: Egypt in Hip Hop, Jazz, Soul & Funk* im Nationalen Museum für Altertümer in Leiden, April bis September 2023

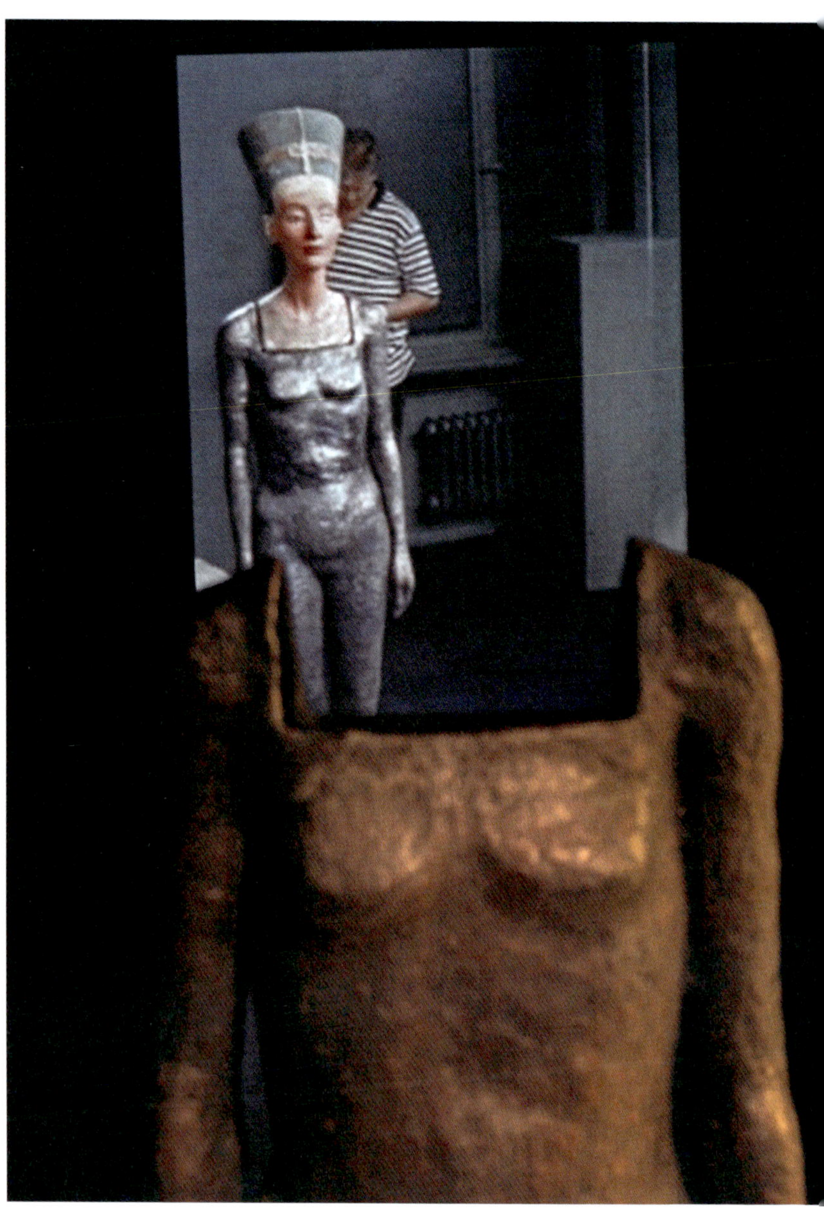

Tafel 24 Little Warzaw: *Body of Nofretete*, 2003.
Die ungarischen Künstler András Gálik und Bálint Havas schufen eine Bronzefig
ohne Kopf, deren Proportionen an die Büste der Nofretete angepasst sind.

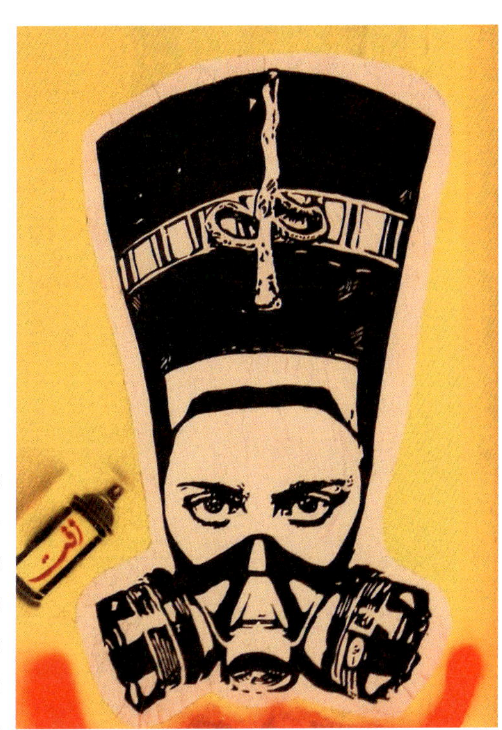

Tafel 25
Zefts Graffito einer aufrühreri-
chen Königin Nofretete tauchte
erstmals 2012 auf den Straßen
iiros auf – »eine Hommage an
lle Frauen in unserer geliebten
Revolution«, so der Künstler.

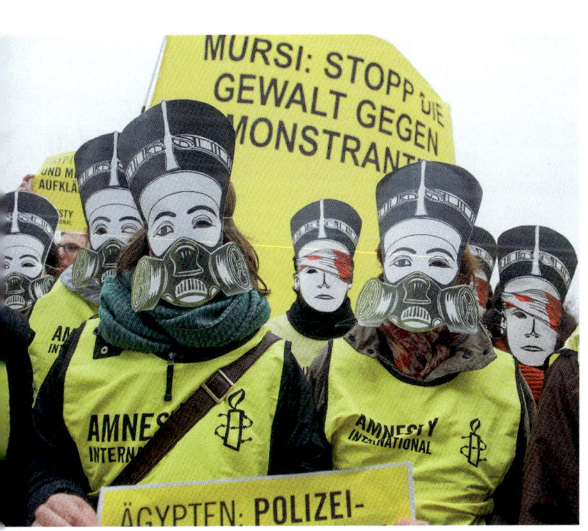

Tafel 26
Von Amnesty International organisierter Protest mit blutverschmierten Nofretete-Masken gegen Menschenrechtsverletzungen in Ägypten, Berlin 2013

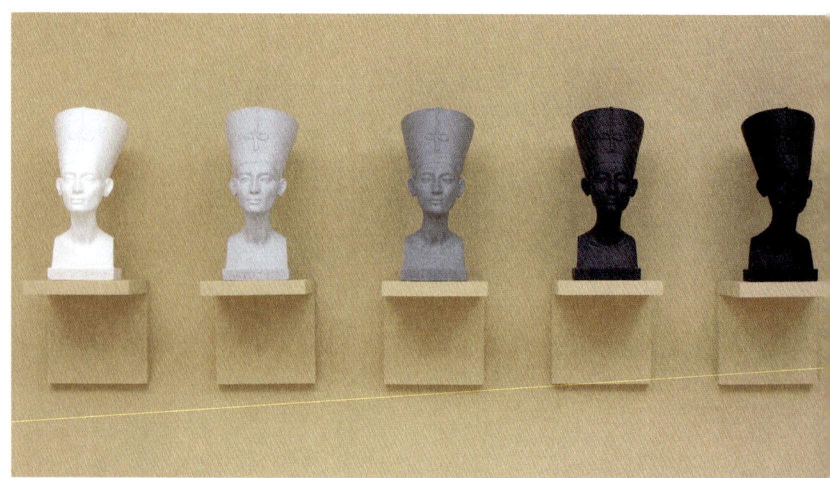

Tafel 27 Fred Wilson: *Grey Area,* 1993. Die Installation des Künstlers im Whitne Museum of Modern Art kann als Gegenbild zur Meistererzählung von Ägypten als Ursprung des modernen Westens gelesen werden.

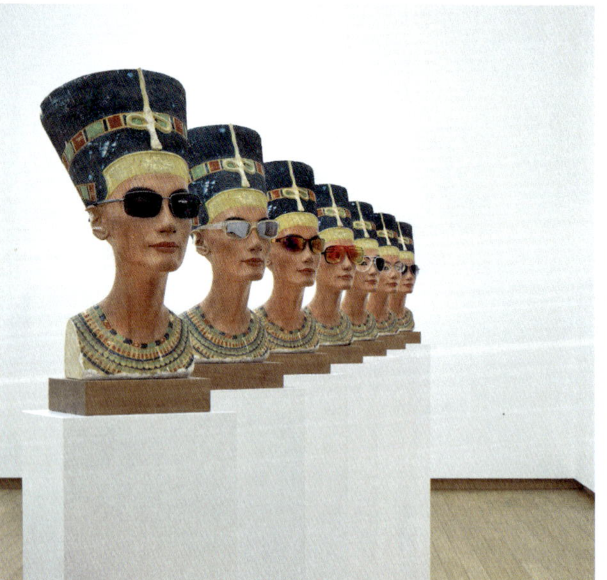

Tafel 28 Isa Genzken: *Nofrete te,* 2014 (Detail). Die Künstlerin produzier nicht nur eine, sondern viele Nofreteten – jede Frau, jede Büste wir mit einem anderen Auftritt inszeniert.

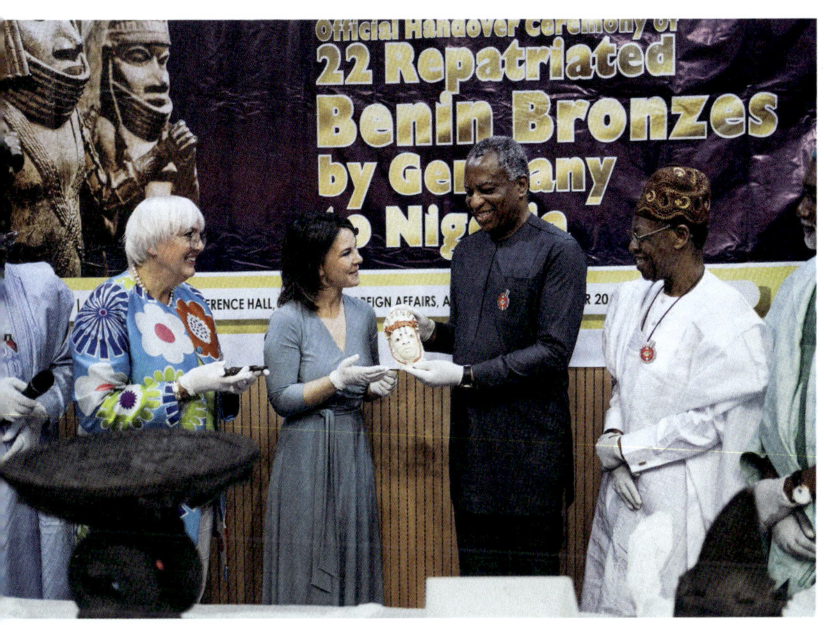

Tafel 29 Außenministerin Annalena Baerbock und Kulturstaatsministerin Claudia Roth beim offiziellen Empfang zur Übergabe der Benin-Bronzen am 20. Dezember 2022 in der nigerianischen Hauptstadt Abuja

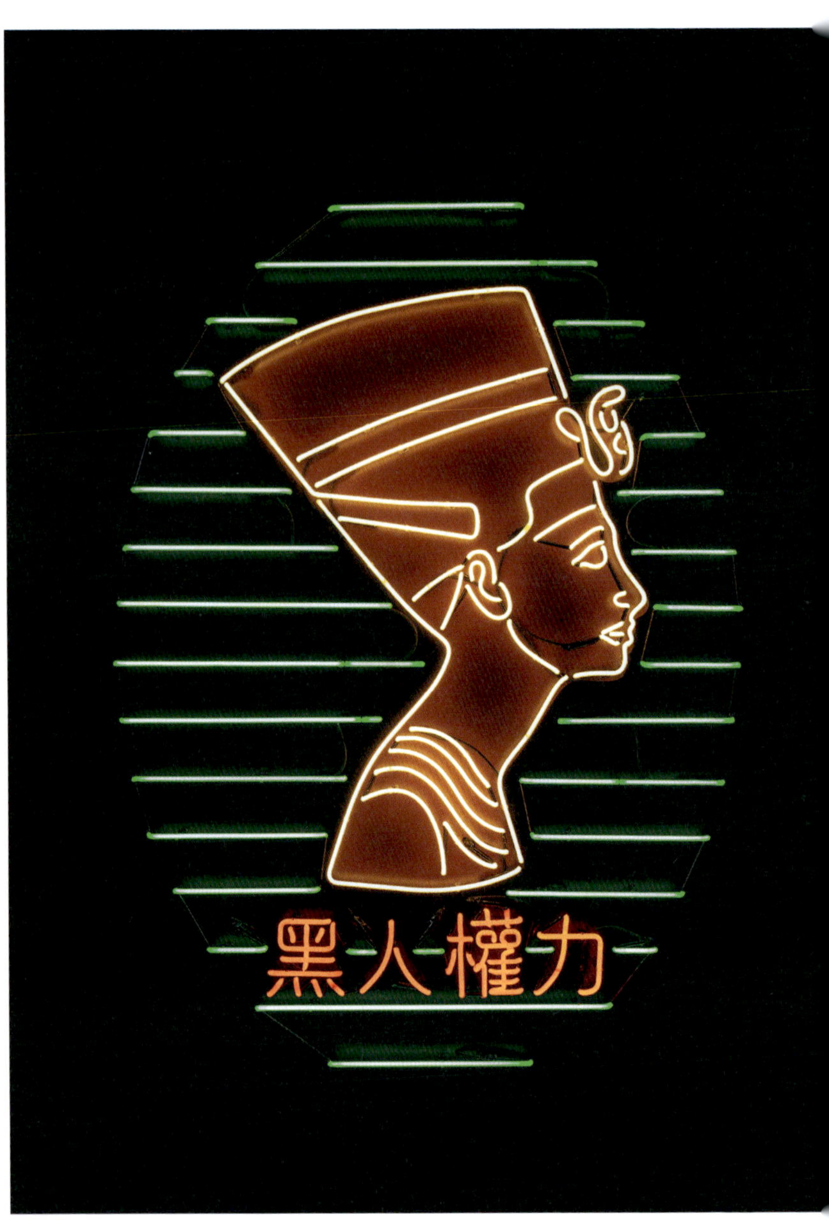

Tafel 30 Awol Erizku: *Nefertiti (Black Power)*, 2018. Die Installation beschwört d
berühmte Licht von Amarna herauf, eine Anspielung
auf die Verehrung des Sonnengottes Aton.

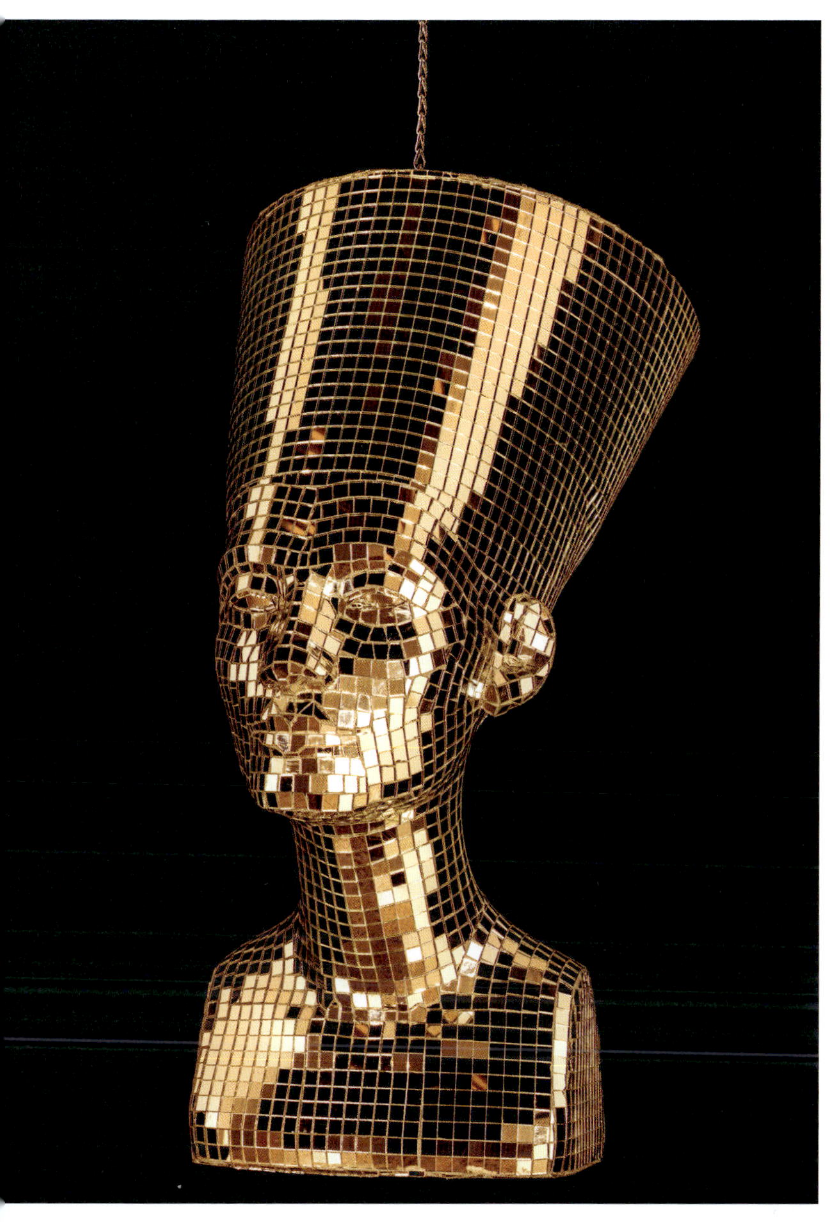

Tafel 31 Awol Erizku: *Nefertiti – Miles Davis (Gold)*, 2022. Der in Äthiopien geborene, in den USA lebende Künstler lehnt eurozentrische Vorstellungen von Schönheit ab und entwickelt eine einzigartige afrozentrische Ästhetik.

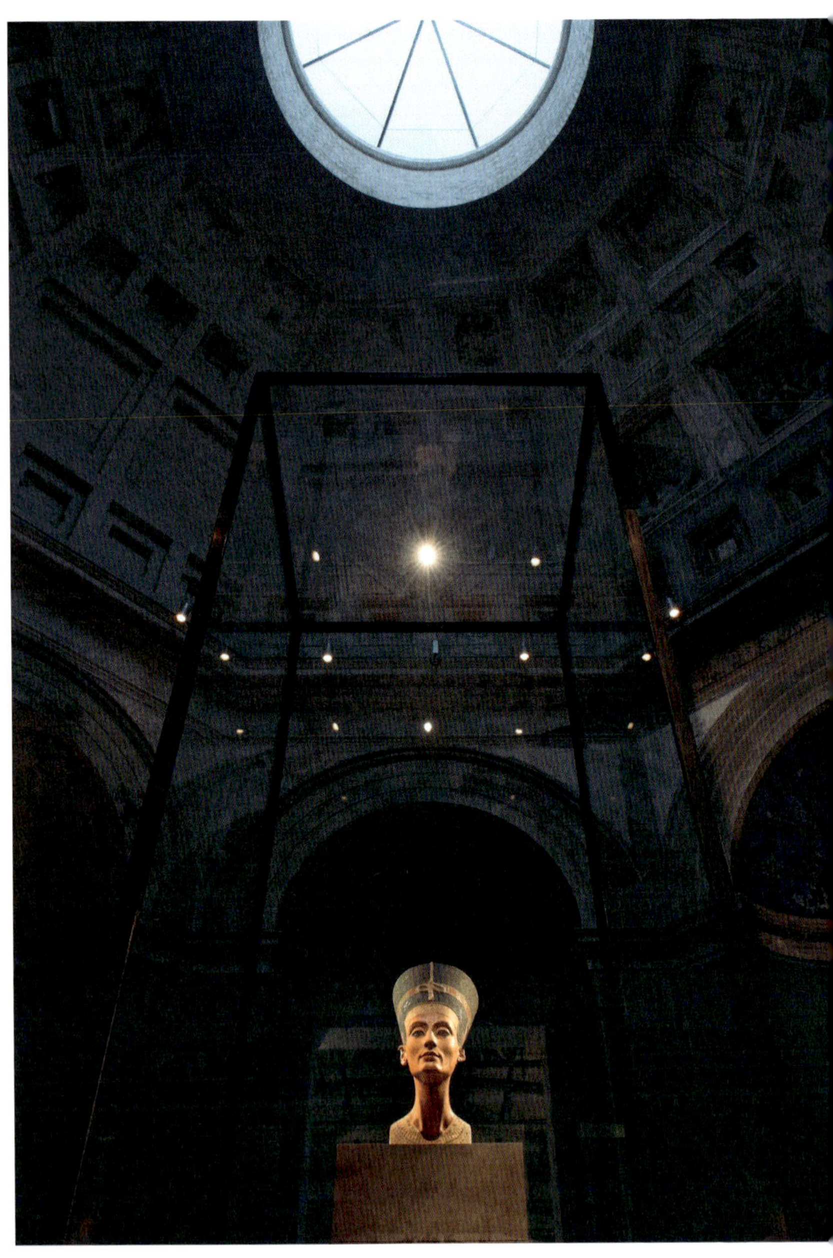

Tafel 32 Seit 2009 ist die Büste der Nofretete im Nordkuppelsaal des Neuen Museums in Berlin zu bewundern.

Ein gutes Beispiel dafür ist ein Werk des in Äthiopien geborenen nordamerikanischen Multimediakünstlers Awol Erizku. Seine Installation aus dem Jahr 2018 zeigt ein von Neonröhren umrahmtes Profil von Nofretete. Das Kunstwerk beschwört das berühmte Licht von Amarna herauf, eine Anspielung auf die Verehrung des Sonnengottes Aton. Der Schriftzug »Black Power« ist in chinesischen Schriftzeichen hinzugefügt; er ruft somit die afrikanische und afroamerikanische Vereinnahmung der ägyptischen Königin für Ziele des *Black Empowerment* auf und ist zugleich ein Hinweis auf ihre mittlerweile globale Ausmaße erreichende Aneignung, die an ganz verschiedenen Orten der Erde dazu genutzt wird, Anerkennung und Gleichberechtigung einzufordern. Erizku spielt damit auch auf den Austausch zwischen den Kulturen an, wie er ihn selbst auf seinen Reisen nach Hongkong erlebt hat. Auf diese Weise stellt sein Kunstwerk jedweden Monopolanspruch auf kulturelle Errungenschaften grundlegend infrage.[3]

Die Globalisierung hat mithin nicht nur die geografische Reichweite des Nofretete-Bildes verändert, sie hat auch Auswirkungen auf das Nofretete-Image selbst. Dessen erdumspannende Karriere ermöglicht und verstärkt die völlige Ablösung von der historischen Figur der antiken Königin aus der 18. Dynastie. Häufig spielt nicht nur ihr gegenwärtiger Aufenthaltsort im Berliner Museum keine Rolle mehr, sondern auch ihre ägyptischen Ursprünge verlieren an Bedeutung. Stattdessen werden unterschiedliche kulturelle Versatzstücke und Diskurse mit dem ikonischen Bild kombiniert. Die Büste in bunten Farben, als Disney-Ente oder Anime-Figur, die Krone als Accessoire für Celebrities – Nofretete ist Teil einer weltumspannenden Kultur geworden, bei der die Zitate nicht mehr auf das Original verweisen; sie wurde zur global zirkulierenden Ikone *par excellence*.

Dank

Als ich begann, mich für Nofretetes Rezeption im 20. Jahrhundert zu interessieren, hatte ich nur eine kurze Studie im Sinn, ein Kapitel vielleicht. Aber der Stoff erwies sich dann rasch als vielfältiger und weitreichender, und der Blick auf eine andere, größere, spannendere Geschichte der Nofretete wurde frei. Dafür bin ich in erster Linie den vielen und sehr unterschiedlichen Fans und Anhängern von Nofretete zu Dank verpflichtet, deren Begeisterung, aber auch Obsessionen und Idiosynkrasien diese Geschichte erst ermöglicht haben. Darüber hinaus konnte ich auf Hilfe und Unterstützung zählen, für die ich sehr dankbar bin. Aleida und Jan Assmann, Sarah Bellows-Blakely, Christopher L. Hill, Paola Molino, Joseph Prestel und Yorim Spoelder haben große Teile oder das ganze Manuskript gelesen, kommentiert und wichtige Anregungen gegeben. Viel gelernt habe ich auch von der Diskussion mit Zuhörern und Zuhörerinnen bei Vorträgen, die ich zwischen Berlin und Berkeley zu Nofretetes Karriere gehalten habe. Ein großer Dank gilt den Personen, die mir den Zugang zu bislang unveröffentlichtem und kaum gesichtetem Archiv-Material ermöglichten: Caris-Beatrice Arnst, Anne Herzberg-Beiersdorf und Olivia Zorn im Ägyptischen Museum in Berlin, sowie Helen Gries und Joachim Marzahn von der Deutschen Orient-Gesellschaft. Bei der Recherche haben mich Samir Ammour, Sophie Charleson, Nimrod Flaschenberg, Anne-Marie Harrison, Hatem Hegab, Qingyang Sonia Li, Melissa Neumann, Samuel Plumb, Lucien Turczan-Lipets und Martha van Bakel unterstützt, die zum Teil Quellen in Sprachen ausfindig gemacht haben, die mir kaum zugänglich sind. Adelheid Conrad und Barbara Conrad-Lütt haben das Manuskript von unrunden Wendungen befreit. Das zupackende Lektorat von Christian Seeger hat den Text noch einmal auf eine andere Stufe der Lesbarkeit befördert; Dominique Haensell hat mich vor problematischen Formulierungen bewahrt und wichtige Anregungen gegeben. Bei der ägyptischen Künstlerin Aiah Abdulwahhab bedanke ich mich für die Erlaubnis, ihr Werk für das Titelbild zu nutzen. Mein besonderer Dank gilt der Programmleiterin Propyläen Kristin Rotter, die das Projekt durchgängig mit Schwung und positiver Energie begleitet und viel dazu beigetragen hat, dass es seine jetzige Form gefunden hat.

Anmerkungen

Einleitung

1 Zur Mobilisierung von Frauenfiguren aus der Antike für gegenwärtige Zwecke vgl. Carlà-Uhink und Wieber (Hg.), *Orientalism and the Reception.*

2 Arzumanova, »The Culture Industry«; LaVoulle und Ellison, »The Bad Bitch Barbie Craze and Beyoncé«; Edwards et al., »Does Beyoncé's Lemonade Really Teach Us«; Trier-Bieniek (Hg.), *The Beyoncé Effect*; Olutola, »I Ain't Sorry«. Für kritische Perspektiven auf den »Ausverkauf« von Celebrities im Musikgeschäft vgl. Zeisler, *We Were Feminists Once.*

3 Zitiert in »Beyonce's ›Black Is King‹ on Disney+: What to Know and How to Stream«, *Good Morning America* (Zugriff 24. August 2022). Vgl. auch Lisby, »›Black Is King‹ References«; Biko, Rading, »Is Beyoncé Rooting for Pan Africanist Movement with her Film Black Is King?«, *The Standard* (2020).

4 Tagore, *The Gardener*, 1913.

5 Bernd Neumann, 5. Dezember 2012. Vgl. dazu kritisch El-Tayeb, »Reclaiming Nefertiti«, http://amlatina.contemporaryand.com/editorial/fatima-el-tayeb-reclaiming-nefertiti/.

6 Zur Frage der »Globalität« vgl. auch Moyn und Sartori, *Global Intellectual History*; Sartori, *Bengal in Global Concept History*; Karl, »What is World History?«; Conrad, *What Is Global History?*, 62–89.

7 Tatarkiewicz, *History of Aesthetics*; Meier, *Politik und Anmut*; Stewart, *Art, Desire, and the Body*; Kit Wah Man, *Bodies in*

China, 119–120; Gonzales, *Beauty and Islam*; Abou El Fadl, *The Search for Beauty in Islam*.

8 Hofstadter, »Kant's Aesthetic Revolution«; Kneller, »Kant's Concept of Beauty«; Berger, *Kant's Aesthetic Theory*.

9 Zur Verwestlichung von Schönheitsidealen vgl. Stearns, *Fat History*; Ballantyne und Burton (Hg.), *Bodies in Contact*; Miller, *Beauty Up*; Nehamas, *Only a Promise of Happiness*; The Modern Girl Research Group, *The Modern Girl Around the World*; Jones, *Beauty Imagined*; Thi Nguyen, »The Biopower of Beauty«; Jha, *The Global Beauty Industry*; Jarrìn, *The Biopolitics of Beauty*; Kenny und Nichols, *Beauty Around the World*; Thomas, *Beneath the Surface*.

10 Zur Kulturgeschichte der Globalisierung vgl. Ogle, *The Global Transformation*; Conrad, »A Cultural History of Global Transformation«; Liebersohn, *Music and the New Global Culture*; Conrad, »Greek in Their Own Way«; Hill, *Figures of the World*.

11 Benjamin, »Das Kunstwerk im Zeitalter seiner technischen Reproduzierbarkeit«. Vgl. auch Lembke, »Nofretete – Tutanchamun – Alexander der Große«.

12 Haustein, *Global Icons*; Ghosh, *Global Icons*; Alexander et al. (Hg.), *Iconic Power*; Niebylski und O'Connor (Hg.), *Latin American Icons*; Mitchell, *Image Science*.

13 Adichie, Chimamanda Ngozi, »The Danger of a Single Story«, TED talk, 2009; El-Tayeb, »Reclaiming Nefertiti«.

14 Hall, »Race, the Floating Signifier«; Eddo-Lodge, *Why I'm No Longer Talking*; Kelly, *Rassismus*.

15 Aikins et al., *Afrozensus 2020*; Derbew, *Untangling Blackness*.

16 El-Tayeb, *Schwarze Deutsche*; Wright, *Becoming Black*.

I. Entdeckung

1 Matthes, *James Simon*.

2 Der beste Überblick über die Entdeckung findet sich immer noch in Krauss, »1913–1988: 75 Jahre Büste der Nofretete«. Vgl. auch Wedel, *Nofretete*.

3 Borchardt, »Ausgrabungen in Tell el-Amarna«.
4 Seyfried, »Die Büste der Nofretete«.
5 Zitiert nach Krauss, »1913–1988: 75 Jahre Büste der Nofretete«, 91.
6 al-Sayyid Marsot, *Egypt in the Reign of Muhammad Ali*; Owen, *The Middle East*; Fahmy, *Mehmed Ali*.
7 Owen, *Lord Cromer*; Booth und Gorman (Hg.), *The Long 1890s in Egypt*; Jakes, *Egypt's Occupation*.
8 Cole, *Colonialism and Revolution*.
9 Vgl. Reid, *Whose Pharaohs?*, 172–212. Vgl. auch Trümpler (Hg.), *Das Große Spiel*; Quirke, »Exclusion of Egyptians«, 379–406.
10 Vgl. Reid, *Whose Pharaohs?*, 100.
11 Reid, »Indigenous Egyptology«, 233–246; Haikal, »Egypt's Past Regenerated«, 123–138; Reid, *Contesting Antiquity in Egypt*, 29–33.
12 Brugsch in einen Brief an den deutschen Kaiser im Jahr 1890, zitiert nach Voß und von Pilgrim, »Ludwig Borchardt«, 295–305, Zitat: 296. Vgl. auch Quirke, »Exclusion of Egyptians«, 379–406.
13 Doyon, »On Archaeological Labor«, 141–156.
14 Zur Präsenz der deutschen Archäologie in Ägypten vgl. Voss, *Die Geschichte der Abteilung Kairo*.
15 Jasanoff, *Edge of Empire*.
16 Doyon, »The History of Archaeology«, 173–200.
17 Hamilakis und Duke (Hg.), *Archaeology and Capitalism*; Mickel, »Essential Excavation Experts«.
18 Die Literatur zu James Simon konzentriert sich vor allem auf seine mäzenatische Tätigkeit: Matthes, *James Simon*; Schultz (Hg.), *James Simon*; Adam, *Philanthropy, Civil Society*.
19 Riello, *Cotton*; Beckert, *Empire of Cotton*.
20 Brusius und Vollgraff, »Divided Histories of the *Kaiserreich*«. Vgl. auch Brusius, »Dekolonisiert die Museumsinsel!«.
21 Quirke, *Hidden Hands*; Mohamed Abdel Rahman, »The Egyptian Role in the Excavation and Conservation of Tutankhamun's Collection (1923–1930)«, *Misr al-Haditha* 20 (2021), 3–50.

22 Doyon, »The History of Archaeology«.
23 Borchardt, »Ausgrabungen in Tell el-Amarna 1912/13«, 5.
24 Georg, *Deutsche Archäologen*, 297.
25 Borchardt, *Porträts der Königin Nofret-Ete*, 31.
26 Zitiert nach Georg, *Deutsche Archäologen*, 290, 292, 291.
27 Der Befund, dass es sich bei der dargestellten Person nicht um al-Sanusi handelt, stützt sich auf Georg, *Deutsche Archäologen*, 51–53.
28 Ebd., 140.
29 Zitiert nach Paczensky und Ganslmayr, *Nofretete will nach Hause*, 297.
30 Aktennotiz Willy Diemke, 20. Februar 1952, Auswärtiges Amt, PA B 11-ABT. 3/219, 11. Zu Diemke und seiner nationalsozialistischen Vergangenheit vgl. Voß, »Die Abteilung Kairo«, 42–60.
31 Krauss, »Why Nefertiti Went to Berlin«.
32 Krauss, »Nefertiti's Final Secret«.
33 Zur Fundteilung vgl. Savoy, *Nofretete*, 15–34; Seyfried, »Die Büste der Nofretete«; Mode, »Nofretete – Ein Nachspiel«; France, *Der Raub der Nofretete*.
34 Zitiert nach Savoy, *Nofretete*, 58.
35 Borchardt, »Denkschrift«, zitiert nach: Paczensky, »Teilt Nofretete!«.
36 *Der Roland von Berlin*, 13. November 1913.
37 Eine Sammlung von mehr als 100 Zeitungsausschnitten befindet sich im Archiv der Deutschen Orient-Gesellschaft, DOG IV 5.2.1–5.2.61: »Pressemappen, Ausgrabungen, Amarna«.
38 Assmann, *Religion and Cultural Memory*, 178–189.
39 Hartog, »Les Grecs égyptologues«.
40 Osterhammel, *Die Entzauberung Asiens*, 250.
41 Assmann und Ebeling, *Ägyptische Mysterien*; Assmann, *Erinnertes Ägypten*, 75–108.
42 Godlewska, »Map, Text and Image«, 5–28; Burleigh, *Mirage: Napoleon's Scientists*; Cole, *Napoleon's Egypt*.
43 Schenkel, »Die Entzifferung der Hieroglyphen«, 57–78.
44 Die Forschungsliteratur zeigt, wie vielfältig die westliche Faszi-

nation von Ägypten war. Vgl. Clayton, *The Rediscovery of Ancient Egypt*; Morigi Govi et al. (Hg.), *L'Egitto fuori dell'Egitto*; Curl, *Egyptomania*; Humbert et al. (Hg.), *Egyptomania*; Seipel, *Ägyptomanie*; Trafton, *Egypt Land*; Ruo Redda (Hg.), *Egittomania*; Moser, *Wondrous Curiosities*; Paramore, *Reading the Sphinx*; Assmann, *Religio Duplex*; Luckhurst, *The Mummy's Curse*; Gange, *Dialogues with the Dead*; Brier, *Egyptomania*; Fritze, *Egyptomania*; Dobson (Hg.), *Victorian Literary Culture*. Zum Interesse muslimischer Gesellschaften am antiken Ägypten in der Zeit vor Napoleon vgl. El-Daly, *Egyptology: The Missing Millennium*.

45 Moreno García, »From Dracula to Rostovtzeff«.

46 Mitchell, »The World as Exhibition«. Vgl. auch Reid, *Whose Pharaohs?*, 125–130.

47 Bury et al., »Preface«, v-x, Zitat: v.

48 Kemp, *The City of Akhenaten*.

49 Assmann, *Ägypten: Eine Sinngeschichte*, 245.

50 Assmann, *Ägypten: Theologie und Frömmigkeit*; Assmann, *Moses der Ägypter*; Reeves, *Akhenaten*; Dodson, *Amarna Sunrise*.

51 Dodson, *Amarna Sunset*.

52 Hornung, »The Rediscovery of Akhenaten«, 43–49.

53 Hornung, *Echnaton: Die Religion des Lichtes*; Schlögl und Winzen (Hg.), *Die Pyramide von innen*.

54 Assmann, »Karl Richard Lepsius«, 79–100.

55 Lepsius, *Über den ersten ägyptischen Götterkreis*, 43, 40.

56 Breasted, *The Conquest of Civilization*, 105.

57 Pfeiffer (Hg.), *Sigmund Freud. Lou Andreas-Salomé*, 222–223.

58 Gay, *A Godless Jew*.

59 Freud, *Der Mann Moses*, 201. Vgl. dazu auch Assmann, *Moses der Ägypter*, 213–244.

60 Weigall, *The Life and Times of Akhenaton*, 101.

61 Mann, *Joseph und seine Brüder*, 19.

62 Breasted, *A History of Egypt*, 392. Vgl. zu Breasted die Biografie von Abt, *American Egyptologist*. Zur Rezeption Echnatons in der englischsprachigen Literatur vgl. Montserrat, *Akhenaten*.

63 In der Nachkriegszeit wandelte sich das Bild Echnatons, der nun

bisweilen als Fanatiker, als totalitäre Figur und Zerstörer der Tradition charakterisiert wurde. Vgl. Hornung, »Thomas Mann, Echnaton und die Ägyptologen«, 59–70. In jüngerer Zeit hat Jan Assmann die These vertreten, dass mit Echnaton die Unterscheidung zwischen wahr und falsch in die Welt gekommen sei, die sogenannte mosaische Unterscheidung, die auch Hass und Ausgrenzung zur Folge haben konnte. Vgl. Assmann, *Moses der Ägypter*; Assmann, *Die Mosaische Unterscheidung*. Vgl. auch Schieder (Hg.), *Die Gewalt des einen Gottes*; Hoffmeier, *Akhenaten and the Origins of Monotheism*.

64 *Tägliche Rundschau Berlin*, 4. November 1913.

65 Mariette, *Aperçu de l'histoire ancienne*, 38.

66 El-Tayeb, »Reclaiming Nefertiti«. Die Abspaltung Ägyptens von Afrika hat eine lange Geschichte, vgl. O'Connor und Reid (Hg.), *Ancient Egypt in Africa*.

67 Savoy, »Futuristen, senkt euer Haupt!«, 452–459.

68 Mariette, *Aperçu*, 38. Vgl. zu diesem Abschnitt Savoy, *Nofretete*, 54–57.

69 Maspero, *Essais sur l'art égyptien*, 158–159.

70 *Berliner Tageblatt*, 5. November 1913.

71 Adolf Behne, in: *Dresdner Neueste Nachrichten*, 30. November 1913.

72 *Breslauer Zeitung*, 30. November 1913.

73 *Daheim*, 10. Januar 1914.

74 Savoy, »Futuristen, senkt euer Haupt!«, 454.

75 Fechheimer, *Die Plastik der Ägypter*.

76 Staatliche Kunstsammlungen Dresden (Hg.), *Paul Klee*; Staatliche Kunstsammlungen Dresden (Hg.), *Imagination und Anschauung*.

77 Lembke, *Hannovers Nofretete*, 41; Peuckert, *Hedwig Fechheimer*.

78 Lichnowsky, *Götter, Könige und Tiere*, 149.

79 Johannes Guthmann, »Zum Endkampf um Nofretete«, *Deutsche Allgemeine Zeitung*, 16. Mai 1930, 2.

80 Coellen, »Der Kubismus der Ägyptik«; Meier-Graefe, *Pyramide und Tempel*, 153.

81 Savoy, »Futuristen, senkt euer Haupt!«, 458.
82 Adolf Behne, in: *Dresdner Neueste Nachrichten*, 30. November 1913.
83 *Berliner Tageblatt*, 5. November 1913.
84 Die folgende Zusammenschau orientiert sich an: Habicht, *Nofretete und Echnaton*; Schlögl, *Nofretete*; Seyfried (Hg.), *Im Licht von Amarna*; Dodson, *Nefertiti, Queen and Pharaoh*. Weniger verlässlich: Maciejewski, *Nofretete: Die historische Gestalt*.
85 Schoske, *Das Erschlagen der Feinde*, 43, 156.
86 Hornung, *Echnaton*, 76.
87 Vgl. zur Handlungsmacht von Nofretete auch Williamson, »Alone Before the God«.
88 Habicht, *Nofretete und Echnaton*, 195.
89 Reeves, *Echnaton*, 204–205.
90 Reeves und Wilkinson, *Das Tal der Könige*; Theis, »Der Brief der Königin Daḫamunzu«, 301–331.
91 Fletcher, *The Search for Nefertiti*.
92 Anand Balaji, »Bust of Contention: Controversy Erupts as the Younger Lady is Dubbed Nefertiti«, *Ancient Origins*, 11. Februar 2018.
93 Vgl. Habicht, »Das Geheimnis der Amarna-Mumien«. Vgl. auch Dobson, *Nefertiti, Queen and Pharaoh*, 129–132.
94 Franz Lidz, »King Tut Died Long Ago, but the Debate About His Tomb Rages on«, *The New York Times*, 30. Oktober 2022.
95 Sambuelli et al., »The Third KV62 Radar Scan«.
96 Marchant, »Is This Nefertiti's Tomb?«.

II. Ausstellung

1 Schäfer, zitiert nach Paczensky und Ganslmayr, *Nofretete will nach Hause*, 269, 274.
2 Zitiert in Krauss, »1913–1988: 75 Jahre Büste der Nofretete«, 96.
3 Johannes Guthmann-Schreiberhau, »Nofretete«, *Schlesische Zeitung*, 15. Mai 1930.

4 Dlugaiczyk, »Serien-Star Nofretete«.
5 Zitiert nach Savoy, *Nofretete*, 67–68.
6 Carter, *The Discovery of the Tomb*, 90.
7 Hankey, *A Passion for Egypt*; Tyldesley, *Tutankhamen's Curse*.
8 Fryxell, »Tutankhamen«, 534.
9 North, *Reading 1922*, 19. Vgl. auch Riggs, *Treasured*.
10 Zitiert nach Fryxell, »Tutankhamen«, 531.
11 Wettengel, »Tutanchamun – das ›Riesenshowgeschäft‹«, 18–45; Glithero-West, »Tutankhartier«, 127–144; Campagnol, *Style from the Nile*; Reid, »Remembering«; Reid, *Contesting Antiquity*.
12 Im Jahr zuvor waren die ersten Fotografien in kleineren Schriften veröffentlicht worden. Die erste farbige Abbildung erschien in Borchardt, *Porträts der Königin*.
13 Borchardt, *Porträts der Königin*, 31–34.
14 *König Echnaton in El-Amarna*, 16.
15 Schäfer, *Amarna in Religion und Kunst*, 19.
16 »Die Amarnafunde im Alten Museum«, *Berliner Börsen-Zeitung*, Morgenausgabe, 4. April 1924, 7.
17 Friedrich von Oppeln-Bronikowski, »Der Ketzerkönig und seine Gemahlin«, *Deutsche Allgemeine Zeitung*, Morgenblatt, 16. Dezember 1923, 19.
18 »Erste Eindrücke in Berlin«, *Berliner Tageblatt und Handels-Zeitung*, Morgen-Ausgabe, 16. Oktober 1927, 4.
19 Vgl. aus kunsthistorischer Sicht Anthes, *Die Büste der Königin*. Vgl. auch Theye, »Photographie«; Krauss, »Nefertiti – A Drawing-Board Beauty?«; Gutwald und Zons (Hg.), *Die Macht der Schönheit*; Wildung, *Die Büste der Nofretete*.
20 *Kölnische Zeitung, mit Wirtschafts- und Handelsblatt*, 25. Oktober 1924, 6.
21 Zu Schönheitsvorstellungen in den 1920er-Jahren vgl. The Modern Girl Research Group, *The Modern Girl Around the World*; Banet-Weiser, *The Most Beautiful Girl*; Shissler, »Beauty is Nothing to Be Ashamed of«; Jones, »Blond and Blue-Eyed?«; Ramsbrock, *Korrigierte Körper*, 191 f.; Wong (Hg.), *Visualizing Beauty*; Berghoff und Kühne (Hg.), *Globalizing Beauty*.

22 *Südkurier: Tagblatt für Bodensee, Schwarzwald und das obere Donaugebiet*, 12. Mai 1949, 4.
23 »Is the English Woman Suited to Egyptian Styles? BC Standards of Feminine Beauty«, *The Sketch*, 28. Februar 1923.
24 Bernard Falk, »If I had my Own Sculpture Gallery«, *Sunday Pictorial*, 21. Oktober 1934, 10.
25 »Is the English Woman Suited to Egyptian Styles? BC Standards of Feminine Beauty«, *The Sketch*, 28. Februar 1923.
26 *The Sphere*, 14. März 1925, 16. Vgl. auch Gold, »From Sekhmet to Suffrage«; Tyldesley, *Nefertiti's Face*, 137.
27 Roth, »Besuch bei Amenophis«.
28 Borchardt, *Porträts der Königin*, 33. Vgl. auch Bredekamp, »Ohne Abweichung kein Leben«.
29 Hermann Schmitz, ehemaliger Kustos des Schlossmuseums in Berlin, in einem offenen Brief an den preußischen Ministerpräsidenten Otto Braun, 5. Mai 1930, zitiert nach Savoy, *Nofretete*, 68.
30 »Der Fall Nofretete«, *Berliner Börsen-Zeitung*, 11. Juni 1930, 7.
31 Zitiert nach Gold, »From Sekhmet to Suffrage«.
32 »Beauty Lure of a Face – Queen Nefertiti's Weird Power«, *Weekly Dispatch*, 11. Dezember 1927.
33 Zitiert nach Gold, »From Sekhmet to Suffrage«. Vgl. auch Tyldesley, *Nefertiti's Face*, 137.
34 *The Sketch*, 30. Juli 1958.
35 *Deutsche Allgemeine Zeitung*, 24. Mai 1930, 5.
36 »The Woman of the Day«, *The Paris Times*, 27. November 1924, 7.
37 Melitta v. Speck, Leserbrief, *Deutsche Allgemeine Zeitung*, 30. April 1930, 2.
38 »Nofretete geht …«, *Rhein- und Ruhrzeitung*, 9. April 1930.
39 »Um den Kopf der Nefertete«, *Sächsische Volkszeitung*, 30. Januar 1927, 15.
40 *Karlsruher Tagblatt*, 4. April 1929, 2.
41 Breger, »The ›Berlin‹ Nefertiti Bust«.
42 Johannes Guthmann, »Zum Endkampf um Nofretete«, *Deutsche Allgemeine Zeitung*, 16. Mai 1930, 2.

43 »Der Schmerz um eine Königin«, *Kölnische Zeitung*, 2. Juni 1930, 6.
44 *Kladderadatsch* 28, 13. Juli 1930, 434.
45 *Simplicissimus* 35, Nr. 6 (1930), 69.
46 Johannes Guthmann, »Zum Endkampf um Nofretete«, *Deutsche Allgemeine Zeitung*, 16. Mai 1930, 2.
47 »Der Fall Nofretete«, *Berliner Börsen-Zeitung*, 11. Juni 1930, 7.
48 »Schicksale einer berühmten Büste«, *Badische Presse*, 25. Januar 1937, 3.
49 Dick, »Else Lasker-Schüler als Künstlerin«, 117–158.
50 Peuckert, »Amarna in der literarischen Rezeption«. Zu Rilke und Ägypten vgl. Grimm, *Rilke und Ägypten*. Vgl. auch Simons, »Berliner Köpfe«.
51 Für weitere Beispiele der künstlerischen Bezugnahme auf Nofretete vgl. Lant, »The Curse of the Pharaoh«; Peuckert, »Amarna in der literarischen Rezeption«; Grimm, *Rilke und Ägypten*; Coniam, *Egyptomania Goes to the Movies*.
52 Kantorowicz, *The King's Two Bodies;* vgl. auch Lerner, *Ernst Kantorowicz*.
53 Breger, »The ›Berlin‹ Nefertiti Bust«, 290.
54 Kaspar Lutterbeck, in: *Der Deutsche*, 17. April 1930.
55 »Der Schmerz um eine Königin«, *Kölnische Zeitung*, 2. Juni 1930, 6. Vgl. auch MacDonald und Rice (Hg.), *Consuming Ancient Egypt*.
56 »›Modekönigin Nofretete‹. Geschichte in Gips«, *Berliner Tageblatt und Handels-Zeitung*, Morgen-Ausgabe, 29. Januar 1928, 30.
57 *Hull Daily Mail*, zitiert in Fryxell, »Tutankhamen«, 527. Vgl. auch Blume, »Ägypten als Marke«, 32–39; Gold, »From Sekhmet to Suffrage«.
58 *Berliner Tageblatt*, 5. November 1913.
59 Bosch und Mancoff, »Regal Beauty«; Jacobs mit Hart, *Nefertiti's Secret*. Zur Rezeption von Nofretete vgl. auch Versluys (Hg.), *Beyond Egyptomania*.
60 Jean Grimod, »Les merveilleuses anticipations de l'histoire – En l'an 1378 avant Jésus-Christ Aménophis IV – Khouniatonou

créait la première fédération international«, *Le Petit Journal*, 22. August 1930.

61 »Turning Afflictions into Attractions«, *Dundee Evening Telegraph*, 10. Juli 1939, 10.

62 *Der Tag*, 8. April 1930.

63 Zitat aus der Zeitung *Equal Rights*, 19. Februar 1933, zitiert nach Gold, »From Sekhmet to Suffrage«. Vgl. auch Stent, »Women Surrealists«.

64 »Nefertiti: A Modern Woman of 1375 BC«, *The New York Times*, 15. Juni 1933, 12.

65 Kischkewitz, »Die Dreißiger Jahre«.

66 Fritz Stahl im *Berliner Tageblatt*, 5. November 1913.

67 »Ausgrabungen«, *Die Freie Meinung*, 5. Juli 1930.

68 Zitiert in Krauss, »1913–1988: 75 Jahre Büste der Nofretete«, 113.

69 Meskell, »Consuming Bodies«; Voss, »Sexuality Studies«.

70 Apter, »Acting out Orientalism«; Meskell, »Consuming Bodies«, 66–67.

71 Schäfer, *Amarna in Religion und Kunst*, IX.

72 Arnold, Green und Allen, *The Royal Women*, 18.

73 Robins, »The ›Feminisation‹ of Male Figures«; Arnold, »Von Karnak nach Amarna«.

74 Friedrich von Oppeln-Bronikowski, »Der Ketzerkönig und seine Gemahlin«, *Deutsche Allgemeine Zeitung*, Morgenblatt, 16. Dezember 1923, 19.

75 Vgl. dazu Lefébure, »Sur différents Mots«.

76 Reeves, *Echnaton*, 192.

77 Dobson, »Cross-Dressing Scholars«; Parkinson, »›The Use of Old Objects‹«; Zinn, »Nofretete«.

78 Sara Aridi, »A Brooklyn Drag Show Celebrates Arab Queens«, *The New York Times*, 14. Juni 2019.

79 Patsy Monsoon, »Nefertiti Goddess, la Drag Déesse«, *DragQueens.fr*, 16. Februar 2021.

80 Trav S. D., »›Nefertitty in Space‹ and Why Lola Rock'N'Rolla is Our Favorite Film-Maker«, travsd.wordpress.com, 26. November 2014.

81 McGuiness, »Drag Queen«, 2.

82 E. Emmert, »Uta und Nofretete«, *Hakenkreuzbanner: Das nationalsozialistische Kampfblatt Nordwestbadens*, 8. August 1942, 4.

83 Franz Thierfelder, »Nefretete oder Naumburg?«, *Zschopauer Tageblatt und Anzeiger*, 9. August 1928, 5.

84 »Die Ägypterin«, 20. April 1930; Archiv des Ägyptologischen Museums, Berlin.

85 Der Naumburger Lehrer Roland Langermann anlässlich einer Feierstunde der NSDAP, zitiert nach Ullrich, *Uta von Naumburg*, 130.

86 Franz Thierfelder, »Nefretete oder Naumburg?«, *Zschopauer Tageblatt und Anzeiger*, 9. August 1928, 5.

87 E. Emmert, »Uta und Nofretete«, *Hakenkreuzbanner: Das nationalsozialistische Kampfblatt Nordwestbadens*, 8. August 1942, 4.

88 L. W. Roose, »Indogermanen in Ägypten«, *NS Landpost*, 6. Januar 1939.

89 Wend Richtherr, »Nofretete – Thutmosis – Fuad«, *Lübecker Generalanzeiger*, 11. April 1930.

90 Friedrich Rausch, »Die Schöne ist gekommen«, *Nordhäuser Zeitung*, 28. Juli 1930.

91 Kronberg, *Nofretete*, 15, 148, 150, 101, 256. Zur nationalsozialistischen Vereinnahmung von Amarna vgl. Montserrat, *Akhenaten*, 108–113.

92 Muschler, *Nofretete*, 48, 31, 22.

93 Clarke, »›Ich reiß mir eine Wimper aus‹«.

94 Oper Leipzig, »Prinzessin Nofretete«, https://www.oper-leipzig.de/de/programm/prinzessin-Nofretete/182.

95 Wehner, *Echnaton und Nofretete.*

96 Devi, *Son of God, Son of the Sun*, 203–204. Vgl. auch Goodrick-Clarke, *Hitler's Priestess.*

97 Devi, *Joy of the Sun*, 105.

98 Devi, »Hart wie Kruppstahl«, 53, 2.

99 Devi, *The Lightning and the Sun*, iii, 354, 269.

100 Assmann, *Thomas Mann und Ägypten*, 151.

101 Mann, *Joseph und seine Brüder*, 1529, 1920.
102 Grimm, *Joseph und Echnaton*; Assmann, *Thomas Mann und Ägypten*.
103 Stratz, *Die Schönheit des weiblichen Körpers*.
104 Theye, »Photographie«.
105 Krauss, »Nefertiti – A Drawing-Board Beauty?«; Gutwald und Zons (Hg.), *Die Macht der Schönheit*; Lembke, »Grabungsfund als Ikone«.
106 Troy, »The Ancient Egyptian Queenship«.
107 Aldred, *Akhenaten*; Arnold, Green und Allen, *The Royal Women*; Wedel, *Nofretete und das Geheimnis*; Robins, *The Art of Ancient Egypt*, 149–165.
108 »Eine Königin und ein Professor«, *Kölnische Zeitung*, 3. Februar 1927, 2.
109 *Breslauer Zeitung*, 30. November 1913.
110 *Berliner Tageblatt*, 5. November 1913.
111 Carter und Mace, *The Tomb of Tut Ankh Amen*, 97.
112 Lisbeth Stern, »Ägyptische Funde«, *Sozialistische Monatshefte* 26, 23. Dezember 1913, 1720–1721.
113 Zitiert nach Grimm, *Rilke und Ägypten*, 324; *Hull Daily Mail*, zitiert in Fryxell, »Tutankhamen«, 527.
114 Georg Hermann, »Die erste moderne Frau«, *Vossische Zeitung*, 4. Mai 1930.
115 Savoy, *Nofretete*, 62.
116 Assmann, *Das kulturelle Gedächtnis*.
117 Walter Oesterheld, »Nefretete«, *Neue Preußische Kreuzzeitung*, 17. April 1930.
118 Klonk, *Spaces of Experience*; Enzensberger, *Augen auf Nofretete!*.
119 *Berliner Neueste Nachrichten*, 11. Dezember 1913.
120 *Dresdner Neueste Nachrichten*, 30. November 1913.
121 Victor Ottmann, »Leb' wohl, schöne Nofretete!«, *Berliner illustrierte Nachtausgabe*, 10. April 1930.
122 *Deutsche Warte*, 6. November 1913.
123 Johannes Guthmann, »Zum Endkampf um Nofretete«, *Deutsche Allgemeine Zeitung*, Abendausgabe, 16. Mai 1930, 2.

124 »Nefertiti: A Modern Woman of 1375 BC«, *New York Times*, 15. Juni 1933, 12.
125 Stierlin, *Le Buste de Néfertiti.*
126 Fryxell, »Tutankhamen«, 518.
127 Schäfer, *Amarna in Religion und Kunst*, IX.
128 *Die Gegenwart*, 20. Dezember 1913.
129 *BZ am Mittag*, 5. November 1913.
130 *Neuköllner Tageblatt*, 12. Dezember 1913. Vgl. zur Beziehung zwischen Schönheit und Natur auch Menninghaus, *Das Versprechen der Schönheit.*
131 Chevrel, *Le naturalisme*; Bagueley, *Naturalist Fiction*; Nelson (Hg.), *Naturalism*; Hill, *Figures of the World.*
132 Roth, »Besuch bei Amenophis«, 133–134.
133 Harloe, *Winckelmann*; Valdez, *German Philhellenism*; Witte, *Moses und Homer.*
134 Zitiert nach Philipp, »Winckelmann«, 88.
135 Nelson, *The Color of Stone.*
136 Greenberg und Hamilakis, *Archaeology, Nation, and Race.*
137 Immanuel Kant, *Lectures on Physical Geography*, 1802, zitiert in: Pauline Kleingeld, »Kant's Second Thoughts on Race«, *The Philosophical Quarterly* 57 (2007), 573–592, Zitat: 574.
138 Vgl. beispielsweise Stratz, *Die Schönheit des weiblichen Körpers.*
139 Gliddon, *Ancient Egypt*, 46; vgl. auch Painter, *The History of White People*; Kendi, *Stamped from the Beginning.*
140 Gliddon, *Ancient Egypt*, 59.
141 Breasted, *The Conquest of Civilization*, 43, 44.
142 Campbell, *Negro-Mania*, 12.
143 Zitiert nach Tyldesley, *Nefertiti's Face*, 145.
144 Tyldesley, *Nefertiti's Face*, 109.
145 Hughes-Hallett, *Cleopatra*; Royster, *Becoming Cleopatra*; Jansson, »Egyptian Excesses«.
146 McAlister, *Epic Encounters*, 22–23.
147 Royster, *Becoming Cleopatra*, 93–120; Shohat, »Disorienting Cleopatra«; Shin, »If it be Love Indeed«.

148 Borchardt, *Grabungsjournal*, zitiert in Seyfried, »Die Büste der Nofretete«, 189.
149 Frankenberg, »The Mirage of Unmarked Whiteness«; Painter, *History of White People.*
150 Zitiert nach Lemke, *Primitivist Modernism*, 111. Vgl. auch Dalton und Gates Jr., »Josephine Baker and Paul Colin«.
151 Lemke, *Primitivist Modernism*, 110–111. Vgl. auch Romero Ruiz, »Black States of Desire«.
152 Zitiert nach Rose, *Jazz Cleopatra*, 31.
153 Regester, »The Construction of an Image«, 31–84, Zitat: 45.
154 Der französische Tanzkritiker André Levinson, zitiert nach Rose, *Jazz Cleopatra*, 31.
155 Regester, »The Construction of an Image«, 45. Vgl. auch Sowinska, »Dialectics of the Banana Skirt«; Hobson, *Venus in the Dark.*
156 *The Chicago Defender*, 3. März 1928, zitiert in Regester, »The Construction of an Image«, 48.
157 Paglia, *Sexual Personae.*

III. Restitution

1 Ein großer Teil der wissenschaftlichen Diskussion hat sich auf rechtliche Fragen konzentriert: Siehr, »The Beautiful One Has Come«; Urice, »The Beautiful One Has Come«; Culbertson, »Contemporary Customary International Law«. Vgl. auch Al Quntar, »Repatriation and the Legacy of Colonialism«.
2 Cook, »Pharaonic History«; El-Daly, *Egyptology.*
3 Gitre, *Acting Egyptian*, 16. Vgl. auch Cruz, »*Aida*, Egyptomania«.
4 Troutt Powell, *A Different Shade of Colonialism.*
5 Zitiert nach Green, »Spacetime and the Muslim Journey«, 406.
6 Colla, »The Stuff of Egypt«, 74. Vgl. auch Colla, *Conflicted Antiquities*; Gershoni und Jankowski, *Egypt, Islam and the Arabs.* Parallel dazu kann man auch die Herausbildung eines neuen Körperregimes beobachten; vgl. Jacob, *Working out Egypt.*

7 Goode, *Negotiating for the Past.*
8 Die beste Zusammenfassung findet sich bei Krauss, »1913–1988: 75 Jahre Büste der Nofretete«, und Savoy, *Nofretete.*
9 Lacau in einer Aktennotiz, zitiert nach Savoy, *Nofretete*, 103.
10 Reid, *Contesting Antiquity*, 84.
11 Lacau, zitiert nach Savoy, *Nofretete*, 209.
12 Ägyptisches Museum und Papyrussammlung Berlin, Archiv.
13 Kurt Sethe, »Um den Kopf der Nofretete«, *Deutsche Allgemeine Zeitung*, 27. April 1930, 6.
14 G. F. Hartlaub, »Ranofer gegen Nefretete«, *Neue Mannheimer Zeitung*, 19. April 1930.
15 »Nofretete und Ranofer«, *Deutsche Börsenzeitung*, Morgenausgabe, 27. Mai 1930, 8.
16 Paul Friedrich, »Nofretete-Epilog«, *Berliner Börsen-Zeitung*, 5. Juni 1930, 7.
17 Fritz Koch-Gotha, »Wozu brauchen wir das Köpfchen?«, *Deutsche Allgemeine Zeitung*, 20. Mai 1930, 2.
18 *Magdeburger Zeitung*, 1. Juli 1930.
19 »Der Schmerz um eine Königin«, *Kölnische Zeitung*, 2. Juni 1930, 6.
20 Ebd.
21 Johannes Guthmann, »Zum Endkampf um Nofretete«, *Deutsche Allgemeine Zeitung*, 16. Mai 1930, 2.
22 Richard Dyck, »Nefretete möchte Berlinerin bleiben!«, *Acht-Uhr-Abendblatt*, 16. April 1930.
23 *Kladderadatsch* 23, 8. Juni 1930, 368.
24 »Nefretete bleibt bei uns«, *Vossische Zeitung*, 25. Juni 1930.
25 »Erziehung zum Kunstinteresse«, *Der Montag-Morgen*, 30. Juni 1930.
26 »Lärm um Nofretete«, *Augsburger Neueste Nachrichten*, 26. Juni 1930.
27 *Die Meinung* (Breslau), 5. Juli 1930.
28 Hermann Schmitz, »Nefretete, bleibe bei uns!«, *Berliner Börsen-Zeitung*, 8. Mai 1930.
29 »Nofretete bleibt!«, *Schlesische Volkszeitung*, 27. Juni 1930.

30 Hermann Pfaender, »Die ›Befreiungsaktion‹ für Nofretete«, *Das kleine Journal*, 18. April 1930.

31 Zum größeren Kontext vgl. Jeismann, *Das Vaterland der Feinde*; König und Julien, *Rivalités et interdépendances*. Zur Rolle der französisch-deutschen Rivalität in der Nofretete-Frage vgl. Savoy, *Nofretete*.

32 Gassert, »Amerikanismus, Antiamerikanismus«; Klautke, *Unbegrenzte Möglichkeiten*; Weisbrod, »Das doppelte Gesicht Amerikas«.

33 »Die Entführung der Nephretete«, *Offenbacher Zeitung*, 9. April 1930.

34 Friedrich Kerst, »Was ist mit Nefretete?«, *Westfälische Landeszeitung*, 12. April 1930.

35 Kaspar Lutterbeck, in: *Der Deutsche*, 17. April 1930.

36 James Simon, »Offener Brief«, *Berliner Tageblatt*, 28. Juni 1930; »Um Nofretete: Die Antwort des Kultusministers an Dr. James Simon«, *Berliner Tageblatt*, 29. Juni 1930.

37 *Kladderadatsch* 28, 13. Juli 1930, 434.

38 The Nation Associates, *The Record of Collaboration*; Mallmann und Cuppers, *Halbmond und Hakenkreuz*; Hopp et al. (Hg.), *Blind für die Geschichte?*; Herf, *Nazi Propaganda*; Motadel, *Islam and Nazi Germany's War*; Nicosia, *Nazi Germany*.

39 *Der deutsche Weg, für Wahrheit, Freiheit, Recht; katholisches Wochenblatt gegen die Irrtümer der Zeit und für christliche Lebenserneuerung*, 28. Juni 1936, 6. (»Blubo«, eine Formel aus der Zeit des »Dritten Reiches«, steht akronymisch für »Blut und Boden«.)

40 Der ägyptische Botschafter in Deutschland, Abdel Monein Amin, PA AA B 2-B STS/101, 211, 31. März 1955. Vergleiche auch schon »Hitler is In Love«, *Daily Mirror*, 31. März 1934, 3.

41 *Der deutsche Weg*, 28. Juni 1936, 6.

42 Zitate aus einem Bericht des deutschen Botschafters in Ägypten, Eberhard von Stohrer, veröffentlicht im *Journal d'Égypte* im Jahr 1948 in französischer Sprache, zitiert nach Krauss, »1913–1988: 75 Jahre Büste der Nofretete«, 125. Vgl. auch Kassim, *Die diplomatischen Beziehungen*.

43 »Beauty Lure of a Face- Queen Nefertiti's Weird Power«, *Weekly Dispatch*, 11. Dezember 1927.
44 Taḥūt, »Ra's Nefertiti«. Mein Dank geht an Hatem Hegab für die Recherche in arabischen Zeitungsarchiven und die Übersetzung arabischer Quellen.
45 Fahmy, »Waḥi Nefertiti«.
46 Salmoni, »Historical Consciousness«.
47 Dahami, »Arabic Contemporary Poetic Drama«.
48 Husayn, *The Future of Culture*, 2.
49 Zitiert nach Gershoni und Jankowski, *Egypt, Islam, and the Arabs*, 175.
50 Zitiert nach Wood, »The Use of the Pharaonic Past«, 184. Vgl. auch Reid, *Contesting Antiquity*, 295–327.
51 Colla, »The Stuff of Egypt«; Gershoni und Jankowski, *Egypt, Islam, and the Arabs*; Gershoni und Jankowski (Hg.), *Rethinking Nationalism*. Zu Positionen innerhalb islamischer Bewegungen, die sich gegen den Pharaonismus positionierten, vgl. Krämer, *Hasan al-Banna*.
52 Säve-Söderbergh (Hg.), *Temples and Tombs*; Desroches-Noblecourt, *La Grande Nubiade*; Carruthers, »The Planned Past«; Betts, »The Warden of World Heritage«.
53 Bernsau, *Die Besatzer als Kuratoren?*.
54 *Der Spiegel*, 1. April 1947.
55 *Wiesbadener Kurier*, 11. Juni 1956, zitiert nach Bernsau, *Die Besatzer als Kuratoren?*, 254.
56 Heinrich Wefing, »Brüchige Sensation«, *Die Zeit*, 26. Februar 2009, 47.
57 Dankwart Guratzsch, »Berlin und sein zusammengeklebter Trümmerrest«, *Die Welt*, 27. Februar 2009.
58 Diplomatische Vertretung der BRD in Washington, in: PA AA B 11-ABT. 3/218, 70 (2. Februar 1952).
59 »Nofretete«, *Nordwest-Zeitung, Ausgabe Oldenburger Nachrichten*, 11. September 1950, 3.
60 PA AA B 11-ABT. 3/218, 161: Schreiben Abteilung IV an Abteilung III, 1. Juli 1953.

61 »Berliner Schätze warten auf Rückkehr«, *Neue Zeit*, 26. Januar 1949, 5.
62 Mußgnug, *Wem gehört Nofretete?*, 9.
63 »Alte Kunst am Mittelmeer«, *Neue Zeit*, 20. Juli 1955, 2.
64 »Keine Sehnsucht nach diesen alten Tagen«, *Berliner Zeitung*, 14. Juli 1975, 3.
65 »Der Mann mit dem Goldhelm«, *Neues Deutschland*, 28. Juni 1975, 2.
66 »DDR-Museen gestalten repräsentative Schau kostbarer Altertümer«, *Neues Deutschland*, 11. März 1973, 4.
67 Inge Gerlich, »Guten Morgen Nofretete«, *Berliner Zeitung*, 28. Januar 1962, 8.
68 »15000 Besucher je Tag«, *Berliner Zeitung*, 29. August 1958, 3.
69 »Königliche Schönheiten noch heute von großer Faszination«, *Berliner Zeitung*, 10. Februar 1990, 10.
70 Joachim Nawrocki, »Nix Nofretete«, *Die Zeit*, 4. Juli 1975, 25.
71 »Nofretete zurückgeben«, *Nordwest-Zeitung, Ausgabe Oldenburger Nachrichten*, 16. August 1975, 9.
72 Auswärtiges Amt, PA, B 11-ABT. 3/218, 116 (2. Oktober 1952).
73 Konrad Adenauer, in: Deutscher Bundestag, 165. Sitzung, Bonn, 27. September 1951 (https://www.bundesarchiv.de/DE/Content/Virtuelle-Ausstellungen/luxemburger-abkommen.html).
74 Brodesser, *Wiedergutmachung*.
75 Telegramm aus Kairo an das Deutsche Auswärtige Amt, 13. November 1952, PA, B 2-B STS/17, 207. Zum Hintergrund vgl. Jelinek, *Deutschland und Israel*, 217–250.
76 Auswärtiges Amt, 2. April 1952: PA B 11-ABT. 3/218, 71.
77 Auswärtiges Amt, 3. Februar 1953: PA B 11-ABT. 3/218, 122.
78 Auswärtiges Amt, 27. September 1952: PA B 2-B STS/17, 81.
79 Auswärtiges Amt, 3. Februar 1953: PA AA B 11-ABT. 3/218, 122.
80 Auswärtiges Amt, 1. Juli 1953: PA B 11-ABT. 3/218, 161.
81 Deutsche Botschaft in Kairo, 8. Dezember 1955; Auswärtiges Amt, 1. Juli 1953: PA B 11-ABT. 3/219, 42. Zur Geschichte dieses Marschallstabes vgl. Karl-Heinz Janßen, »Neffe Eberhard und der Stab«, *Die Zeit*, 21. März 1986, 78.

82 Bachmann, *Die UdSSR und der Nahe Osten*, 167–190.
83 Hansen, *Aus dem Schatten der Katastrophe.*
84 Richard Owen, »This Nefertiti Needs all the Help She Can Get«, *The Times*, 6. September 1980, 12; Dan Arkin, »Mikahir lenamal ben-gurion: haboker tisa misharit rishona shel nefertiti«, *Maariv*, 5. März 1980.
85 Merryman (Hg.), *Imperialism, Art and Restitution*; Bloembergen und Eickhoff, »Conserving the Past«; Unfried, *Vergangenes Unrecht*; Gaudenzi und Swenson, »Looted Art and Restitution«; Bellisari, »The Art of Decolonization«.
86 »Restitution of Works of Art to Countries Victims of Appropriation«, UN-Vollversammlung, 18. Sitzung, 18. Dezember 1973, *United Nations Digital Library*. Vgl. auch Savoy, *Afrikas Kampf*.
87 Udo Bergdoll, »Komplimente in Fülle und die Vision vom Öl«, *Süddeutsche Zeitung*, 1. April 1976, 3.
88 Paczensky, »Teilt Nofretete!«. Vgl. auch Paczensky und Ganslmayr, *Nofretete will nach Hause*. Eine polemische Auseinandersetzung mit der postkolonialen Position findet sich in Gertzen, *Einführung in die Wissenschaftsgeschichte*.
89 Haug von Kuenheim, »Nofretete ist kein Fall: Der müßige Streit um die Kulturschätze aus der Dritten Welt«, *Die Zeit* 37, 7. September 1984.
90 Ebd.
91 »Königin Nofretete auf der Reise nach Kairo«, *Neue Zeit*, 17. Juli 1992, 19.
92 Sybille Pawel, »Kehrt Nofretete zurück nach Ägypten?«, *Berliner Zeitung*, 10. Januar 1992, 17.
93 Dietrich Wildung, »Nofretetes lange Reise: Die Einheit – ein Staffellauf«, *Preußischer Kulturbesitz*, 15. Februar 2017.
94 El-Tayeb, »Reclaiming Nefertiti«.
95 *Berliner Zeitung*, 28. August 2012; *BILD*, 28. August 2012.
96 Christian Thomas, »Als Nofretete für kurze Zeit Hessin war«, *Frankfurter Rundschau*, 13. Dezember 2013.
97 Rede von Kulturstaatsminister Bernd Neumann anlässlich des

Pressetermins zur Ausstellung »Im Licht von Amarna«, 5. Dezember 2012.

98 Ebd.

99 Belting und Buddensieg (Hg.), *The Global Art World.*

100 http://www.freiburg-postkolonial.de/Seiten/Nofretete.htm; https://www.deutschlandfunk.de/Nofretete-geht-auf-reisen-oder-auch-nicht.691.de.html?dram:article_id=50570.

101 https://aksioma.org/the.other.nefertiti/. Die Dateien des Scans sind allgemein zugänglich: http://nefertitihack.alloversky.com. Vgl. auch https://www.nora-al-badri.de/works-index.

102 Zitiert nach Iskin, »The Other Nefertiti«, 66.

103 »Declaration on the Importance and Value of Universal Museums«, *ICOM News* 1 (2004), 4.

104 Cuno, *Museums Matter*, 62.

105 Cuno, *Who Owns Antiquity*, 123.

106 Neil MacGregor, »The Whole World in Our Hands«, *The Guardian*, 24. Juli 2004.

107 Kritische Perspektiven finden sich in: Abungu, »The Declaration«; O'Neill, »Enlightenment Museums«; Abungu, »Universal Museums«.

108 Neill MacGregor, »The Whole World in Our Hands«, *The Guardian*, 24. Juli 2004.

109 »Profil der Staatlichen Museen zu Berlin«, https://www.smb.museum/ueber-uns/profil/.

110 »Nofretete bleibt eine Berlinerin«, *Berliner Zeitung online*, 3. Dezember 2012.

111 Bernd Neumann, 5. Dezember 2012. Vgl. auch die kritischen Bemerkungen von Fatima El-Tayeb, »Reclaiming Nefertiti«, http://amlatina.contemporaryand.com/editorial/fatima-el-tayeb-reclaiming-nefertiti/.

112 Zu Hawass vgl. Kyle Cassidy, »Zahi Hawass and the Secrets of the Pyramids«, *The Pennsylvania Gazette*, 1. Mai 2002. Vgl. auch die biografische Information in Kamrin et al. (Hg.), *Guardian of Ancient Egypt*, und Hawass' persönliche Website: http://www.drhawass.com/wp/.

113 »Interview: Dr. Zahi Hawass in His Own Words«, *World Archaeology Blog*, 5. Juni 2013.
114 Hawass, zitiert nach Adam Sherwin, »›Rude‹ Beyoncé Banned from Pyramids by ›Egypt's Indiana Jones‹«, *Independent*, 22. November 2013.
115 Hawass, zitiert nach: »The Body of Nefertiti: Little Warsaw in Venice 2003«, http://www.littlewarsaw.com/nef.fanzine.pdf.
116 Zitiert nach Hugh Eakin, »Nefertiti's Bust Gets a Body, Offending Egyptians«, *The New York Times*, 21. Juni 2003, B 14.
117 Zitate aus der Broschüre »The Body of Nefertiti: Little Warsaw in Venice 2003«. Vgl. auch Breger, *Szenarien kopfloser Herrschaft*; Andras, »Little Warsaw«; Bardaouil, »Nofretete – tête-à-tête«; Feró, »The Body of Nefertiti«.
118 Hermann Parzinger, zitiert nach: »Streit um die Pharaonin«, *Süddeutsche Zeitung*, 24. Januar 2011.
119 Sarr und Savoy, *Rapport sur la restitution*.
120 Zitiert nach Martin Bailey, »Archaeologist Launches Private Bid to Retrieve Priceless Egyptian Treasures from European Museums«, *The Art Newspaper* 318, 6. Dezember 2019.
121 El Daly, »What Do Tourists Learn of Egypt?«.
122 Mohamed Elshahed, »The Old and New Egyptian Museums«.
123 Kate Taylor, »Using History to Sell Clothes? Don't Try it With the Pharaohs«, *The New York Times*, 19. April 2011, C 1. Vgl. auch Ursula Lindsey, »Zahi Hawass«.
124 Wynn, »Shape Shifting Lizard People«. Vgl. auch Wynn, *Pyramids and Nightclubs*.
125 Jack Shenker, »Egypt's Man from the Past who Insists He Has a Future«, *The Guardian*, 19. Mai 2011. Vgl. auch Langer, »Informal Colonialism of Egyptology«.
126 Shenker, *The Egyptians*, 120.
127 Carruthers, »Introduction: Thinking About Histories«.
128 Ryzova, »The Battle of Muhammad Mahmoud Street«.
129 Awad, »The Social Life of Images«. Vgl. auch Mowafi, »Egypt's Forgotten Graffiti«, und den Dokumentarfilm *Nefertiti's Daughters* von Mark Nickolas (2014).

130 Hamdy und Karl, *Walls of Freedom*; Patry und Mohamed, »The Revolution Realists?«; Christiane Gruber, »Nefertiti in a Gas Mask«, *The Brooklyn Rail*, 2015; Pierandrei, »Alternative Media«.
131 Vgl. z. B. Abd el Gawad und Stevenson, »Egypt's Dispersed Heritage«. Für unterschiedliche Stränge des ägyptischen Nationalismus vgl. Suleiman, »Egypt: From Egyptian to Pan-Arab Nationalism«. Vgl. auch Dawisha, *Arab Nationalism*; Di-Capua, *Gatekeepers*; Aboelezz, »Language as Proxy in Identity Politics«.
132 Präsident Sisi, zitiert in Aidi, »Egypt and the Afrocentrists«.
133 Omar, »Pharaohs on Parade«; Stevenson, *Egyptian Archaeology*; Jurman, *Pharaoh's New Clothes*.
134 Monica Hanna, *The Return of Nefertiti: Decolonising Egyptology*, Polostories, Minute 15:00.
135 Ebd., Minute 9:00.
136 *Geraubte Schätze: Die Büste der Nofretete*, 3Sat Kulturdokumentation, 2023, Minute 10:50. Vgl. auch das Interview »Die Büste der Nofretete wird als Geisel gehalten«, *Der Spiegel*, 10. August 2023.

IV. Nofretete global

1 Bernard Falk, »If I had my Own Sculpture Gallery«, *Sunday Pictorial*, 21. Oktober 1934, 10.
2 »Beautiful Woman?«, *Los Angeles Times*, 6. März 1955, M9.
3 *The Sketch*, 30. Juli 1958.
4 *Novoe Russkoe Slovo* Nr. 7515, 24. August 1933, 4.
5 Lowe, »Translation of the diary«; Dragomir, »Living and Dying in the Limelight«; Maria del Carmen Fernández Díaz, »La ›Escrittura‹ Surrealista de Frida Kahlo«, *Estudios Románicos* 16–17 (2007–2008), 417–424.
6 »Desde mi Balcón de París«, *El Informador*, 10. Juli 1960, 27.
7 Nahum Slouschz, »nashim tzidkaniyot bemitzrayim«, *Ha-Boḳer*, 13. April 1949. Ich bedanke mich bei Nimrod Flaschenberg, der diese Quelle ausfindig gemacht und übersetzt hat.

8 »Um Faraó em Paris«, *Manchete* 778 (18. März 1967), 42.
9 Xu, Jinde, »Yóu shuō Nàfúdìdì sùxiàng [Briefmarken von Nofretete]«, *Shanghai Philately* 2 (2018), 29–32; Yuling, »Disruption«. Mein Dank gilt Qingyang Li für die Recherche und Übersetzung der Zitate aus dem Chinesischen.
10 Smith, *The Ancient Egyptians*, 6.
11 Ebd., 26.
12 Kondo und Kawai, »Japan«.
13 Khatlab, *As Viagens de Dom Pedro*; Elgebaly und Pinto, »O Egito na Interface«.
14 Butcher, *Egypt As We Knew It*, 75.
15 Vgl. Tanaka, *Japan's Orient*.
16 Pratt, *Imperial Eyes*, 134.
17 Medina-González, »›Trans-Atlantic Pyramidology‹«.
18 Keen, *The Aztec Image*.
19 Pearce, »William Bullock«.
20 Hodgen, *Early Anthropology*.
21 Bullock, *A Description of the Unique Exhibition*, 47.
22 Cubas, *Ensayo de un Estudio Comparativo*, 25–26. Vgl. auch Carrera, *Traveling from New Spain*.
23 Vgl. dazu Tian, »Thoth with Four Eyes«, 60.
24 Tian, »Thoth with Four Eyes«, 66. Vgl. auch Haili, »Chinese Approaches«.
25 Lacouperie, *Western Origin*.
26 Chen, »Faithful History«.
27 Peng, »Decentralizing the Origin of Civilization«.
28 Zur globalen Perspektive des chinesischen Nationalismus im frühen 20. Jahrhundert vgl. Karl, *Staging the World*.
29 Hon, »From a Hierarchy in Time«; Wang et al., »Perspectives from the Far East«. Vgl. auch Dikötter, *The Discourse of Race*; Hon, *The Allure of the Nation*.
30 Wang, *Fu Ssu-Nien*.
31 He Bingsong, zitiert nach Tian Tian, »Budding Lotus: Egyptology in China from the 1840s to Today«, in: Langer (Hg.), *Global Egyptology*, 182.

32 Sun et al., »Origin of the Mysterious Yin-Shang Bronzes«.
33 Lewis, »Does Chinese Civilization Come From Ancient Egypt?«. Vgl. auch Romgard, »Questions of Ancient Human Settlements«.
34 Wu Luoying, »Shìjì zhī mí jiě kāi āijí zhèngshí tú tǎn kǎmén mù zhōng méiyǒu nà fú dì dì mìshì«, *Up Media*, 7. Mai 2018; Chen, Keqin, »Zuì měilì de Āijí wángfēi xiàn zhēn róng«, *Guangming Daily*, 29. August 2003.
35 Yang Liwei, »Gǔ Āijí zuìměi de nǚrén«, *Philatelic Panorama* 3 (2019), 97–99; Xu Jinde, »Yóu shuō Nàfúdìdì sùxiàng«, *Shanghai Philately* 2 (2018), 29–32.
36 Yuling, »Disruption«.
37 Shen Dali, »Nàfúdìdì, gǔ Āijí yàn hòu zhī mí«, *Wenyi Bao*, 8. Januar 2020.
38 Judge, »Talent, Virtue, and the Nation«.
39 Shen Dali, »Nàfúdìdì, gǔ Āijí yàn hòu zhī mí«, *Wenyi Bao*, 8. Januar 2020.
40 Trafton, *Egypt Land*, 15, 3. Vgl. auch Thomas et al., *The American Discovery*.
41 Vanhulle et al., »Leopold II and Egypt«.
42 Bruffaerts, »Belgium«.
43 Kóthay, »Hungary«.
44 Berger, »Mnemohistories and Receptions of Ancient Egypt«, 355.
45 Murtazali et al., »Mythologizing the Remote Past«. Vgl. auch Druey, »History as a Means of Conflict«.
46 Dieser Abschnitt stützt sich auf Mukharji, »The Bengali Pharaoh«.
47 Ray, *Prehistoric India and Ancient Egypt*, 36, 12.
48 Ebd., 35–36.
49 Hobsbawm und Ranger (Hg.), *The Invention of Tradition*.
50 Picknett und Prince, »Alternative Egypts«.
51 Chatterji, *Africanism*, viii. Vgl. auch Pauker, »The Rise and Fall of Afro-Asian Solidarity«; Lee (Hg.), *Making a World after Empire*.

52 Mukharji, »The Bengali Pharaoh«.
53 Rocha da Silva, »Tropical Egypt«.
54 Brancaglion, »From Egypt to Brazil«. Vgl. auch Schwarcz, *The Emperor's Beard*; Barman, *Citizen Emperor*.
55 Bakos (Hg.), *Egiptomania*.
56 Fausto, *Os Índios antes do Brasil*, 30.
57 Schwarcz, *The Spectacle of the Races*.
58 Funari und Funari, »Ancient Egypt in Brazil«.
59 Schmidt, *Nova História Crítica*, 98.
60 »Obituário: Mário Schmidt, Autor Massacrado por Perseguição Ideológica da Mídia Tradicional, não Conheceu Reparação à Honra«, *Brasil 247*, 9. Januar 2022. Zu Schmidts Reaktionen auf diese Vorwürfe vgl. Mário Schmidt, »O Livro Didático que a Globo quer Proibir«, *Vermelho*, 19. September 2007.
61 Funari und Funari, »Ancient Egypt in Brazil«, 57.
62 *Manchete* Nr. 786, 13. Mai 1967, 97.
63 Galeria do Samba, »Acadêmicos do Salgueiro«, 2007 (https://www.galeriadosamba.com.br/samba-schools/academicos-do-salgueiro/2007/).
64 Araujo, »Slavery, Royalty, and Racism«.

V. Die afroamerikanische Nofretete

1 Zur Geschichte des Panafrikanismus vgl. Langley, *Pan-Africanism*; Geiss, *The Pan-African Movement*; James, *George Padmore and Decolonization*; Adi, *Pan-Africanism*.
2 Mandela, *Long Walk to Freedom*, 293, 296–297.
3 Sanders, »The Hamitic Hypothesis«.
4 Lucas, *The Religion of the Yorubas*, 8, 23.
5 Zachernuk, »Of Origins and Colonial Order«.
6 Delany, »The International Policy of the World«, 324. Vgl. auch Draper, *The Rediscovery of Black Nationalism*; Miller, *The Search for Black Nationality*; Jones (Hg.), *The African American Political Thought*; Fritze, *Egyptomania*, 300–335.
7 Van Evrie, *White Supremacy and Negro Subordination*, 65.

8 Du Bois, *The World and Africa*, 99.
9 Blyden, *From West Africa to Palestine*, 105.
10 Ebd., 112.
11 Wilmore, *Black Religion and Black Radicalism*; Adeleke, *UnAfrican Americans*.
12 Vgl. Trafton, *Egypt Land*.
13 Zu Theorien der »Blackness« vgl. Omi und Winant, *Racial Formation*; Hartman, *Scenes of Subjection*; Shelby, *We Who Are Dark*; Fields und Fields, *Racecraft*.
14 Gross, *What Blood Won't Tell*, 17.
15 Haidarali, *Brown Beauty*.
16 *New Journal and Guide*, 3. Januar 1925, 12.
17 Vgl. auch Hutchinson (Hg.), *The Cambridge Companion*; Farebrother und Thaggert (Hg.), *A History of the Harlem Renaissance*.
18 Du Bois, *The World and Africa*, 129–130. Vgl. auch Montserrat, *Akhenaten*, 116–123.
19 Tynetta Muhammad, »The Sun of Islam Rises in the West-Egypt Mania in Chicago«, *The Final Call*, 10. Oktober 2000.
20 »The Summer Makeup is Natural«, *The New York Times*, 7. Mai 1933, Section DRAMA 7.
21 *Afro-American*, 8. Oktober 1949.
22 *Afro-American*, 9. Februar 1957, A1.
23 *Afro-American*, 9. Mai 1959, 4.
24 *Chicago Daily Defender*, 7. Dezember 1968, 2.
25 McEvilley, *Capacity*, 134–143; Smethurst, *The Black Arts Movement*; »Remembering the Black Arts Movement«, Sonderheft der Zeitschrift *Nka: Journal of Contemporary African Art* 29, Nr. 2 (2011). Zum generellen Kontext in den Vereinigten Staaten vgl. Austin, *Achieving Blackness*; Price, *Dreaming Blackness*.
26 »Wigs Make Comeback«, *Ebony* 18, Nr. 2, Dezember 1962, 132–133; *Jet*, Band 35, Nr. 2, 17. Oktober 1968, 31. Vgl. auch Omi und Winant, *Racial Formation*; Van Deburg, *New Day in Babylon*.
27 Toni Morrison, »What the Black Woman Thinks About Women's Lib«, *The New York Times*, 22. August 1971, 14. Vgl. auch Craig,

Ain't I a Beauty Queen?; Jennings, *Toni Morrison and the Idea of Africa*; Roynon, »The Africanness of Classicism«.

28 *New York Amsterdam News*, 31. Juli 1976, D8.

29 *Muhammad Speaks*, 19. Januar 1968, 22.

30 »Chicago's Blacks Boycott ›Nefertiti‹«, *New York Amsterdam News*, 24. September 1977, D 13.

31 Jessica Harris, »Fall: Cornucopia of Black Theater«, *New York Amsterdam News*, 8. Oktober 1977, A 1.

32 »Chicago's Blacks Boycott ›Nefertiti‹«, *New York Amsterdam News*, 24. September 1977, D 13.

33 Wedge (Hg.), *Nefertiti Graffiti*, 86.

34 Eine vom Museum in Auftrag gegebene Umfrage erbrachte, dass die afroamerikanischen Besucher und Besucherinnen vornehmlich aus den Mittelschichten stammten (Wedge (Hg.), *Nefertiti Graffiti*, 137).

35 Alle Zitate in den vorangegangenen Abschnitten finden sich in Wedge (Hg.), *Nefertiti Graffiti*. Die Groß- und Kleinschreibung Black/black wurde auch in der Übersetzung beibehalten.

36 Adeleke, *Africa in Black Liberation Activism*.

37 Diop, *Nations nègres*; Diop, *The African Origin of Civilization*; Asante, *The Afrocentric Idea*; Asante, *Kemet*; Ani, *Yurugu*; Keto, *Vision, Identity and Time*. Vgl. auch Sertima (Hg.), *Great African Thinkers*; Falola, *Nationalism and African Intellectuals*.

38 Diop, *Civilization or Barbarism*, 3.

39 Bernal, *Black Athena*. Die heftigste Kritik findet sich bei Lefkowitz, *Not Out of Africa*. Vgl. auch Gates Jr., »Beyond the Culture Wars«; Howe, *Afrocentrism*; Berlinerblau, *Heresy in the University*; Walker, *We Can't Go Home Again*; Shavit, *History in Black*; Adeleke, *The Case Against Afrocentrism*.

40 Legrand H. Clegg II, »The Truth About Nefertiti«, *National Chronicle*, 15. Februar 1991, 4.

41 Collier, »Michael Jackson's New Video«.

42 Bracket, »Black or White?«.

43 Gilroy, *The Black Atlantic*, 207. Zu den »schwarzen Pharaonen« vgl. Morkot, *The Black Pharaohs*.

44 Tate, *Black Beauty*, 105–106.
45 Collier, »Michael Jackson's New Video«, 56. Vgl. auch Rossiter, »›They Don't Care About Us‹«. Zu Jacksons ambivalenter Haltung vgl. Bracket, »Black or White?«.
46 Zitiert nach Christopher Miles, »Venice History by Way of Africa«, *Los Angeles Times*, 20. Juli 2003.
47 Fred Wilson, Interview, 18. Dezember 2016, *L'Appartement22.*
48 Ebd.
49 Berger, *Fred Wilson*; Globus (Hg.), *Fred Wilson*; Armand, »American Contemporary Art«.
50 Rodgers, *Age of Fracture*; Hartman, *A War for the Soul of America.*
51 McEvilley, *Capacity*, 134–143. Zum Kontext in den USA vgl. Austin, *Achieving Blackness*; Price, *Dreaming Blackness.*
52 Queen Latifah mit Hunter, *Ladies First*, 18.
53 Lefkovitz, *Transnational Cinematic and Popular Music Icons*; McDonald, »How Nefertiti Became a Powerful Symbol«.
54 Goode, *Negotiating for the Past*, 85.
55 Gershoni, *The Emergence of Pan-Arabism*; Coury, »Who ›Invented‹ Egyptian Arab Nationalism?«; Wood, »The Use of the Pharaonic Past«; Reid, »Nationalizing the Pharaonic Past«; Gershoni und Jankowski, *Commemorating the Nation;* Aboelezz, »Language as Proxy«.
56 Aidi, »Egypt and the Afrocentrists«.
57 Burton, »Hubs of Decolonization«; LeBlanc, *Circulating Anti-Colonial Cairo*. Vgl. auch Lee (Hg.), *Making a World after Empire*; Dinkel, *The Non-Aligned Movement.*
58 Curtis IV, »›My Heart is in Cairo‹«.
59 Asante, »Afrocentricity and Culture«, 5.
60 Nehal Samir, »Claims that Ancient Egyptians were black untrue: Zahi Hawass«, *Daily News Egypt*, 14. April 2021.
61 Gates Jr., »Beyond the Culture Wars«, 6.
62 Appiah, »Europe Upside Down«.
63 Gaillot, »Rise of ›Hotep‹«; Lovett, »Reflecting«.
64 Gilroy, *The Black Atlantic*, 207. Vgl. auch die Position der »sla-

vocentrists«, die die Erfahrung der Sklaverei gegenüber der afrikanischen Herkunft in den Vordergrund stellen: Owens, *Yes, I am Who I am.*

65 Wright, *Physics of Blackness.*

66 Tesler, *Post-Racial or Most-Racial.*

67 Lillvis, *Posthuman Blackness*; Anderson und Jones (Hg.), *Afrofuturism 2.0.*

68 Alex Taylor, »The Iconography Behind Beyoncé's ›Iconic‹ Coachella Sets«, *BBC News*, 23. April 2018.

69 Mako Fitts Ward, »Queen Bey and the New Niggerati: Ethics of Individualism in the Appropriation of Black Radicalism«, *Black Camera* 9 (2017), 146–163, Zitat: 146. Vgl. auch Trier-Bieniek (Hg.), *The Beyoncé Effect.*

70 Miranda Larbi, »Beyoncé's Been Called Out for Appropriating Egyptian Culture and It's Confusing«, *Metro*, 4. April 2018. Vgl. auch »Egyptians Accuse Beyoncé of Cultural Appropriation After Coachella's Nefertiti Outfit«, *Scoop Empire*, 16. April 2018.

71 Nefertiti (@firstladyship), 1. August 2020.

72 Alice Walker, zitiert nach Norwood, »If You is White«.

73 Zitiert nach Travis M. Andrews und Maber Ferguson, »Beyoncé's Father Takes on ›Colorism‹: He Dated Her Mother because He Thought She Was White«, *The Washington Post*, 5. Februar 2018. Vgl. auch Davis, »From Colorism to Conjurings«.

74 Wilder, *Color Stories*; Drayton, *For the Culture*; Browning, *Homecoming.*

75 Duane W. Roller, »Cleopatra's True Racial Background (and Does it Really Matter?)«, *OUPblog*, 6. Dezember 2010.

76 Lisa Respers France, »Color-Blind Casting Still Doesn't Get a Pass«, *CNN Entertainment*, 16. Oktober 2020; Jon Jackson, »Was Cleopatra White? After Controversial Gal Gadot Casting, Experts Weigh In«, *Newsweek*, 12. Oktober 2020; Krüger, »Kleopatra – Schwarz oder Weiß?«.

77 Lisa Respers France, »›Queen Cleopatra‹ Actress Adele James talks ›Blackwashing‹«, *CNN Entertainment*, 12. Mai 2023.

78 Harriet Sherwood, »Cleopatra Was Light-Skinned, Egypt Tells Netflix in Row Over Drama«, *The Guardian*, 28. April 2023; Peony Hirwani, »Egypt's Antiquities Ministry Says Cleopatra was ›White Skinned‹ Amid Netflix Documentary Row«, *The Independent*, 28. April 2023.

79 »Egyptian Lawyer Sues Netflix Over Queen Cleopatra«, *Egypt Independent*, 18. April 2023.

80 Jazmin Tolliver, »Netflix Cleopatra Controversy Leads Egyptian Broadcaster to Make Series With Light-Skinned Star«, *Huffpost*, 10. Mai 2023.

81 Nada Ali, »Egyptian Lawsuit Tells Netflix to Pay $ 2bln Compensation for Cleopatra«, *Amwal Al Ghad*, 15. Mai 2023; »Egyptian Jurists Demand $ 2 bln Compensation from Netflix Over Cleopatra Controversy«, *Egypt Independent*, 31. Mai 2023.

82 »Regisseurin äußert sich zu ›Blackwashing‹-Vorwürfen«, *Der Spiegel*, 21. April 2023.

83 Armani Syed, »Was Cleopatra Black? A Netflix Series Is Reviving an Old Controversy«, *Time*, 20. April 2023.

84 Zitiert nach: Bethonie Butler, »Was Cleopatra Black? We're Asking the Wrong Question«, *The Washington Post*, 12. Mai 2023. Vgl. zu der Debatte auch Nadira Goffe, »Why It Makes Perfect Sense for Netflix's New Cleopatra to Be Black«, *Slate*, 11. Mai 2023.

85 Senay Boztas, »Dutch Exhibition on Black Culture and Ancient Egypt Faces Social Media Backlash«, *The Art Newspaper*, 19. Mai 2023.

86 Zitiert nach »Egypt Bans Dutch Archaeologists After Museum Casts Beyonce as Queen Nefertiti«, *Arab News*, 7. Juni 2023.

87 Richard Whiddington, »Egypt has Expelled a Dutch Museum's Team of Archaeologists From Saqqara in Revenge Over a Controversial ›Afrocentric‹ Exhibition«, *Artnet news*, 8. Juni 2023.

88 »Egypte Bestraft Leids Museum om ›Afrocentrische‹ Tentoonstelling«, *NOS Nieuws*, 6. Juni 2023; »Leiden Museum Barred from Egypt Excavations after Kemet Exhibition«, *NL Times*, 6. Juni 2023; »Egypt Bans Dutch Archaeologists After Museum

Portrays Black Singers as Ancient Egyptians«, *Middle East Monitor*, 7. Juni 2023.

89 Mohammad Shamaa, »Legal Team Takes Action Over Netflix's ›Queen Cleopatra‹ in Egypt«, *Arab News*, 17. Mai 2023.

90 Leila O. Tayeb, »What is Whiteness in North Africa?«, *Africa is a Country*, 28. Juli 2021; Becker, *Performing Blackness in Morocco*. Vgl. auch Fahim, *Egyptian Nubians*; Poeschke, *Nubians in Egypt and Sudan*; Powell, *A Different Shade of Colonialism*.

VI. Globalisierung, Restitution und Nofretetes Zukunft

1 Lembke, »Grabungsfund als Ikone«, 135.

2 Auswärtiges Amt, 2. April 1952: PA B 11-ABT. 3/218, 71.

3 Aktennotiz Willy Diemke, 20. Februar 1952, Auswärtiges Amt, PA B 11-ABT. 3/219, 11.

4 Eriksen, *From Antiquities to Heritage*. Vgl. auch Hartog, *Régimes d'historicité*; Assmann, *Erinnerungsräume*; Assmann, *Ist die Zeit aus den Fugen?*.

5 Prestholdt, *Icons of Dissent*, 13.

6 Mein Dank für diese Überlegung geht an Aslı Vatansever.

7 »Sex-Appeal im Museum«, *Der Deutsche Rundfunk* 8, Heft 19 (Mai 1930).

8 »Abschied von Nofret-Ete«, *Bremer Nachrichten*, 9. April 1930.

9 Victor Ottmann, »Leb' wohl, schöne Nofretete!«, *Berliner illustrierte Nachtausgabe*, 10. April 1930.

10 »Die Kunst Ägyptens«, *Nordwest Zeitung, Ausgabe Oldenburger Nachrichten*, 25. Mai 1959, 4.

11 »Motley Notes«, *The Sketch*, 9. Mai 1934, 6.

12 Fletcher, *Search for Nefertiti*, 60.

13 McRobbie, *The Aftermath of Feminism*; Gill und Scharff (Hg.), *New Femininities*.

14 Zitiert nach Paris, *Audrey Hepburn*, 108, 107.

15 https://en.vogue.me/fashion/rihanna-vogue-arabia-november-cover/

16 Reckwitz, *Die Gesellschaft der Singularitäten*.

17 Brusius, »Dekolonisiert die Museumsinsel!«.
18 Claire Guinomet, »Wilhelm von Bode – Kunsthistoriker und Sammler aus Leidenschaft«, https://blog.smb.museum/wilhelm-von-bode-kunsthistoriker-und-sammler-aus-leidenschaft/.
19 Brusius und Vollgraff, »Divided Histories«. Vgl. auch den Beitrag von Piberger und Tzuberi in: Manuela Bauche, Patricia Piberger, Sébastien Tremblay und Hannah Tzuberi, »From Opferkonkurrenz to Solidarity: A Round Table«, *German Historical Institute London Bulletin* 44, Nr. 2 (2022), 32–85, insb.: 40.
20 Zitiert in Linda Schildbach, »Es wird ein Vorher und ein Nachher geben«, *Tagesschau*, 27. Oktober 2021.
21 Förster et al. (Hg.), *Provenienzforschung*.
22 Alfred Schmit, »Wir heilen damit eine Wunde«, *Tagesschau*, 1. Juli 2022. Zum Hintergrund: Brodie, »Problematizing the Encyclopedic Museum«.
23 Harry Nutt, »Muss man Preußen canceln? Hermann Parzinger widerspricht Claudia Roth«, *Berliner Zeitung*, 31. Januar 2023.
24 *Geraubte Schätze: Die Büste der Nofretete*, 3Sat Kulturdokumentation, 2023.
25 Zitiert nach Lorenz Rollhäuser, »Immer wieder entworfene Idylle: Kunst aus Kolonialzeit in Berlin«, *taz*, 4. April 2018.
26 Sven Stienen, Interview mit Christine Howald, https://blog.smb.museum/es-wird-nicht-vor-den-gruendervaetern-halt-gemacht/.
27 Anna Thewalt, »Pergamonaltar und Nofretete-Büste sollten zurückgegeben werden«, *Tagesspiegel*, 31. Dezember 2022.
28 »Senatorin: Keine Rückgabe von Nofretete und Pergamonaltar«, *Süddeutsche Zeitung*, 11. Januar 2023.
29 Schauerte, »Illegale Archäologie«, 398.
30 Bodenstein et al., »Unfinished Projects«.
31 O'Neill et al. (Hg.), *Curating After the Global*.
32 Singh, »The Museum is National«, 177. Vgl. auch Annie E. Coombes, »Museums and the Formation of National and Cultural Identities«, *Oxford Art Journal* 11, Heft 2 (1988), 57–68.
33 Sarr und Savoy, *Rapport sur la restitution*.

34 Maier, »Consigning the Twentieth Century to History«.
35 Diawara, »A Letter to President Macron«.
36 Táíwò, *Reconsidering Reparations*.

Epilog

1 James, *The American Scene*, 244.
2 https://www.smb.museum/museen-einrichtungen/aegyptisches-museum-und-papyrussammlung/sammeln-forschen/bueste-der-Nofretete/die-praesentation/.
3 McDonald, »How Nefertiti Became a Powerful Symbol«.

Quellen und Literatur

Abd el Gawad, Heba, und Alice Stevenson, »Egypt's Dispersed Heritage: Multi-Directional Storytelling Through Comic Art«, *Journal of Social Archaeology* 21 (2021), 121–145.

Abdel Rahman, Hend Mohamed, »The Egyptian Role in the Excavation and Conservation of Tutankhamun's Collection (1923–1930)«, *Misr al-Haditha* 20 (2021), 3–50.

Aboelezz, Mariam, »Language as Proxy in Identity Politics: The Case of Revived Egyptian Nationalism in Egypt«, in: Yonatan Mendel und Abeer Al-Najjar (Hg.), *Language, Politics and Society in the Middle East* (Edinburgh, 2018), 126–147.

Abou El Fadl, Khaled, *The Search for Beauty in Islam: A Conference of the Books* (Lanham, MD, 2005).

Abt, Jeffrey, *American Egyptologist: The Life of James Henry Breasted and the Creation of His Oriental Institute* (Chicago, 2011).

Abungu, George, »The Declaration: A Contested Issue«, *ICOM News* 1 (2004), 5.

Abungu, George, »Universal Museums: New Contestations, New Controversies«, in: Mille Gabriel und Jens Dahl (Hg.), *Utimut: Past Heritage – Future Partnerships: Discussion on Repatriation in the 21st Century* (Kopenhagen, 2008), 32–42.

Adam, Thomas, *Philanthropy, Civil Society, and the State in German History, 1815–1989* (Woodbridge, 2016).

Adeleke, Tunde, *Africa in Black Liberation Activism: Malcolm X, Stokely Carmichael and Walter Rodney* (London, 2018).

Adeleke, Tunde, *The Case Against Afrocentrism* (Jacksonville, MS, 2009).

Adeleke, Tunde, *UnAfrican Americans: Nineteenth-Century Black Nationalists and the Civilizing Mission* (Lexington, KY, 1998).

Adi, Hakim, *Pan-Africanism: A History* (London, 2018).

Ägyptisches Museum und Papyrussammlung Berlin, Archiv.

Aidi, Hisham, »Egypt and the Afrocentrists: The Latest Round«, *Africa is a Country* (23. März 2022).

Aikins, Muna AnNisa et al., *Afrozensus 2020: Perspektiven, Anti-Schwarze Rassismuserfahrungen und Engagement Schwarzer, afrikanischer und afrodiasporischer Menschen in Deutschland* (Berlin, 2021).

Al Quntar, Salam, »Repatriation and the Legacy of Colonialism in the Middle East«, *Journal of Eastern Mediterranean Archaeology & Heritage Studies* 5 (2017), 19–26.

Aldred, Cyril, *Akhenaten and Nefertiti* (New York, 1973).

Alexander, Jeffrey C., Dominik Bartmanski und Bernhard Giesen (Hg.), *Iconic Power: Materiality and Meaning in Social Life* (New York, 2012).

Anderson, Reynaldo, und Charles E. Jones (Hg.), *Afrofuturism 2.0: The Rise of Astro-Blackness* (Lanham, MD, 2017).

Andras, Edit, »Little Warsaw: The Battle of Inner Truth«, in: Katalin Spengler (Hg.), *Contemporary Art in Hungary: The Best Works of the 21st Century so far* (Budapest, 2012), 18–25.

Ani, Marimba, *Yurugu: An African-Centered Critique of European Cultural Thought and Behavior* (Trenton, NJ, 1994).

Anthes, Rudolf, *Die Büste der Königin Nofret Ete* (Berlin, 1954).

Appiah, Kwame A., »Europe Upside Down: Fallacies of the New Afrocentrism«, in: Richard Roy Grinker und Christopher B. Steiner (Hg.), *Perspectives on Africa* (London, 1997), 728–731.

Apter, Emily, »Acting out Orientalism: Sapphic Theatricality in Turn-of-the-Century Paris«, in: Elin Diamond (Hg.), *Performance and Cultural Politics* (London, 1996), 15–34.

Araujo, Ana Lucia, »Slavery, Royalty, and Racism: Representations of Africa in Brazilian Carnaval«, *Ethnologies* 31, Nr. 2 (2010).

Armand, Claudine, »American Contemporary Art: A Look into the Rhetoric of Artistic Convention in Classical Sculpture«, in: Marija Krivokapić-Knežević und Aleksandra Nikčević-Batrićević (Hg.), *The Beauty of Convention: Essays in Literature and Culture* (Cambridge, 2014).

Arnold, Dorothea, Lyn Green und James Allen, *The Royal Women of Amarna: Images of Beauty from Ancient Egypt* (New York, 1996).

Arnold, Dorothea, »Von Karnak nach Amarna: ein künstlerischer Durchbruch und seine Folgen«, in: Friederike Seyfried (Hg.), *Im Licht von Amarna: 100 Jahre Fund der Nofretete* (Berlin, 2012), 143–152.

Arzumanova, Inna, »The Culture Industry and Beyoncé's Proprietary Blackness«, *Celebrity Studies* 7 (2016), 421–424.

Asante, Molefi K., *Kemet, Afrocentricsm, and Knowledge* (Trenton, NJ, 1990).

Asante, Molefi K., *The Afrocentric Idea* (Philadelphia, 1987).

Asante, Molefi K., »Afrocentricity and Culture«, in: Asante und Kariamu Welsh Asante (Hg.), *African Culture: The Rhythms of Unity* (Westport, CT, 1985), 3–12.

Assmann, Aleida, *Erinnerungsräume: Formen und Wandlungen des kulturellen Gedächtnisses* (München, 1999).

Assmann, Aleida, *Ist die Zeit aus den Fugen? Aufstieg und Fall des Zeitregimes der Moderne* (München, 2013).

Assmann, Jan, »Karl Richard Lepsius und die ägyptische Religion«, in: Verena M. Lepper und Ingelore Hafemann (Hg.), *Karl Richard Lepsius* (Berlin 2012), 79–100.

Assmann, Jan, *Ägypten: Eine Sinngeschichte* (München, 1996).

Assmann, Jan, *Ägypten: Theologie und Frömmigkeit einer frühen Hochkultur* (Stuttgart, 1984).

Assmann, Jan, *Das kulturelle Gedächtnis: Schrift, Erinnerung und politische Identität in frühen Hochkulturen* (München, 1992).

Assmann, Jan, *Die Mosaische Unterscheidung oder der Preis des Monotheismus* (München, 2003).

Assmann, Jan, *Erinnertes Ägypten: Pharaonische Motive in der europäischen Religions- und Geistesgeschichte* (München, 2006).

Assmann, Jan, *Moses der Ägypter: Entzifferung einer Gedächtnisspur* (Frankfurt, 2000).

Assmann, Jan, *Religio Duplex: Ägyptische Mysterien und europäische Aufklärung* (Berlin, 2010).

Assmann, Jan, *Religion and Cultural Memory: Ten Studies* (Palo Alto, CA, 2006).

Assmann, Jan, *Thomas Mann und Ägypten: Mythos und Monotheismus in den Josephsromanen* (München, 2006).

Assmann, Jan, und Florian Ebeling, *Ägyptische Mysterien. Reisen in die Unterwelt in Aufklärung und Romantik* (München, 2011).

Austin, Algernon, *Achieving Blackness: Race, Black Nationalism, and Afrocentrism in the Twentieth Century* (New York, 2006).

Awad, Sarah H., »The Social Life of Images«, *Visual Studies* (2020), 1–12.

Bachmann, Wiebke, *Die UdSSR und der Nahe Osten* (München, 2011).

Bagueley, David, *Naturalist Fiction: The Entropic Vision* (Cambridge, 1990).

Bakos, Margaret (Hg.), *Egiptomania: O Egito no Brasil* (São Paulo, 2004).

Ballantyne, Tony, und Antoinette M. Burton (Hg.), *Bodies in Contact: Rethinking Colonial Encounters in World History* (Durham, N.C., 2005).

Banet-Weiser, Sarah, *The Most Beautiful Girl in the World: Beauty Pageants and National Identity* (Berkeley, CA, 1999).

Bardaouil, Sam, »Nofretete – tête-à-tête: Wie Kunst gemacht wird – Künstler, Museum und Publikum«, in: Sam Bardaouil und Till Fellrath (Hg.), *Nofretete – tête-à-tête: Wie Kunst gemacht wird – Künstler, Museum und Publikum* (Mailand, 2014), 47–64.

Barman, Roderick J., *Citizen Emperor: Pedro II and the Making of Brazil, 1825–1891* (Stanford, CA, 2002).

Becker, Cynthia, *Performing Blackness in Morocco: Gnawa Music and Visual Culture* (Minneapolis, 2020).

Beckert, Sven, *Empire of Cotton: A Global History* (New York, 2014).

Bellisari, Andrew, »The Art of Decolonization: The Battle for Algeria's French Art, 1962–70«, *Journal of Contemporary History* 52 (2017), 625–645.

Belting, Hans, und Andrea Buddensieg (Hg.), *The Global Art World: Audiences, Markets, and Museums* (Ostfildern, 2009).

Benjamin, Walter, »Das Kunstwerk im Zeitalter seiner technischen Reproduzierbarkeit«, in: Benjamin, *Gesammelte Schriften, Band I*, hg. von Rolf Tiedemann und Hermann Schweppenhäuser (Frankfurt/M., 1980), 431–469.

Berger, David, *Kant's Aesthetic Theory: The Beautiful and Agreeable* (London, 2009).

Berger, Maurice, *Fred Wilson: Objects and Installations 1979–2000* (Baltimore, 2001).

Berger, Tamara, »Mnemohistories and Receptions of Ancient Egypt in Serbia«, *Aegyptiaca: Journal of the History of Reception of Ancient Egypt* 5 (2020), 345–379.

Berghoff, Hartmut, und Thomas Kühne (Hg.), *Globalizing Beauty: Consumerism and Body Aesthetics in the Twentieth Century* (New York, 2013).

Berlinerblau, Jacques, *Heresy in the University: The Black Athena Controversy and the Responsibilities of American Intellectuals* (New Brunswick, NJ, 1999).

Bernal, Martin, *Black Athena: The Afro-Asiatic Roots of Classical Civilization*, 3 Bände (New Brunswick, NJ, 1987–2006).

Bernsau, Tanja, *Die Besatzer als Kuratoren? Der Central Collecting Point Wiesbaden als Drehscheibe für einen Wiederaufbau der Museumslandschaft nach 1945* (Münster, 2013).

Betts, Paul, »The Warden of World Heritage: UNESCO and the

Rescue of the Nubian Monuments«, *Past & Present* 226, Beiheft 10 (2015), 100–125.

Bloembergen, Mareike, und M. Eickhoff, »Conserving the Past, Mobilizing the Indonesian Future: Archaeological Sites, Regime Change and Heritage Politics in Indonesia in the 1950s«, *Journal of the Humanities and Social Sciences of Southeast Asia* 167 (2011), 405–436.

Blume, Judith, »Ägypten als Marke: Rezeptionen in der Bildwerbung«, in: Heike Biedermann, Andreas Dehmer und Henrik Karge (Hg.), *Imagination und Anschauung. Ägyptenrezeption und Ägyptenreisen in der ersten Hälfte des 20. Jahrhunderts* (Dresden, 2015), 32–39.

Blyden, Edward Wilmot, *From West Africa to Palestine* (Freetown, Sierra Leone, 1873).

Bodenstein, Felicity, Damiana Oțoiu und Eva-Maria Troelenberg, »Unfinished Projects of ›Decentering‹ Western Museum Practices«, in: Bodenstein, Oțoiu, und Troelenberg (Hg.), *Contested Holdings: Museum Collections in Political, Epistemic and Artistic Processes of Return* (New York, 2022), 266–284.

Booth, Marilyn, und Anthony Gorman (Hg.), *The Long 1890s in Egypt: Colonial Quiescence, Subterranean Resistance* (Edinburgh, 2014).

Borchardt, Ludwig, »Ausgrabungen in Tell el-Amarna 1912/13: Vorläufiger Bericht«, *Mitteilungen der Deutschen Orient-Gesellschaft zu Berlin* 52 (1913), 1–55.

Borchardt, Ludwig, *Porträts der Königin Nofret-Ete aus den Grabungen 1912/13 in Tell El-Amarna* (Leipzig, 1923).

Bosch, Lindsay J., und Debra N. Mancoff, »Regal Beauty: Nefertiti (c. 1348–1336/5 BCE)«, in: Bosch und Mancoff, *Icons of Beauty: Art, Culture, and the Image of Women*, 2 Bände (Santa Barbara, 2010), 31–64.

Bracket, David, »Black or White? Michael Jackson and the Idea of Crossover«, *Popular Music and Society* 35, Nr. 2 (2012), 169–185.

Brancaglion, Antonio, »From Egypt to Brazil: An Egyptian Collection in Rio de Janeiro«, in: Mamdouh Eldamaty und Mai Trad (Hg.), *Egyptian Museum Collections Around the World: Studies for the Centennial of the Egyptian Museum, Vol. I* (Kairo, 2001), 155–162.

Breasted, James H., *A History of Egypt from the Earliest Times to the Persian Conquest* (New York, 1905).

Breasted, James H., *The Conquest of Civilization* (New York, 1926).

Bredekamp, Horst, »Ohne Abweichung kein Leben: Die bildende Kunst und die Symmetrie«, *Nova Acta Leopoldina NF* 412 (2016), 187–209.

Breger, Claudia, »The ›Berlin‹ Nefertiti Bust: Imperial Fantasies in Twentieth-Century German Archaeological Discourse«, in: Regina Schulte (Hg.), *The Body of the Queen: Gender and Rule in the Courtly World, 1500–2000* (New York, 2006), 281–305.

Breger, Claudia, *Szenarien kopfloser Herrschaft – Performanzen gespenstischer Macht: Königsfiguren in der deutschsprachigen Literatur und Kultur des 20. Jahrhunderts* (Freiburg, 2004).

Brier, Bob, *Egyptomania: Our Three Thousand Year Obsession with the Land of the Pharaohs* (New York, 2013).

Brodesser, Hermann-Josef, *Wiedergutmachung und Kriegsfolgenliquidation* (München, 2000).

Brodie, Neil, »Problematizing the Encyclopedic Museum: The Benin Bronzes and Ivories in Historical Context«, in: Bonnie Effros und Guolong Lai (Hg.), *Unmasking Ideology in Imperial and Colonial Archaeology: Vocabulary, Symbols, and Legacy* (Los Angeles, 2018), 61–82.

Browning, Ansley Hunter Olivia, *Homecoming: Reifying Blackness*, Honors Thesis, California State University, Long Beach, 2020.

Bruffaerts, Jean-Michel, »Belgium«, in: Andrew Bednarski, Aidan Dodson und Salima Ikram (Hg.), *A History of World Egyptology* (Cambridge, 2021), 153–187.

Brusius, Mirjam, und Matthew Vollgraff, »Divided Histories of the *Kaiserreich*: Colonial Collecting, Race Science, and Antisemitism in Berlin's Museums«, unpubliziertes Manuskript.

Brusius, Mirjam, »Dekolonisert die Museumsinsel! Museumsnarrative, Rassentheorie und Chancen einer viel zu stillen Debatte«, in: Thomas Sandkühler, Angelika Epple und Jürgen Zimmerer (Hg.), *Geschichtskultur durch Restitution? Ein Kunst-Historikerstreit* (Köln, 2021), 125–144.

Bullock, William, *A Description of the Unique Exhibition, Called Ancient Mexico* (London, 1824).

Burleigh, Nina, *Mirage: Napoleon's Scientists and the Unveiling of Egypt* (New York, 2007).

Burton, Eric, »Hubs of Decolonization: African Liberation Movements and ›Eastern‹ Connections in Cairo, Accra, and Dar es Salaam«, in: Lena Dallywater, Chris Saunders und Helder Adegar Fonseca (Hg.), *Southern African Liberation Movements and the Global Cold War ›East‹* (Berlin, 2019), 25–56.

Bury, John B., S. A. Cook und F. E. Adcock, »Preface«, in: Bury, Cook und Adcock (Hg.), *The Cambridge Ancient History, Vol. I: Egypt and Babylonia to 1580 BC* (Cambridge, 1923), v-x.

Butcher, Edith Louisa Floyer, *Egypt As We Knew It* (London, 1911).

Caldwell, Kia Lilly, *Negras in Brazil: Re-envisioning Black Women, Citizenship and the Politics of Identity* (New Brunswick, NJ, 2007).

Campagnol, Isabella, *Style from the Nile: Egyptomania in Fashion from the 19th Century to the Present* (Barnsley, 2022).

Campbell, John, *Negro-Mania: Being an Examination of the Falsely Assumed Equality of the Various Races of Men* (Philadelphia, 1851).

Carlà-Uhink, Filippo, und Anja Wieber (Hg.), *Orientalism and the Reception of Powerful Women from the Ancient World* (London, 2020).

Carmen Fernández Díaz, Maria del, »La ›Escrittura‹ Surrealista de Frida Kahlo«, *Estudios Románicos* 16–17 (2007–2008), 417–424.

Carrera, Magali M., *Traveling from New Spain to Mexico: Mapping Practices of Nineteenth-Century Mexico* (Durham, NC, 2011).

Carruthers, William, »Introduction: Thinking About Histories of

Egyptology«, in: Carruthers (Hg.), *Histories of Egyptology: Interdisciplinary Measures* (London, 2015), 1–15.

Carruthers, William, »The Planned Past: Policy and (Ancient) Egypt«, in: Patrizia Piacentini, Christian Orsenigo und Stephen Quirke (Hg.), *Forming Material Egypt: Proceedings of the International Conference London, 20–21 May, 2013* (Mailand, 2015), 229–240.

Carter, Howard, und Arthur C. Mace, *The Tomb of Tut Ankh Amen: Discovered by the Late Earl of Carnarvon and Howard Carter*, Band I (London, 1923).

Carter, Howard, *The Discovery of the Tomb of Tutankhamen* (New York, 1977).

Chatterji, Suniti Kumar, *Africanism: The African Personality* (Kalkutta, 1960).

Chen, Minzhen, »Faithful History or Unreliable History: Three Debates on the Historicity of the Xia Dynasty«, *Journal of Chinese Humanities* 5 (2019), 78–104.

Chevrel, Yves, *Le naturalisme: Etude d'un mouvement littéraire international* (Paris, 1982).

Clarke, Kevin, »›Ich reiß mir eine Wimper aus und stech' dich damit tot!‹ Die Entnazifizierung der NS-Operette zwischen 1945 und 2015«, Operetta Research Center, 21. Juni 2016.

Clayton, Peter A., *The Rediscovery of Ancient Egypt: Artists and Travellers in the 19th Century* (London, 1982).

Coellen, Ludwig, »Der *Kubismus* der *Ägyptik* und *sein Bezug* zum *Expressionismus*«, *Das Kunstblatt* 2 (1918), Heft 8, 242–253 und Heft 9, 278–282.

Cole, Juan R. I., *Colonialism and Revolution in the Middle East: Social and Cultural Origins of Egypt's Urabi Movement* (Kairo, 1999).

Cole, Juan R. I., *Napoleon's Egypt: Invading the Middle East* (New York, 2007).

Colla, Elliott, »The Stuff of Egypt: The Nation, the State and their Proper Objects«, *New Formations* 45 (2001), 72–90.

Colla, Elliott, *Conflicted Antiquities: Egyptology, Egyptomania, Egyptian Modernity* (Durham, NC, 2007).

Collier, Aldore, »Michael Jackson's New Video ›Remembers the Time‹ When Blacks were Kings and Queens«, *Jet* 81, Nr. 17 (17. Februar 1992), 56–58.

Coniam, Matthew, *Egyptomania Goes to the Movies: From Archaeology to Popular Craze to Hollywood Fantasy* (Jefferson, NC, 2017).

Conrad, Sebastian, »A Cultural History of Global Transformation«, in: Sebastian Conrad und Jürgen Osterhammel (Hg.), *An Emerging Modern World, 1750–1870* (A History of the World, vol. 4), (Cambridge, MA, 2018), 411–659.

Conrad, Sebastian, »Greek in Their Own Way: Writing India and Japan into the World History of Architecture at the Turn of the Twentieth Century«, *American Historical Review* 125 (2020), 19–53.

Conrad, Sebastian, *What Is Global History?* (Princeton, 2016).

Cook, Michael, »Pharaonic History in Medieval Egypt«, *Studia Islamica* 57 (1983), 67–105.

Coombes, Annie E., »Museums and the Formation of National and Cultural Identities«, *Oxford Art Journal* 11, Heft 2 (1988), 57–68.

Coury, Ralph M., »Who ›Invented‹ Egyptian Arab Nationalism?«, *International Journal of Middle East Studies* 14, Nr. 3 (1982), 249–281 und Nr. 4 (1982), 459–479.

Craig, Maxine Leeds, *Ain't I a Beauty Queen?: Black Women, Beauty, and the Politics of Race* (Oxford, 2002).

Cruz, Gabriela, »*Aida*, Egyptomania, and the After-life of Grand Opera«, in: Cruz, *Grand Illusion: Phantasmagoria in Nineteenth-Century Opera* (Oxford, 2020), 172–204.

Cubas, Antonio García, *Ensayo de un Estudio Comparativo entre las Pirámides Egipcias y Mexianas*, (Mexiko-Stadt, 1871).

Culbertson, Kelly, »Contemporary Customary International Law in the Case of Nefertiti«, *Art Antiquity & Law* 17 (2012), 27–68.

Cuno, James, *Museums Matter: In Praise of the Encyclopedic Museum* (Chicago, 2012).

Cuno, James, *Who Owns Antiquity: Museums and the Battle Over Our Ancient Heritage* (Princeton, 2008).

Curl, James S., *Egyptomania: The Egyptian Revival, A Recurring Theme in the History of Taste* (Manchester, 1994).

Curtis IV, Edward E., »›My Heart is in Cairo‹: Malcolm X, the Arab Cold War, and the Making of Islamic Liberation Ethics«, *The Journal of American History* 102 (2015), 775–798.

Dahami, Yahya Saleh Hasan, »Arabic Contemporary Poetic Drama: Ali Ahmed Ba-Kathir A Pioneer«, *Arab World English Journal* 5, Nr. 1 (2021).

Dalton, Karen C. C. und Henry Louis Gates Jr., »Josephine Baker and Paul Colin: African American Dance Seen through Parisian Eyes«, *Critical Inquiry* 24 (1998), 903–934.

Davis, Cienna, »From Colorism to Conjurings: Tracing the Dust in Beyoncé's Lemonade«, *Taboo: The Journal of Culture and Education* 16, Nr. 2 (2017).

Dawisha, Adeed, *Arab Nationalism in the Twentieth Century: From Triumph to Despair* (Princeton, 2003).

Delany, Martin R., »The International Policy of the World towards the African Race«, in: Frank A. Rollin (Hg.), *Life and Public Services of Martin R. Delany* (Boston, 1883), 313–327.

Derbew, Sarah F., *Untangling Blackness in Greek Antiquity* (Cambridge, 2022).

Desroches-Noblecourt, Christiane, *La Grande Nubiade, ou, Le Parcours d'une égyptologue* (Paris, 1992).

Devi, Savitri, »Hart wie Kruppstahl«, unveröffentlichtes Manuskript (ca. 1963).

Devi, Savitri, *Joy of the Sun: The Beautiful Life of Akhnaton, King of Egypt, Told to Young People* (Kalkutta, 1942).

Devi, Savitri, *Son of God, Son of the Sun: The Life and Philosophy of Akhenaten, King of Egypt* (Kalkutta, 1946).

Devi, Savitri, *The Lightning and the Sun* (Kalkutta, 1958).

Di-Capua, Yoav, *Gatekeepers of the Arab Past: Historians and History Writing in Twentieth-Century Egypt* (Berkeley, CA, 2009).

Diawara, Manthia, »A Letter to President Macron: Reparation before Restitution«, Januar 2020, https://hyperallergic.com/537422/a-letter-to-president-macron-reparations-before-restitution/.

Dick, Ricarda, »Else Lasker-Schüler als Künstlerin«, in: Dick (Hg.), *Else Lasker-Schüler: Die Bilder* (Berlin, 2010), 117–158.

Dikötter, Frank, *The Discourse of Race in Modern China* (Stanford, CA, 1992).

Dinkel, Jürgen, *The Non-Aligned Movement: Genesis, Organization and Politics (1927–1992)* (Leiden, 2018).

Diop, Cheikh Anta, *Civilization or Barbarism: An Authentic Anthropology* (New York, 1991).

Diop, Cheikh Anta, *Nations nègres et culture* (Paris, 1954).

Diop, Cheikh Anta, *The African Origin of Civilization: Myth or Reality* (New York, 1974).

Dlugaiczyk, Martina, »Serien-Star Nofretete: Neue Quellen zur 3D-Rezeption der Büste vor der Amarna-Ausstellung von 1924«, in: Christina Haak und Miguel Helfrich (Hg.), *Casting: Ein analoger Weg ins Zeitalter der Digitalisierung. Ein Symposium zur Gipsformerei der Staatlichen Museen zu Berlin* (Heidelberg, 2016), 162–173.

Dobson, Eleanor (Hg.), *Victorian Literary Culture and Ancient Egypt* (Manchester, 2020).

Dobson, Eleanor, »Cross-Dressing Scholars and Mummies in Drag: Egyptology and Queer Identity«, *Aegyptica: Journal of the History of Reception of Ancient Egypt* 4 (2019), 33–54.

Dodson, Aidan, *Amarna Sunrise: Egypt from Golden Age to Age of Heresy* (Kairo, 2014).

Dodson, Aidan, *Amarna Sunset: Nefertiti, Tutankhamun, Ay, Horemheb, and the Egyptian Counter-Reformation* (Kairo, 2009).

Dodson, Aidan, *Nefertiti, Queen and Pharaoh of Egypt: Her Life and Afterlife* (Kairo, 2020).

Doyon, Wendy, »On Archaeological Labor in Modern Egypt«, in: William Carruthers (Hg.), *Histories of Egyptology: Interdisciplinary Measures* (London, 2015).

Doyon, Wendy, »The History of Archaeology through the Eyes of Egyptians«, in: Bonnie Effros und Guolong Lai (Hg.), *Unmasking Ideology in Imperial and Colonial Archaeology: Vocabulary, Symbols, and Legacy* (Los Angeles, 2018), 173–200.

Dragomir, Adriana, »Living and Dying in the Limelight: Performing the Self in Frida Kahlo's Diary and Paintings«, in: Véronique Plesch, Catriona MacLeod und Charlotte Schoell-Glass (Hg.), *Elective Affinities: Testing Word and Image Relationships* (Leiden, 2009), 47–60.

Draper, Theodore, *The Rediscovery of Black Nationalism* (New York, 1970).

Drayton, N'Dea I., *For the Culture: A Textual Analysis of Black Placemaking of Black Culture in »Beychella«*, MA thesis, Smith College, 2016.

Druey, Cécile, »History as a Means of Conflict and Conflict Resolution in the North Caucasus/Chechnya«, *Euxeinos: Governance and Culture in the Black Sea Region* 10, Nr. 29 (2020), 94–114.

Du Bois, W. E. B., *The World and Africa: An Inquiry into the Part Which Africa Has Played in World History* (New York, [1946] 1965).

Eddo-Lodge, Reni, *Why I'm No Longer Talking to White People About Race* (London, 2018).

Edwards, E. B., J. Esposito und V. Evans-Winters, »Does Beyoncé's Lemonade Really Teach Us How to Turn Lemons into Lemonade? Exploring the Limits and Possibilities Through Black Feminism«, *Taboo: The Journal of Culture and Education* 16, Nr. 2 (2017), 85–96.

El Daly, Okasha, »What Do Tourists Learn of Egypt?«, in: Sally MacDonald und Michael Rice (Hg.), *Consuming Ancient Egypt* (Abingdon, 2003), 139–150.

El Daly, Okasha, *Egyptology – The Missing Millennium: Ancient Egypt in Medieval Arab Writings* (London, 2005).

El-Tayeb, Fatima, »Reclaiming Nefertiti«, *Contemporary And* (24. Juli 2018), http://amlatina.contemporaryand.com/editorial/fatima-el-tayeb-reclaiming-nefertiti/.

El-Tayeb, Fatima, *Schwarze Deutsche, Der Diskurs um »Rasse« und nationale Identität 1890–1933* (Frankfurt/M., 2001).

Elgebally, Maged Talaat Mohamed Ahmed, und Liliane Faria Corrèa Pinto, »O Egito na Interface entre o diário de Dom Pedro II e os jornais ›Diário de *Maranhão*‹ e ›Diário do Rio de Janeiro‹ em 1876 e 1877«, *Via Atlântica* 35 (2019), 333–349.

Elshahed, Mohamed, »The Old and New Egyptian Museums: Between Imperialists, Nationalists, and Tourists«, in: William Carruthers (Hg.), *Histories of Egyptology: Interdisciplinary Measures* (London, 2015), 255–269.

Enzensberger, Alexandra, *Augen auf Nofretete! 100 Jahre Ausstellungsgeschichte in Deutschland*, unpublizierte MA-Arbeit, Humboldt-Universität Berlin, 2011.

Eriksen, Anne, *From Antiquities to Heritage: Transformations of Cultural Memory* (New York, 2014).

Fahim, Hussein M., *Egyptian Nubians: Resettlement and Years of Coping* (Salt Lake City, 1983).

Fahmy, Ahmed Aziz, »Waḥi Nefertiti: Muʿajizet al-ʾImaan wa-al-ḥub«, *Al-Resala* 313 (1939), 1319–1324.

Fahmy, Khaled, *Mehmed Ali: From Ottoman Governor to Ruler of Egypt* (Oxford, 2008).

Falola, Toyin, *Nationalism and African Intellectuals* (Rochester, NY, 2001).

Farebrother, Rachel, und Miriam Thaggert (Hg.), *A History of the Harlem Renaissance* (Cambridge, 2021).

Fausto, Carlos, *Os Índios antes do Brasil* (Rio de Janeiro, 2000).

Fechheimer, Hedwig, *Die Plastik der Ägypter* (Berlin, 1914).

Feró, Eszter, »The Body of Nefertiti: The Curious Incident of the Little Warsaw at the Venice Biennial«, in: Adéla Jůnová Macková, Lucie Storchová und Libor Jůn (Hg.), *Visualizing the Orient: Central Europe and the Near East in the 19th and 20th Centuries* (Prag, 2016), 107–118.

Fields, Karen E., und Barbara J. Fields, *Racecraft: The Soul of Inequality in American Life* (London, 2014).

Fletcher, Joann, *The Search for Nefertiti: The Story of an Amazing Discovery* (New York, 2004).

Förster, Larissa, Iris Edenheiser, Sarah Fründt und Heike Hartmann (Hg.), *Provenienzforschung zu ethnographischen Sammlungen der Kolonialzeit: Positionen in der aktuellen Debatte* (Berlin, 2018).

France, Peter, *Der Raub der Nofretete: Die Plünderung Ägyptens durch Europa* (München, 1995).

Frankenberg, Ruth, »The Mirage of Unmarked Whiteness«, in: Birgit Brander Rasmussen, Eric Klinenberg, Irene J. Nexica und Matt Wray (Hg.), *The Making and Unmaking of Whiteness* (Durham, NC, 2001), 72–96.

Freud, Sigmund, *Der Mann Moses und die monotheistische Religion* (Amsterdam, 1939).

Fritze, Ronald H., *Egyptomania: A History of Fascination, Obsession and Fantasy* (Chicago, 2016).

Fryxell, Allegra, »Tutankhamen, Egyptomania, and Temporal Enchantment in Interwar Britain«, *Twentieth Century British History* 28, Nr. 4 (2017), 516–542.

Funari, Pedro Paulo A., und Raquel Dos Santos Funari, »Ancient Egypt in Brazil: A Theoretical Approach to Contemporary Uses of the Past«, *Archaeologies: Journal of the World Archaeological Congress* (2010), 48–61.

Gaillot, Ann-Derrick, »The Rise of ›Hotep‹«, *The Outline*, 19. April 2017.

Gange, David, *Dialogues with the Dead: Egyptology in British Culture and Religion, 1822–1922* (Oxford, 2013).

Gassert, Philipp, »Amerikanismus, Antiamerikanismus, Amerikanisierung: Neue Literatur zur Sozial-, Wirtschafts- und Kulturgeschichte des amerikanischen Einflusses in Deutschland und Europa«, *Archiv für Sozialgeschichte* 39 (1999), 531–561.

Gates Jr., Henry Louis, »Beyond the Culture Wars: Identities in Dialogue«, in: Phyllis Franklin (Hg.), *Profession 1993* (New York, 1994), 6–11.

Gaudenzi, Bianca, und Astrid Swenson, »Looted Art and Restitution in the Twentieth Century – Towards a Global Perspective«, *Journal of Contemporary History* 52 (2017), 491–518.

Gay, Peter, *A Godless Jew: Freud, Atheism, and the Making of Psychoanalysis* (New Haven, 1987).

Geiss, Imanuel, *The Pan-African Movement: A History of Pan-Africanism in America, Europe and Africa* (New York, 1974).

Georg, Maximilian, *Deutsche Archäologen und ägyptische Arbeiter: Historischer Kontext, personelle Bedingungen und soziale Implikationen von Ausgrabungen in Ägypten, 1898–1914* (Bielefeld, 2023).

Gershoni, Israel, *The Emergence of Pan-Arabism in Egypt* (Tel Aviv, 1981).

Gershoni, Israel, und James Jankowski (Hg.), *Rethinking Nationalism in the Arab Middle East* (New York, 1997).

Gershoni, Israel, und James Jankowski, *Commemorating the Nation: Collective Memory, Public Commemoration, and National Identity in Twentieth-Century Egypt* (Chicago, 2004).

Gershoni, Israel, und James Jankowski, *Egypt, Islam, and the Arabs: The Search for Egyptian Nationhood, 1900–1930* (Oxford, 1986).

Gertzen, Thomas L., *Einführung in die Wissenschaftsgeschichte der Ägyptologie* (Münster, 2017).

Ghosh, Bishnupriya, *Global Icons: Apertures to the Popular* (Berkeley, CA, 2011).

Gill, Rosalind, und Christina M. Scharff (Hg.), *New Femininities: Postfeminism, Neoliberalism, and Subjectivity* (London, 2011).

Gilroy, Paul, *The Black Atlantic: Modernity and Double Consciousness* (London, 1993).

Gitre, Carmen M. K., *Acting Egyptian: Theater, Identity, and Political Culture in Cairo, 1869–1930* (Austin, 2019).

Gliddon, George Robins, *Ancient Egypt: Her Monuments, Hieroglyphics, History and Archaeology* (New York, 1847).

Glithero-West, Lizzie, »Tutankhartier: Death, Rebirth and Decoration; Or, Tutmania in the 1920s as a Metaphor for a Society in Recovery after World War One«, in: Eleanor Dobson und Nichola

Tonks (Hg.), *Ancient Egypt in the Modern Imagination: Art, Literature and Culture* (London, 2020), 127–144.

Globus, Doro (Hg.), *Fred Wilson: A Critical Reader* (London, 2011).

Godlewska, Anne, »Map, Text and Image: The Mentality of Enlightened Conquerors: A New Look at the Description de l'Egypte«, *Transactions of the Institute of British Geographers* NS 20 (1995), 5–28.

Gold, Mara, »From Sekhmet to Suffrage: Ancient Egypt in Early Twentieth-Century Culture«, in: Eleanor Dobson und Nichola Tonks (Hg.), *Ancient Egypt in the Modern Imagination: Art, Literature and Culture* (London, 2020), 183–198.

Gonzales, Valérie, *Beauty and Islam: Aesthetics in Islamic Art and Architecture* (London, 2001).

Goode, James F., *Negotiating for the Past: Archaeology, Nationalism, and Diplomacy in the Middle East, 1919–1941* (Austin, 2007).

Goodrick-Clarke, Nicholas, *Hitler's Priestess: Savitri Devi, the Hindu-Aryan Myth, and Neo-Nazism* (New York, 1998).

Green, Nile, »Spacetime and the Muslim Journey West: Industrial Communications in the Making of the ›Muslim World‹«, *American Historical Review* 118 (2013), 401–429.

Greenberg, Raphael, und Yannis Hamilakis, *Archaeology, Nation, and Race: Confronting the Past, Decolonizing the Future in Greece and Israel* (Cambridge, 2022).

Grimm, Alfred, *Joseph und Echnaton: Thomas Mann und Ägypten* (Mainz, 1992).

Grimm, Alfred, *Rilke und Ägypten* (München, 1997).

Gross, Ariela J., *What Blood Won't Tell: A History of Race on Trial in America* (Cambridge, MA, 2008).

Guinomet, Claire, »Wilhelm von Bode – Kunsthistoriker und Sammler aus Leidenschaft«, https://blog.smb.museum/wilhelm-von-bode-kunsthistoriker-und-sammler-aus-leidenschaft/.

Gutwald, Cathrin, und Raimer Zons (Hg.), *Die Macht der Schönheit* (München, 2007).

Habicht, Michael E., »Das Geheimnis der Amarna-Mumien: DNA-

Untersuchungen klären Verwandtschaftsverhältnisse auf«, *Antike Welt* 6 (2012), 23–28.

Habicht, Michael E., *Nofretete und Echnaton: Das Geheimnis der Amarna-Mumien* (Leipzig, 2011).

Haidarali, Laila, *Brown Beauty: Color, Sex, and Race from the Harlem Renaissance to World War II* (New York, 2018).

Haikal, Fayza, »Egypt's Past Regenerated by its Own People«, in: Sally MacDonald und Michael Rice (Hg.), *Consuming Ancient Egypt* (Abingdon, 2003), 123–138.

Haili, Wang, »Chinese Approaches to Egyptian Hieroglyphs: liushu and bushou«, *Zeitschrift der Deutschen Morgenländischen Gesellschaft* 165 (2015), 279–302.

Hall, Stuart, »Race, the Floating Signifier: What More is There to Say about ›Race‹?«, in: Stuart Hall, *Selected Writings on Race and Difference*, hg. von Paul Gilroy und Ruth Wilson Gilmore (Durham, NC, 2021), 359–373.

Hamdy, Basma, und Don Stone Karl, *Walls of Freedom: Street Art of the Egyptian Revolution* (Berlin, 2012).

Hamilakis, Yannis, und Philip Duke (Hg.), *Archaeology and Capitalism: From Ethics to Politics* (Walnut Creek, 2007).

Hankey, Julie, *A Passion for Egypt: Arthur Weigall, Tutankhamun and the ›Curse of the Pharaohs‹* (London, 2001).

Hansen, Niels, *Aus dem Schatten der Katastrophe: Die deutsch-israelischen Beziehungen in der Ära Konrad Adenauer und David Ben Gurion – ein dokumentierter Bericht* (Düsseldorf, 2002).

Harloe, Katherine, *Winckelmann and the Invention of Antiquity: History and Aesthetics in the Age of Altertumswissenschaft* (Oxford, 2013).

Hartman, Andrew, *A War for the Soul of America: A History of the Culture Wars* (Chicago, 2015).

Hartman, Saidiya, *Scenes of Subjection: Terror, Slavery, and Self-Making in Nineteenth-Century America* (Oxford, 1997).

Hartog, François, »Les Grecs égyptologues«, *Annales* 41 (1986), 953–967.

Hartog, François, *Régimes d'historicité. Présentisme et expériences du temps* (Paris, 2003).

Haustein, Lydia, *Global Icons: Globale Bildinszenierung und kulturelle Identität* (Göttingen, 2008).

Herf, Jeffrey, *Nazi Propaganda for the Arab World* (New Haven, CT, 2010).

Hill, Christopher L., *Figures of the World: The Naturalist Novel and Transnational Form* (Evanston, IL, 2020).

Hobsbawm, Eric, und Terence Ranger (Hg.), *The Invention of Tradition* (Cambridge, 1983).

Hobson, Janell, *Venus in the Dark: Blackness and Beauty in Popular Culture* (New York, 2005).

Hodgen, Margaret T., *Early Anthropology in the Sixteenth and Seventeenth Centuries* (Philadelphia, 1964).

Hoffmeier, James K., *Akhenaten and the Origins of Monotheism* (Oxford, 2015).

Hofstadter, Albert, »Kant's Aesthetic Revolution«, *The Journal of Religious Ethics* 3, Nr. 2 (1975), 171–191.

Hon, Tze-ki, »From a Hierarchy in Time to a Hierarchy in Space: The Meanings of Sino-Babylonianism in Early Twentieth-Century China«, *Modern China* 36 (2010), 139–169.

Hon, Tze-ki, *The Allure of the Nation: The Cultural and Historical Debates in Late Qing and Republican China* (Leiden, 2015).

Hopp, Gerhard, Peter Wien und René Wildangel (Hg.), *Blind für die Geschichte? Arabische Begegnungen mit dem Nationalsozialismus* (Berlin, 2004).

Hornung, Erik, »The Rediscovery of Akhenaten and His Place in Religion«, *Journal of the American Research Center in Egypt* XXIX (1992), 43–49.

Hornung, Erik, »Thomas Mann, Echnaton und die Ägyptologen«, *Thomas Mann Jahrbuch* 6 (1993), 59–70.

Hornung, Erik, *Echnaton: Die Religion des Lichtes* (Düsseldorf, 2003).

Howe, Stephen, *Afrocentrism: Mythical Pasts and Imagined Homes* (London, 1998).

Hughes-Hallett, Lucy, *Cleopatra: Histories, Dreams and Distortions* (New York, 1991).

Humbert, Jean-Marcel, Michael Pantazzi und Christiane Ziegler (Hg.), *Egyptomania: Egypt in Western Art 1730–1930* (Chicago, 1994).

Husayn, Taha, *The Future of Culture in Egypt* (1938), übersetzt von Sidney Glazer (Washington, D. C., 1954).

Hutchinson, George (Hg.), *The Cambridge Companion to the Harlem Renaissance* (Cambridge, 2007).

Iskin, Ruth E., »The Other Nefertiti: Symbolic Restitutions«, in: Felicity Bodenstein, Damiana Oțoiu und Eva-Maria Troelenberg (Hg.), *Contested Holdings: Museum Collections in Political, Epistemic and Artistic Processes of Return* (New York, 2022), 65–78.

Jacob, Wilson Chacko, *Working out Egypt: Effendi Masculinity and Subject Formation in Colonial Modernity, 1870–1940* (Durham, NC, 2011).

Jacobs, Stanley, mit Karen Hart, *Nefertiti's Secret: A 3.600-Year-Old Egyptian Papyrus Reveals a Modern Wrinkle Cure* (Raleigh, NC, 2019).

Jakes, Aaron G., *Egypt's Occupation: Colonial Economism and the Crises of Capitalism* (Stanford, 2020).

James, Henry, *The American Scene* (New York, 1907).

James, Leslie, *George Padmore and Decolonization from Below: Pan-Africanism, the Cold War, and the End of Empire* (Basingstoke, 2015).

Jansson, Siv, »Egyptian Excesses: Taylor, Burton and *Cleopatra*«, in: Eleanor Dobson und Nichola Tonks (Hg.), *Ancient Egypt in the Modern Imagination: Art, Literature and Culture* (London, 2020), 229–246.

Jarrìn, Alvaro, *The Biopolitics of Beauty: Cosmetic Citizenship and Affective Capital in Brazil* (Berkeley, CA, 2017).

Jasanoff, Maya, *Edge of Empire: Lives, Culture, and Conquest in the East, 1750–1850* (New York, 2005).

Jeismann, Michael, *Das Vaterland der Feinde: Studien zum nationalen*

Feindbegriff und Selbstverständnis in Deutschland und Frankreich 1792–1918 (Stuttgart, 1992).

Jelinek, Yeshayahu, *Deutschland und Israel 1945–1965: Ein neurotisches Verhältnis* (München, 2004).

Jennings, La Vinia Delois, *Toni Morrison and the Idea of Africa* (Cambridge, 2008).

Jha, Meeta, *The Global Beauty Industry: Colorism, Racism, and the National Body* (London, 2015).

Jones, Angela (Hg.), *The African American Political Thought: A Reader from David Walker to Barack Obama* (New York, 2013).

Jones, Geoffrey, »Blond and Blue-Eyed? Globalizing Beauty, c. 1945–c. 1980«, *Economic History Review* 61 (2008), 125–154.

Jones, Geoffrey, *Beauty Imagined: A History of the Global Beauty Industry* (Oxford, 2010).

Judge, Joan, »Talent, Virtue, and the Nation: Chinese Nationalisms and Female Subjectivities in the Early Twentieth Century«, *The American Historical Review* 106 (2001), 765–803.

Jurman, Claus, *Pharaoh's New Clothes: On (Post)Colonial Egyptology, Hypocrisy, and the Elephant in the Room* (Heidelberg, 2022).

Kamrin, Janice, Miroslav Bárta, Salima Ikram, Mark Lehner und Mohamed Mehaged (Hg.), *Guardian of Ancient Egypt: Studies in Honor of Zahi Hawass*, Band 1 (Prag, 2020).

Kantorowicz, Ernst, *The King's Two Bodies: A Study in Medieval Political Theology* (Princeton, 1957), (deutsch: *Die zwei Körper des Königs*, München, 1990).

Karl, Rebecca, »What is World History? A Critique of Pure Ideology«, in: Tina Mai Chen (Hg.), *The Material of World History* (London, 2015), 18–32.

Karl, Rebecca, *Staging the World: Chinese Nationalism at the Turn of the Twentieth Century* (Durham, NC, 2002).

Kassim, Mahmoud, *Die diplomatischen Beziehungen Deutschlands zu Ägypten, 1919–1936* (Hamburg, 2000).

Keen, Benjamin, *The Aztec Image in Western Thought* (New Brunswick, 1971).

Kelly, Natasha A., *Rassismus: Strukturelle Probleme brauchen strukturelle Lösungen!* (Zürich, 2021).

Kemp, Barry J., *The City of Akhenaten and Nefertiti: Amarna and its People* (London, 2012).

Kendi, Ibram X., *Stamped from the Beginning: The Definite History of Racist Ideas in America* (New York, 2016).

Kenny, Erin, und Elizabeth G. Nichols, *Beauty Around the World: A Cultural Encyclopedia* (Santa Barbara, 2017).

Keto, C. Tsehloane, *Vision, Identity and Time: The Afrocentric Paradigm and the Study of the Past* (Dubuque, IA, 1995).

Khatlab, Roberto, *As Viagens de Dom Pedro II: Oriente e Àfrica do Norte, 1871 e 1876* (Sao Paolo, 2015).

Kischkewitz, Hannelore, »Die Dreißiger Jahre – Trubel um Nofretete«, in: Friederike Seyfried (Hg.), *Im Licht von Amarna: 100 Jahre Fund der Nofretete* (Berlin, 2012), 474–478.

Kit Wah Man, Eva, *Bodies in China: Philosophy, Aesthetics, and Politics* (Hongkong, 2016).

Klautke, Egbert, *Unbegrenzte Möglichkeiten: »Amerikanisierung« in Deutschland und Frankreich (1900–1933)* (Stuttgart, 2003).

Kleingeld, Pauline, »Kant's Second Thoughts on Race«, *The Philosophical Quarterly* 57 (2007), 573–592.

Klonk, Charlotte, *Spaces of Experience: Art Gallery Interiors from 1800 to 2000* (New Haven, 2009).

Kneller, Jane, »Kant's Concept of Beauty«, *History of Philosophy Quarterly* 3, Nr. 3 (1986), 311–324.

Kondo, Jiro, und Nozomu Kawai, »Japan«, in: Andrew Bednarski, Aidan Dodson und Salima Ikram (Hg.), *A History of World Egyptology* (Cambridge, 2021), 439–447.

König Echnaton in El-Amarna: 16 Bilder von Clara Siemens. Text von Grethe Auer (Leipzig, 1922).

König, Mareike, und Elise Julien, *Rivalités et interdépendances, 1870–1918: Histoire Franco-Allemande*, Band 7 (Villeneuve d'Ascq, 2018).

Kóthay, Katalin, »Hungary«, in: Andrew Bednarski, Aidan Dodson und Salima Ikram, *A History of World Egyptology* (Cambridge, 2021), 298–317.

Krämer, Gudrun, *Hasan al-Banna* (Oxford, 2010).

Krauss, Rolf, »1913–1988: 75 Jahre Büste der Nofretete/Nefretiti in Berlin«, *Jahrbuch Preußischer Kulturbesitz* 24 (1988), 87–122 und 28 (1991), 123–157.

Krauss, Rolf, »Nefertiti – A Drawing-Board Beauty? The ›Most Lifelike Work of Egyptian Art‹ is Simply the Embodiment of Numerical Order«, *Amarna Letters: Essays on Ancient Egypt, c. 1390–1310 BC* 1 (1991), 47–50.

Krauss, Rolf, »Nefertiti's Final Secret: Did Cairo Receive a Modern Forgery in Exchange for the Bust of the Queen?«, *Kmt: A Modern Journal of Ancient Egypt* 20, Nr. 2 (2009), 18–28.

Krauss, Rolf, »Why Nefertiti Went to Berlin: As Results of the Division of 1912 German Finds at El Amarna«, *Kmt: A Modern Journal of Ancient Egypt* 19, Nr. 3 (2009), 44–53.

Kronberg, Max, *Nofretete: Roman einer Königin* (Berlin, 1934).

Krüger, Gesine, »Kleopatra – Schwarz oder Weiß? Hintergründe einer schwarz-weißen Debatte«, *Geschichte der Gegenwart*, 17. Februar 2021.

Lacouperie, Terrien de, *Western Origin of the Early Chinese Civilisation from 2,300 B. C. to 200 A.D.* (London, 1894).

Langer, Christian, »Informal Colonialism of Egyptology: The French Expedition to the Security State«, in: Marc Woons und Sebastian Weier (Hg.), *Critical Epistemologies of Global Politics* (Bristol, 2017), 182–202.

Langer, Christian (Hg.), *Global Egyptology: Negotiations in the Production of Knowledges on Ancient Egypt in Global Contexts* (London, 2017).

Langley, J. Ayodele, *Pan-Africanism and Nationalism in West Africa 1900–1945* (Oxford, 1973).

Lant, Antonia, »The Curse of the Pharaoh or How Cinema Contracted Egyptomania«, in: Matthew Bernstein und Gaylyn Studlar

(Hg.), *Visions of the East: Orientalism in Film* (New Brunswick, NJ, 1992), 69–98.

LaVoulle, Crystal, und Tisha L. Ellison, »The Bad Bitch Barbie Craze and Beyoncé: African American Women's Bodies as Commodities in Hip-Hop Culture, Images, and Media«, *Taboo: The Journal of Culture and Education* 16, Nr. 2 (2017), 65–84.

LeBlanc, Zoe, *Circulating Anti-Colonial Cairo: Decolonizing Information and Constructing the Third World in Egypt, 1952–1966* (Vanderbilt University Ph. D. thesis, 2019).

Lee, Christopher J. (Hg.), *Making a World after Empire: The Bandung Moment and its Political Afterlives* (Athens, OH, 2010).

Lefébure, Eugène, »Sur différents Mots et Noms Égyptiens, Parts IV & V«, *Proceedings of the Society of Biblical Archaeology* 13 (1890–1891), 447–483.

Lefkovitz, Aaron, *Transnational Cinematic and Popular Music Icons: Lena Horne, Dorothy Dandridge, and Queen Latifah, 1917–2017* (Lanham, MD, 2017).

Lefkowitz, Mary R., *Not Out of Africa: How Afrocentrism Became an Excuse to Teach Myth as History* (New York, 1996).

Lembke, Katja, »Grabungsfund als Ikone: Nofretete als kultur- und zeitübergreifendes Schönheitsideal«, in: Katja Lembke (Hg.), *Faszination Nofretete: Bernhard Hoetger und Ägypten* (Petersberg, 2013), 126–135.

Lembke, Katja, »Nofretete – Tutanchamun – Alexander der Große: Drei mehr oder weniger erfolgreiche Versuche der Ikonisierung von Grabungsfunden«, *Aegyptiaca. Journal of the History of Reception of Ancient Egypt* 5 (2020), 143–165.

Lembke, Katja, *Hannovers Nofretete: Die Bildnisse der Sent M'Ahesa von Bernhard Hoetger* (Hannover, 2012).

Lemke, Sieglinde, *Primitivist Modernism: Black Culture and the Origins of Transatlantic Modernism* (Oxford, 1998).

Lepsius, Karl Richard, *Über den ersten ägyptischen Götterkreis und seine geschichtlich-mythologische Entstehung* (Berlin, 1851).

Lerner, Robert, *Ernst Kantorowicz: A Life* (Princeton, 2016).

Lewis, Ricardo, »Does Chinese Civilization Come From Ancient Egypt?«, *Foreign Policy* (2. September 2016).

Lichnowsky, Mechtilde, *Götter, Könige und Tiere in Ägypten* (München, 1921).

Liebersohn, Harry, *Music and the New Global Culture: From the Great Exhibitions to the Jazz Age* (Chicago, 2019).

Lillvis, Kristen, *Posthuman Blackness and the Black Female Imagination* (Atlanta, 2017).

Lindsey, Ursula, »Zahi Hawass«, *Bidoun* (2013).

Lisby, Darnell-Jamal, »›Black Is King‹ References Various African Traditions Through Fashion«, *teen Vogue* (3. August 2020).

Liwei, Yang, »Gǔ Āijí zuìměi de nǚrén«, *Philatelic Panorama* 3 (2019), 97–99.

»Look at the Description de l'Egypte«, *Transactions of the Institute of British Geographers* NS 20 (1995), 5–28.

Lovett Miranda, »Reflecting on the Rise of the Hoteps«, *Sapiens*, 21. Juli 2020.

Lowe, Sarah M., »Translation of the Diary with Commentaries«, in: Phyllis Freeman (Hg.), *The Diary of Frida Kahlo: An Intimate Self-Portrait* (New York, 1995), 201–287.

Lucas, J. Olumide, *The Religion of the Yorubas* (Lagos, 1948).

Luckhurst, Roger, *The Mummy's Curse: The True History of a Dark Fantasy* (Oxford, 2012).

MacDonald, Sally, und Rice, Michael (Hg.), *Consuming Ancient Egypt* (Abingdon, 2003).

Maciejewski, Franz, *Nofretete: Die historische Gestalt hinter der Büste* (Hamburg, 2012).

Maier, Charles S., »Consigning the Twentieth Century to History: Alternative Narratives for the Modern Era«, *American Historical Review* 105 (2000), 807–831.

Mallmann, Klaus Michael, und Martin Cuppers, *Halbmond und Hakenkreuz: Das Dritte Reich, die Araber und Palästina* (Darmstadt, 2006).

Mandela, Nelson, *Long Walk to Freedom: The Autobiography of Nelson Mandela* (New York, 1994).

Mann, Thomas, *Joseph und seine Brüder II* (Große Kommentierte Frankfurter Ausgabe, Band 8-1), hg. von Jan Assmann, Dieter Borchmeyer und Stephan Stachorski (Frankfurt/M., 2018).

Marchant, Jo, »Is This Nefertiti's Tomb? Radar Clues Reignite Debate Over Hidden Chambers«, *Nature*, 19. Februar 2020.

Mariette, Auguste, *Aperçu de l'histoire ancienne d'Égypte pour l'intelligence des monuments exposés dans le temple du Parc égyptien* (Paris, 1867).

Maspero, Gaston, *Essais sur l'art égyptien* (Paris, 1912).

Matthes, Olaf, *James Simon: Mäzen im Wilhelminischen Zeitalter* (Berlin, 2000).

McAlister, Melani, *Epic Encounters: Culture, Media and US Interests in the Middle East, 1945–2000* (Berkeley, CA, 2001).

McDonald, Jordan, »How Nefertiti Became a Powerful Symbol in Contemporary Art«, *Artsy* (16. Februar 2019).

McEvilley, Thomas, *Capacity: The History, the World, and the Self in Contemporary Art and Criticism* (Amsterdam, 1996).

McRobbie, Angela, *The Aftermath of Feminism: Gender, Culture and Social Change* (London, 2009).

Medina-González, Isabel, »›Trans-Atlantic Pyramidology‹, Orientalism, and Empire: Ancient Egypt and the 19th Century Archaeological Experience of Mesoamerica«, in: David Jeffreys (Hg.), *Views of Ancient Egypt since Napoleon Bonaparte: Imperialism, Colonialism and Modern Appropriations* (London, 2012), 95–106.

Meier, Christian, *Politik und Anmut* (Berlin, 1985).

Meier-Graefe, Julius, *Pyramide und Tempel. Notizen während einer Reise nach Ägypten, Palästina, Griechenland und Stambul* (Berlin, 1927).

Menninghaus, Winfried, *Das Versprechen der Schönheit* (Frankfurt/M., 2003).

Merryman, John H. (Hg.), *Imperialism, Art and Restitution* (Cambridge, 2006).

Meskell, Lynn, »Consuming Bodies: Cultural Fantasies of Ancient Egypt«, *Body & Society* 4 (1998), 63–76.

Mickel, Allison, »Essential Excavation Experts: Alienation and Agency in the History of Archaeological Labor«, *Archaeologies: Journal of the World Archaeological Congress* (2019).

Mikhail, Alan, *Nature and Empire in Ottoman Egypt: An Environmental History* (Cambridge, 2011).

Miller, Floyd J., *The Search for Black Nationality: Black Emigration and Colonization, 1787–1863* (Urbana, IL, 1975).

Miller, Laura, *Beauty Up: Exploring Contemporary Japanese Body Aesthetics* (Berkeley, CA, 2006).

Mitchell, Timothy, »The World as Exhibition«, *Comparative Studies in Society and History* 31, Nr. 2 (1989), 217–236.

Mitchell, W. J. T., *Image Science: Iconology, Visual Culture, and Media Aesthetics* (Chicago, 2015).

Mode, Markus, »Nofretete – Ein Nachspiel zu den Ausgrabungen der Deutschen Orient-Gesellschaft in Tell el-Amarna«, *Hallesche Beiträge zur Orientwissenschaft* 6 (1984), 37–45.

Montserrat, Dominic, *Akhenaten: History, Fantasy and Ancient Egypt* (London, 2000).

Moreno García, Juan Carlos, »From Dracula to Rostovtzeff or: The Misadventures of Economic History in Early Egyptology«, in: Martin Fitzenreiter (Hg.), *Das Ereignis: Geschichtsschreibung zwischen Vorfall und Befund* (London, 2009), 175–198.

Morigi Govi, Cristina, Silvio Curto und Sergio Pernigotti (Hg.), *L'Egitto fuori dell'Egitto: Dalla riscoperta all'Egittologia* (Bologna, 1991).

Morkot, Robert G., *The Black Pharaohs: Egypt's Nubian Rulers* (London, 2000).

Moser, Stephanie, *Wondrous Curiosities: Ancient Egypt at the British Museum* (Chicago, 2006).

Motadel, David, *Islam and Nazi Germany's War* (Cambridge, MA, 2014).

Mowafi, Timmy, »Egypt's Forgotten Graffiti and the Revolution that Came to Zeft«, *Cairo Scene* (20. März 2015).

Moyn, Samuel, und Andrew Sartori (Hg.), *Global Intellectual History* (New York, 2013).

Mukharji, Projit Bihari, »The Bengali Pharaoh: Upper-Caste Aryanism, Pan-Egyptianism, and the Contested History of Biometric Nationalism in Twentieth-Century Bengal«, *Comparative Studies in Society and History* 59 (2017), 446–476.

Murtazali, Gadjiev, Rabadan Magomedov und Philip Kohl, »Mythologizing the Remote Past for Political Purposes in the Northern Caucasus«, in: Bruce Grant und Lale Yalçin-Heckmann (Hg.), *Caucasus Paradigms. Anthropologies, Histories and the Making of a World Area* (Berlin, 2007), 119–141.

Muschler, Reinhold Conrad, *Nofretete* (Berlin, 1935).

Mußgnug, Reinhard, *Wem gehört Nofretete? Anmerkungen zu dem deutsch-deutschen Streit um den ehemals preußischen Kulturbesitz* (Berlin, 1977).

Nehamas, Alexander, *Only a Promise of Happiness: The Place of Beauty in a World of Art* (Princeton, NJ, 2007).

Nelson, Brian (Hg.), *Naturalism in the European Novel: New Critical Perspectives* (New York, 1992).

Nelson, Charmaine, *The Color of Stone: Sculpting the Black Female Subject in Nineteenth-Century America* (Minneapolis, 2007).

Nicosia, Francis R., *Nazi Germany and the Arab World* (New York, 2015).

Niebylski, Dianna C., und Patrick O'Connor (Hg.), *Latin American Icons: Fame Across Borders* (Nashville, TN, 2014).

North, Michael, *Reading 1922: A Return to the Scene of the Modern* (Oxford, 1999).

Norwood, Kimberley Jade, »›If You is White, You's Alright …‹: Stories about Colorism in America«, *Washington University Global Studies Law Review* 14, Nr. 4 (2015), 585–607.

O'Connor, David, und Andrew Reid (Hg.), *Ancient Egypt in Africa* (London, 2003).

O'Neill, Mark, »Enlightenment Museums: Universal or Merely Global?«, *Museum and Society* (November 2004), 190–202.

O'Neill, Paul, Simon Sheikh, Lucy Steeds und Mick Wilson (Hg.), *Curating After the Global: Roadmaps for the Present* (Cambridge, MA, 2019).

Ogle, Vanessa, *The Global Transformation of Time, 1870–1950* (Cambridge, MA, 2015).

Olutola, Sarah, »I Ain't Sorry: Beyoncé, Serena, and Hegemonic Hierarchies in Lemonade«, *Popular Music and Society* 42, Nr. 1 (2019), 99–117.

Omar, Hussein A. H., »Pharaohs on Parade«, *London Review of Books Blog*, 6. April 2021.

Omi, Michael, und Howard Winant, *Racial Formation in the United States* (London, 1986).

Osterhammel, Jürgen, *Die Entzauberung Asiens. Europa und die asiatischen Reiche im 18. Jahrhundert* (München, 1998).

Owen, Roger, *Lord Cromer: Victorian Imperialist, Edwardian Proconsul* (Oxford, 2004).

Owen, Roger, *The Middle East in the World Economy, 1800–1914* (London, 1993).

Owens, Michael E., *Yes, I am Who I am: A New Philosophy of Black Identity* (Tulsa, 2009).

Paczensky, Gert von, »Teilt Nofretete! Warum das Berliner Museumsstück eigentlich nach Kairo gehört«, *Die Zeit* 17, 21. April 1978, 66.

Paczensky, Gert von, und Herbert Ganslmayr, *Nofretete will nach Hause: Europa – Schatzhaus der »Dritten Welt«* (München, 1984).

Paglia, Camille, *Sexual Personae: Art and Decadence from Nefertiti to Emily Dickinson* (New Haven, 1990).

Painter, Nell Irvin, *The History of White People* (New York, 2011).

Paramore, Lynn, *Reading the Sphinx: Ancient Egypt in Nineteenth-Century Literary Culture* (Hampshire, 2008).

Paris, Barry, *Audrey Hepburn* (London, 1997).

Parkinson, R. B., »›The Use of Old Objects‹: Ancient Egypt and English Writers around 1920«, in: Eleanor Dobson und Nichola Tonks (Hg.), *Ancient Egypt in the Modern Imagination: Art, Literature and Culture* (London, 2020), 199–212.

Patry, Melody, und Rasha Mohamed, »The Revolution Realists?«, *Index on Censorship* 42, Nr. 3 (2013), 16–24.

Pauker, Guy J., »The Rise and Fall of Afro-Asian Solidarity«, *Asian Survey* 5, Nr. 9 (1965), 425–432.

Pearce, Susan, »William Bullock: Collections and Exhibitions at the Egyptian Hall, London, 1816–1825«, *Journal of the History of Collections* 20, Nr. 1 (2008), 17–35.

Peng, Peng, »Decentralizing the Origin of Civilization: Early Archaeological Efforts in China«, *History of Humanities* 6 (2021), 515–548.

Peuckert, Sylvia, »Amarna in der literarischen Rezeption«, in: Friederike Seyfried (Hg.), *Im Licht von Amarna. 100 Jahre Fund der Nofretete* (Berlin, 2012), 469–473.

Peuckert, Sylvia, *Hedwig Fechheimer und die ägyptische Kunst: Leben und Werk einer jüdischen Kunstwissenschaftlerin in Deutschland* (Berlin, 2014).

Pfeiffer, Ernst (Hg.), *Sigmund Freud. Lou Andreas-Salomé: Briefwechsel* (Frankfurt/M., 1966).

Philipp, Hanna, »Winckelmann und das Weiss des Rokoko«, *Antike Kunst* 29, Nr. 2 (1996), 88–100.

Piberger, Patricia, und Hannah Tzuberi, in: Manuela Bauche, Patricia Piberger, Sébastien Tremblay und Hannah Tzuberi, »From Opferkonkurrenz to Solidarity: A Round Table«, *German Historical Institute London Bulletin* 44, Nr. 2 (2022), 32–85.

Picknett, Lynn, und Clive Prince, »Alternative Egypts«, in: Sally MacDonald und Michael Rice (Hg.), *Consuming Ancient Egypt* (Abingdon, 2003), 175–193.

Pierandrei, Elisa, »Alternative Media: Cairo's Graffiti and Street Art in the Jan. 25th Revolution«, in: Bettina Mottura, Letizia Osti und Giorgia Riboni (Hg.), *Media and Politics: Discourses, Cultures, and Practices* (Cambridge, 2017), 454–472.

Poeschke, Roman, *Nubians in Egypt and Sudan: Constraints and Coping Strategies* (Saarbrücken, 1996).

Pratt, Mary Louise, *Imperial Eyes: Travel Writing and Transculturation* (London, 1992).

Prestholdt, Jeremy, *Icons of Dissent: The Global Resonance of Che, Marley, Tupac and Bin Laden* (Oxford, 2019).

Price, Melanie T., *Dreaming Blackness: Black Nationalism and African American Public Opinion* (New York, 2009).

Queen Latifah mit Karen Hunter, *Ladies First: Revelations of a Strong Woman* (New York, 1999).

Quirke, Stephen, »Exclusion of Egyptians in English-Directed Archaeology 1882–1922 under British Occupation of Egypt«, in: Susanne Bickel, Hans-Werner Fischer-Elfert, Antonio Loprieno und Sebastian Richter (Hg.), *Ägyptologen und Agyptologien zwischen Kaiserreich und Gründung der beiden deutschen Staaten* (Berlin, 2013), 379–405.

Quirke, Stephen, *Hidden Hands: Egyptian Workforces in Petrie Excavation Archives, 1880–1924* (London, 2010).

Ramsbrock, Annelie, *Korrigierte Körper: Eine Geschichte künstlicher Schönheit in der Moderne* (Göttingen, 2011).

Ray, Sudhansu Kumar, *Prehistoric India and Ancient Egypt: Artistic, Linguistic and Political Relations, Revealed by the Bengali Traditional Documents* (Neu Delhi, 1956).

Reckwitz, Andreas, *Die Gesellschaft der Singularitäten: Zum Strukturwandel der Moderne* (Frankfurt/M., 2018).

Reeves, Nicholas, und Richard H. Wilkinson, *Das Tal der Könige: Geheimnisvolles Totenreich der Pharaonen* (Augsburg, 2000).

Reeves, Nicholas, *Akhenaten: Egypt's False Prophet* (London, 2001), (deutsch: *Ägyptens falscher Prophet*, Mainz, 2002).

Regester, Charlene, »The Construction of an Image and the Deconstruction of a Star-Josephine Baker Racialized, Sexualized, and Politicized in the African-American Press, the Mainstream Press, and FBI Files«, *Popular Music & Society*, 24, Nr. 1 (2000), 31–84.

Reid, Donald M., »Indigenous Egyptology: The Decolonization of a Profession?«, *Journal of the American Oriental Society* 105 (1985).

Reid, Donald M., »Nationalizing the Pharaonic Past: Egyptology, Imperialism, and Egyptian Nationalism, 1922–1952«, in: Gershoni und Jankowski, *Rethinking Nationalism*, 127–149.

Reid, Donald M., »Remembering and Forgetting Tutankhamun: Imperial and National Rhythms of Archaeology, 1922–1972«, in: William Carruthers (Hg.), *Histories of Egyptology: Interdisciplinary Measures* (London, 2015), 157–173.

Reid, Donald M., *Contesting Antiquity in Egypt: Archaeologies, Museums, and the Struggle for Identities in Egypt, from World War One to Nasser* (Kairo, 2015).

Reid, Donald M., *Whose Pharaohs? Archaeology, Museums, and Egyptian National Identity from Napoleon to World War I* (Berkeley, CA, 2002).

Riello, Giorgio, *Cotton: The Fabric that Made the Modern World* (Cambridge, 2013).

Riggs, Christina, *Treasured: How Tutankhamun Shaped a Century* (London, 2021).

Robins, Gay, »The ›Feminisation‹ of Male Figures in the New Kingdom: Two-Dimensional Art«, in: Nicholas Reeves, John Ruffle und Elizabeth Goring (Hg.), *Chief of Seers: Egyptian Studies in Memory of Cyril Aldred* (London, 1997), 251–265.

Robins, Gay, *The Art of Ancient Egypt* (Cambridge, MA, 2008).

Rocha da Silva, Thais, »Tropical Egypt: The Development of Egyptology in Brazil and its Future Challenges«, in: Christian Langer (Hg.), *Global Egyptology: Negotiations in the Production of Knowledges on Ancient Egypt in Global Contexts* (London, 2017), 161–172.

Rodgers, Daniel T., *Age of Fracture* (Cambridge, MA, 2012).

Romero Ruiz, María Isabel, »Black States of Desire: Josephine Baker, Identity and the Sexual Black Body«, *Revista de Estudios Norteamericanos* 16 (2012), 125–139.

Romgard, Jan, »Questions of Ancient Human Settlements in Xinjiang and the Early Silk Road Trade, with an Overview of the Silk

Road Research Institutions and Scholars in Beijing, Gansu, and Xinjiang«, *Sino-Platonic Papers* 185 (2008).

Rose, Phyllis, *Jazz Cleopatra: Josephine Baker in Her Time* (New York, 1989).

Rossiter, Brian, »›They Don't Care About Us‹: Michael Jackson's Black Nationalism«, *Popular Music and Society* 35, Nr. 2 (2012), 203–222.

Roth, Joseph, »Besuch bei Amenophis«, *Frankfurter Zeitung*, 26. März 1924, auch in: Joseph Roth, *Das journalistische Werk*, Band 2 (Köln, 1989), 133–137.

Roynon, Tessa, »The Africanness of Classicism in the Work of Toni Morrison«, in: Daniel Orrells, Gurminder K. Bhambra und Tessa Roynon (Hg.), *African Athena: New Agendas* (Oxford, 2011), 381–397.

Royster, Francesca T., *Becoming Cleopatra: The Shifting Image of an Icon* (Basingstoke, 2003).

Ruo Redda, Carolo (Hg.), *Egittomania: L'Immaginario dell'Antico Egitto e l'Occidente* (Turin, 2006).

Ryzova, Lucie, »The Battle of Muhammad Mahmoud Street in Cairo: The Politics and Poetics of Urban Violence in Revolutionary Time«, *Past & Present* 247, Nr. 1 (2020), 273–317.

Salmoni, Barak A, »Historical Consciousness for Modern Citizenship: Egyptian Schooling and the Lessons of History during the Constitutional Monarchy«, in: Arthur Goldschmidt, Amy J. Johnson und Barak A. Salmoni (Hg.), *Re-Envisioning Egypt: 1919–1952* (Kairo, 2005), 164–193.

Sambuelli, Luigi, Cesare Comina, Gianluca Catanzariti, Filippo Barsuglia, Gianfranco Morelli und Francesco Porcelli, »The Third KV62 Radar Scan: Searching for Hidden Chambers Adjacent to Tutankhamun's Tomb«, *Journal of Cultural Heritage* 39 (2019), 288–296.

Sanders, Edith R., »The Hamitic Hypothesis: Its Origin and Function in Time Perspective«, *Journal of African History* 10 (1969), 521–532.

Sansone, Livio, *Blackness Without Ethnicity: Constructing Race in Brazil* (New York, 2003).

Sarr, Felwine, und Bénédicte Savoy, *Rapport sur la restitution du patrimoine culturel africain: Vers une nouvelle éthique relationelle* (Paris, 2018).

Sartori, Andrew, *Bengal in Global Concept History: Culturalism in the Age of Capital* (Chicago, 2008).

Säve-Söderbergh, Torgny (Hg.), *Temples and Tombs of Ancient Nubia: The International Rescue Campaign at Abu Simbel, Philae and Other Sites* (Paris, 1987).

Savoy, Bénédicte, »Futuristen, senkt euer Haupt! Amarnafieber in Berlin, 1913/14«, in: Friederike Seyfried (Hg.), *Im Licht von Amarna: 100 Jahre Fund der Nofretete* (Berlin, 2012), 452–459.

Savoy, Bénédicte, *Afrikas Kampf um seine Kunst: Geschichte einer postkolonialen Niederlage* (München, 2021).

Savoy, Bénédicte, *Nofretete: Eine deutsch-französische Affäre 1912–1931* (Köln, 2011).

Sayyid Marsot, Afaf Lutfi al-, *Egypt in the Reign of Muhammad Ali* (Cambridge, 1984).

Schäfer, Heinrich, *Amarna in Religion und Kunst* (Leipzig, 1931).

Schauerte, Günther, »Illegale Archäologie – Illegale Kunst: Restitutionsproblematiken der Staatlichen Museen«, in: Barbara Schneider-Kempf, Klaus G. Saur und Peter-Klaus Schuster (Hg.), *Wissenschaft und Kultur in Bibliotheken, Museen und Archiven: Klaus-Dieter Lehmann zum 65. Geburtstag* (München, 2005), 393–406.

Schenkel, Wolfgang, »Die Entzifferung der Hieroglyphen und Karl Richard Lepsius«, in: Verena M. Lepper und Ingelore Hafemann (Hg.), *Karl Richard Lepsius: Der Begründer der deutschen Ägyptologie* (Berlin, 2012), 57–78.

Schieder, Rolf (Hg.), *Die Gewalt des einen Gottes: Die Monotheismus-Debatte zwischen Jan Assmann, Micha Brumlik, Rolf Schieder, Peter Sloterdijk und anderen* (Berlin, 2014).

Schlögl, Hermann A., *Nofretete: Die Wahrheit über die schöne Königin* (München, 2012).
Schlögl, Hermann A., und Matthias Winzen (Hg.), *Die Pyramide von innen: Die Entdeckung des Alten Ägypten im 19. Jahrhundert* (Köln, 2009).
Schmidt, Mário, *Nova História Crítica* (São Paulo, 2004).
Schoske, Sylvia, *Das Erschlagen der Feinde: Ikonographie und Stilistik der Feindvernichtung im alten Ägypten* (Ann Arbor, 1994).
Schultz, Bernd (Hg.), *James Simon: Philanthrop und Kunstmäzen* (München, 2006).
Schwarcz, Lilia Moritz, *The Emperor's Beard: Dom Pedro II and the Tropical Monarchy of Brazil* (New York, 2004).
Schwarcz, Lilia Moritz, *The Spectacle of the Races: Scientists, Institutions, and the Race Question in Brazil, 1870–1930* (New York, 1999).
Seipel, Wilfried, *Ägyptomanie* (Wien, 2000).
Sertima, Ivan van (Hg.), *Great African Thinkers: Cheikh Anta Diop* (New Brunswick, NJ, 1986).
Seyfried, Friederike (Hg.), *Im Licht von Amarna: 100 Jahre Fund der Nofretete* (Berlin, 2012).
Seyfried, Friederike, »Die Büste der Nofretete – Dokumentation des Fundes und der Fundteilung 1912/1913«, *Jahrbuch Preußischer Kulturbesitz* 46 (2010), 133–202.
Shavit, Yaacov, *History in Black: African-Americans in Search of an Ancient Past* (London, 2001).
Shelby, Tommie, *We Who Are Dark: The Philosophical Foundations of Black Solidarity* (Cambridge, MA, 2005).
Shenker, Jack, *The Egyptians: A Radical History of Egypt's Unfinished Revolution* (London, 2017).
Shin, Gloria, »›If it be Love Indeed, Tell Me How Much‹: Elizabeth Taylor, Richard Burton and White Pleasure After Empire«, *Reconstruction* 12, Nr. 1 (2012).
Shissler, Ada Holland, »Beauty is Nothing to Be Ashamed of: Beauty Contests as Tools of Women's Liberation in Early Republican Tur-

key«, *Comparative Studies of South Asia, Africa and the Middle East* 24 (2004), 107–122.

Shohat, Ella, »Disorienting Cleopatra: A Modern Trope of Identity«, in: Shohat, *Taboo Memories, Diasporic Voices* (Durham, NC, 2006), 166–200.

Siehr, Kurt G., »The Beautiful One Has Come-To Return: The Return of the Bust of Nefertiti from Berlin to Cairo«, in: John Henry Merryman (Hg.), *Imperialism, Art and Restitution* (Cambridge, 2006), 114–134.

Simons, Oliver, »Berliner Köpfe: 6. Dezember 1912: Ludwig Borchardt entdeckt die Büste der Nofretete«, in: Alexander Honold und Klaus R. Scherpe (Hg.), *Mit Deutschland um die Welt: Eine Kulturgeschichte des Fremden in der Kolonialzeit* (Stuttgart, 2004), 422–428.

Singh, Kavita, »The Museum is National«, *India International Centre Quarterly* 29 (2002), 176–196.

Smethurst, James, *The Black Arts Movement: Literary Nationalism in the 1960s and 1970s* (Chapel Hill, NC, 2005).

Smith, Grafton Elliott, *The Ancient Egyptians and the Origin of Civilization* (New York, 1911).

Sowinska, Alicija, »Dialectics of the Banana Skirt: The Ambiguities of Josephine Baker's Self-Representation«, *Michigan Feminist Studies* 19 (2005).

Staatliche Kunstsammlungen Dresden (Hg.), *Imagination und Anschauung: Ägyptenrezeption und Ägyptenreisen in der ersten Hälfte des 20. Jahrhunderts* (Dresden, 2015).

Staatliche Kunstsammlungen Dresden (Hg.), *Paul Klee: Die Reise nach Ägypten 1928/29* (Dresden, 2014).

Stearns, Peter, *Fat History: Bodies and Beauty in the Modern West* (New York, 1997).

Stent, Sabina, »Women Surrealists and Egyptian Mythology: Sphinxes, Animals and Magic«, in: Eleanor Dobson und Nichola Tonks (Hg.), *Ancient Egypt in the Modern Imagination: Art, Literature and Culture* (London, 2020), 213–228.

Stevens Curl, James, *Egyptomania: The Egyptian Revival, A Recurring Theme in the History of Taste* (Manchester, 1994).

Stevenson, Alice, *Egyptian Archaeology and the Twenty-First Century Museum* (Cambridge, 2022).

Stewart, Andrew, *Art, Desire, and the Body in Ancient Greece* (Cambridge, 1997).

Stierlin, Henri, *Le Buste de Néfertiti, une imposture de l'égyptologie?* (Gollion, 2009).

Stratz, Carl Heinrich, *Die Schönheit des weiblichen Körpers* (Stuttgart, 1898).

Suleiman, Yasir, »Egypt: From Egyptian to Pan-Arab Nationalism«, in: Andrew Simpson (Hg.), *Language and National Identity in Africa* (Oxford, 2008), 27–43.

Sun, Wei-dong et al., »Origin of the Mysterious Yin-Shang Bronzes in China Indicated by Lead Isotopes«, *Scientific Reports* 6 (2016).

Tagore, Rabindranath, *The Gardener* (London, 1913).

Taḥūt, »Raʾs Nefertiti wa-ʾathaar Tūt ʿAnkhamūn«, *al-Majalla al-Jadīda* Band 11 (1930), 11–15.

Táíwò, Olúfẹ́mi O., *Reconsidering Reparations* (Oxford, 2022).

Tanaka, Stefan, *Japan's Orient: Rendering Pasts into History* (Berkeley, CA, 1995).

Tatarkiewicz, Władysław, *History of Aesthetics, Band 1: Ancient Aesthetics* (Den Haag, 1970).

Tate, Shirley Anne, *Black Beauty: Aesthetics, Stylization, Politics* (Farnham, 2009).

Tesler, Michael, *Post-Racial or Most-Racial: Race and Politics in the Obama Era* (Chicago, 2016).

The Modern Girl Around the World Research Group, *The Modern Girl Around the World: Consumption, Modernity, and Globalization* (Durham, NC, 2008).

The Nation Associates, *The Record of Collaboration of King Farouk of Egypt with the Nazis and Their Ally, the Mufti* (New York, 1948).

Theis, Christoffer, »Der Brief der Königin Daḫamunzu an den hethitischen König Šuppiluliuma I. im Lichte von Reisegeschwindigkeiten und Zeitabläufen«, in: Thomas R. Kämmerer (Hg.), *Identities and Societies in the Ancient East-Mediterranean Regions: Comparative Approaches* (Münster, 2011), 301–331.

Theye, Thomas, »Photographie, Ethnographie und physische Anthropologie im 19. Jahrhundert: Ein Überblick für den deutschen Sprachraum«, *Revista de Dialectologia y Tradiciones Populares* 53 (1998).

Thi Nguyen, Mimi, »The Biopower of Beauty: Humanitarian Imperialism and Global Feminism in an Age of Terror«, *Signs: Journal of Women in Culture and Society* 36 (2011), 359–383.

Thomas, Christian, »Als Nofretete für kurze Zeit Hessin war«, *Frankfurter Rundschau*, 13. Dezember 2013.

Thomas, Lynn M., *Beneath the Surface: A Transnational History of Skin Lighteners* (Durham, NC, 2020).

Thomas, Nancy, Gerry D. Scott und Bruce Trigger, *The American Discovery of Ancient Egypt* (Los Angeles, 1995).

Tian, Tian, »Budding Lotus: Egyptology in China from the 1840s to Today«, in: Christian Langer (Hg.), *Global Egyptology: Negotiations in the Production of Knowledges on Ancient Egypt in Global Contexts* (London, 2017), 173–198.

Tian, Tian, »Thoth with Four Eyes: Chinese Views of Egyptian Hieroglyphs in the Late Qing Period (1840–1912)«, *Journal of Ancient Egyptian Interconnections* 31 (2021), 55–80.

Trafton, Scott Driskell, *Egypt Land: Race and Nineteenth-Century American Egyptomania* (Durham, NC, 2004).

Trier-Bieniek, Adrienne (Hg.), *The Beyoncé Effect: Essays on Sexuality, Race and Feminism* (Jefferson, NC, 2016).

Troutt Powell, Eve, *A Different Shade of Colonialism: Egypt, Great Britain, and the Mastery of the Sudan* (Berkeley, CA, 2003).

Troy, Lana, »The Ancient Egyptian Queenship as an Icon of the State«, *NIN: Journal of Gender Studies in Antiquity* 3 (2001), 1–24.

Trümpler, Charlotte (Hg.), *Das Große Spiel: Archäologie und Politik zur Zeit des Kolonialismus (1860–1940)* (Köln, 2008).
Tyldesley, Joyce, *Nefertiti's Face. The Creation of an Icon* (London, 2018).
Tyldesley, Joyce, *Tutankhamen's Curse: The Developing History of an Egyptian King* (London, 2012).
Ullrich, Wolfgang, *Uta von Naumburg: Eine deutsche Ikone* (Berlin, 2005).
Unfried, Berthold, *Vergangenes Unrecht: Entschädigung und Restitution in einer globalen Perspektive* (Göttingen, 2014).
Urice, Stephen K., »The Beautiful One Has Come-To Stay«, in: Merryman, *Imperialism*, 115–174.
Valdez, Damian, *German Philhellenism: The Pathos of the Historical Imagination from Winckelmann to Goethe* (New York, 2014).
Van Deburg, William, *New Day in Babylon: The Black Power Movement and American Culture, 1965–1975* (Chicago, 1992).
Van Evrie, John H., *White Supremacy and Negro Subordination; or, Negroes a Subordinate Race, and (So-Called) Slavery Its Normal Condition*, 2d ed. (New York, 1868).
Vanhulle, Dorian, Eugène Warmenbol und Jan Vandersmissen, »Leopold II and Egypt: Two Initiatory Journeys«, in: Marleen De Meyer und Sibille de Cartier d'Yves (Hg.), *Belgians on the Nile: A History of Royal Visits, Entrepreneurship, and Archaeological Exploration in Egypt* (Alexandria, 2020), 15–46.
Versluys, Miguel John (Hg.), *Beyond Egyptomania: Objects, Style and Agency* (Berlin, 2020).
Voss, Barbara L., »Sexuality Studies in Archaeology«, *Annual Review of Anthropology* 37 (2008), 317–336.
Voss, Susanne, und Cornelius von Pilgrim, »Ludwig Borchardt und die deutschen Interessen am Nil«, in: Charlotte Trümpler (Hg.), *Das Große Spiel: Archäologie und Politik zur Zeit des Kolonialismus (1860–1940)* (Köln, 2008), 294–305.
Voss, Susanne, »Die Abteilung Kairo des DAI während der ausgehenden Weimarer Republik und im ›Dritten Reich‹«, *Mittei-*

lungen des Deutschen Archäologen-Verbandes 45, Nr. 2 (2014), 42–60.

Voss, Susanne, *Die Geschichte der Abteilung Kairo des DAI im Spannungsfeld deutscher politischer Interessen 1881–1929* (Rahden, 2013).

Walker, Clarence E., *We Can't Go Home Again: An Argument about Afrocentrism* (New York, 2001).

Wang, Fan-sen, *Fu Ssu-Nien: A Life in Chinese History and Politics* (Cambridge, 2000).

Wang, Guangsheng, Michela Piccin und Sven Günther, »Perspectives from the Far East: Ancient Near Eastern Studies (including Egypt) in China«, in: Sven Günther, Wayne Horowitz und Magnus Widell (Hg.), *Of Rabid Dogs, Hunchbacked Oxen, and Infertile Goats in Ancient Babylonia: Studies Presented to Wu Yuhong on the Occasion of his 70th Birthday* (Changchun, 2021), 181–204.

Ward, Mako Fitts, »Queen Bey and the New Niggerati: Ethics of Individualism in the Appropriation of Black Radicalism«, *Black Camera* 9 (2017), 146–163.

Wedel, Carola, *Nofretete und das Geheimnis von Amarna* (Mainz, 2005).

Wedge, Eleanor F. (Hg.), *Nefertiti Graffiti: Comments on an Exhibition* (Brooklyn, 1976).

Wehner, Josef Magnus, *Echnaton und Nofretete: Eine Erzählung aus dem alten Ägypten* (Leipzig, 1940).

Weigall, Arthur, *The Life and Times of Akhnaton: Pharaoh of Egypt* (London, 1910).

Weisbrod, Bernd, »Das doppelte Gesicht Amerikas in der Weimarer Republik«, in: Frank Kelleter und Wolfgang Knöbl (Hg.), *Amerika und Deutschland: Ambivalente Begegnungen* (Göttingen, 2006), 194–210.

Wettengel, Judith, »Tutanchamun – das ›Riesenshowgeschäft‹ um den ›Superstar aus dem alten Ägypten‹«, in: Wolfgang Wettengel (Hg.), *Mythos Tutanchamun* (Nördlingen, 2003), 18–45.

Wilder, JeffriAnne, *Color Stories: Black Women and Colorism in the 21st Century* (Santa Barbara, 2015).

Wildung, Dietrich, »Nofretetes lange Reise: Die Einheit – ein Staffellauf«, *Preußischer Kulturbesitz*, 15. Februar 2017.

Wildung, Dietrich, *Die Büste der Nofretete* (Heidelberg, 2009).

Williamson, Jacquelyn, »Alone Before the God: Gender, Status, and Nefertiti's Image«, *Journal of the American Research Center in Egypt* 51 (2015), 179–192.

Wilmore, Gayraud S., *Black Religion and Black Radicalism: An Interpretation of the Religious History of Afro-American People*, 2. Auflage (Maryknoll, NY, 1983).

Witte, Bernd, *Moses und Homer: Griechen, Juden und Deutsche: Eine andere Geschichte der deutschen Kultur* (Berlin, 2018).

Wong, Aida Yuen (Hg.), *Visualizing Beauty: Gender and Ideology in Modern East Asia* (Hongkong, 2012).

Wood, Michael, »The Use of the Pharaonic Past in Modern Egyptian Nationalism«, *Journal of the American Research Center in Egypt* 35 (1998), 179–196.

Wright, Michelle M., *Becoming Black: Creating Identity in the African Diaspora* (Durham, NC, 2004).

Wright, Michelle M., *Physics of Blackness: Beyond the Middle Passage Epistemology* (Minneapolis, MN, 2015).

Wynn, Lisa L., »Shape Shifting Lizard People, Israelite Slaves, and other Theories of Pyramid Building: Notes on Labor, Nationalism, and Archaeology in Egypt«, *Journal of Social Archaeology* 8 (2008), 272–295.

Wynn, Lisa L., *Pyramids and Nightclubs: A Travel Ethnography of Arab and Western Imaginations to Egypt, from King Tut and a Colony of Atlantis to Rumors of Sex Orgies, Urban Legends about a Marauding Prince, and Blonde Belly Dancers* (Austin, TX, 2007).

Yuling, Zhang, »Disruption: Měirén er láile [Disruption: Die Schöne ist gekommen]«, in: *Zhú bùrú ròu: Xīfāng gǔdài yìshù shǐshàng de quánlì hé shēntǐ* [*Fleisch besser als Instrument: Macht und Körper in der Geschichte der antiken westlichen Kunst*] (Beijing, 2020), 124–133.

Zachernuk, Philip, »Of Origins and Colonial Order: Southern Nigerian Historians and the ›Hamitic Hypothesis,‹ c. 1870–1970«, *Journal of African History* 35 (1994), 427–455.

Zeisler, Andi, *We Were Feminists Once: From Riot Grrrl to Covergirl, the Buying and Selling of a Political Movement* (New York, 2016).

Zinn, Katharina, »Nofretete – eine Königin ihrer Zeit?«, in: Mamdouh Eldamaty, Friedhelm Hoffmann und Martina Minas-Nerpel (Hg.), *Ägyptische Königinnen vom Neuen Reich bis in die islamische Zeit: Beiträge zur Konferenz in der Kulturabteilung der Botschaft der Arabischen Republik Ägypten in Berlin am 19. 01. 2013* (Vaterstetten, 2015), 25–67.

Bildnachweis

Der Verlag hat sich bemüht, alle Rechtegeber ausfindig zu machen. Nicht in allen Fällen ist das gelungen. Für Hinweise sind wir dankbar.

Abbildungen im Text
Abb. 1: bpk, Ägyptisches Museum und Papyrussammlung, SMB; **Abb. 2:** Schweizerisches Institut für Ägyptische Bauforschung und Altertumskunde, Kairo; **Abb. 3:** bpk/Rudolf Dührkoop; **Abb. 4:** Deutsche Orient-Gesellschaft, Berlin; **Abb. 5:** Ägyptisches Museum – Georg Steindorff – der Universität Leipzig, N 4001; **Abb. 6:** Albert-Ludwigs-Universität Freiburg, Universitätsarchiv; **Abb. 7:** Ägyptisches Museum – Georg Steindorff – der Universität Leipzig, NL Steindorff; **Abb. 8:** bpk, Zentralarchiv, SMB; **Abb. 9:** bpk/Kunstbibliothek, SMB, Photothek Willy Römer/Willy Römer; **Abb. 10:** bpk/Kunstbibliothek, SMB, Photothek Willy Römer/Willy Römer; **Abb. 11:** picture alliance/dpa, Hendrik Schmidt; **Abb. 12:** privat; **Abb. 13:** gemeinfrei; **Abb. 14:** bpk/Zentralarchiv, SMB; **Abb. 15:** Ägyptisches Museum/Staatliche Museen zu Berlin, Foto: privat; **Abb. 16:** gemeinfrei; **Abb. 17:** bpk/Hanns Hubmann; **Abb. 18:** Peter Palm, Berlin; **Abb. 19:** gemeinfrei; **Abb. 20:** gemeinfrei; **Abb. 21:** Princeton University Library, *Treasures of the East Asian Library*. In: Tian, Tian. »Thoth with Four Eyes: Chinese Views of Egyptian Hieroglyphs in the Late Qing Period (1840–1912)«, *Journal of Ancient Egyptian Interconnections* 31 (2021), 55–80; **Abb. 22:** Internet Archive: Digital Library of Free & Borrowable Books, Movies, Music & Wayback Machine; **Abb. 23:** gemeinfrei

Tafeln im Bildteil

Tafel 1: Larry Busacca/Staff; **Tafel 2:** Larry Busacca/Staff; **Tafel 3:** picture alliance/dpa, Egyptian Supreme Council of Antiquities; **Tafel 4:** Ägyptisches Museum und Papyrussammlung, SMB/Sandra Steiß; **Tafel 5:** bpk/Ägyptisches Museum und Papyrussammlung, SMB/Sandra Steiß; **Tafel 6:** bpk / Ägyptisches Museum und Papyrussammlung, SMB/Margarete Büsing; **Tafel 7:** bpk, Musée de Louvre, Dist. RMN – Grand Palais/Christian Decamps; **Tafel 8:** picture-alliance/Leemage; **Tafel 9:** Universitätsbibliothek Heidelberg, Oskar Garvens; **Tafel 10:** Universitätsbibliothek Heidelberg, Oskar Garvens; **Tafel 11:** gemeinfrei; **Tafel 12:** gemeinfrei; **Tafel 13:** agefotostock/Alamy Stock Foto; **Tafel 14:** The Trustees of the British Museum; **Tafel 15:** Alamy Stock Foto; **Tafel 16:** Tamer Adel/Alamy Stock Foto; **Tafel 17:** Tamer Adel/Alamy Stock Foto **Tafel 18:** Irving Penn, Vogue © Condé Nast; **Tafel 19:** Manchester Daily Express/Kontributor; **Tafel 20:** CBS Photo Archive/Kontributor: **Tafel 21:** picture-alliance/dpa, Bpa Guido Bergmann; **Tafel 22:** Staatliche Museen zu Berlin; **Tafel 23:** National Museum of Antiquities, Leiden **Tafel 24:** Haupt & Binder, universes.art; **Tafel 26:** El-Zeft/Christian Ditsch; **Tafel 27:** Fred Wilson, courtesy Pace Gallery; **Tafel 28:** Stedelijk Museum Amsterdam, 2015/Gert Jan van Rooij; **Tafel 29:** Photothek/Imago; **Tafel 230:** Awol Erizku, courtesy of Ben Brown Fine Arts; **Tafel 30:** Awol Erizku, courtesy of Ben Brown Fine Arts; **Tafel 32:** bpk/Achim Kleuker

Personenregister

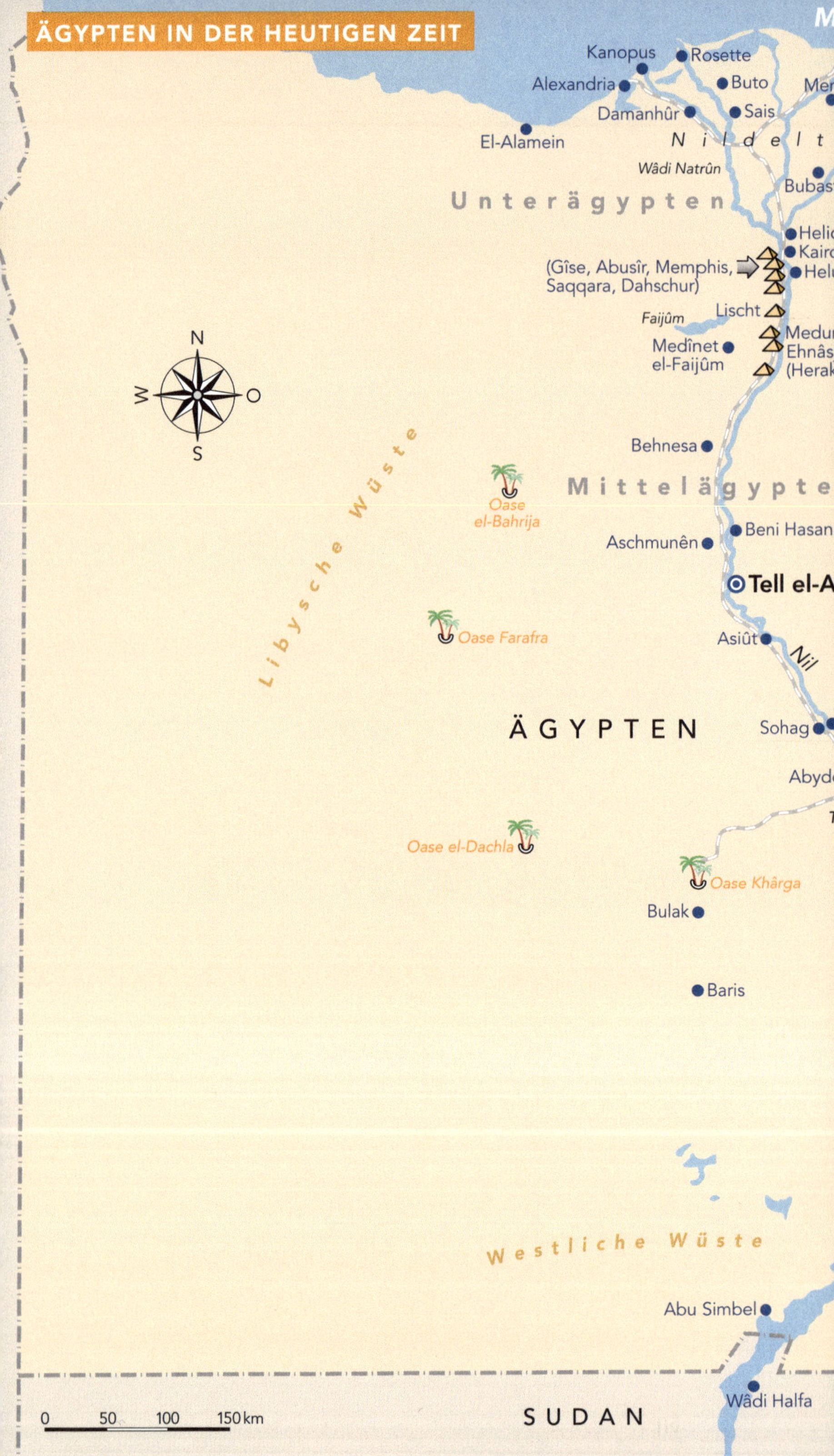
ÄGYPTEN IN DER HEUTIGEN ZEIT
Kanopus
Rosette
Alexandria
Buto
Damanhûr
Sais
El-Alamein
Nildelt
Wâdi Natrûn
Unterägypten
(Gîse, Abusîr, Memphis, Saqqara, Dahschur)
Faijûm
Lischt
Medînet el-Faijûm
N
W
O
S
Behnesa
Libysche Wüste
Oase el-Bahrija
Mittelägypte
Beni Hasan
Aschmunên
Tell el-A
Oase Farafra
Asiût
Nil
ÄGYPTEN
Sohag
Oase el-Dachla
Oase Khârga
Bulak
Baris
Westliche Wüste
Abu Simbel
Wâdi Halfa
SUDAN
0
50
100
150 km